绿典之路

“绿典之路”丛书编委会

各国环境法典译丛

德国环境法典

Umweltgesetzbuch

专家委员会草案

UGB-KomE

编　　者　德国联邦环境、自然保护和核安全部

译／校者　沈百鑫　李志林　马心如　施　珵　扶　怡　张　广

英文二校　陈真亮

法律出版社
LAW PRESS · CHINA
北　京

感谢以下单位为“各国环境法典译丛”提供的大力支持！

中国法学会
阿里巴巴公益基金会
北京大学教育基金会

标示“绿典”之路(代总序)

对法律人而言,“法典”似乎是一个不可抵挡的诱惑。在我的阅读范围内,什么是法典,没有答案;但我知道,法典化是学术与实践紧密结合的过程,法学理论是法典的基础,法典是法学理论的规范性表达,没有法学和法学家,就没有法典!正因为有法学和法学家的存在,世界上从来不缺少推动法典化的力量,也未消失过反对的声音。不可否认,法典化运动是近代以来一个普遍的法律现象,在法典的制定上,法学家发挥着不可替代的作用。

十二表法是法典,抑或民法大全是法典?真的很难回答。在最宽泛的意义上,法典是一种成文的法律作品,主要是对某一法律领域最根本的原则和基础性的规范作出规定。法典是整体的、系统的,不是单一的法律,也不是对多部法律的简单汇编;法典是科学系统编纂的成果,是对法学和法律的提炼和结合,需要由法学家和法律家共同参与才能完成。法典化作为一种理想的立法模式和方法,各类法律不断地完善、补充以及体系化,最终都是以制定法典作为目标的。

即便如此,环境法人对环境法典依然有太多的疑问。从形式上看,大陆法系的一些国家制定了环境法典,更多国家没有环境法典;有的国家环境法律冠有“法典”之名,但学者们却认为其不是一部法典;有的国家环境法典连续多达数本,有的国家环境法典只有可怜的几十条。从内容上看,不同国家的环境法典更是千差万别,与具有基本相同体例的各国民法典相比,简直是“冰火两重天”。从法典化的过程看,有的国家经过三十多年的争论,多次启动环境法典制定,始终不得其果;有的国家几乎还没有开始环境保护,就在国外专家的帮助下,出台了环境法典;还有的国家环境法典已经制定完成,却因为种种原因不能或者不敢颁行……到底什么时候需要环境法典？环境法典是社会变革的必然结果吗？特定的个人或政治家对环境法典有怎样的作用？应如何认识环境法典与环境法学的关系？剪不断、理还乱，直叫人爱也法典，恨也法典！

在中国，环境法典同样是环境法人的不变“初心”，也始终走在坎坷崎岖的道路上。20世纪70年代，中国环境保护立法起步之始，就设定了法典化目标。1979年，在时任城乡建设环境保护部部长李伯超代表国务院向全国人大常委会所作的《关于〈中华人民共和国环境保护法(草案)〉的说明》中，就明确指出这部法律主要是规定国家在环境保护方面的基本方针和基本政策，应成为环境保护领域的基本法。虽然这部法律因种种原因以《中华人民共和国环境保护法(试行)》的方式颁布，但以基本法为龙头、单行法为骨干的环境立法体系一直延续至今，“体系化”这个法典的核心要素始终存在。在环境法理论研究中，法典化是一个永恒的课题，三十多年的中国环境法发展史上，不断有学者推出有价值的环境法典研究成果。2011年年底，全国人大常委会讨论启动《环境保护法》的修订时，将修订后的《环境保护法》作为环境法典总则加以考虑并为进行环境法典编纂奠定基础的建议再次提出，遗憾的是没有得到采纳。2014年，十二届全国人大常委会第八次会议审议通过的《环境保护法修订案》只是进一步明确了其在环境保护领域的综合法定位。在学者们看来，这是《环境保护法》地位的提升，但由此带来的立法实践“困扰”日显，随着《大气污染防治法》《海洋环境保护法》《水污染防治法》等环境保护单行法修订工作的展开，如何处理与《环境保护法》的关系，成为一个现实的问题。或者高度重复立法或者法律支离破碎的困境，使立法者开始关注并思考环境法典编纂的必要性及可行性；人大代表、政协委员关于环境法典编纂的议案、建议逐渐增多，将编纂环境法典纳入十三届全国人大常委会立法计划的呼声也日益高涨。

不得不承认，我们这一辈环境法人赶上了好时代！过去四十年经济社会高速发展所积累的生态环境问题成为制约中国未来的“瓶颈”达至社会共识，用法治手段推进生态文明建设、打赢污染防治攻坚战的举措彰显坚定的政治意志，中国自己的立法、执法、司法经验和理论成果奠定了环境法体系化、整体化的基础。种种现象表明，展开法典化研究和推进环境法典编纂的一些必要条件已经具备；但是，这些客观现实均不能构成中国必须编纂环境法典的充分理由。中国是否需要环境法典,是否存在环境法典的替代方案?如果我们认为中国应该有环境法典,也必须回答中国需要怎样的环境法典、如何构建适应环境法典需求的环境法知识体系、如何在现有环境立法与资源立法的基础上进行建构、如何处理环境法典与民法典等传统法典的关系……别有滋味在心头,真让人喜也法典,忧也法典!

一个时代的学者有一个时代的使命,回答环境法典编纂的基本理论问题,是今天的中国环境法学者必须直面的时代课题。这需要学者们有时不我待的担当和舍我其谁的勇气,以严肃的学术态度、坚毅的学术精神、科学的学术方法、理性的学术论证,提出能够让立法决策者接受、让社会接受的成果。至于最后的结论,无论是圆梦环境法典还是梦碎环境法典,都具有同等的非凡价值。我们要做的,仅仅是忠实记录所走过的道路,并留下一个又一个路标,昭示后来人。

在我的心目中,“绿典之路”丛书就是这样一个树立路标的系统工程。之所以将环境法典称为“绿典”,是希望为我们的路标涂上最鲜明的底色,为每个行路人提供更高辨识度。面对可能前行、可能转折、可能返回的环境法典之路,希望既提供国外先行者的路线图,鼓励研究参照系、重走经典线,为可行或不可行之路插上绿色路标;也总结中国的经验,鼓励漫漫长路上下求索,逢山开路、遇水搭桥,为开辟康庄大道设定绿色标识。为此,“绿典之路”丛书设计了“各国环境法典译丛”“外国环境法典研究文丛”“中国环境法典研究文丛”“环境法典相关研究文丛”等若干子系列,从构建环境法典研究“生态系统”的角度,探索环境法典化的“生态平衡”。出现在“绿典之路”上的每一本论著,都应该既有独立的功能与作用,也能为提升生态系统的服务能力贡献智慧与力量。

我知道,任何国家制定法典,都有很多既偶然又必然的因素发挥作用,结果不可预测。在中国,环境法典的出台,也许很快,也许很慢,甚至慢到我们这一代人都无缘相见。但是,我更明白,学者对法典的追求,从来不是以被命名为法典的某个法律文件为直接目的。在法典化的进程中,创新和创造环境法知识体系、合理解释环境法社会现象、准确把握环境法运行规律、教授和传承环境法思维方式、巩固和提升环境法学术品质,都是学者为环境法典所做的准备和贡献。因此,“绿典之路”丛书是否可以在当下直接为中国环境法典编纂做出贡献,可遇而不可求。但是,记录环境法学的思维过程,记载环境法学人的心路历程,记忆环境法学科的品格养成,为后人标示中国环境法典化之路,一定可以实现。

2014 年的今天,全国人大常委会高票通过《环境保护法修订案》,这部“长出了牙齿”的法律,凝聚了几代环境法人的心血,是环境法理论成果与立法决策的有机结合,值得环境法人骄傲和自豪!2018 年春天,我们托起心中的向往,满怀信心再出发!期待在“绿典之路”上,环境法学者不断成长,环境法成果不断涌现,环境法学科不断完善,环境法品格不断成熟!

吕忠梅

2018 年 4 月 24 日

于北京太平桥大街 23 号

原版前言

创制一部环境法典是个非常值得努力的伟大目标，它将汇编、统一、协调及推进环境法的主要部分。当人们将此称为“百年工程”时，似乎有点夸大，但这却又无丝毫不妥。因为正如一百年前《民法典》将公民社会的绝大部分民事规则编纂到了一部法律中，在此意义上，当然也同样适用于环境法领域——这个对于人类社会的生存有着核心意义的法律领域。环境法典的编纂既彰显着伟大，同时又意味着任务艰巨。这部由联邦环境、自然保护及核安全部就环境法典的独立专业委员会完成并提交的《环境法典(专家委员会草案)》，是在此道路上向前迈进的重要一步。

本草案是在1992年秋至1997年夏经过无数次会议讨论编制而成的。先是由每个委员会成员(通常与其助手一起)提交书面的建议，作为编制研讨的前期准备。对委员会的工作起着显著影响和重要帮助的是“教授委员会”的成果，它体现在1990年和1994年公布的环境法典草案总论(1990)和分论(1994)。教授委员会是基于有着相同工作经验、从事环境法研究的学者在同行中召集的专项工作组；出于其自觉性，教授委员会成员都认为其有义务熟悉环境法中的所有学术领域，并希望从学术视角出发的草案能为环境法的进一步发展作出贡献。与此相对的，由前任联邦环境、自然保护和核反应堆安全部(以下简称环境部)部长Töpfer教授建立的和由其继任者现任联邦环境部女部长Merkel博士*继续支持的专家委员会，其成员经验丰富，他们在环境法各个领域的不同职业生涯中已

* 现总理默克尔博士于1994年11月至1998年10月担任过联邦环境部部长。——译者注

经积累了大量实践经验,由此真正带来了不同的意见、设想和问题解决方案。

委员会成员由 Horst Sendler 教授(主席,柏林)、Michael Kloepfer 教授(副主席,柏林)、Manfred Bulling 教授(斯图加特)、Günter Gaentzsch(柏林)、Hubert-Peter Johann(杜塞尔多夫)、Rüdiger Schweikl 博士(慕尼黑)、Dieter Sellner 博士(波恩)、Gerd Winter 教授(不莱梅)组成。除 Kloepfer 教授(他作为曾经的"法典编纂教授委员会"主席,还起着一种衔接功能)和 Winter 教授两位高校学者外,属于委员会成员的还包括:在一家大型工业企业负责集团环保的专员(Johann);一位重点从事多个环境法领域的律师(Sellner);一位曾经的地方政府主席(Bulling),其对与环境相关的基础设施项目积累了丰富经验;曾经的慕尼黑市环保官员(Schweikl);两位在联邦行政法院工作的法官(Gaentzsch 和 Sendler),他们擅长环境法、建筑法和规划法领域。

不同类型的委员会及其成员的多元组成也体现在了其工作方式和结果上。在教授委员会的成果中,根据成员的交流和论证,法条表述基本上是一致予以采纳的,只有数量非常有限的法条是经多数表决通过。而上述情形在专家委员会中却有很大不同,尽管并不缺少大量一致性的结论,但正是在一些原则性的问题上,其成员不仅各抒己见地予以热烈讨论,而且在表决中仍坚持己见。对提出最初建议稿的委员会成员的异议,也不在少数。由此,每位成员不止一次地经历过作为少数意见。对此仍可以在一些立法理由说明中找到不同保留意见。尽管如此,每位成员都对于草案整体加以肯定,也确信环境法典的必要性。另外,当专家委员会草案中条款有别于教授版草案时,作为教授委员会的主席和作为专家委员会副主席的 Michael Kloepfer 教授,保留一定权利,来决定哪一个建议稿更优先。

委员会的每位成员都配备了一位年轻法学者作为助手,其中有的学者只是部分时间为委员会工作。这些人员中除 Ekkehart Mast 作为此项工作的领导者外,还有 Harald Bentlage, Alexander Blume, Dr. Wolfgang Durner, Thomas Elsner, Dr. Meike Jörgensen, Ralf Krupski, Jobst Leibnitz, Hans Ulrich Marticke, Sandra Otto, Markus Sauer, Dr. Alexander Schmidt, Dr. Christoph Schollen, Karin Schreyer, Dr. Bettina Volkens, Dr. Dirk Weinreich。在此,对他们的工作致以感谢。同样要感谢的还有委员会秘书 Ilka Monheimius 和负责编辑的 Anne Wispler

女士。

无论是以全员大会还是以小组的形式,委员会举行了大量的听证与讨论,同时,还以单独对话的形式与来自不同领域的利益相关方进行了众多的讨论交流,由此获得了各方面的激励与倡议。

委员会希望,凭此草案可为环境法典的研究草案和政府草案提议稿奠定重要的基础。委员会深信,创制如此一部长期保障环境的完整法典,正是我们这个时代的当务之急。

柏林,1997 年 6 月

专家委员会全体成员

中译版序言一

将《德国环境法典(专家委员会草案)》翻译成中文,恰逢这样一个时期,即对于有效保护环境起重要意义的政治认可,在世界范围内,部分地陷入一种困境。这尤其清楚地体现在对于有效气候保护的全球努力之僵持停滞上,这有部分也受到来自美国政府的影响。但在民族国家法制框架中,环境保护在与经济、基础设施、能源和交通的利益冲突竞争中,也越来越陷入政治上的不利地位。

由此,在环境保护法的进一步发展上,国际合作的积极范例也就更为重要。现在这本《德国环境法典(专家委员会草案)》的中文翻译,正可作为在国家立法领域合作的成功例证。尽管在环境法典中并不关及国际环境保护法,但这涉及在立法领域知识的国际合作中,各国环境法重要理念的共同强化。

国内环境保护法需要内在的协调,才能承担起高效率的引导职责。环境保护中一些规定因其复杂性必须相互间统一协调地予以确认,并致力于一种就环境问题的综合解决方案。就此,法典编纂是一个正确的选择。在德国,《环境法典草案(专家委员会稿)》是对德国成功的法典编纂传统之继承(《商法典》《民法典》《民事程序法》《刑法典》《社会法典》以及一定意义上联邦的《行政程序法》),并是在当代进一步推进的尝试。

环境法典项目属于德国特别精心起草准备的立法项目。在对环境法的系统化和统一协调的前期学术研究基础上,分别于1990/1991年和1994年完成了教授草案的环境法典总论(简称UGB - ProfE AT)和环境法典分论(简称UGB - ProfE BT)的编制。随后于1992年至1997年编制起草现出版的这部环境法典专家草案(简称UGB - KomE),由一个来自实践界和学术界共同组成的独立专家委员会编制。联邦环保部随后也完成了多版部门研究草案,但都只是涉及环境法典专家委员会草案的小部分。在整个编纂工作框架下,最终产出主要体现在2009年对《水平衡管理法》和《联邦自然保护法》的全面修订。就此，完整编纂环境保护法典的理想在德国当前还未能成为政治现实。在这点上，至少就现在而言，必须承认德国环境法典项目是一种(暂时的?)受挫。

失败乃成功之母。积极来看，可从挫败中为将来行动吸取教训经验。这首先是建立在分析失败原因的基础之上，由此才能为新的或者说再次发起的项目，创造成功的条件。在此序中不能就德国创制环境法典的受挫原因提供全面的分析；在此只能且有必要论及一个重要观点：一个关键性因素是一些部委的"部委职权政治"(Ressortpolitik)。部委分权的自私性以及在部委中部门的自私性，对于任何综合性的编纂一直都是一种威胁。政府的各个相关部委和议会中相应的专业官员必须共同意识到环境保护法典编纂的重要意义。这不仅涉及对环境保护负主要职责的部委和议会专业委员会，同样还关系到那些尤其负责内务、立法问题、一般性行政程序法以及在经济、建筑、交通和能源专业领域的部委及其议员。而且在环境保护领域内部也必须明确：从短期来看，编纂将必然会涉及一些部门的既得利益，如负责水体保护法或者污染防治法的部委下属部门的利益。洞悉法典编纂理念的重要性，必须克服官僚体系腐朽的既得利益保护思想。

尽管德国环境法典项目至今未能得以实现，但环境保护法体系化、统一协调、清理简化的理念一直是积极活跃的。因此，全世界其他多个国家进行了环境法典编纂。欧盟同样也在寻求着在环境法的部分领域，尤其是通过框架指令的形式进行有限的编纂。由此也十分值得祝贺，环境法典编纂项目现在也在中国得以开展。

衷心祝愿在中国能委任这个立法项目的机构和个人，他们能开启环境保护法领域的编纂行动，并将之成功施行。未来中国环境法典项目的成功，将进一步赋予环境法典编纂理念正当性，并使之成为其他国家立法的可能榜样——甚至对于德国。可以想见，将来会有一天，中国环境法典向德国的"再进口"(Reimport)。

柏林，2018年11月

Michael Kloepfer(米夏埃尔·克勒普菲)

中译版序言二

自20世纪70年代初始,针对工业设施、交通、农业耕作和化学物质的不利影响,在德国(那时为德意志联邦共和国)已经达成一种不断凝聚的共识:必须颁布众多新法律或者对已有法律进行根本性修订,以实施保护环境的措施。这些法律很快形成一个特殊法律领域,即环境法(或者称为环境保护法)的一部分。这种发展虽然使环境法规制范围迅速扩张,但同时它们又不能相互协调予以实施,由此导致环境法的严重碎片化。各种环境规则建立在不同的规范理念、体系考量和类型理论上,它们附属于不同的法律位阶(法律、行政法规、条例),并使用不同的工具机制和执行监管。这也造成了不同环境法规适用范围的重叠,同时又有规则漏洞。所有这些还影响了人们对环境法的理解和查阅,甚至于最后妨碍各种规则的相关人对法规的认识和遵守。

为应对这种不满状况,德国很早就展开了对环境法编纂的讨论,即将环境法集中编入一部环境法典中。编纂环境法能实现多个不同目标:通过内容上不作改变而仅仅是汇编到一部法律中(形式编纂)就能便于法律查询,或者仅解决针对上面提到的部门环境法分歧与冲突(Divergenzen)也能部分协调环境法,以及进行不同程度的法律改革。尽管对现行环境法的整合协调,并不主要指向一种法律改革,但部门环境法各自所追求的目标水平不改变,整合协调就不可能实现,因为必须决定不同的法律规则在何种水平上予以协调。当然,整合协调并不是追求全新的规则。

德国环境法学界关于环境法典编纂的正式讨论,以联邦环境署委托的两个研究项目——"环境法的体系化"(Kloepfer 教授主持,1978)和"环境法的内部协调"(Kloepfer 和 Meßerschmidt 教授主持,1986)为标志。之后,德国紧接着于1988年和1991年组建了两个专家委员会,他们仅由法学家组成,从法学专业的角度起草和公布了两个草案:环境法典总论(由 Kloepfer、Rehbinder 和 Schmidt - Aßmann 教授在 Kunig 博士的协助下完成,1990)和环境法典分论(由 Jarass、Kloepfer、Kunig、

Papier、Peine、Rehbinder、Salzwedel 和 Schmidt-Aßmann 教授共同完成，1994）。这两个草案被总称为“教授草案”。同时，早在 1992 年，德国就组建了“环境、自然保护和核反应堆安全部关于环境法典的独立专家委员会”，其工作是在德国环境法典编纂的前期工作基础上进行承接。这个委员会除了两个教授（Kloepfer 和 Winter）外，多数是来自实践领域的，分别来自行政法院（Gaentzsch 和 Sendler）、行政部门（Bulling 和 Schweikl）、律师界（Sellner）和工业界（Johann）。该委员会于 1997 年完成其工作，其编制的环境法典草案连同“立法理由说明”（整体被称为“委员会草案”）于 1998 年公布并出版。这部草案的不少方面是建立在“教授草案”上的，但也还是在许多地方有着独特的创新。“教授草案”让人更多理解为是对环境法的一种纯粹协调，在“委员会草案”中“改革面向”扮演着重要角色。“委员会草案”的规范建议部分（不包括“立法理由说明”部分）还被翻译成英语。

“委员会草案”成为德国环保部先后推进的两个立法计划的基础，即分别于 1998 年至 1999 年和 2007 年至 2009 年实施的德国环境法法典编纂。第一次努力（主要限于总论部分）失败的原因在于，根据 2006 年修订前的《德国宪法》（《基本法》），联邦在环境保护的某些领域没有完整权限（竞争性立法职权），而仅拥有一种框架性立法权限，比如针对水法和自然保护法。联邦试图通过现行环境领域的立法权限与更多其他立法权限的结合，在环境法典中对这些领域作出完整规范，由此将带来法律上众多的不安全性。宪法上的这个问题经 2006 年联邦主义改革得以解决，即通过联邦制改革对《基本法》作了修改，确认联邦在水法和自然保护法领域的完整立法权限。然而 2007 年至 2009 年的第二次法典编纂之努力，再次失利。纠其原因，是德国经济界以及若干联邦州出于政治上的反对，尤其指向新编制综合性环境许可。而委员会草案中特殊法部分的核心，尤其是“自然保护法”和“水法”，基本按照在编纂工作中所编制的，在部门法新修订中（《联邦自然保护法》和《水平衡管理法》）予以采纳。

尽管德国环境法典编纂努力出于政治原因而受挫，但可以肯定的是，“委员会草案”不管是内容上还是体系上，都是一部令人印象深刻的方案，它超越了德国环境法的具体语境，可以对其他国家的环境法法典编纂给予启迪和参考。因此，译者们现在将委员会草案的规范建议部分翻译成中文并出版是非常值得期待的。

2018 年 10 月

Eckard Rehbinder（艾卡特·雷宾德）博士教授

莱茵河畔法兰克福歌德大学，法学院，经济法和环境法荣休教授

译者序

一、我国环境问题与环境法问题及法典化的意义

随着工业化、城市化及全球化进程的深入,中国的环境问题也逐渐呈现并日趋严重。因为生产规模和强度、化学品的毒性程度、环境意识的觉醒过程以及自身经济与社会问题的复杂性,我国的环境问题尤为复杂,甚至比一些发达国家更为严峻。而且随着工业化与城市化进程对自然环境承载能力的耗损,本来就是密集型的传统农业对自然环境承载力的耗损也日益受到挤压,因此日益得到重视。

尽管从时间上看,自20世纪60年代后期和70年代初期,环境法在全世界范围内得到蓬勃兴起;但因为各国的法律与法学基础不一样,而且现代环保理念的内生需求和外部输入的错位,使得各国环境法的实践效果是完全不同的。中国经过四十多年的改革开放,在全球化进程中的工业化与城市化不断深入,环境政策和环境法的发展也在生态文明的理念下越来越强烈地出于内生性、自觉型动力,甚至开始为世界环境治理贡献中国人的智慧。

在这种新形势下,以环境法的整合和系统化为目标的环境法典编制也就成为当下较为急迫的新任务。这是基于三个不同层面的需要:

一是在环境法内部层面。在此又可以分为两个方面:在狭义环境法上,迫切需要改变专业环境法的各自单打独斗、形成不了合力甚至还相互冲突以及导致污染在不同环境媒介之间转移的现状,通过避免其冲突、增进其协调性,最终提高法律实施的效率;在广义环境法上,涉及环境法的发展,我国环境治理仍然还未能跳出污染治理的理念与框架,很大程度上仍停留在危害治理上,甚至与危险防卫的有效实现都有一定的距离,和风险预防原则的现实实践距离更大。这就迫切需要转向可持续发展理念在全社会全领域的深入与实践,以及转向以自然

生态系统性的方向和对其整体性保护的理念上。

二是在我国整个法律制度的构建层面。尤其当前民法典编制[1]中,需要共同且及时在民事关系的构建和完善中强调环境保护的权益主张,这对我国环境保护法治是一个有利但需要拿捏精准的时机。通过对我国社会、经济、文化、历史发展下的民事关系系统肯定、塑造与构建,民法典创制中的法条表述能够一体性地从私法行为引导中渗入和锚定环境保护利益,这相对于环境许可制度从对既有私权结构框架的再限制来说,是在更高层次上落实预防原则和可持续发展原则。但同时仍需要注意,将现代环境保护利益渗透或遁入民事关系中,与在宪法框架下为现代环境保护而扩展行政监管权限并不相违背,在财产的所有权划分中的国家所有权问题、对绝对所有权的环保利益保留以及环境侵权规则的特殊性塑造等多方面,要为我国环境保护法的发展留有足够的空间。这也是很大的挑战,因为我国环境法大部分主要还停留在针对污染防治领域阶段,绿色民法典的理念、规范实现及法条的实践效果上将会有超前的嫌疑,且以行政法监管为主的环境保护力量遇到简政放权与经济下行的社会趋势,更需要在立法技术和权益与程序制度中精心设计。环境法法典化研究可以为整个法治完善提供更好的衔接。

三是在全球权力竞争与全球共同治理的层面。中国积极参与其间需要中国的环境生态保护的理论与实践,既为中国力量的崛起提供合理性支撑,又为全球治理提供路径选择。作为可持续发展的中国式创新之生态文明理念,需要由作为生态文明核心领域的我国环境法的具体制度层面来支撑并实践。

在这三个层面上,环境法法典化的研究都是十分有意义的事,促进环境法治将必定提升环境保护的政治重视高度和扩展其政策空间,为环境法的可持续性提供坚实基础。

也正基于此,作为环境法学者很有必要关注环境法法典化的进程。2017 年受到吕忠梅老师邀请参与翻译德国环境法典草案,我们欣然应允,因为追求实质性法典化目标而受挫的德国环境法典进程,可以提供深厚的理论基础,亦可以为

---

[1] 参见吕忠梅、窦海阳:《机遇与挑战:民法典“绿色化”与环境法典的调适》,载《中外法学》2018 年第 4 期,第 862 - 882 页。

中国创新提供借鉴和强大的创新动力〔1〕。

二、翻译工作的进程和法律翻译的重点和难点

由于是合作翻译，对于翻译中的核心概念、语言表达以及形式的统一，尽管做了许多努力，但可能依旧存在很多问题。六位译者在翻译过程中，首先是各自选择了三章进行翻译，然后由后一章的译者对前一章进行校核，再由初译者与校核人讨论确定修改内容。在翻译中，因为小组成员各自的时间安排和对各部分熟悉程度的不同，后来又有若干调整（具体见分工及译者简介）。在最后统稿中，仍然有众多不能解决的问题。

法律在一定意义上是围绕文字的表述、解释以及文字与现实世界的互动关系而展开的，法学研习也是围绕文字的工匠性劳作。在德国法学的历史中，有多位法学家又身兼德语语言学家的头衔。也正因此，法条的翻译，不同于文学翻译，与原文在意义上的精准对应是关键。在研习一个非英语为官方语言的外国法律与法学时，此国语言文字是无法绕开的坎，尽管可能有英文的法条翻译与学术文章，但其细节与精致是较难翻译为别国语言的。这就像一只原装未经启封的精密钟表，法律原文中的句子顺序与结构、内在逻辑关系，在经翻译过程后有所损耗，因为在翻译后的语言体系中较难找到相对应的表述与逻辑。西方各文化对罗马法的传承上也同样存在相同的问题，甚至发展出不同法系与流派。

法律的另一个特殊性是其基于本国科技发展而构建的概念体系。概念体系正是一国自然科学与人文社会科学的协同发展在语言上的反映，由此对各种合法与非法、罪与非罪、不同情形的界分才能不断深入精细。正是因为复杂而系统的概念体系才构成了法律体系，它有别于生活日常用语但又从中不断提炼，有着相对准确的含意，一字之差，大相径庭。这种现象又极端地体现在环境法上，尤其是在技术性法规上。这部《德国环境法典（专家委员会草案）》中，每章都通过专门条款对概念进行了明确定义。法条表述中沉淀着现实世界的倒影，是一种相对精确而又具有体系性的精笔素描，是一个民族自然科学与人文精神的结晶。

〔1〕 对于欧洲和德国环境法典的一些介绍也请参见：Eckard Rehbinde：《欧洲国家的环境法法典化》，沈百鑫译，载徐祥民主编：《中国环境法学评论》2013 年总第 9 卷，科学出版社 2013 年版，第 114－126 页；沈百鑫：《两次受挫中前进的德国环境法典编纂》，载《中国人大》2018 年第 5 期，第 52－55 页；沈百鑫：《德国环境法法典化的核心内容和受挫阻力及对我国的启示》，载吕忠梅主编：《环境资源法论丛》第 11 卷，法律出版社 2019 年版，第 140－158 页。

概念与语言体系也反映了不同国家相应领域的精细与科学程度,而且因为对环境法中各细分专业领域的不熟悉,会导致专业词汇的翻译不够精准。这是在翻译中最为担心并尤其需要注意的,也是这次翻译的一个重点和难点。

因此,译者也期望能从读者得到反馈,对错译与理解上的问题进行交流。这部《德国环境法典(专家委员会草案)》是德国环境法学界的核心专家近三十年的研究成果,我们几个对专业领域并不十分对应的译者只是小心翼翼地尝试着将此成果的表层含义从德文翻译成中文。译稿中有众多的不足,欢迎读者不吝指正。

三、对于德语原编排形式、标点和句序的保留以及工作分配

在标点与法条编排的形式上,一开始也与法律出版社编辑作了讨论,尤其是草案中每句都标注了句子顺序,这不只是一个形式的问题,因为在具体法条指向中明确到句子顺序。由此,商量决定还是保留这种句子顺序编号。在法条章节条款的顺序编码中,也仍然沿用草案中的编码方法,与中文法规编号有所不同。另外,在德语中,在条和款下的项和目后,并不是以分号来断,而多是以逗号表示。中文翻译仍尽量保留原文标点,一方面是保持原来的句子顺序,另一方面是从意思及立法技术层面忠实于德语原文。这只是一个翻译作品,作为一个镜像链接可能更好。

《德国环境法典(专家委员会草案)》翻译、校核分工具体如表1所示:

表1 翻译、校核分工

章节	翻译	校核	章节	翻译	校核
导论	沈百鑫、张　广	沈百鑫	第九章	扶　怡	马心如
第一章	扶　怡	李志林	第十章	马心如	沈百鑫
第二章	李志林	沈百鑫	第十一章	沈百鑫	李志林
第三章	沈百鑫	施　理	第十二章	沈百鑫	李志林
第四章	施　理	马心如	第十三章	李志林	沈百鑫
第五章	马心如	施　理	第十四章	张　广	沈百鑫
第六章	施　理	李志林	第十五章	扶　怡	马心如
第七章	李志林	施　理	第十六章	马心如	李志林
第八章	施　理	扶　怡	第十七章	李志林	马心如
此外,原版前言、中文序言及附录一和附录二由沈百鑫统一翻译与校核,由沈百鑫统稿;陈真亮从英文版进行部分校核。					

四、致谢

最后需要感谢吕忠梅老师的信任，把《德国环境法典（专家委员会草案）》的翻译交给我们来执行。同时也要感谢项目的资助方，以及北京大学汪劲和王社坤老师。非常感谢作为执行主编的竺效老师抱着十二分的耐心，包容拖延。此外还要感谢德国 Michael Kloepfer 教授，他帮助我们联系了现联邦环境部部长，协助解决本法典草案的版权问题，并爽快地答应写中文版序言。在此也要感谢联邦环境部 Christof Sangenstedt 代表版权所有人联邦环境部对于草案进行中文翻译并在中国出版的许可。同时，因曾翻译过 Eckard Rehbinder 教授有关欧洲环境法法典化的文章，以及基于他对中国环境法的熟悉，也有幸得到他的序言。没有这么多的帮助，就没有这本书的出版。此外，我们也利用 2017 年中国环境法法典编纂的国际研讨会之便利，与 Wolfgang Köck 和 Kurt Faßbender 教授就一些困惑的核心概念进行了讨论，在此也表示感谢。当然，我们也很高兴能通过这个草案的翻译，成为翻译组成员并一起讨论与学习，共同进步。尤其期望的是，草案翻译能给我国的环境保护提供些许的思想火花，有益于推动我国的环境保护，最终使我们生活的自然环境能有一点点的改善。

2018 年 10 月

沈百鑫（代笔）

译校者简介

沈百鑫 1975年出生，浙江人，吉林大学法学学士，德国比勒菲尔德大学法学硕士，德国莱比锡大学博士在读。曾就职于德国亥姆霍兹环境研究所，现为江苏省环境科学研究院副研究员。至今发表中德环境保护法论文近五十篇。

李志林 1972年出生，山西人，高级工程师，环境工程与环境科学专业毕业，德国莱比锡大学地理研究所博士。曾就职于环保局和环境监测部门，现工作于深圳市环境科学研究院，研究方向主要为战略环评和空间规划。

马心如 1993年出生，山东人，毕业于德国慕尼黑大学，欧洲与国际经济法硕士，曾于联合国气候大会实习，现就职于上海环球律师事务所。

施　理 浙江永康人，毕业于德国汉堡大学，法学博士，研究领域为WTO法、环境法，现就职于天津大学法学院。

扶　怡 1988年出生，湖南人，毕业于德国哥廷根大学，法学博士，研究领域为国际公法、环境法以及国际水法，现就职于上海对外经贸大学法学院。

张　广 1985年出生，江苏人，图宾根大学哲学博士，中山大学哲学系副研究员，主要从事康德哲学、德国观念论研究。

陈真亮 1983年出生，浙江人，毕业于武汉大学，法学博士，副教授，研究领域为环境法，现就职于浙江农林大学法学院。

目　录

导论　1
一、编纂环境法典的诉求　1
二、环境法典的法律渊源　11
三、委员会的指导思想和运作方式　19
四、草案的对象、划分和内容　23
五、环境法典工作的进一步推进　38

总　则

第一章　一般规定（第 1 ~ 66 条）　41
第一节　本法典的目的、概念界定　41
第二节　环境保护的原则　43
第三节　法规和规范制定　45
第一小节　行政法规　45
第二小节　行政规章　49
第三小节　技术规范　50
第四小节　目标确立、自愿承诺、协议、规章　52
第四节　协会的参与　55
第五节　法律保护　57
第六节　公共行政的环境义务　58
第七节　组织和职责　59

第一小节 行政部门组织和职责 59

第二小节 咨询委员会 62

第八节 行政违法 63

第二章 规划(第 67 ~ 79 条) 65

第一节 一般规定 65

第二节 环境基础规划 66

第三节 规划和计划的环境影响评价 67

第三章 项目(第 80 ~ 114 条) 70

第一节 一般规定 70

第二节 捆绑式项目的行政许可 72

第三节 规划型项目行政许可 81

第四节 简易项目行政许可 83

第五节 在先行程序和其他项目中的环境影响评价 85

第六节 共同规定 86

第四章 产品(第 115 ~ 125 条) 88

第一节 一般规定 88

第二节 生产商、经销商和使用者的义务 89

第三节 环境标识 91

第四节 行政违法 92

第五章 干预措施和监控(第 126 ~ 150 条) 93

第一节 干预措施 93

第一小节 需经许可的活动 93

第二小节 不需许可的活动 95

第三小节 共同规定 95

第二节 监测 97

第一小节 一般规定 97

第二小节 行政监测 97

第三小节 自行监测 100
第四小节 共同规定 102
第三节 行政违法 102

第六章 企业环境保护、环境责任和其他经济手段（第 151～206 条） 104
第一节 企业环境保护 104
第一小节 一般规定 104
第二小节 企业组织和环境保护董事 104
第三小节 环保专员 105
第四小节 环境审计 108
第五小节 企业环境信息 111
第二节 环境责任 112
第一小节 违反审慎行为责任 112
第二小节 危险责任 112
第三小节 共同规定 114
第三节 环境税费 117
第四节 环境补贴 119
第五节 补偿、使用优势和共同使用 120
第六节 行政违法 121

第七章 环境信息（第 207～227 条） 123
第一节 国家环境信息 123
第二节 环境信息的获取 126
第三节 保密 128
第四节 信息获取委员会 129

第八章 跨国环境保护（第 228～244 条） 130
第一节 一般规定 130
第二节 在跨国环境影响中的程序 130
第三节 本法典适用效力范围外之项目执行 131

第四节 产品进出口 132
第五节 行政违法 134

分 则

第九章 自然保护、景观养护和森林保护(第245~325条) 137
第一节 自然保护和景观养护的一般规定 137
第二节 生态系统的一般保护 141
第一小节 自然养护规划 141
第二小节 对自然和景观的侵害(/干预) 143
第三小节 养护 146
第三节 群落生境保护和特殊场地保护 147
第一小节 群落生境的保护 147
第二小节 特殊场地的保护 148
第三小节 欧洲意义上的保护区 151
第四节 野生动植物保护 154
第一小节 一般规定 154
第二小节 保护规定 155
第三小节 补充规定 159
第五节 森林保护 161
第一小节 一般规定 161
第二小节 森林养护 162
第三小节 受特殊保护的森林 164
第四小节 共同规定 165
第六节 征收、赔偿以及困难补贴 166
第七节 共同规定 166

第十章 土壤保护(第326~354条) 170
第一节 一般规定 170
第二节 农林业利用 173

第三节 矿产开采 176
第四节 监测土壤特征和避免土壤损害 177
第五节 土壤污染的修复和复垦 181
第六节 行政违法 185

第十一章 水体保护(第355～418条) 187
第一节 一般性规定 187
第二节 行政许可 190
第三节 地表水体 192
第一小节 经营管理 192
第二小节 免于行政许可的使用 193
第三小节 建设、维护、洪水防治 194
第四节 沿海水体和公海 195
第一小节 沿海水体 195
第二小节 在公海和沿海水体倾倒和排放固体废物 196
第五节 地下水 198
第六节 区域相关的水体保护 200
第七节 污水清除 200
第八节 处理危害水和土壤的物质之设施 201
第九节 监测和环保专员 203
第十节 水资源使用费 204
第一小节 污水费 204
第二小节 地下水取水费 208
第十一节 共同规定 209

第十二章 污染防治和能源供给(第419～464条) 211
第一节 污染防治的一般规定 211
第二节 与设施相关的污染防治 211
第一小节 需行政许可的设施的建立和运行 211
第二小节 无需行政许可的设施之建立和运行 214
第三小节 设施的市场流通 214

第四小节 咨询委员会 215
第三节 交通领域的污染防治 216
第一小节 运输工具的性质和运营 216
第二小节 交通设施、交通费(税) 217
第四节 区域相关的污染防治 219
第五节 能源供应和能源使用 221
第一小节 一般规定 221
第二小节 环境友好型电力生产的实施规定 223
第三小节 节能 224
第六节 行政违法 226

第十三章 核能和辐射防护(第465~529条) 228
第一节 一般规定 228
第二节 审批和监测 229
第一小节 设施审批 229
第二小节 其他审批 232
第三小节 废物处置 234
第四小节 监测和干预措施 235
第五小节 一般规定 238
第三节 辐射防护 240
第一小节 任务和基本职责 240
第二小节 公司和公司组织内的防护措施 241
第三小节 对放射性的官方观测和辐射防护登记册 243
第四小节 行政法规和行政措施 244
第五小节 委托管理 246
第四节 责任和担保准备金 246
第一小节 一般条款 246
第二小节 责任 248
第三小节 担保准备金 254
第五节 行政违法 256

第十四章　交通设施和管线设施(第 530～551 条) 258
第一节　交通设施 258
第一小节　一般规定 258
第二小节　跨区域交通设施的规划 258
第二节　管线设施 260
第一小节　一般规定 260
第二小节　管线设施的建造和运营 262
第三小节　行政违法 264

第十五章　基因技术和其他生物技术(第 552～585 条) 265
第一节　关于基因技术的一般规定 265
第二节　封闭系统中的基因技术操作 267
第三节　转基因生物体的释放 271
第四节　转基因产品的市场流通 273
第五节　关于其他生物技术的要求 275
第六节　共同规定 276

第十六章　危险物质(第 586～725 条) 279
第一节　一般规定 279
第二节　新物质的登记 282
第三节　危险物质、配料和成品的分类、包装和标识 287
第四节　通知义务 289
第五节　劳动者保护 293
第六节　良好的实验室实践 294
第七节　程序和组织 295
第八节　农药 299
第一小节　一般规定 299
第二小节　农药的许可 302
第三小节　农药的流通 309
第四小节　农药的使用 310
第五小节　植物保护设备 311

第六小节 植物助剂、有效成分 313
第七小节 其他植物保护 314
第八小节 赔偿 316
第九小节 共同规定 317
第九节 杀虫剂 319
第一小节 共同规定 319
第二小节 杀虫剂的许可 320
第三小节 杀虫剂的市场流通 322
第四小节 杀虫剂的使用;喷洒杀虫剂的设备 323
第五小节 共同规定 324
第十节 洗涤剂与清洁剂 325
第一小节 共同规定 325
第二小节 洗涤剂和清洁剂的市场流通 326
第十一节 肥料 327
第一小节 共同规定 327
第二小节 肥料的市场流通 328
第三小节 赔偿基金 330
第四小节 附则 330
第十二节 危险货物的运输 331
第一小节 共同规定 331
第二小节 危险货物运输要求 332
第三小节 环境专员 334
第四小节 管辖、安全措施、监督、费用 335
第十三节 行政违法 336
第十四节 过渡规定 343

第十七章 废物管理(第726~775条) 345
第一节 一般规定 345
第二节 废物管理义务 347
第一小节 废物产生者和占有人 347
第二小节 废物处理者 349

第三节 废物处理的组织和规划 352
第四节 废物填埋场的许可和关闭 354
第五节 监督与环保专员 355
第六节 废物转移 356
第一小节 废物运输、贸易和经纪的审批 356
第二小节 废物的越境转移 358
第七节 废物征费 361
第八节 共同规定 363

导　论

一、编纂环境法典的诉求

将环境法编纂成一部环境法典，旨在创作一部宏伟巨著。正如已经施行百年的《民法典》，它规范所有民事法律行为关系，建立了绝大部分至今仍无须改变的、持久的基础，环境法典编纂也致力于通过具体落实联邦《基本法》第22a 条中的国家目的，成为环境专业法的基本法。

当然，这个项目由来已久。[1]由大学教授组成的两个委员会，分别于 1990 年和 1994 年起草完成了环境法典的“总则”和“分则”，这不仅证明了编纂环境

---

〔1〕 S. aus der Fülle von Veröffentlichungen zum Umweltgesetzbuch außer den Nachweisen in den folgenden Fußnoten Kloepfer, Systematisierung des Umweltrechts, Berichte des Umweltbundesamtes 8/78, 1978; Storm, Bundes – Umweltgesetzbuch – Prolegomena zu einer Kodifikation des Umweltrechts, Jb. UTR 1988, 49 ff.; Koch, NVWZ 1991, 953 ff.; Ritter, ZAU 4(1991), 294 ff.; Schrader, lUR 1991, 50 ff.; Umweltbundesamt (Hrsg.), Aueler Kamingespräche zum Umweltgesetzbuch, Berichte des Umweltbundesamtes 6/91, 1991; Erbguth, DVBl. 1992, 1122 ff.; Hauber, VR 1992, 265 ff.; Hoppe, NJW 1992, 1993 ff.; Kloepfer, JZ 1992, 817 ff.; Koch (Hrsg.), Auf dem Weg zum Umweltgesetzbuch, 1992; Kunig, LKV 1992, 145 ff.; Laufs, ZG 1992, 217 ff.; Papier, 1992, 1133 ff.; Storm, ZRP 1992, 346 ff.; Kloepfer, DVBI, 1994, 305 ff.; Rehbinder, NuR 1994, 313 ff.; Riedel, Das Vorhaben der kodifikatorischen Vereinheitlichung des Umweltrechts, 1995; Vandrey, Neubau des Umweltrechts? 1995; Sellner, Die integrierte Genehmigung als neues Instrument für die Zulassung raumbedeutsamer Anlagen, Rengeling (Hrsg.), Integrierter und betrieblicher Umweltschutz, 1996, S. 79 ff.; A. Schmidt (Hrsg.), Das Umweltrecht der Zukunft, 1996; Kloepfer, Kodifikation und Fortschritt im Umweltrecht, FS Winkler 1997, 435 ff.

法典是可行的,也为进一步实施这个内容广泛的项目奠定了良好的基础。[2]就此或许有人会问,为何现在还需一个为政府草案提供基础的第二种建议稿？首先,对涉及面广泛的立法计划而言,一种分阶段的设置并非特例;《民法典》同样也是建立在从不同角度出发的多个委员会草案的基础之上。其次,像编纂一部与众多议题相关的环境法典,这种雄心勃勃的计划,只有建立在尽可能广泛讨论的基础上,才更有实现的机会。因此,由纯粹来自学术界的工作小组,根据各自不同的理解,创制完成了教授草案;相对地,独立专家委员会则由来自行政、司法、律师、高校和实务界代表组成。由此也可探知委托方的期待:让草案可以兼顾实践可行性和政治(不同于日常政策)可接受度。

自20世纪60年代末发展起来的现代环境法,政治上的地位并不稳固。环境法从获得大力支持和扩张的阶段,转变到被视为经济发展的障碍而陷于压力的境地。在本委员会历时五年多的工作中也曾受到此类波动的影响。对此,委员会试图摆脱这一影响,着眼于远景,将编制草案和尽早实现环境法典编纂的愿景结合起来。

1. 统一和革新环境法之需要

德国现行环境法由大量环境法规组成,构成一幅交织重叠的混乱图景,它们(除《水管理法》和《核能法》外)绝大部分都新颁布于过去25年期间。尽管环境类专业法律针对相类似的监管领域,如《污染防治法》《核能法》,但这些专业法律产生背景大相径庭,因此在具体制度细节上有着完全不同的监管结构。然而,这些差异并非源于事实的必然性,而往往出于历史的偶然性。尽管在环境政策上取得无可争议的成就,但至今仍未能促使立法机关,在这一实践意义上如此重要的法领域,实现一种统一的监管理念。因而,针对当前生态上的威胁,立法机关常常只是以点状补丁形式加以应对,譬如针对破坏森林、水污染和废物处理的危机,切尔诺贝利核灾难和近地臭氧增加(所谓的夏季烟尘)。除了生态问题外,在近几年中,主要还是经济上的考量在立法议程中起着决定性影响,特别是在从经济政策角度视为敏感问题的审批程序之期限方面。

---

[2] Kloepfer/Rehbinder/Schmidt - Aßmann/Kunig, Umweltgesetzbuch - Allgemeiner Teil, Berichte des Umweltbundesamtes 7/90, 1990, sowie Jarass/Kloepfer u. a., Umweltgesetzbuch - Besonderer Teil, Berichte des Umweltbundesamtes 4/94, 1994 (in folgenden ProfE AT und ProfE BT).

整体而言,环境法的外表和内部都一样支离破碎。〔3〕在此现状下,越来越多的人支持对环境法统一和系统化的构想,也就不足为奇。环境法法典化的设想,最初主要出现于法学论著中,近些年在政治领域也得到越来越多认同。〔4〕于1992年在汉诺威举行的第59届"德国法学家大会"上,与会者大多数都赞同创制环境法典,〔5〕尽管存在一份反对的专家意见和两份持怀疑倾向的报告。总体表明,多数从事环境法问题的实践者都期待,通过梳理环境法混乱交织的规范来提高相关法规的条理性。简化法律的过程也将同时有利于推行创新型监管方式,而创新型监管方式将强化个体的自我负责意识,并以较少规范实现更好的环境保护。需指出的是,在新近德国法律史上,1970年德意志民主共和国(前东德)的《州文化法》〔6〕也为综合的环境保护法提供了例证。它定位于一部仍需细化的框架性法律,其中特别规定了对保护特定环境媒介的行为要求。然而正如德意志民主共和国的环境状况所表明的,这部法律仅很少得以落实。

2. 内容的可界别性

对一定法律领域进行法典编纂,有个普遍性前提,即在内容上要能界别于其他部门法领域。环境法的一个明显特征就是其横贯性,因此环境相关的法规在多个法律领域都可找到:除了行政法外,还涉及民法、刑法和税法。仅就此,环境法在内容上的可编纂性,就令人生疑。〔7〕 然而,在对特殊环境法规范核心领域

---

〔3〕 So der nach wie vor zutreffend Kloepfer/Messerschmidt, Innere Harmonisierung des Umweltrechts, Berichte des Umweltbundesamtes 6/86, 1986, 1 ff; BMU(Hrsg.),Denkschrift für eine Umweltgesetzbuch, Berichte des Umweltbundesamtes 9/94, 1994, S. 13 f.

〔4〕 S. stellvertretend für die Wissenschaft die in Fn. 1 Genannten; für die politische Akzeptanz spricht beispielsweise die einhellige Zustimmung, die von den Teilnehmern aus Politik, Wirtscharft, Verwaltung und Wissenschaft auf dem von Bundesministerin Merkel veranstalteten Politischen Kollo – quium zur "Zukunftssicherung durch Kodifikation" geäußert wurde, vgl. das Protokoll in: Beichte des Umweltbundesamtes 2/96, 1996; s. ferner die Große Anfrage der SPD – Bundestagsfraktion BT – Drs. 13/2551.

〔5〕 S. die Beschlüsse, in: Verhandlungen des 59. DJT, 1992, Bd. II (Sitzungsberichte), S. N 202 ff.; das Gutachten von *Breuer*, a. a. O., Bd. I, S. B 9 ff.; sowie die Referate von Hansmann, a. a. O., Bd. II, S. N 9 ff.; und Dolde, a. a. O., Bd. II, S. N 33 ff.

〔6〕 Gbl. I Nr. 12, 67 ff.; vgl. hierzu noch Kloepfer, Umweltrecht, 1989, § 6 Rn. 187 ff.

〔7〕 So etwa Ule/Laubinger, Verhandlungen des 52. DJT 1978, Bd. 1 (Gutachten), S. B 9 ff.; Sendler, Ist das Umweltrecht normierbar? UPR 1981, 1 ff., ders. JuS 1983, 255, 258.

的考察中,却又都存在普遍的共性。[8] 他们都直接服务于环境保护,特别是自然保护法、森林法、水法、污染防治法、循环经济和固体废物法、化学品法、植物保护法、基因技术法、土壤保护法以及核能和辐射防治法。特殊环境法规范都得到不断发展的一般性法规的补充:特别是环境影响评价、环境信息、环境统计、环境审计、联邦环境部门组织法和私法的环境责任。

尽管那些有关国土规划、建设指导规划以及国土相关的公路干线、水道、铁路和机场等专业规划的法律,它们在其原本意义上并不属于环境法,但却与环境紧密相关。它们同样对环境保护起着重要作用,因为它们对那些于国土空间有重要影响的、由此需要使用土地的建设项目具有基础性的地位,而这些项目又与对自然和景观的干预紧密联系。此外,使用前述提到的这类设施,特别是公路和机场,会明显使环境媒介受到危害物质的污染。最后还需指出,矿山法、能源法以及狩猎法、渔业法和动物保护法,虽然本身不属于环境法,但同样规定了自然资源的保护和利用。

3. 编纂之合理性

评价环境法典编纂的意义,无疑需要考虑内容的区分界别,但更在于它是否能从法律和生态这两方面带来优势。专家委员会坚信,只有环境法典才能协调和简化环境法,使之建立在一种长久性基础上(a),并以此促进环境保护的改善(b)。[9]

a)环境法的简化和整合

目前分散在约 20 部法律和大量行政法规*中的联邦环境法,被认为存在以下问题:偶然性的编排和界别,不同层次规范重叠,并不统一的概念交叉构建,以及在基本问题的规制和从属细节规定之间的不协调。

因为法律持续不断地发展和分化,要找到准确的法律规范以及就其相互间合理予以排序,即使对专业人员来说也越来越难。环境法就属于这样一个法律领域,在它具体细化领域现今仅有专家才能掌握。有文献正确指出,当相关法律

---

〔8〕 S. ProfE AT (Fn. 2), S. 3 f.; auch *Breuer* (Fn. 5), S. B 9 ff.; stellt bei aller Kritik an einer Kodifikation des Umweltrechts die Abgrenzbarkeit der Materie nicht in Frage.

〔9〕 S. zum folgenden auch ProfE AT (Fn. 2), S. 2 ff., sowie Peine, Kodifikation des Landesumweltrechts, 1996, S. 22 ff.

* 德语 Rechtsverordnung 在本书中统一译为"行政法规",意指为基于基础性法律的授权而为行政立法文件的总称,作为对正式法律的实施支撑。

和法规能更清晰地加以编排和更易于理解地加以表述，法律实施将会显著改善。[10] 促使法律规范结构更紧凑和更统一的法律编纂，可明显提高法律明晰度，并增进法律机制的目标准确性。增强法律实施能力也有利于提升公民对法律的认可并促进法律遵守。

统一框架的法律编纂可使传统的环境专业法，如《水管理法》和《核能法》，在概念和体系上进一步融入现代环境法。由此，也将促使对相同类型的实体问题适用统一的规范层级。《核能法》如果能吸收行政法规的行政许可之程序规定，就能同现行《污染防治法》和《废物法》一样，将被提升到正式法律层面上来。一系列相对次要的问题也可以统一委派给行政法规制定者。此外，编纂也提供机会，以避免不同专业法律之间的价值和规则冲突。此外，通过总则部分中统一的许可程序规定可删减相关的多余重复规则。

相反，反对编纂者所提供的论证并不具说服力。当笼统断言，当今的多元民主已经不适合法典编纂，[11] 这其实忽视了当下法典编纂之诉求相对于早期已经大相径庭。在 20 世纪，这个宏伟的法律编纂时代，立法者致力于整理出某个领域尽可能完整的、无遗漏的和长期性的法规，并高度精练；而当今，立法者在其诉求上却要知足收敛得多。鉴于生活方式不断变化且周期日益缩短，现今，法律秩序越发成为一种在持续进化发展进程中的社会的现实应对。某个法律领域毫无漏洞且完整之规范越发成为一种空想，反而，为将来发展提供尽可能持久的和基于灵活性的秩序框架，却成为现代法律编纂的主要任务。[12]

在不久之前，就有着法典化的成功例子。通过《行政程序法》，创制了原则上针对特别行政法所有领域都重要的、关于行政程序的一般性原则之规范，尽管毫无疑问有着细碎的规范制定技术的倾向，但这对于立法者而言仍然是成功的。此外，社会法和建筑法也以法典形式进行了汇编。

通过这些例子可知，致力于体系完整性特征的法典化，在指导立法者后续修

---

〔10〕 Stich, WiVerw 1994, 83, 171 ff.; Lübbe - Wolff, Modernisierung des Umweltordnungsrechts, 1996, S. 139 ff.

〔11〕 So insbes. Kübler, Kodifikation und Demokratie, JZ 1969, 645 ff.; Esser, Gesetzesrationalität im Kodifikationszeitalter und heute, Recht und Staat, Heft 470, 1977, S. 13 ff. sowie Breuer (Fn. 5), S. B 37 ff. und NuR 1995, 365 ff.; überzeugend gegen den Kodifikationspessimismus und jüngst K. Schmidt, Die Zukunft der Kodifikationsidee, 1985, S. 11 ff. und jüngst Srürner, JZ 1996, 741, 750 ff.

〔12〕 Vgl. Kloepfer, DÖV, 1995, 745, 748 ff.

订和由此整体上有助于法律领域趋向更连续性这两方面,具有比分散的特殊法规范不可比拟的优势。而在环境法上,恰恰是因为特殊法的频繁修订(试想在过去七年里《污染防治法》就变更了11次),在很大程度加深了统一的体系性和经协调的规范理念方面的缺失程度。与之相反,以《建筑法典》为例,法典化的统合力是显而易见的。在建筑法中,以《〈建筑法典〉的措施法》和各州新的特别规范为基础,经过众多过渡性修改变更后,立法机关现在将所有相关规则都重新纳入《建筑法典》,同时谋求这种规则体系统一适用。此外,《建筑法典》也表明,法典化并不会导致环境法"僵化"。较之现行各专业法律的发展,可以说,这一危险可以忽略不计。

此外,由于源于超国家持续发展的立法推动而导致的国内法流失,甚至架空之危险,未来仍将继续存在。尽管共同体法规网络日渐稠密,但专家委员会依然确信,国内法的法典化仍有价值。欧共体环境法一直以来都有着点状式特征,它不仅不同于自洽的国内环境法规范,在其适用上也有困难。就此,只要在共同体法律层面上新近可辨识到立法的长期性策略,就要把握这种驱动力,并且同时利用创新、灵活、面向未来的法规制定原则,来提高法律系统的适应性。尚未能预见的是,将来欧共体法是否会进一步扩张成为一个全面综合的体系。目前的很多情况都表明,国内法的立法空间更多仍将得以保留,部分甚至得以扩展。

还有观点认为,法典化将会让政府首先面临很大的法律兼容问题,这也是不足信服的。更多反倒是那些接踵而至的、基于日常政策需要而对专业法律仓促地修订,此类修订给行政管理实践带来了巨大挑战。相反,环境法典因法典化所获得的法律明确性,可为法律实施执行(当前公认的不足)提供一种明显更优的基础。随着法典化更紧密地与一种增长性结构相衔接,并谨慎地予以发展,一种对行政机关和公民要求过高的危险反而会降低。

当前关于加速行政程序的讨论,同样更倾向于支持而不是反对法典编纂。很显然,现行环境法不利于执行,由此滞缓了行政程序。对此,联邦政府设立的"精简国家"专家委员会中肯指出,只有能承载"精简国家"指导原则的环境法法典化,才可能在根本上承担和实现"去管制"和协调的任务。当然,由此还不能贸然得出结论:加速行政措施有着绝对优先性;加速行政程序更多应结合国家的其他任务和义务。就此,环境法法典化无论如何不会导致阻碍投资,恰恰相反,环境保护能够可持续地实现企业驻地环境质量改善,这对于吸引投资将长期发挥作用。

可以肯定的是,环境法的法典式整合、简化和协调规范能够明显地推动行政程序简化。草案中的一个例子是称为“项目行政许可”的综合许可,尤其是对需经环境影响评价的项目,这种综合许可能够协调不同部门的共同决策问题,由此明显利于加快行政。项目行政许可也将间接促进更优化的行政机构设置和更高效运行统一的环境行政管理。强调行政法规制定者有义务制定有约束力的、实质性的环境标准,同样也带来显著的加速。因为凭借统一的标准规定,使任务执行变得相对容易;由此至今争议不休的问题可能在将来会一起及时而一致地予以解决。

b)通过环境法典的生态创新

在内容上,环境法典提供了机会,为一些至今空缺的领域,如在对诸如气候这种全球环境对象制定和实施保护策略,在土壤保护和自然保护、危险品的监管和交通设施的规划方面提供新的动力。同时也开启了可能性,让那些如基因技术法此类至今没能成为环境法核心领域的内容,与传统环境风险的规制一起,融合成一个协调的整体。

此外,由现行监管法律法规体系引发的边界问题,借助环境法典的统一编纂比逐项修正能更为一体化予以解决。基于这样一种现状,即环境保护法规部分是出于因果角度、部分是从媒介角度的考虑,使有限的规范制定出发点并不能充分考虑到其交互影响,进而导致对环境问题的有效干预至今得不到实现。[13] 因此,法典编纂的核心诉求必须锚定于对跨媒介所有领域的环境保护,并把握欧共体法律在整体性环境保护策略上的立场。在转化《欧共体环境影响评价指令》和基于《欧共体避免和减少环境污染指令》所要求的综合许可这方面,已经表明德意志联邦环境法存在规则不足的问题。此外,所提到的后一个指令也清楚地表明,从现有专业法向一种要求跨媒介视角的调整,在实践转化中需要大量的额外支出,并困难重重。

4. 外国和国际的法典化动向

尽管在德国偶尔有发表对环境法法典化质疑,但对国外的考察表明,法典化的理念已经在全世界传播,并且在一些国家取得了实际成果,或者至少为其进一步的发展做了十分充分的准备。[14] 接下来,将在非技术层面上对法典化的概念

---

〔13〕 So auch Rehbinder, UPR,1995,361,362 ff.

〔14〕 Vgl. zum folgenden, auch zur notwendigen Unterscheidung gliedstaatlicher und zentralstaatlicher Kodifikationen Kloepfer/Mast, das Umweltrecht des Auslands, 1995, S.329 ff. und passim.

予以阐释。[15] 那些尽管普遍的(都涉及的环境保护问题)但是通常并不作为环境法特定领域的实体性规范的此类法律,将不列入考虑。[16]

a)欧洲其他国家的法典化

对法典化的追求虽然不限于欧洲,但主要还是在欧洲。因为邻近的欧洲国家在生态和经济的发展及其法律文化上,有着与德意志联邦共和国相似的背景条件,基于可比较性,接下来的概览将限于这些地方之发展。

aa)瑞士

瑞士早在1983年[17]就颁布了经全面修订的多达100多条的《环境保护法》,明显称得上是一种法典编纂。在这部相对紧凑的《环境保护法》中,主要是关于原则法或者"授权法",很大程度上它需要通过行政立法者来补充细化。首先,其规范重点落在了环境保护的一般性问题,由此确立了法定概念和目标规范,规定了有约束力的主导原则和环境影响评价。其次,该法适用于环境保护的具体领域。在对污染防治的一般规定上,为标准制定提供了重要依据。它还包含对危害环境的物质和生物、关于土地保护以及包括填埋场及其位置的规划和修复在内的固废处理之规定。不过,自然保护、辐射防治和水体保护并不包括在内。最后,该法还规定了民用燃油税费事务、环境责任及法律执行,以及创设了团体诉讼的可能性。

---

[15] In der Regel findet die Unterscheidung zwischen Gesetz und Gesetzbuch in der ausländischen Rechtssprache keine Entsprechung. So werden beispielsweise im romanischen Rechtskreis auch bloße Kompilationen thematisch zusammenhängender Einzelgesetze als "code" oder "codice" bezeichnet. Beispielhaft sei insofern die in Frankreich praktizierte Einbeziehung des Naturschutzgesetzes in den Code Rural erwähnt. Die Bezeichnung wird darüber hinaus auch für private Textsammlungen der wichtigsten einschlägigen Gesetze und Verordnungen verwendet, so etwa für den französischen Code de l'environnement, 5. Aufl. Dalloz: Paris 1994.

[16] Beispiele hierfür sind der neuseeländische Resource Management Act von 1992 und das japanische Umwcltschutzgrundlagengesetz von 1993.

[17] Bundesgesetz über den Umweltschutz vom 7. Oktober 1983 in der Fassung des Bundesgesetzes vom 21. Dezember 1995 (s. a. die Referendumsvorlage BBI. 1996 S. 233 ff.), Systematische Sammlung des Schweizerischen Rechts (SR) 814. 01. Eingehend zu seiner verwicklungsreichen Vorgeschichte H. U. Müller, in: Kölz/Müller, Kommentar zum Umweltschutzgesetz, Loseblatt, Bd. 1, Zürich, Stand: Januar 1992, Teil III – Einleitung.

bb)荷兰

在荷兰,经精心准备后,《环境保护法》(Wet milieubeheer)[18]于1992年生效,替代了自1980年就施行的一般环境保护法《环境保护法总则》(Wet Allgemeene Bepalingen Milieuhygiene)。新的环境保护法统一了环境法核心机制的一般规定,如环境规划、制定环境标准、环境影响评价、环境相关行为的许可及其撤销,以及关于需经许可和不需要许可的项目(包括具体的程序性规定)及间接手段(环境税和环境补贴)的一般规则。与原法不同的是,新的环境法还涉及若干具体领域,如危险物质法和固体废物法。新环境法的一个明显特征是其逐步实施:该法首先只是施行了总则,之后补充了固体废物法的规则。危险物质法至今仍以特殊法的形式予以规定,在下一步才予以整合。

cc)法兰德斯

在比利时法兰德斯省,环境权限全面归属地方后,地方政府组建了一个由大学老师构成的团队,以利于起草一个全面的环境保护法(Decreet Milieubeleid)。[19]经过5年讨论,1995年上半年该委员会公布了草案。该草案首次形成了一个全新的总则,该总则包括概念和原则、环境信息的获取、环境规划、环境质量目标和环境标准的制定、环境影响评价、环境许可和公告程序、环境保护协定、企业的环境保护和监管;此外,它还规定了环境相关的刑事和民事法规。在环境责任的条款之后,接着是该草案的最后四节:水体保护、土地保护、固体废物处理、噪声防治。

dd)法国

法国目前也在致力于编纂自己的环境法,尽管只局限在对现有法律规范的汇编。正处于国会审议中的《环境法典》[20],作为一种所谓的对现行法律的编纂(codification à droit constant),并不承担对环境法的任何发展和更新任务,因而仅仅局限在对现有法律规范进行汇编,但这自然减少了大量的规则重叠。该政府部委草案分六书共860条:第一书包含对环境保护的一般规定、一般原则、环境信息、公民参与以及权限职责条款等内容,第二书侧重于环境媒介的水和空

---

[18] Gesetz vom 15. Oktober, Staatsblad, 1992, 551; zum Vergleich des Wet milieubeheer mit dem ProfE AT (Fn. 2) van Buuren, Jb. UTR 1992, 207 ff.

[19] lnteruniversitaire Commissie tot Herziening van het Milicureclit in het Vlaamse Gewest (Hrsg), Voorontwerp Decreet Milieubeleid, Brügge, 1995.

[20] Projet de Loi, Doc. AN n° 2583 vom 21. Februar 1996; Vgl. Hierzu Vigouroux DÖV 1995, 754 ff.; der Entwurf ist nicht zu verwechseln mit der in Fn. 15 erwähnten Textsammlung.

气,第三书是自然保护,第四书物种保护和第五书涉及环境相关行为(特别是对危害环境的设施之审批),最后第六书包含对领海的特殊规定。

ee)瑞典

1996 年夏,由瑞典政府设置的一个委员会公布了一部全面的《环境法》(*Miljöbalken*)草案。[21] 该草案分 31 章约 450 条,在统一的保护理念下统合 16 部现行环境保护法律。其宗旨是可持续发展和对人与环境统一的保护水准。不同于荷兰和比利时法兰德斯的法律编纂,瑞典环境保护法涵盖了整个环境法领域。

ff)波兰

值得一提的是,1997 年春由一个专家委员会公布了波兰环境法典草案。该草案具有对中东欧环境法发展的示范性,它在一个变革时代经历了第一个阶段乐观和激进的方案后,进入第二阶段的"现实性"法典编纂。[22] 它包括对行政程序和环境影响评价的一般规定,以及对空气污染、事故预防和固体废物清理的特别规定。应予强调的是,它为污染区域的修复提供了一套精心复杂的机制。

gg)总结

上述例子表明,尽管在细节上存在差异,但在欧洲存在明显的法典编纂趋势。并且,作为国家间协作平台的欧洲委员会,也在间接推动国家层面上一般环境法的协调和统一。在支持中东欧国家法律更新的过程中,欧洲委员会下设的一个委员会起草了一部一般环境保护法的示范法,即 1994 年《环境保护示范法案》。[23] 在该示范法中,以法典总则部分的形式,包含如下建议:通用概念界定和原则、管辖权限规定、环境保护措施的财政基金、环境信息获取和公众参与以及环境相关措施的程序规定。此外,还规定了环境影响评价、环境标准规范的制定、环境相关行为的许可和监管以及企业环境保护和环境责任。

考察国际上的这种发展,至关重要的是在相近的法律规范之间需要一种可比较性,比如依环境保护目标和原则作出有约束力的表述和对一般性程序规定和环境影响评价的规定上。上述法典编纂大多数都致力于法律权利救济、公众参与,部分创制了对环境物使用的费、税管理,有些还包括环境相关的刑事规范。

---

〔21〕 Miljöbalken – En skärpt och samordnad miljölagstifning för en hållbar utveckling, 2. Bde., Stockholm 1996 (SOU 1996:103).

〔22〕 S. dazu die Beiträge von *Jendroska* zu Polen und *Bandi* zu Ungarn in: G. Winter (Hrsg.), European Environmental Law, 1996.

〔23〕 Abgedr. in: Jb. UTR 1995, S. 337 ff.

此外,法典编纂大部分都会限于源自环境法的核心领域、对环境保护特别重要的部分领域的规则,由此为专门法律的补充提供了空间。

在以上所遵循的各种不同理念中,这些国外范例都否定了反对编纂环境法典的一个主要观点:即便是在现今的代议制民主下,它们总体上都确定地表明法典编纂优势和政治上的可行性。

b)在国际法领域的法典化努力

环境法不断追求的简化和系统化,绝非局限于国内法,也体现在目前还较不明确和缺乏有序结构的国际法层面上。最近,国际自然保护同盟与国际环境法理事会合作组建了一个委员会,该委员会在《国际环境保护和发展公约》草案中对重要的原则和机制的编纂提出了建议。〔24〕在公约草案总共72条中,在一条普遍的目标规定指引下〔25〕,草案整合国际环境法根本的法律原则,主要针对签署国但也针对个人的一般性义务。此外,该公约还包括保护生态系统和自然资源保护义务,以及影响全球环境的相关活动和问题。其余章节致力于跨境环境保护和充实公约机制,如涉及环境规划、环境影响评价、标准制定、监管和国家间的科学和技术合作。该草案除了进一步规定了签约国的职责和民事责任,还规定了公约适用范围以及争端和平解决机制的规则。

二、环境法典的法律渊源

1. 国际法

尽管国际环境法〔26〕并不具有支持编纂环境法典的直接约束力,但鉴于很

〔24〕 IUCN (Hrsg.), Draft lnternational Covenant on Environment and Development, Environmental Policy and Law Paper, Gland 1995; der Entwurf ist ferner abgedr. bei Boeken/Ryckbost (Hrsg), Codifikation of Environmental Law, Deventer 1996, S. 183 ff.; näher zu Inhalt und Vorgeschichte Kiss, Towards the Codificatíon of lnternational Environmental Law? a. a. O., S. 167 ff.

〔25〕 Art. 1 lautet:"The objective of this Covenant is to achieve environmental conservation and sustainable development by establishing integrated rights and obligations."

〔26〕 S. hierzu Birnie/Boyle, International Law and the Environment, Oxford 1992; Kiss/Shelton, lnternational Environmental Law, Ardsley - on - Hudson 1991; Sands, Principles of lnternational Enviromental Law, Bd. 1, Manchester 1994 - 1995; ferner Kimminich, Umweltvölkerrecht, HdUR, Bd. Ⅱ, 2. Aufl. 1994, Sp. 2510 ff.

多环境问题的跨界性和全球性特征,立法者不得不考虑,从伊始就将国际环境法发展纳入法典编纂之中。

相对于1972年“斯德哥尔摩联合国环境会议”〔27〕之前,国际环境法主要限于国际法的相邻权法和责任规制上,而近期,它在环境预防性保护目标下转向并强化了全球合作。由此,环境法日益呈现为全球的、地区的和国家的规范及标准的相互交织。〔28〕同样,在国际法层面上,当前也可区分为普遍和特殊规则:前者包括国际环境法的基础规则和原则、相互间信息义务以及有关超越环境媒介的环境影响评价之规则;属于后者的是部门法协议,如《濒危野生动植物物种国际贸易华盛顿公约》和《控制危险废物越境转移及其处置巴塞尔公约》。

在1992年“联合国里约热内卢环境与发展会议”上,国际环境法确立了一个重要的实质性方向,即国际社会在政治上,对在长期环境正义的发展意义上“可持续发展”规定有约束力的目标,达成共识。这个核心理念为环境保护和社会与经济发展之间提供了一种紧密且实质的关联。基于这种长期的环境正义的发展理念,将环境保护定义为整体和面向未来的发展之内在组成部分,由此也就突破了预防性原则的要求。

联合国负责环境问题的下属组织联合国环境规划署(UNEP)在《蒙得维的亚环境计划》〔29〕中部分相当具体的规定,已经使得国际环境法个别领域内的进一步发展比原先所预见得更好。民族国家的法典编纂应该从现在起就为国际环境法律将来的转化实施创造条件。法典草案中的一个例子是联合国环境规划署计划的“化学品公约”,其草拟的规则内容已经体现在“跨国环境保护”和“危险

---

〔27〕 Hierzu Menke - Glückert, Stockholm - Deklaration. HduR, Bd. Ⅱ,2. Aufl. 1994, Sp. 1888 ff.

〔28〕 Handl, Environmental Security and Global Change, 1Yearbook of international Environmcnm Law, London 1990,3,12 ff.; vgl. dazu auch Kaniaru/Kurukulasuriya, Capacity Building in Environmental Law, in: Sun Lin/Kurukulasuriya (Hrsg), UNEP's New Way Forward: Environmental Law and Sustainable Development, Nairobi 1995, S. 171 ff.

〔29〕 Vgl. zum ersten Montevideo - Programm UNEP (Hrsg.), Review of the Monthevoedio Programme for the Development and Periodic Review of Environmental Law 1881 - 1991, 1991; Strom, Umweltprogramm von Monteviedio, HdUR, Bd. II, 2. Aufl., 1994, Sp. 2378 ff. Derzeit gilt das Programm for the Development and Periodic Review of Enviromental Law for the 1990s, 1993 (Montevideo II - Programm); dazu Wilson, Implementation of the Second Montevideo Programme for the Development and Periodic Review of Enviromental Law (1992 - 1995). in: Sun Lin/Kurukulasuriya (Fn. 28), S. 313 ff.

物质法"这些章节。

2. 欧共体法律

与偏"软"的国际法不同,尤其是欧共体次位法以其越来越多的条例与指令,在成员国环境法典编纂上的一些领域(如危险物质法)显著地挤占着成员国立法机关的规范制定空间。〔30〕在此,并不应在意于那些在具体立法理由中阐述的细节问题,而更应看到共同体法律的总体发展。这日益明显地影响着德国环境法的发展,同时也带来了新规则实施机制的兼容问题。〔31〕阐述欧共体中期环境政治目标的《第五个环境行动计划》,集中体现了欧共体正致力于补足其传统治安法上的考量。〔32〕成员国立法者必须面对这种来自欧共体的影响,也就会尽可能地事先采取相应的发展以此反过来试着影响欧洲的立法。被认为缺乏系统性的欧共体部分法律之进一步发展,可能会从成员国成功的法典编纂中获得动力,这个想法也并非不能实现。〔33〕

就近发展的另一个重点〔34〕,体现在程序法上的考量受到重视。这特别体现在环境影响评价、环境审计和根据《综合避免环境影响的指令》的综合项目许可和《塞维索指令 II》。此外,欧共体法律强化了公众参与,根据欧洲委员会的想法,公众参与应该特别有利于改善环境保护。同时,还通过引入环境审计强化了经济界的自我责任,并创造了自愿(或超额)履行监管法律规定的环境要求之激励机制。同样致力于此目的的,还包括《环境标志的规定》和《欧共体委员会对于缔结环境协议的建议》。

特别需要强调的,通过这种努力,即利用环境影响评价和综合许可,来推动跨境的环境保护和对交互作用的监管。然而不可忽视的是,共同体法律的这种高要求实际上还很少能具体予以落实。最近还可识别到一种新动向:零碎的共

---

〔30〕 Eingehend zum Ganzen neuerdings Epiney, Umweltrecht in der Europäischen Union 1997, S. 145 ff.

〔31〕 Vgl. statt vieler Hansmann, NVwZ 1995, 320 ff.

〔32〕 S. hierzu insbes. das Gemeinschaftsprogramm für Umweltpolitik und Maßnahmen im Hinblick auf eine dauerhafte und umweltgerechte Entwicklung, sog. Fünftes Umweltaktionsprogramm(ABl. EG Nr. C 138vom 17. Mai 1993, S. 5 ff.).

〔33〕 Zu Bestrebungen, das primäre Gemeinschaftsrecht zu systematisieren und zu kodifizieren, Koenig/Pechstein, NJW 1997, 996 ff.; Zu Bestrebungen, das primäre Gemeinschaftsrecht zu systematisieren und zu kodifizieren, auch für das sekundäre Gemeinschaftsrecht plant die EG – Kommission Entsprechendes.

〔34〕 Vgl. dazu Krämer/Kromarek, ZUR 1995, Beilage zu Heft 3.

同体环境法,至少根据单个环境媒介部分地予以整合。制定针对空气和水的框架指令就是这方面的例子。最后,值得注意的是,在自然保护领域,共同体也遵循了欧洲共同自然资源的理念。这特别体现在建立自然栖息地保护网络(Natura 2000)。

3. 宪法

联邦环境法中重要内容之基础规范源自于《基本法》。与环境相关的国家目的规定和基本权利条款影响着其实质的保护范围,同时,联邦主义的权限规定确定了联邦在环境保护上涉及的主要领域及其权限范围。专家委员会在草案制订中也是依照现行宪法基础出发的。

a)环境保护的国家目的规定

依《基本法》第20a条[35]对国家目的规定的基本法修正,明确肯定环境保护事关现代国家的中心任务。这一国家目的要求所有权力机关,特别是立法机关,保护自然生存基础,并遵循一种核心的和面向未来的价值定位。尽管该条并没有直接规定公民的义务和主体权利,而依照其客观法本质首先只是指向立法机关,但是它也绝非只是一种纲领性声明。

第20a条所规定的行动和具体实施要求,尤其对于立法机关,意味着国家既不能因自身的措施致使自然生存基础受损害,也不能就第三方对环境物的损坏,无所作为。法条明确规定了对后代的保护,这就要求国家采取一种可持续的资源珍惜理念。因此,立法机关应确保,合理利用不可再生资源,要能持久保障公众供给,和对可再生资源的影响或者消耗要能保持在其更新能力限度内。总体来说,尽管《基本法》第20a条需予以细化,但至少据此可认识到,仅仅是防范环境危险是不够的,还必须要以对所有环境物的预防措施来补充。

尚未明确的是,修宪机关已修订的《基本法》第20a条是否已经解决了此争议:在环境保护上应遵循生态中心主义[36]还是人类中心主义[37]的出发考量。最终,这个问题的讨论顶多也只有理论上的意义。而作为"国家目标规定",其

---

[35] Eingefügt durch Gesetz zur Änderung des Grundgesetzes vom 27. Oktober 1994 (BGBI. 1 S. 3146).

[36] Dezidert in diesem etwa Bosselmann, KritJ 1985, 345 ff. und Leimbach, Die Rechte der Natur. Basel 1988.

[37] Scholz, in: Maunz/Dürrig, Grundgesetz – Kommentar. Loseblatt Stand: Oktober 1996, Art. 20a, Rn. 39; zweifelnd Rohn/Sannwald, ZRP 1994, S. 213, 219 ff.

还是为立法机关规定了两个方向限定:一方面,立法机关不能置自然资源(环境物)于毫无保护的境地,即使是那些按照目前知识水平对人类显得无用的物体;并且,根据《基本法》第20a条所表述的可持续理念,自然资源应该予以珍惜并且可为后代所享有。〔38〕另一方面,因为国家目的条款将环境在其功能上视作人类的生存基础,这就要求立法机关防止其保护措施只是站在单方面保护生态的立场上从而导致对人类的危险。而且《基本法》第1条保障人类尊严之规定也明确与此相呼应。

b)基本权利的保护内容

为补充国家目的条款的客观保护要求,立法机关也应该注重基本权利在主体性的生态保护的面向。对此毫无争议的,《基本法》第2条第2款第1句和第1条第1款为个体保障了一种"生存的最低生态条件"〔39〕。就此对健康的保护无论如何都比对环境物的保护更为重要。同时,《基本法》第20a条因此影响着对基本权利的解释,即基于其保护内容对予以严格保障的基本权利的作用进行限制。

相应地,国家的风险预防也对基本权利提出了限制。由此,诸如基因工程等个别领域,依《基本法》第5条第3款的科研自由适当予以考虑。此外,在学术著作中的一个倾向性论点认为,《基本法》第2、5、12、14条的自由基本权利,与"所有风险行为都需要国家的特别许可"的观点相对立。对上述基本权利的限制更要求就具体情形谨慎地予以评价与平衡。当然,作为社会整体和具有生存意义的国家任务之环境保护,原则上赋予它作为对重要基本权利的限制以合法性。对于所有权的限制,源自《基本法》第14条第2款规定的对所有权的环境义务就遵循此理论。对《基本法》第12条规定的职业自由,遵循联邦宪法法院的判例,即作为更高的共同福祉的环境保护就能有理由对这种基本权利予以重大限制。

c)关于联邦的环境法典的立法权限

在第20a条引入《基本法》之后,联邦在环境保护领域仍然缺少一种全面的

〔38〕 So auch Kloepfer, in: Bonner Kommentar zum Grundgesetz, Stand: Oktober I 996, Art. 20a Rn. 53; Murswiek, in: Sachs (Hrsg.), Grundgesetz - Kommentar, 1996, Art. 20a Rn. 26; Schink, DÖV 1997, S. 221, 224 ff.

〔39〕 Scholz (Fn. 37), Art. 20a, Rn. 8 m. w. N.

权限。尽管如此,联邦还是得到了环境相关的大量权限条款的支撑。[40]基于《基本法》第72条和第74条规定的竞争性立法权限领域,是从环境保护核心领域的直接利益出发,包括核能法(《基本法》第74条第1款第11a项),土地法(《基本法》第74条第1款第11项)以及固体废物处理、空气清洁、噪音防治(《基本法》第74条第1款第24项)的权限。基于《基本法》第75条的框架性立法权限领域,环境方面领域涉及自然保护和景观维护(《基本法》第75条第1款第3项)以及国土空间规划和水平衡管理(《基本法》第75条第1款第1句第4项)。

除上述这些独立的权限指向之外,从那些虽不直接与环境相关的领域,但是又因为其与环境问题的重合性,并基于存在事实规则上的相关性而允许联邦制定相应规范的权限中(所谓的附属性权限,Annexkompetenz),立法机关也可以获得支撑。就此,须提及的是依《基本法》第73条第5、6、11项规定的专属性权限,和依第74条第1款第1、11、12、13、17、19及23项规定的竞争性权限。具体而言,这种划分的基础是,由权限规范所规定的事实领域与环境法典的保护目的在内容上有充分的相关度。对此,立法机关并不必须在与权限规定指向的事实领域的关联中才能通过立法予以规范,还可以单独以直接制定规范环境相关的保护规定的形式来实现。

此外,联邦还可以(有限地)基于所谓的不成文习惯享有立法权限。由此,只要明确赋予联邦的事务不能确切地予以规定,同时也没有就一种不明确指向的其他事物一起予以规定,基于事实相关性,就能够接受此种权限。[41]在草案中,比如环境补贴领域,连同《基本法》第74条第1款第11项,采用了这种类型的权限。还有从事实本质特征的角度上,当对特定事务领域根据其性质、州的规范被取消,因而只能由联邦来规范时,就可利用不成文权限。当然,对此情况,仅仅以合目的性考虑是不够的,因而有对联邦法规需求的强制性要求也就必不可少。草案中的例子,就是联邦在对多式联运交通线路规划领域采用的立法权限。

已完成的宪法修正,这也包括对《基本法》第72条之后多条规定的修改,对联邦权限的行使提出了更严格要求,据此竞争性和框架性权限需予以区分。

---

〔40〕 Vgl. zum folgenden bereits ProfE AT (Fn. 2). S. 9 ff. m. w. N., der zwar noch auf der alten Fassung von Art. 72 ff. GG beruht, aber nach wie vor zutreffende Ausführungen zur konkurrierenden Kompetenz enthält.

〔41〕 BVerfGE 3, 407, 423.

aa)《基本法》新第72条规定的竞争性权限

依《基本法》新修订的第72条第2款,对联邦行使竞争性权限的合理性要求提高了,特别是放弃了《基本法》原第72条第2款第3项对于"保障法律或者经济统一"事实方面的同义反复,而以"国家整体利益"的附加要求予以补充。由此《基本法》第72条第2款中必要性理由要求的新表述是:为联邦领域内平等生活关系的形成,或国家整体利益上维护法律或经济统一,有必要制定联邦统一的规定。

当然从法典编纂项目的角度来看,只要编纂得到竞争性权限支撑的,特别是《基本法》第74条第1款第11项(经济法)、第11a项(核能)、第18项(土地法)、第20项(植物保护)、第24项(废物处理、空气清洁和噪音消减)以及第26项(遗传工程),就不存在进一步对是否满足"建立平等的生活关系"和"维护法律或者经济的统一"〔42〕这两种事实标准的重大疑虑。而基于竞争政策的原因也存在这种迫切需求,即要求联邦统一规范由上述这些权限条款指向的环境保护核心领域。另外,环境保护作为极其重要的、跨州界的共同利益,也被视为整体的国家利益。

bb)修订后的《基本法》第75条规定的框架性权限

通过《基本法》第75条的新表述,联邦为州立法颁布框架法规的权限受到了限制。《基本法》第75条第2款这样规定只是作为例外,框架性规则只在特殊情况下才允许包含比较明确或者有直接适用的规定,尽管并没有进一步明确何谓例外的情形。还有上面提到的《基本法》第72条第2款要求也必须予以满足。这对于环境法典编纂而言,新规定尤其对于自然保护和水体保护(第75条第1款第1句第3、4项)具有实践意义。

尽管根据文献理解,框架性立法权限已经收缩为"指导型立法权限"基础〔43〕,然而新表述并没有完全排除将来在具体个别点状事务上的完整规定。"例外情形"这一概念并没有提出比至今在司法判例对点状的完整规定更为严格的规定:需要"特别有力和合法的利益"以及在特殊情形下〔44〕直接有约束力的规则。《基本法》第75条第2款的字面表述,无论如何都不存在一些州所声称的、联邦

〔42〕 Näher zu diesen unbestimmten Rechtsbegriffen *Rybak/Hoffmann*, NVwZ 1995, 230, 232 ff.

〔43〕 Rybak/Hoffnann. NVwZ 1995, 230, 234 ff.

〔44〕 BverfGE 36,193, 202;BverfGE 66,270, 285 ff.

依框架性权限从迄今为止的实践[45]中大幅回撤之含义。因此,不同于《魏玛宪法》仅仅作为指导性的原则立法,框架规定这一概念得以保留。此外,具体规则的传统事实标准也并没有因为将此作为“例外情况”而受到限制。还有共同宪法委员会的理由说明也清楚地表明,有些州要求全面禁止完整规定也并没有得到委员会的多数同意。[46]正确的推论是,只要存在整个规则的部分例外情形,并由此萌生联邦立法机关的裁决优先权,则点状的完整规则是允许的。[47]而对此判断的关键既有定性也有定量的层面。例如,当涉及相对于通常情形只是有限数量的情形,其必需特殊规则时,就可认为存在例外。[48]总之,在行使框架权限上,第 75 条第 2 款无疑对理由提出更高的要求。

根据《基本法》第 75 条第 2 款的一般规则,在例外情形下,在自然保护、景观维护以及水体保护领域,联邦的程序规则也可深入细节或者直接进行规定。联邦根据其框架性权限,也有在这些领域颁布程序性法规的职权,不仅是对那些在联邦管理职权范围的联邦行政部门,也对由州行政部门履职之情形。[49]这种权限是基于行政程序与实体法的紧密关联。[50]

cc)结论

总之,上述的各种立法权限整体为编纂联邦环境法典提供了充实的基础。本观点也适用于竞争性权限和框架性权限的事务整合,如项目许可,也包括了水法上的事实状况且涉及局部的完整规定。

当然,这还没有论及具体每条规范的可接受度。这仍需要视具体的理由论述及其对宪法框架条件的表述而定。

---

〔45〕 Vgl. beispielhaft die Protokollerklärung des Freistatten Bayern, Arbeisunterlage Nr. 85 der Gemeinsamen Verfassungskommission. Wie hier auch Scheidt - Bleibtrau, in: ders./Klein, Kommentar zum Grundgesetz, 8. Aufl. 1995, Art. 75 Rn. 18; Degenhart, in: Sachs (Fn. 38), Art. 75 Rn. 11 ff.; Pieroth, in: Jarass/Pieroth, Grundgesetz - Kommentar, 3. Aufl. 1995, Art. 75 Rn. 1; Rohn/Sannwald, ZRP 1994, 68 ff.

〔46〕 BT - Drs. I2/6000, S. 35 oben.

〔47〕 Pieroth (Fn. 45); ähnlich Axer, Agrarrecht 1996, I, 4 unter Hinweis auf die Begründung des Bundesratsentwurfs; a. A. Freytag/Iven, NuR 1997, 121, 124 ff.

〔48〕 Rybak/Hoffmann, NVwZ, 1995, 230, 234 ff.

〔49〕 BVerwG, Urt. v. 29. April 1993, NVWZ 1993, 890 ff.

〔50〕 Allgemein hierzu Stelkens, in: ders./Bonk/Sachs, Verwaltungsverfahrensgesetz, Kommentar, 4. Aufl. 1993, § 1 Rn. 16; enger Pieroth (Fn. 45), Art. 83 Rn. 2.

三、委员会的指导思想和运作方式

1. 一般事项

草案包含对将来的环境法典总则和分则的编纂建议。它建立在两任教授委员会重要的、基础性准备工作之上,在理念上也吸收了更广范围的建议。在立法、司法和学术界的共同努力下,因为环境法的迅猛发展,也就不可避免对教授草案的某些部分进行修改和补充。例如,必须考虑欧共体法律的新规定。此外,专家委员会在同一个工作进程中拟定总则和分则,由此具体规定尽可能得以统一。最后,委员会的任务也还包括了教授委员会没有涉及的一些领域。[51]

建议编纂环境法典是建立在现行环境法不断扩展的基础结构上的,此建议将对那些出于一体化、体系清晰性或者进一步环境保护所要求的方面,进行修改完善。就此,它关涉现有环境法的改革性进展。只要环境保护个别领域基于事实理由要求各自不同的规制,这种发展需求也将会一直存在。就此,以在项目许可中必须保障应需遵守的、不断发展的基本义务为例,在"核能"章中因为核设施特殊的危险和风险潜在,相对于在"固体废物"章中对于固废填埋场,基本义务就有着另一层含义。

2. 主导的平衡考量

就内容而言,专家委员会致力于细化长期环境正义的发展模式,创造与环境法典相适应的、可促成生态和经济可持续发展的制度工具。这意味着,环境保护必须成为社会未来总体发展不可或缺的组成部分,生态平衡的功能和自然资源的更新能力,应当被视为经济发展不可以逾越的界限。[52] 显而易见,长期环境正义的发展之主导目标必将带来我们当下生活方式的深刻变化,这不应该被当作没有约束力的空洞规范和装饰,以遮掩未来挑战前的社会失灵。它最终涉及环境保护再次回归公众视野,并被理解为在将来作为人类生存不可或缺之工具。由此,只有为自然条件所能承载的发展,才能被当作进步。生态、经济和社会问题在此不再孤立地被予以考虑,而应衔接和关联起来。

---

〔51〕 Vgl. auch die Denkschrift des BMU (Fn. 3), insbes. S. 18 ff.

〔52〕 So auch der SRU, Umweltgutachten 1996, Tz. 3 ff.

可持续思想由此应当得以加强,如在“产品”这章中,依照危险物质和循环经济法的范例,为产品相关的环境保护规范表述创建统一的基础。在影响上还不太明晰的物质流管控思想,将来会获得显著的重要地位。为实践这一思想,“产品”这章应建立足够灵活的基础,当然这不是说整个环境法都能被当作物质相关的规则来理解。此外,从珍惜资源这一目的出发,专家委员会还将能源供给的规则纳入了草案,因为削减能源消耗已成了工业化国家保障长期发展的中心任务之一。

草案还基于这样一种意图,即环境法典应创制尽可能针对所有重要环境问题的规则。因此不仅要强化产品相关的环境保护,还要与能源供应一起,将其他对环境政策意义重大的领域,如农林业土地使用、交通和管线设施的建设和经营以及在一定限制下也将自然资源开采,都纳入其规制范围。

就像已提及的,专家委员会力求在所有的环境法领域锚定一种跨媒介的思考方式。对此的核心工具就是受欧共体法律启迪的一种综合的项目许可模式。这种统一的许可类型,它涵盖了与环境保护有关的最重要的项目内容,如与污染防治法相关的设施、核技术设施、垃圾填埋场、交通设施或者水体扩建等。同样建立在跨媒介的保护理念之上的环境影响评价,也根据专家委员会的设想,原则性地纳入项目许可的程序中。

专家委员会的另一个特别提议是要求强化环境保护重要行动方的自我负责。这有利于改善企业环境保护,并强调合作和灵活的机制。例如,建议引入企业自我监管的新机制。同时,因为环境保护也有赖于全体公民的支持,专家委员会也强调了每个公民的自我负责,为此目的,将基本义务前置在分部门的和分媒介的专业规范之单个章节中,从每种基本义务出发,必须考虑在各自领域中有什么具体要求。

另外,草案还包括了补充并进一步发展激励机制的建议。同时,在现行《废水收费法》中的理念,即通过相应减少经济上的负担来奖励持续减少法律上不作要求的污染物排放的行为,是富有成效的;这会进一步推广到诸如交通、农业和废物处理的其他领域。还有,草案还将推广促使治安法监管更灵活的可能性。例如,关于污染防治法中熟悉的补偿规则以及环境友好产品的使用优势;还有,通过免除一定的义务来鼓励相应行业领域加入环境审计。

专家委员会的工作遵循下述原则:

——主要目标应是促进环境法简化和生态改善,以及让现行环境法在结构和概念上适应现今状况；

——草案进一步的目标是提高(至少维持)现有环境保护水平；

——在确立个别行为的环境义务同时,也为自我负责任的决定保留空间；

——既有环境法的具体修改首先应限于在统一和协调目的所要求的范围内；

——在具体的规则制订建议中,应特别注重其实践的可操作性和实施友好性。

3. 独立专家委员会的工作方式

a)委员会工作的流程

对具体的规范领域和实质性问题之建议,原则上由委员会成员分工完成。在一些核心领域,诸如项目许可,由委员会多个成员负责。这些由成员及其助手完成的建议稿,通过多次会议予以深入探讨并常常有针锋相对的讨论。

在大量疑难又充满争议的问题上,尽管大部分也能达成一致结果,但仍然避免不了在很多情形下基于多数原则做出决定。其原因在于专家委员会成员的职业和生活经历比教授委员会要复杂得多。在委员会的工作进程中,所有成员无一幸免都经历过其建议被委员会多数否定的情形。仅在特殊情况下,少数观点也会明确地写入相应章节的理由说明中。同时须予肯定,草案整体是由全体成员共同完成的。

委员会的个别工作步骤,在时间进程上,也与教授委员会有所区别。教授委员会与其任务相应,是从总则着手;而专家委员会则从分则开始,在此基础才发展出总则规定。基于这种能更好衔接和协调总则与分则的归纳方式,分则规定也会根据总则而得以修正;就此,在特定领域可能整个系列的规定被舍弃。在工作最后,所有规定相互之间形成一种整体的协调。

不同于法律文本,那些由各起草者基于自我负责而完成的理由说明,因实践和时间上的原因,并不是具体征询的对象。因为每部分的理由说明都交给了委员会所有成员,且对个别成员提出的异议也予以了探讨,就此而言专家委员会也是整体负责。

b)咨询外部专家

因为很多与实体法相关问题的自然科学和技术的背景知识,这个由法学家组成的专家委员会(可视作一个例外),也得到了外部专家的支持。因而,在总共五年的工作进程中,专家委员会就一些问题领域开展了一系列的听证与咨询,尤其是专注于与未来相适应的可持续发展、具有空间意义的项目许可、企业环境保护、协会参与、水法、固体废物法、基因技术和矿山法。在这些谈话交流中,委员会收获了大量建议。针对这些建议,委员会进行了深入分析,也部分予以采纳。要全部采纳是不可能的,因为它们也经常自相矛盾。委员会也意识到,尽管吸收外部专业知识,也只能部分地实现对自然科学和技术问题的判断。而且,因为有限的知识能力及短缺的人力和物力资源(相比职能部门),这些判定也不完全能予以确定。但这并不涉及草案的基本理念问题。

应环境部长默克尔博士的邀请,专家委员会有机会在一个专门为环境法典的政治研讨会上与政治、行政、经济和学术的代表探讨了其观点。

专家委员会在其独立性立场基础上,开展与联邦环境、自然保护和核安全部及与联邦环境署的合作。比如,应前联邦环境部长 Töpfer 教授的邀请,与各部门的主要负责人进行了广泛的思想交流,这其中也包括环境署主席。[53]为此,作为该部的代表,ZII4 工作组的负责人(最初是部长秘书博纳博士 Bohne,后来他的接任者费尔德曼 Feldman)在不具表决权的情形下参与了专业委员会大部分的会议,由此也保证了专业委员会与其委托方稳定的信息交换。

此外,委员会在开展工作初始向相关协会提出了请求,对未来环境法典的创制提出建议,也由此得到一系列富有想法和充满前瞻性的建议。

4. 对新法律、规范草案及截止日期的考虑

考虑到环境法既有国内的也有超国家层面的持续发展,基于专家委员会有限的工作能力,不可能将截至草案最终完成前的环境政策所有进展都予以考虑并加以研究。所以,专家委员会将 1996 年 9 月 28 日确定为考虑现行立法项目的截止日期。只要联邦的立法项目具体确定下来(有些也会超过此截止日期),它们就已经被考虑纳入各部分草案,特别是在土壤保护法、自然保护法、核能法和危险物质法方面。截至 1997 年年底前重要的欧共体立法项目也已予以考量,特别是涉及环境影响评价、设施许可、物种保护和基因技术。

---

〔53〕 S. das Gesprächsprotokoll in der Denkschrift des BMU (Fn. 3), S. 47 ff.

四、草案的对象、划分和内容

1. 草案的对象

在确定其草案对分则部分的规制范围上，不同于教授委员会，专家委员会是自由的。由此需要面对一个难题，即除了环境法传统意义上的核心领域(自然保护和景观维护、水体保护和水管理、土壤保护、污染防治、核能和辐射防护、危险物质、固废管理和处理)和具有普遍性质的现行管理规则之外(环境影响评价、环境审计和联邦环境部门的组织权)，草案是否还应包含更多事项，诸如基因技术法，因为近期这些内容已被纳入环境法。此外还应考虑，诸如能源供应，这些看上去远离环境法但对环境有显著影响的领域，是否必须予以考虑。

最终一种必然的选择将不能建立在基于历史和政治形成的联邦政府内部的职责分配上。专家委员会认为，更多要从已经阐明的思考出发，环境法典必须尽可能考虑当前所有的重要环境问题，立法者应能为此类问题解决而作出贡献。因而也不允许那些由规则割裂所带来的不利影响占据主导。然而按照专家委员会的认识，那些割裂效应常常压过环境法典中对相关问题的一种明确和系统一致的规定所能带来的优势。

基于以上考虑，专家委员会决定将如下诸项列入了草案：

——基因技术法，因为它以其设施相关的规定，使用了与设施相关联的污染防治法相类似的模式，它是从污染防治法中分离出来的；并且它还与危险物质法相近，它也规定了对有潜在危险的生物产品之处理；

——森林法，其中直接服务于保护森林的部分，因为森林是自然平衡的重要组成部分，由此与自然保护法有着系统的紧密关联性；

——土地耕作法的部分，特别是农业，包括农药和肥料的使用，因为此类物质使用会明显影响土地质量，因而与草案中核心保护对象密切相关；

——道路规划与建设法，从环境角度来看非常重要，因为建设和运营联邦交通干线、联邦水道、机场和铁路通常与对自然和景观的干预相关，并且交通行为本身也会产生对人和环境明显的有害物质和噪音负担；尤其是考虑到不断增长的交通流量现状，将这部分规范纳入环境法典是极为重要的；

——能源法，它引导不同能源的使用，减少能源消耗，从而可为气候保护作

出重要贡献;

——矿山法,其中有根据需求的矿产开采规划和包含环境影响评价的场址规划以及矿山修复。

规范对象的扩大并不意味着环境部门事务的扩张,也不意味着其他部门的相应削减。环境法在争取协调和系统化的同时,更重要的是基于这种思考,即在重要领域发起攻坚战,比从前更重视环境保护,改善其实施执行。并且这也是现代化的一个方面,现代化自然意味着以与不同部门相合作的方式才能成功,而不是形成对立。

2. 放弃"气候保护"章

保护全球大气层是这个时代世界范围内最重要和最迫切的环境政治挑战。[54] 因此,草案也包含能有助于应对这一问题的一系列建议。不过,专家委员会没有采纳制定对气候保护的单独一章。通过单独章节规定气候保护,尽管似乎强调气候保护的意义,但是同时也可能会导致体系上令人不满的重叠和不确定性。因此,建议稿对气候的保护只是限于在总则和分则中一系列分散的相关规则。

草案在相关定义和指导原则中已经明确指出,气候保护是法典不可或缺的组成部分。既然保护对象之气候和臭氧层被视作自然平衡的一部分,那么环境法典的所有规则原则上都同样服务于对这些目标的保护。同时,气候保护还被称为长期环境正义的发展之指导方针之一。

为落实这一方针,专家委员会对与气候保护相关章中的目的规定和授权立法作了相应充实,以便为一种富有成效的气候保护政策,特别是能向行政立法机关,提供必要工具。下列相关规则要素尤其应予指出:第 4 章有关产品的生产、上市和销售中的各种立法授权也适用于臭氧层和气候的保护,同时还要求履行《蒙特利尔议定书》所规定的物质禁令;在第 9 章有关自然保护中,关于"森林保护"章节中目的规定也明确规定了气候保护;关于同样排放了大量的温室气体的农业[55];有关"土壤保护"第 10 章也规定了良好的专业实践,以尽量减少温

〔54〕 Vgl. Beschluß der Bundesregierung vom 29. September 1994 zur Verminderung der CO2 – Emissionen und anderer Treibhausgasemissionen in der Bundesrepublik Deutschland, BT – Drs. 2/8557.

〔55〕 S. den Beschluß der Bundesregierung (Fn. 54), 10 f., 15, sowie den Bericht der Enquete-Kommission "Schutz der Erdatmosphäre" des Deutschen Bundestages (Hrsg.), Schutz der grünen Erde. Klimaschutz durch umweltgerechte Landwirtschaft und Erhalt der Wälder, 1994, Abschnitt B, S. 45 ff.

室气体特别是氮氧化物的排放。

最后,第12章第3节关于交通污染的治理与气候保护尤其相关。一种对车辆特征和运行相关的立法授权,允许制定发动机效率、燃油消耗最高值和二氧化碳排放标准。这种排放标准在较早之前就已经予以建议,以实现机动车减少温室气体的排放。[56]草案中授权制定对公路和航空运输征费,也能为气候保护提供重要手段。第5节"能源供应和能源利用"的规定,也正如目的规定所强调的,致力于气候保护,特别是能源节约方面的直接规定。

3. 没有列入考虑的内容

专家委员会非常清楚地意识到,对不同规则的整合容易陷入失控的危险。这种危险并不遥远,因为正如所提到的那样,环境法是一个几乎触及所有法律领域的横断面。

a) 建设与土地规划法

一个显著的例子就是建筑法。《建筑法典》的大量规定明显地影响到环境保护。正如在一些建筑规划中规定应避免对环境的不利影响,即同实现与污染防治法同样目的。《建筑法典》监管土地的使用,由此与土壤保护法存在明显重叠。特别是通过有关要求维护建筑外部空间的规范,《建筑法典》致力于阻止对自然和景观的破坏。在1993年以《联邦自然保护法》第8a条形式制定的所谓"建筑法谅解"应确保,在制定"建设指导规划"时,应充分考量作为环境法核心领域的自然保护和景观维护的利益。然而,在创制环境法典中将联邦建筑法整体吞并,或者划出其较大部分到环境法典中,这都将是错误的。因为,由此将带来破坏性不利影响可能会远大于环境法内在统一的可能增益。

同样,因为环境法是一种横断面规则,由此也不需要考虑,将这些单独的法律领域,诸如建筑法或者也与环境法有着无数交叉的国土空间规划法,强行拉入环境法典。在此情形下,更多地是需要一种合理的衔接。基于这一考量,专家委员会将《联邦自然保护法》第8a条维持在自然保护法中,且限于为现行法律提供一种更明晰和易理解的规则体系。

---

〔56〕 S. z. B. Enquete – Kommission "Schutze der Erdatmosphäre" des Deutschen Bundestages (Hrsg) Mobilitat und Klima. Wege zu einer klimafreundlichcn Verkehrspolitik, 1994, S. 277 f.; ähnlich auch der Beschluß der Bundesregierung (Fn. 54), S. 10.

b)税法

一段时期以来,在“环境引导”标志下的税收体系改造之建议,主导着环境政策和财经政策的讨论。因而,近几年提出了税收系统“生态转型”的一系列理念。[57]尽管如此,专家委员会决定延续教授草案,没有对这个宽泛的问题领域提出更多建议。之所以如此,主要是因为生态税务改革牵涉太广,这不仅因为此类改革在宪法上的重大影响,也因为与之相关的对整个税务系统的影响。但是,其余非税收性质的、应补充和完善间接引导机制的环境征费,仍予以建议。

c)环境刑法

对环境法典与刑法的关系问题曾缺少明确回答。环境刑法现阶段显然是锚定于《刑法典》,且经前次修订后还是遗留不少疑惑,这其中就包括所谓的刑法的“行政从属性”,也就涉及其原则上与行政法决定和行政[58]的相关性之问题。在前面提到的国家里,瑞士就将环境刑法规范锚定于环境法典。

不过,承继教授版草案[59],专家委员会决定不将环境刑法纳入草案。对此的重要考量是,《刑法典》是环境刑法更好的归属。支撑这个决定的最主要理由是刑法对环境保护的真实有效性:如将环境刑法规范纳入环境法典中,是否其一般预防效果仍然同样大,这是相当值得怀疑的。通过《刑法典》的第 18 次修订[60],部门环境法中的大部分刑事条款引入《刑法典》。由此,尤其强调了重大环境污染的严重不法性,提高了一般预防效果,并增强了人们的环境意识。若将

---

[57] Zusammenfassend Linscheidt/Truger, Beurteilung ökologischer Steuerreformvorschläge vor dem Hintergrund des bestehenden Steuersystems, 1995; Umweltbundamt (Hrsg.), Umweltabgaben in der Praxsis, UBA – Text 27/94, 1994; Nagel, Umweltgerechte Gestaltung des deutschen Steuersystems – Theoretische und empirische Analyse der Aufkommens – und Verteilungseffekte, 1993; Benker/Bunde/Hansjürgens, Umweltpolitik mit Öko – Steuern? Ökologische und finanzpolitische Bedingungen für neue Umweltabgabe, 1990.

[58] Die Verwaltungsakzessorietät bedeutet im Grundsatz, daß strafrechtlich nicht verboten sein darf, was verwaltungsrechtlich wirksam erlaubt worden ist nDreher/Tröndle Strafgesetzbuch Kommentar, 48. Aufl. 1977, vor § 324, Rn. 4b, sowic Kloepfer/Vierhaus, Umweltstrafrecht, 1995, Rn. 22 ff.; aus verwaltungsrechtlicher Sicht Ossenbühl, UPR 1991, 161, 166 ff.

[59] S ProfE AT (Fn. 2), S. 25; so auchHansmann (Fn. 5), N 20.

[60] Gesetz vom 28. März 1980 (BGB. I S. 373); hierzu Dreher/Tröndle(Fn. 57), vor § 324, Rn. 4; zur polizeilichen Kriminalstatistik Strafverfolgungsstatistik bei Umweltstrafverfahren zwar erheblich zugenommen, sind aber nach wie vor durch eine hohe Zahl von Verfahrenseinstellungen und durch geringfügige Strafen gekennzeichnet.

环境刑法放入环境法典,是无法取得相同效果的。将环境犯罪留在《刑法典》内,相比纳入环境法典,能避免陷入零散,尤其关于轻罪的规定。

通过将环境刑法纳入环境法典,以解决“行政从属性”问题避免规则割裂,这种理由也并不令人信服。[61]“行政从属性”很少是规则领域的问题,而更多是不同法律领域的关联问题。如将刑事规范剥离出《刑法典》,也将不可避免出现碎片化效应。[62]鉴于此,有关环境的犯罪行为规定在环境法典中,而与之相关重要的一般原则和规则却规定在刑法典内,这种危险将会更大。根据委员会的观点,《刑法典》应综合所有与社会评价相关的违法行为。

d)民事相邻权法

以上适用于建筑法的相关理由,也同样适用于其他独立的法律领域。《民法典》包含有关所有权内容的规定,以及关于各不动产相互之间关系和防卫源自相邻不动产的明显损害可能性的规定。尽管这些民法规范与作为将来环境法典核心内容的公法上的污染防治法,有着紧密的关联,但是专家委员会并没有严肃考虑要将它们纳入草案。立法机关还必须保留给司法一些空间。恰恰在相邻权的争论方面,司法实践在实现私法和公法的污染防治法之间的必要协调上,在经过了初始的困惑后,现在得到了很好的解决。立法机关最近认同,根据司法判例对《民法典》第906条作出了新规定。与教授版草案一致,专家委员会建议在《环境责任法》基础上规定私法意义上的环境责任法。

e)森林损害的赔偿

委员会也研究了,对那些不能从其他方面获得赔偿的森林损害,是否以及何种前提下应予以规定这种由联邦最高法院所推论主张的针对国家的赔偿权。[63]委员会最终决定,不将相关规定纳入草案。对此的主要考虑是,单独抽出森林损害显得过于随意。因为,凭同等权利对农地或者葡萄园的损害也必然需予赔偿。此外,单纯的损害赔偿只有助于修复而不足以激励避免损害,因而其仍不是环境保护的机制。专家委员会也拒绝采纳教授版草案第130条的建议,据此,各州将通过行政规定形式保障对那些不存在赔偿义务的环境损害准予一种公平的补偿。此外,这方面还存在值得考虑的财政宪法问题。因为有害的空气污染事实上是由全体民众共同造成的,所以规制森林损害的责任基金必须通

---

〔61〕 So aber Dolde (Fn. 5), S. N 44 und Eser, a. a. O., S. N 70 ff.

〔62〕 Zutreffend Hansmann (Fn. 5), S. N 20 und Breuer (Fn. 5), S. B 58.

〔63〕 BGHZ 102, 350, 362.

过税收支付。而通过特种税费直接提供资金也不予考虑,因为就所提到的初始状况中,宪法法院所要求的严苛准许条件无法满足。[64]特别是基于广泛分散的污染致因途径,不存在为森林损害需特别负责的特定群体。就必要的补偿支付上,更多涉及一种必须从税入中予以资助的共同负担。[65]就此委员会拒绝了具体提议。代之,草案提出改善要求进一步减少损害物质输入的条件,同时致力于保障生态林业。

4. 篇章划分

基于透明性的考量,规范划分遵循不致章节数量过多的原则。因此,草案包含了较多的细分单元。"一般规定"这章就是例子,它聚焦于一般性规定,统合了范围和分量都很不等同的段节;部分节,比如法律法规制定,也完全可以构成单独的章。所有章节的整体划分,最主要体现了一般规定(总则)和特别部分(分则)之间的紧密衔接。这种紧密衔接,也证明了相比《民法典》和《刑法典》,草案形成了一种新的编纂类型:在对关联性规则进行较强的一般概括的基础上,在一般规定部分不仅可以发现抽象的,即仍需细化的目标设定和规范,也还有一系列非常具体的规定,比如必须予以具体考虑的程序内容。

另外,篇章划分应当尽可能全面反映现实环境问题。因而也就有必要在总则部分引入"产品"和"跨国环境保护"的单独章,这种形式是前所未有的。在分则中,部分根据影响因果关系、部分根据环境媒介进行划分,很大程度上与现行环境法的传统框架模式联系起来,特别是在"自然保护"、"土地保护"、"水体保护"以及"核能"、"基因技术"和"废物管理"这些章,而《化学品法》、《农药法》、《洗涤清洁剂法》以及《危险品运输法》的规范内容都从"危险物质"的角度予以统一。同时,分则中也做了重要的补充和修正,比如,"自然保护"章扩展了森林保护一节,"土地保护"章拓展了"土地耕作利用"和"矿产开采"两节,在"污染防治"章还可找到能源供应的规定。此外,独立引入"交通和管线设施"一章。对交通设施方面,完整接收相关的单个法律(《联邦公路法》《航空法》《一般铁道法》《联邦水路法》)意义不大,所以委员会分离并纳入了相关事项的部分。据此,上述法律将转变为规定财产、融资、使用转让等问题的交通运输业法,而交通

---

〔64〕 BVerfGE 82, 159, 179 ff.

〔65〕 So auch Salje, Kommentar zum Umwelthaftunsgesetz, 1993, Einl. Rn. 23, und Wagner, in: A. Schmidt (Fn. 1), S. 209, 230 f.

设施的规划、建设和使用则在环境法典中予以规范。

另外，尽管各章内容完全不一致，但专家委员会也争取尤其是在分则部分尽可能创建统一的结构。由此，大部分章节都前置了目的规定和各自重要概念的界定。

还有，草案各章中也贯穿规定了基本义务和原则。在基本义务方面，规定了公民实际的法律义务，当然在具体章节中，这些基本义务的具体展开则又根据各自相关规范领域予以区分。例如，在“项目”章中参照《污染防治法》设置的基本义务，就对授予许可和包括事后裁定在内的监管之动态条件，予以明确规定。另一种基本义务也需要通过相应行政立法予以具体化。第三种类型的基本义务更多仅具有一种呼吁性特征。作为共同因素，所有基本义务都以强调对环境保护的社会责任为根本。至于私人合同或者非合同的义务，以何种方式与这种基本义务关联，则留由民事裁判予以明确。与基本义务不同，基本原则指向实施环境法的行政机关。基本原则包含了应指导解释和裁量的、阐明各相应规则中基本理念的准则。对各章中都重要的行政违法行为的规定，基于透明性，没有单独成章汇总，而是同相应的事实规则结合在一起，置于各章结尾。

委员会放弃在单独一章（原第 18 章）中规定终止和过渡条款，这点不再承继教授草案。这实质上是个立法技术性问题。整个规范内容，很大程度上以委员会草案的哪些建议将来能为制定政府草案所采纳，为准绳。

5. 在传承与现代化之间：对具体各章的规范重点

草案包含 17 章共 775 条。初看，这个数目显得很大。然而可以设想一下，当拟议草案生效时，20 多部环境法律（包括还处在起草阶段的《联邦土地保护法》）也都将整体失效，而且一系列法律法规能予以简化，由此整体上使现有规范明显减少。[66] 相对于教授草案 598 条的扩展，本草案主要是吸纳了众多在教授草案没有涉及的特殊环境法规范领域，诸如农业、基因技术、能源供应和管线与交通设施。因为新增多条一般性规定，与教授草案相比，总则部分也显著增加；通过这种归纳方式，总则部分与分则部分更坚实地予以衔接和协调。

在总则部分第 1 章里，法典目的引导性地界定为致力于保护环境和人的环

---

〔66〕 Ausgehend von den bei Peine (Fn. 9), S. 50 genannten Zahlen würde sich die Nettoeinsparung auf wenigstens 200 Paragraphen belaufen. Eine genaue Quantifizierung ist allerdings kaum möglich. Zudem ist die Anzahl der Paragraphen für sich gesehen wenig aussagekräftig. Aufschlußreicher wäre nur ein Vergleich der absoluten Zahl an Wörtern, der hier indessen nicht geleistet werden kann.

境法。在紧接着的核心概念规范中(它还通过在其余章中其他定义予以补充),首先是各种不同功能结构的环境要素的核心环境概念。对此,既有对源自现行法中概念予以修正或采纳,也有环境法规定创制的新定义。尤其值得注意的是危险和风险之间的区别,它以严格予以实施的危险防卫和依据比例性原则予以操作的风险预防的界限为标志。第 2 节包含一系列基本原则,其部分是宣示性的;同时还规定了指导原则,这些指导原则不仅明确草案的基本导向,而且还作为解释辅助在适用具体规范中予以使用。除了熟悉的预防原则、致因人(担责)原则和合作原则三项外,在此意义上至今还不为人们熟悉的综合原则也予以强调。据此原则,应考虑在环境保护措施中所有的环境影响,且应顾及污染在不同环境媒介间的转移。此外,还形成了一种参照自然保护法中补偿义务的一般性权衡规则,以及将所有权使用和遵守环境法规定联结起来(财产的环境义务)的规定。

第 3 节规定的是迄今仍被忽视的法律法规的制定,对此首先是缺乏程序法的规定。这是非常糟糕的,因为具体追求的环境保护水平主要取决于在法规层面规定的技术与自然科学规定。当然,草案也没有设立具体的标准,而是将标准的制定委托给了行政部门。这也是因为法律不应当包含那些太过详细的规则,这些规则会因为细节经常变动而频繁变更。就此领域,延续教授草案,专家委员会致力于制定针对更新和实现下层规范为内容的规定。其中包括建立一个环境委员会的建议;这个多元化组成的委员会不仅履行咨询的功能,也应在规范制定程序框架中考虑公共利益。同时为有助于国家精简,草案也规定了新的法律制度,这体现在关于目标制定、企业自我约束、格式合同以及私人环保合同的规则方面。只要保证能遵守自愿承诺的义务,就可减轻立法和行政机关的负担,引导一种生态进步。在现行法律中不为人熟知的,如草案建议的对环境要求区域化的机制和对新建立的区域环境组织之自治规则,也被提了出来。

对协会的承认和其在行政程序中的参与,也需要跨专业领域的规则。当然,这些规则可以建立在自然保护法中成熟规则的基础上。此建议不仅保障至今有能力的协会参与,也将参与权扩展到项目相关的区域规划程序、建设指导规划、清洁空气和土地保护规划的编制以及项目许可。

在法律保护方面,为了使其在一些至今仍不足的环境保护领域具有更好的可执行性,委员会决定联邦法中将受认可的协会引入协会诉讼。这首先涉及自然保护法,当然还有当前仍通过规划制定程序的特定规划项目许可。在第三方保护方面，应赋予第三方可以要求行政部门检测预防性边界值的权利，超出此类值将影响第三方利益。环境领域专门的竞争者诉讼也被首次提了出来，它应使特定的市场从业企业有可能对行政部门容忍其竞争对手扭曲竞争的违法行为而采取行动。另外，为避免使法院陷于对每个案件中属于具体环境风险的自然科学技术的评价哪些最终属于行政自由裁量之争议的方面必须予以决定的情形，对此委员会建议，对以技术或自然科学为前提的行政机关的预测和评估，在司法程序中仅对程序规定是否得以遵守及行政机关的预测和评估是否可予验证，进行审查。

不利环境影响不仅源自私人行为，同样也来自国家机关的行为。委员会认为有必要明确规范公共行政的环境义务，并要求公共管理方有义务遵守在环境法中所包含的实体和程序的规定。此外，公共部门还应比以往更坚定地保持对周围环境友好的示范作用。就此主要通过公共采购事务、公共任务的招投标以及国有土地利用的规定来实现。

草案还包括环境领域的行政组织结构和职责的规定。这些规定整体上应有助于政府职责更强地统一和合并，以利于改善法律执行。同时草案还汇总了对附属于联邦环境部的联邦机构之所在地和职责范围的规定。在此还有一节是对咨询委员会的组织机构之规定，如环境专家委员会（SUR），其鉴定报告在为联邦政府提供咨询上发挥着重要作用。其中最重要的是确保咨询机构的均衡组成，使其不仅能代表相关的专业领域，也应代表在不同的专业领域中不同的观点派别。进一步的规定涉及委员会的报告义务及其独立性。

对于众多在现行环境法中熟悉的行政违法行为要件，草案提出了已经在刑法中实现了的褫夺获利原则，由此在根据经济上获利计算罚款时，不再扣除与违法行为相关的费用。此外，为了改善特殊预防，规定可对违法行为人进行环境教育。

在环境保护相关的“规划”方面，委员会首先争取促进环境保护利益的融入整合，和改善与国土空间规划、州域规划和建设指导规划的整体衔接。因此，提出了环境法的规划原则和参与规则，并引入面向跨环境媒介的环境基础规划新模式。它们应该与现有的环境规划相协调，并且整合到上述所提到的整体的空间规划工具中去。不同于教授草案中的环境指导规划，环境基础规划并非设计成一个新的、单独的规划层级，而是作为建设指导规划、空间规划和州规划的一部分。作为联邦的监管政策工具，环境专项的框架规划和项目规划在将来应并入联邦环境规划之中。跨媒介、有计划地克服潜在环境问题的进一步制度构建,是草案提出的对规划和计划的环境影响评价,迄今为止它还只是在地方层面初步得以适用。因为在规划和计划层面上已经作出了对进一步发展的一些关键方面的举措,所以它们同时也是一种简化和加快一些项目后续审批决定的有利工具。

跨媒介的环境保护之核心是"项目"这章,项目行政许可需经主要由欧共体法予以规定的环境影响评价,并经公共参与的程序才批准。这章重点主要聚焦在将对环境或人产生不利影响的项目许可,就此通常需要一种跨媒介的审查。它规定了一般性许可条件、程序以及决定的法律效力。适用范围不仅涵盖至今规定需要许可的项目,也包括那些至今以规划制定程序予以批准的项目。本章促进程序性规定的统一,并由此引导许可实体性条件的进一步协调,尤其是引入一致的基本义务。对于至今属于规划批准的项目,仍保留了对规划的开展自由度的认可,它以包括替代方案审查在内的合理权衡之要求为标志。作为基本统一的许可类型之变化,相应规定了捆绑式和计划性的项目行政许可。在相对不重大的项目上,这两种许可以简易许可的形式简化项目许可。

此综合许可应当确保,项目只有在考虑所有污染途径(所有的环境媒介),和考虑所有可能的不同媒介间交互作用,及确保整体环境尽可能小地受到影响为前提条件,才予以批准。当然,这个想法实施起来面临着一些困难,因为还不存在这样一种可允许进行计算的"换算单位",如在水与清洁的空气,或者自然破坏与避免居住区域的噪声污染,或噪声污染与自然保持之间的比较。这样一种可计算的对立,更多将误导至一种模式化的和无可争论的应用,且掩盖了这种危险:仅仅是佯装结论准确性和预测确定性,由此产生一种无人使用的表象合理性。但同时,本规范建议应当有利于在经适当时期发展完善,落实这种跨媒介理念的、可实践的程序。

第4章关于"产品"强调这样一种事实,环境负担不仅源于空间意义上的项目,也产生于生产、使用和处置各种物质和其他移动物体。这一点可与基于固体废物法和污染防治法上熟悉的对物质的禁止和限制的规定,联系起来。总体上,对项目的规范,应通过原则上与基于项目为考量出发同等地位的、对物质和生产相关的考量方式,来予以补充。由此当在需经许可的设施中进行产品生产,自然就可能产生重叠规定。对此,产品责任并非只经由产品的许可义务来实现,而主要是通过需要由行政法规来细化的,生产者、销售者和使用者的相应基本义务来实现。在此不仅是关于危险防卫的角度,危险防卫主要是包含在"危险物质"章中。为了落实一种长期环境正义的发展纲领,在"产品"章更需强调资源保护。另一个至今在法律上仍不熟悉的工具是环境影响分析,据此,特定产品的生产者必须调查产品对环境和人的潜在影响。根据"环境天使"的模式,将来对于环境特别友好的产品、生产工艺或者服务,可授予环境认证。

至今零散予以规范的"监控和干预措施"的规定,将在第5章中予以汇总、统一和一般化。例如,应删除那些在事后裁定中的没有宪法依据的或基于其他原因而意义不大的赔偿。还建议补充了有关紧急措施的规定,它使将来不用再溯至《警察治安法》。同时,在此领域也通过扩展在环境影响设施上自我监管之可能性来寻求灵活性。在此同一方向上还旨在树立一种所谓的修复理念,它应解决在通过治安法上的裁定以排除违法状态和修复污染场地和设施中一直以来存在的执行困难问题。

第6章统合了那些初看起来貌似异质而事实上都基于一种"间接的调控工具"作为共同连结要素的条文。由此应加强使用合作性和灵活性机制,利用市场机制,尤其强化环境风险预防。为此,还建议加强企业组织内部环境委托人(环保专员)的地位。为此目标,统一现行法律中熟悉的运营委托人机制。还进一步建议,领导层切实承担起环境保护的责任,从而迫使特定的股份公司设立环境保护董事一职。同样环境审计也是一种可以促使减少国家干预措施、减负和加速的工具。除了条例层面中对环境审计员职业准入规则外,此章完全吸纳《环境审计法》其余规定,并在法条编辑上显著简化。总体来说,草案为实施审计的企业规定了一系列减负措施。

在环境责任这节应予以强调的是,在此所建议的、因经营故障、危险物质事故或者经由排放而引发所造成的人身伤害和财物损失的过错推定责任的一般事实构成。当责任人能够证明尽到了环境法所要求的谨慎义务,则可免除相关责任。这背后的用意,是使责任法规则作为遵守相关规则的激励手段,相比以往得到更强的使用。其余建议主要基于《环境责任法》规定,并且综合了《水管理法》和《基因技术法》中危险责任的事实构成。

间接的引导性手段将通过环境费征收,如已在征收的污水排放费那样,进一步来扩展。通过明确规定税费收入的使用目的关联,征收的环境费应当确保不被挪用于资助其他的国家任务。承继教授草案,在分则部分里除了建议固体废物费,还补充了抽取地下水补偿费、氮物质费和交通费的规定。就环境补贴方面,草案尤其规定了一些法治国家允许的详细规定。联邦政府在关于费用征收和补贴方面经验的报告义务,应在这个敏感领域保障其透明度。

间接机制这章最后还谨慎地扩展污染防治法中熟悉的补偿规则。同时,使那些现在还很少予以应用的、对环境珍惜或环境友好产品的使用优势机制一般化。此外,经济创新力和创新条件应该激励此类产品的开发。接着,委员会建议共同使用设施规则,据此,只要满足一定条件及支付适当费用,应使第三方有可能共同使用。由此,目前主要在能源法中予以讨论的那些想法得以一般化,并推广到环境法典的其他领域。

第7章"环境信息",将迄今为止还仅是初步予以规定的关于环境问题的国家信息行为与《环境信息法》的规定统一起来。在国家信息领域强调了环境经济总核算的模式,它要求将生态方面纳入现行企业经济总核算。此外,国家掌握的涉及生态问题的消费者信息也应由法律正式予以规定。在环境信息获得方面,草案基本继承了现行法律。这章规定的目的是通过更广泛的信息来改善环境保护;并且由此促使公众对行政的监督,也可以同时制衡实施不足。建议稿也对《环境信息法》中的那些基于欧共体法原因需要修改的规定,进行了修订。由此,在行政实施过程中信息权不应被排除在外。

越来越重要的"跨境环境保护"被单列成章,这章既汇集了现行法律的已有规定,也涉及了法学新领域。考虑到很多环境问题的大空间尺度,环境法转向关注跨界的和全球性环境保护,也就很自然。基于此理由,应以法律形式确定德国主权行使者对环境保护的国际合作义务。此外,基于草案的总体目标,也要求确保国内的行为不应在境外产生不利的环境影响。为此,这章尤其旨在改善政府间的跨境合作和在国内行政程序中外国人的跨国程序参与。相对应也要保护国内环境免于来自国外的不利影响。建议稿也为此提供了可能性,即德国机构可以采取保护全球环境物的措施,即使它们是因在国外的活动而受损害的。最后,为避免对全球性或处于国外的自然资源造成威胁,建议稿还规定了对颁布进出口限制的授权。引入这一在贸易政策角度特别充满争议的规则,只能在国际间和平解决问题的努力不能获得成功的前提下,它才作为最后手段予以考虑。

"自然保护"一章在内容上提升了自然和景观保护的价值地位。它对《联邦自然保护法》发展的贡献在于,提出以罚款为强制保障的一般性自然保护义务,此自然保护义务适用于所有人,因而强调个人的责任。在规划层面上,景观规划以"自然保育规划"的新命名得以发展,并且对其他与自然相关的规划、决定和措施发挥很强的关联约束作用。充满争议的"建筑法谅解"(《联邦自然保护法》

从第8a条到第8c条）则以更为清晰的严格表述列入本章。由共同体法《动植物栖息地指令》推动的发展，没有与干预规范一起，而是单列了出来。为了进一步提升自然保护利益的保护效力，对于自然和景观的干预，应获得自然保护部门的同意。这特别适用于为此类干预行为做铺垫的建设指导规划。不同于现行法律的另一新颖之处，是更加强调了对生物多样性的保护。基于前面提到的在框架性权限的限制条件下，现行联邦环境保护法一系列规定予以更新，以保持各州由《基本法》赋予的立法空间。在物种保护方面，基于欧共体新颁布的《物种保护条例》，也对现有法律进行了一些修改。最后，这章还补充了至今包含在《联邦森林法》中将森林保育视作生态平衡的重要组成部分之若干规定。

相对于1997年6月完成的《联邦土地保护法（草案）》，"土壤保护"这章现在主要在州法上仅局部予以规定的法领域，提出了更全面的规则建议。这一章将危险防卫和风险防范置于同等重要地位。出于生态原因，在确立保护范围上，不仅要考虑土地的使用功能，而且也应恰当考虑土地的自然功能。草案也建议将修复义务与基本义务联系起来。一个重大的创新是明确规定了将土地耕作利用纳入其中，尤其是对土地产生不利影响的农业。凭此，环境友好型农业得到支撑，即为人们熟悉的源自肥料法和农药法中关于良好专业实践的规则被一般化并得以扩展。因为基于事实上与土壤保护的关联，将肥料和农药物质的使用从当前的危险物质法中转移到土地耕作利用这节中，委员会认为很有意义。因此第17章危险物质法只包含农药和肥料的一般性规定。作为减少氮物质输入的额外手段，建议提高氮物质（税）费作为引导性特别税费。同时，这章也部分地把《联邦矿山法》的规定纳入，这也同样属于这章的新内容。草案也仅限于规定对于矿产开采的一般性基础义务，引入矿产开采的需求规划和场址规划。对属于《联邦矿产法》所属的矿藏，在规划制定这点上，这两个规划应当在将来成为所谓的强制性框架经营规划。最后，提出了包括融资方案在内的修复军事污染场地之规范建议。

第11章的对象是"水体保护"，包括地表水、地下水、沿海水体和公海。草案继承《水管理法》，尤其是已有的预防性水体保护之考量得以进一步发展。另外，水体使用许可的程序规定也得到协调。在此领域，基于有关项目许可规范的统一效力，建议向现行《污染防治法》上的许可程序看齐。当然，作为水法许可重要特征的水务部门之管理裁量，将以另一形式保留，由此行政机关的这种估测特权得到明确认可。比《水管理法》有所创新的是引入了目前还仅以特殊法予以规制的禁止向公海倾倒垃圾和污水收费的规定。以及对于抽取地下水征收取水费的建议,成为联邦法的新领域,这个地下水取水征费是依经联邦宪法法院承认的巴登符腾堡水费[67]而形成的。

"污染防治和能源保障"这一章,相对于作为部门环境法典范的《联邦污染防治法》,由于经众多的一般化归纳,特别是被转移到"项目""产品""干涉性措施和监控"等章以及在"企业环境保护"节中,内容篇幅明显收缩。这特别体现在需经许可的设施领域中对于批准程序、事后裁定、撤销、监管和企业环保专员方面的规则上。由此,这章限制在对大气保洁、噪声防治和设施安全的补充性规定上。对无须许可的设施,至今对预防原则适用的争议也有了结论,即预防原则作为贯穿整个环境法之原则,也应予以适用。涉及交通的污染防治,草案包含应覆盖所有交通道路的一般规定。由此,委员会也就将至今仍条理不清晰的、零碎的现行法律,纳入一种由基本义务、命令职权、赔偿义务规定构成的独立体系中。与此同时,还提出了旨在减少交通流量的道路和航空运输征费授权的法律基础。对区域相关的污染防治,建议稿对雾霾治理的进行了统一规定,但没有吸收现行法律规定的对雾霾的指导值;对争取的保护水平,委托行政法规制定者予以细化。以专门致力于能源供应和使用,对此单独成节;为有利于气候保护,还规定了行政机构和地方政府有义务提供与环境保护相适的能源服务供应方案。

核能领域中,对核技术设施和核废料最终储存的许可,被规定在总则中的"项目"章下。对处于捆绑式项目许可下的核技术设施,放弃了职权裁量(Versagungsermessen),但同时基于基本义务,许可的前提条件得到扩展(对此领域是新的)。由此,这种对核废料最终处理的预防在将来也应作为许可的前提条件。尽管放弃了经营核废料最终储存地的国家垄断,但并不放弃提供最终储存的国家义务。当能遵守与德国安全标准同样高的要求,草案也允许作国内处理原则之例外。对产生电离辐射的小型设施、目前还处于行政条例层次的许可事实规定,将纳入法律,并与《核能法》的相应规定合并。草案以单节的形式进一步统一规定了辐射防护,由此就整合了辐射防护法的辐射防护责任人、辐射防护登记、防护措施的法规授权以及《辐射防护条例》中辐射防护原则。

第 14 章中对"交通设施和运输管线"的建议,仍采取现行法律的规范方法,并进一步发展,在建设和经营那些大范围、长时期干扰自然和景观相关的项目

[67] BVerfGE 93, 319.

中,赋予环境保护利益更重要的权衡。从交通设施的角度,职责部门应当承担对交通结果的考量:据此原则,在能对交通需求有直接或间接影响的决定中,应当对避免需求上涨和促进需求减少之可能性进行审查。联邦道路规划须有法律依据;应致力于多式联运,由此与环境相适应地加以考虑。跨区域交通设施(即联邦的交通工程),以及磁悬浮轨道、民航机场、交通港口、货运中心的规划,也要遵循一系列(部分是新的)规划原则。在对项目优缺点的必要性调查和评估中,能源消耗和环境影响也应纳入考量。此外,项目予以纳入需求规划的前提条件是项目带来的相应好处显著超过不利,并且项目方案也优先于替代方案。为简化程序,建议取消将线路规划作为独立的规划阶段,同时强化联邦在国土规划中的地位。在联邦层面上一直以来由水法和矿山法规范的那部分管线设施领域,针对此类项目的建设和运营所带来的危险和风险,人和环境利益现在应当普遍受到保护。为此,在符合要求的特定情形下申请项目许可。

根据前文所提理由,第 15 章将“基因技术”的规定综合到环境法典中,并将其与总则联系了起来。专家委员会认为对基因技术进行专门监管仍然是必要的。其建议稿主要基于现行法律,但是体系上作了全新编排,并且吸收了法律政策上的一系列建议。一个主要变化是,不再区分商业行为与研究行为,因为风险与工作划分不相关。同时,提出了一个很关键的监管理念,即应尽可能少地阻止基因技术工作的开展,但同时又要考虑依不同时期的知识水平对环境和人类采取必要的保护措施。安全级别 2 到级别 4 的设施应经项目许可。这同样适用于那些与环境特别相关的、释放经基因技术改变的生物体。与其他规范方式类似,建议稿也对基因产品投放市场规定了基本义务。在与其他的产品许可法之关系上,对基因技术法实体性和程序性规定必须予以纳入,这具有优先性。最后,也提出了对其他生物技术的规范,因为在此方面也涉及对生物体危险性质的管控。

第 16 章“危险物质法”旨在保护人和环境免受危险物质的伤害。其旨在为危险物质整个“生命周期”提供一种尽可能周全的保护,始于其获取和制造,经过在不同使用领域作为产品的利用,直到最终作为废物予以处置。因为危险物质法很大一部分都已由欧共体法作了规定,所以草案主要接受了此类规定。基于草案在很大程度参照《化学物品法》,这章汇集危险物质法的涉环境相关规定。因为信息是尽早地规避风险的基础,应及早通过报告义务、登记程序、许可程序,伴随于危险物质延续的生命周期中,向行政机关提供必要的信息和知识。现行的国家干预权会略有扩大,并补充指向国家行动者的、以进一步激励他们在化学品法上实施众多监管权力的化学品政策的基本原则。建议稿特别关注那些直接接触处理各种危险物质的群体。为此,建议稿规定了生产者和使用者应遵守环境友好行为的基本义务。此外,这章还吸收了与环境相关的特殊的物质法(农药法、杀虫剂法、洗涤和清洁剂法以及肥料法)和与危险物质法密切相关的危险品运输法的若干规定。

最后一章"废物管理"大部分采用了《循环经济和废物法》规范。那些常被诟病的不一致性,也通过更易于理解的表述尝试解决。因而,这章一个重点是简化法律。譬如,废物管理的引导性指导思想变得更紧凑。对生产者和经销商避免固废义务予以一般抽象化,并移入总则"产品"一章中。另一个重点是对废物处理的组织和规划作了规定。在此,废物管理的规划尤为重要:在这一前置阶段上,对在废物填埋场和固废处理设施的许可中必须予以注意的场址确定,就应作出有约束力的决定。相关规定补充了"项目"章中对垃圾填埋场的批准和关停的相应要求。另外在监控和环境专职人员方面,建议稿仅限于对总则的相应法规之补充性规定,特别是就有关证据程序。不同于现行法律,对于废物清除的规范建议,不仅是运输和经纪中介,还将交易也置于许可义务下。通过这种衔接,将《废物倾倒法》的规定整合到这章中。此外,委员会还建议对特殊废物征收作为特别引导性税费设计的固废税费。

五、环境法典工作的进一步推进

专家委员会的草案作为未来拟定研究稿和政府稿环境法典草案之基础。在当前关于1999年必须予以施行《综合避免环境污染指令》的讨论中,也隐含提前逐步启动环境法典这种意图。[68]

环境法典的第一书能够替代部门环境法中项目许可法,以重要的程序规定,统一、跨媒介地规范最重要的许可类型。基于"项目"这章构建的解决方案,同时也可以使《环境影响评价指令(修订)》以一种完整的理念得以转化施行。委员会认为,有必要在法典第一书颁布后及时推进整个环境法典。

---

〔68〕 Vgl. den auf Vorschlag der Bundesumweltministerin Merkel gefaßten Beschluß der Umweltministerkonferenz vom 4. und 5. Juni 1997.

总　　则

第一章　一 般 规 定

（第 1 ~ 66 条）

第一节　本法典的目的、概念界定

第 1 条　本法典的目的

（1）本法典旨在保护环境和人类，以及人类的健康和福祉。

（2）环境保护应致力于预防和永久保障自然的生活基础，特别是

1. 包含生物多样性在内的生态系统的功能特征，

2. 自然资源的可利用特征。

（3）在国际法框架下，本法典亦致力于保护在国外和无主权区域的环境和人类。

第 2 条　概念界定

在本法典的意义上，

1. 环境：是指生态系统、景观、文化遗产和受保护的物品（环境物），以及环境物之间的作用途径；

2. 生态系统：是指土地、水、空气、臭氧层、气候以及局部气候、动物、植物和其他有生命的生物体（自然物）以及包括自然物之间的作用途径；

3. 环境法规定：是指本法典的和基于本法典制定的行政法规中的规定以及与本法典所涉主题有关的欧共体条例中的规定；

4. 危险：对本法典保护法益发生明显不利影响的足够可能性；所需担忧的影响越重要，对发生概率的要求也就越小；

5. 风险：在实践中未能予以排除的、对本法典的保护法益会有并不微弱的不利影响之发生可能性；

6. 污染排放物:向环境溢出的物质,特别是指那些,在其溢出口或者其致因地点,能导致土壤、水体和空气污染以及造成其他如噪音、震动、光线、热量和辐射现象的物质;

7. 环境影响:通过污染物排放对环境和人类造成的影响;当基于其特性、范围和持续时间,对环境造成危险,或者对人类造成危险、明显的不利或者明显的负担,则属于有害环境影响;

8. 空气污染:是指空气自然组成的改变,特别是通过烟雾、煤烟、粉尘、毒气、气溶胶、蒸汽或者有气味的物质组成的改变;

9. 先进技术水平:是指在实践中能够为珍稀自然物以及其他资源,或者保护本法典保护法益免受不利影响,以及在无法避免情形下减少不利影响,先进和有效的生产工艺、装备以及经营模式的发展状况;在对先进技术水平进行确认时,应考虑哪些类似技术最近成功测试,及其费用与实现第 1 条中目的是否相称;

10. 先进科学和技术水平:依据经认可的科学研究成果,对保护环境和人类防止危险或者预防风险认为是必要的、先进的生产工艺、装备以及运营方式的发展状况;

11. 设施:是指可能对环境和人类造成危险与风险的固定装备、可移动技术装备和地块;

12. 事故:是指设施合规运作的故障,由此导致物质或辐射的泄漏,或产生某种物质,发生燃烧或爆炸,且引起重大危险;造成重大危险是指,当人的生命受到威胁,引起对严重健康损害的担忧,且对大量人群的健康造成损害,或者环境受损达到影响公共福祉的程度;

13. 进口:是指输入到国内;未经过加工处理,在海关监管下的过境运输不作为进口;

14. 出口:是指输出到国外;

15. 上市流通:是指向第三方交付,向第三方供货和进口;出口中的交付、存放和运输除外;

16. 成员国:是指加入欧共体的国家;

17. 第三国:是指非成员国。

第二节　环境保护的原则

第 3 条　环境责任和环境意识

(1)[1]每个人都有承担保护环境的责任*。[2]在此责任范围内，利用环境物。[3]具体的权利和义务由法律法规予以规定。

(2)国家应促进公民环境意识。

(3)每个人都有义务了解自己在使用环境物时所需承担的义务。

第 4 条　长期环境正义的发展**之指导方针

保护人类和环境，及对子孙后代负责，尤其

1. 应珍惜和节约使用不可再生的自然物和其他资源，
2. 引导在对可再生的自然物和其他资源的消耗中使其能持续利用，
3. 保障环境的适应性和可承载力保持在合适的安全状况内，
4. 保护臭氧层，并维持大气中温室气体浓度稳定，
5. 避免对环境和人类的危险和风险。

第 5 条　风险预防原则

(1)应通过前瞻性的计划和合适的技术性防护措施，尽可能排除或减少对环境和人类的风险。

(2)[1]风险预防也应致力于保护敏感人群和生态系统的敏感组成部分。[2]应为将来的和顺应生态的用途保留足够空间。

(3)应改善受污染区域的环境质量，保持未受污染区域的环境质量。

第 6 条　致因人担责原则

(1)对环境或人类造成明显不利的影响、危险或者风险的人，应对此负责。

(2)因物体的状态而对环境或人类造成明显不利的影响、危险或者风险，则物体的所有人或占有人应对此负责。

(3)[1]当第 1 款、第 2 款中规定的责任人不存在、不能确定、不能及时确定，或

---

* 在本译稿中对于“die Verantwortung”译为“责任”而“die Haftung”译为“法律责任”。

** dauerhaft umweltgerechte Entwicklung 在英语版中又译为 Sustainable, Environmentally Sound Development(可持续性环境友好型发展)，本翻译中采用德语直译。

者依本法典中条款不负或只负有限的责任,则由公众共同承担责任。[2]追偿的可能性不受影响。

第7条　合作原则

(1)[1]环境保护由公民和国家共同承担。[2]行政部门和相关人在根据相关规定履行环境法规定的职责和义务中应进行合作。[3]有关公众参与和环境信息公开的条款亦致力于此目标。

(2)对那些基于环境法规定的措施,有关部门应审查,是否能通过与相关人进行协商来实现本法典的目的。

(3)[1]当国家的环境保护任务委托给非政府组织、私人或企业,他们应自我负责地承担此任务。[2]主管部门应确保其委托的任务得到恰当履行。[3]当任务未得到恰当履行应当返回至主管部门。

第8条　保护整体性环境

保护环境和人类的相关措施应考虑到其对环境整体的影响。

第9条　利益平衡与补偿

[1]在决策空间或估测余地范围内,应权衡其他相关利益后,决定合适且必要的措施。[2]本法典的保护法益,应以与其被强调的意义相称之重要性,予以权衡。[3]当存在对生态系统功能产生重大且持久的损害之威胁,环境利益具有优先地位,除非特别重要的公共利益不得不造成此种不利影响。[4]在具体情形中,当其他利益具有优先地位,那么应尽可能通过合适的措施对环境明显不利的或者持续性的影响进行补偿。

第10条　所有权和环境利用

(1)[1]只有在满足环境立法规定的永久保障生命自然基础的先决条件下,所有权人才有权利用自然物和干预自然和景观(所有权的环境义务)。[2]其他规定不受影响。

(2)[1]在共同使用的框架内,允许每个人危险自担进入森林、道路或未利用的土地、田间,或使用地表水体。[2]具体情形由各州予以规定。[3]各州可以基于重大理由对上述的进入权和使用权予以限制,将其他的使用方式全部或部分地等同"进入",和颁布其他规定。

第三节 法规和规范制定

第一小节 行政法规

第11条 授权制定环境质量的临界值和导向值

(1)[1]为实现第1条所规定之目的,特别是对环境和人类的危险防卫或风险预防,可通过经联邦议会同意的行政法规,为水体、空气和土地的特征、现状以及为排放,制定不得超越的临界值。[2]在行政法规中可以同时规定如何计算出该数值,和如何对数值的遵守进行测量和监控*。[3]当危险是由用于商业目的或经营性企业范围内的设施产生的,或者是由在农业土地使用、畜牧业或林业范围内的活动造成的,此授权才适用于水体污染。[4]应适用第20条公众参与规定。

(2)[1]出于对环境和人类的风险预防,可以通过行政法规,对水体、空气、土地、自然和景观的特征、现状以及环境影响,确立行政部门在其职责框架内应遵守的导向值或者特别的质量要求。[2]第1款第2句和第3句相应适用。

(3)[1]第2款规定的导向值,也可由根据州法的职责部门或者根据州法获得授权的乡镇、县来进行确定。[2]具体由州法规定。

第12条 对临界值和导向值的原则

(1)制定依第11条第1款规定的危险防卫的临界值,以使对环境和人体的保护在保持合适的安全状况下不会受到不利影响。

(2)制定依第11条第1款和第2款的关于风险预防的临界值和导向值,应在考虑确定或潜在的风险的方式种类、规模和概率下,适当地预防对环境和人类的不利影响的产生。

(3)制定环境质量的临界值和导向值,不得长期过高要求环境的适应性和承载力。

---

* 在德语中,überwachen (Überwachung)的本意为监视、监控。在我国的环境法实践中,更多使用“环境监测”这个概念;在对德语中这个词的理解上,不仅是指中立的监测的含义,也还包括对相应行为和现象的长期控制。查看其英语翻译,其中也有根据具体语境作不同的翻译。在本翻译中,大部分采用“监测”,但部分也为“监管”和“监控”。

(4)[1]制定环境质量的临界值和导向值,可对环境中环境污染物质的浓度和数量进行规定。[2]同时应考虑多种环境污染物质的并存、总体污染和对敏感人群的适当保护。

(5)当环境质量的临界值和导向值无法满足人类健康的危险防卫或预防风险时,应根据不同区域或水体的保护需要,特别是其特征、承载力、动植物的敏感度和现有的或者计划的利用,予以区别规定。

(6)不同污染路径和不同环境物的临界值和导向值,应彼此协调。

第 13 条 规范设施、运营方式、物质、半成品和产品的原则

(1)需适用本条第 2 款至第 5 款规定的原则,当依本法典的行政法规对如下内容作出特定要求:

1. 设施的设立、特性状况和运营,特别是排放限值的设定,和其关停后的状况,

2. 向水体排入废水,

3. 固废处置,

4. 林业,农业的土地利用或者畜牧业,

5. 特定物质、半成品或者其他产品的分类、制造、流通、使用或废物处置,

6. 在封闭系统内基因技术的操作,转基因生物的释放,或者基因技术产品的流通。

(2)考虑到技术发展,第 1 款规定的要求也可以在行政法规生效后的时间点予以确定。

(3)[1]在行政法规中可予规定,现有设施、现有废水排放以及其他已在从事的环境相关之活动,应满足较低的预防要求或者在过渡期届满之后再满足预防要求。[2]在确定有关要求和过渡期限时,应特别对环境和人类确定或潜在的风险,和对于设施、排放、废物处置工艺、农业土地使用和林业的利用时间和技术特征,予以考虑。

(4)[1]可通过行政法规对检查监督其遵守履行的方法作出规定。[2]这些规定特别是指包括对取样和样品处理要求的测量程序和分析方法。

(5)第 1 款中对不同设施、运营方式、原料、半成品以及产品的要求应相互协调一致。

第 14 条 共同体法和国际法规定的实施

(1)[1]也可以根据本法典利用授权颁布行政法规,来转化实施欧洲共同体有

约束力的法律文件。[2]本法典中规定的转化程序,也相应适用于国际法条约的实施与转化。

（2）可不经联邦参议院同意修订行政法规,当有必要为与本法典援引的欧洲共同体条例和指令规定的修订相一致。

第15条　颁布行政法规的被授权人

（1）在本法典没有其他规定的情形下,基于本法典颁布行政法规的权力授予联邦政府。

（2）授权可以通过行政法规委托给联邦部委或者各州政府,当基于规范对象的特殊性,这是合理正当的。

（3）当联邦政府或联邦部委根据本法典被授权颁布行政法规,则该职权可通过行政法规移交给联邦高级机构,当基于规范对象的特殊性,这是合理正当的。

（4）只要联邦政府或者联邦部委仍未行使根据本法典的授权,且联邦立法者并未对此作出其他规定,各州可对此颁布相应的规定。

（5）根据本法典授予州政府颁布行政法规的权力,州政府可以将该职权移交给州级最高部门来承担,当基于规范对象的特殊性这是合理正当的;并同时规定,该最高部门可以将该职权通过行政法规向下一级部门或者受其监管的部门继续移交。

第16条　草案的立法说明和公开

（1）[1]本法典第11条、第13条第1款和第14条第1款规定下的行政法规的草案,应作立法说明。[2]在关于环境质量的临界值和导向值,或者有关设施、运营方式、原料、半成品或者产品的相关规定中,在立法说明中应对相关的学术观点、方法以及科技和经济的事实条件进行解释,并基于此提出相关建议。

（2）[1]第1款的草案除立法说明外应在联邦司法部公报上公告。[2]在公告中应指出立法说明的出处。

第17条　环境委员会

（1）[1]在联邦环保主管部门设立环境委员会。[2]环境委员会应就有关环境质量的临界值和导向值,或者就设施、运营方式、原料、半成品或者产品的相关规定之制定,向联邦政府和联邦相关主管部委提供咨询建议。

（2）[1]环境委员会的组成包括:

1. 科学界代表5位,

2. 依本法典第41条所认可的协会代表6位,

3. 来自各州或者各县市的代表5位,

4. 环保产业的代表6位,

5. 其他社会团体的代表3位。

[2]对于环境委员会的每位成员,从相同领域确定一位代表成员。

(3)[1]环境委员会成员由联邦环保主管部门聘任,为期4年。[2]允许再次聘用。[3]成员和替代成员都是独立的,且不受命令约束。

(4)[1]环境委员会制订章程,从中选出主席。[2]环境委员会的会议公开举行。[3]联邦环保主管部门派出一名代表参加该会议。

(5)[1]环境委员会以简单多数原则作出决定。[2]在表决中被多数票否决的成员,可书面提交其异议,且该异议一并附于该决定。

(6)[1]环境委员会根据需要建立社会委员会和专业委员会作为其下属委员会。[2]下属委员会的成员必须不属于环境委员会。[3]社会委员会应注意不同利益代表间的平衡,专业委员会应注意专业的平衡性。[4]在本法第59条至第62条意义上根据环境法规定组建的咨询委员会属于下属委员会。

(7)具体情形由行政法规予以规定。

第18条　环境委员会的听证和告知

(1)在颁布依本法典的行政法规之前,应向环境委员会举行听证。

(2)在参与欧洲共同体涉及本法典事务领域的立法行为之前,联邦政府应提前告知环境委员会,并给予其表达意见的机会。

(3)具体情形由行政法规予以规定。

第19条　提议权

(1)[1]环境委员会可以向联邦政府或者联邦职责部委提出颁布或修改依本法典第11条、第13条第1款和第14条第1款的行政法规的相应建议。[2]相应建议应予说明。[3]环境委员会应对10位以上成员所提建议作出决定,且将该决议告知联邦政府或者联邦职责部委;第17条第5款第2句相应适用。

(2)[1]联邦政府或者联邦职责部委应在适当期限内向环境委员会就其建议作出相关表态。[2]当建议被否决时,应就此予以说明。

第20条　公众参与

(1)[1]只要本法典规定公众参与的,每个人都有机会,在依第18条第1款举行听证前,在法规草案公布后6个星期内就其规定向环境委员会书面提出建议和看法。[2]在依第16条第2款进行公开时应指明，须在此期限内向环境委员会提出可能的相关提议和看法。

(2)[1]在第18条第1款的听证范围内，环境委员会应对合理期限内的异议数量和实质性内容进行汇报，并对此提出意见。[2]第1句中的报告和意见由环境委员会予以公开。

第21条　联邦参议院的协作

(1)当无其他规定时，依本法典颁布的行政法规应经由联邦参议院同意。

(2)在向联邦参议院提交草案时，应对环境委员会的听证结果提出意见。

第22条　联邦议会的协作

(1)只有在本法典中有明确规定，行政法规才需经联邦议会批准。

(2)[1]行政法规在提交给联邦参议院之前转交给联邦议会。[2]联邦议会在收到提交材料起3周内，对已送达的草案未予以否决，草案视为予以批准。

第23条　紧急条例

[1]当延迟时有危险或者需要不得迟延地转化执行欧洲共同体有约束力的法案时，依本法典的行政法规可不经联邦参议院和联邦议会的批准，也可不经环境委员听证和不经第20条的公众参与，予以颁布；该行政法规在生效起6个月后失效。[2]只有在追补了第1句中被豁免的程序后，其适用期限才予以延长。

第24条　定期审查

(1)第11条和第13条第1款的行政法规，在最迟至颁布起12年的适当时期内，应予审查其是否仍符合授权时的前提条件。

(2)[1]第15条所确立的授权接收者，在第1款规定的期限内，应向联邦参议院和环境委员会就审查的结果和审查结论进行汇报。[2]在第22条第1款规定的情形下，对联邦议会也有上述义务。[3]报告也可附以有关行政法规修改草案的建议。

第二小节　行政规章

第25条　环境质量的临界值与导向值和对设施与运营方式的要求

第11条中环境质量临界值与导向值，第13条关于设施和运营方式的要求，以及第202条的例外情形，特别是根据职责部门的评估认为有必要时，基于以下原因可以通过行政规章予以确定：

1. 科学知识现状和技术发展还没有足够的保障,或者

2. 可以预料到,在使用这些规则时,有较多的个案会被给予例外。

第 26 条　行政规章的推定效应

可予推定,制定依第 25 条行政规章恰当地反映了先进技术水平或者先进科学和技术水平。

第 27 条　颁布行政规章的被授权人

(1)当无其他规定,根据本法典授权颁布行政规章者是联邦政府。

(2)当因规范对象的意义并不重大或者具有某种特殊性时,授权可经联邦参议院同意通过行政规章委托给联邦部委。

第 28 条　联邦参议院的协作

当不涉及联邦自身管理的事务,基于本法典的行政规章需获得联邦参议院的批准。

第 29 条　程序、公开

(1)依据本法典确定环境质量的临界值和导向值以及设施和运营方式要求的行政规章的颁布程序,相应适用第 16 条第 1 款、第 18 条第 1 款和第 19 条。

(2)基于本法典的行政规章需经公开才能生效。

第 30 条　定期审查

(1)对依本法典确立环境质量的临界值和导向值以及对设施和运营方式要求的行政规章,应在运行适当时间后对其是否还具备当初授权时的条件予以审查,特别是要审查依第 25 条和第 12 条确立的相关条件。

(2)第 24 条第 2 款相应适用。

(3)[1]行政规章在生效起 8 年后失效。[2]其有效时长每次最多可延长 8 年。[3]在第 1 句规定的期限届满前,可以允许延期。

第三小节　技 术 规 范

第 31 条　对技术规范的指明

(1)在依本法典的行政法规和行政规章中,因为是对所有人的技术要求,应

指明可获取的技术规范公告；对此

1. 应在法条中给出公告的具体日期，同时应明确说明可供查阅的来源或地点，

2. 应确保公告存档，且在法条中明确指出。

(2)第1款相应适用于专业部门的其他公告。

(3)当有必要适应技术规范或者进行其他公告的修改，可通过未经联邦参议院同意的行政法规或行政规章，对第1款和第2款的指向进行修正。

第32条　技术规范的官方引入

(1)[1]技术规范可通过公告的形式被官方正式引入，当其

1. 符合环境法的规定，

2. 经由专业上适当的和在利益权衡上组合的专业部门颁布，

3. 充分予以论证，

4. 已在联邦最高职责部门代表的参与下的专业内公开的程序中作出决定，

5. 已予以公开且每个人都可获知，

6. 申请官方正式引入或者是出于公共利益需要。[2]当其不涉及联邦自身管理的事务时，官方引入须经联邦参议院批准。

(2)[1]当本法典无其他规定，则第1款官方引入的授权指向联邦政府。[2]第27条第2款相应予以适用。

(3)[1]在引入程序中应听取环境委员会或者其下属委员会意见。[2]引入的决定草案应公开说明理由；对听证结果应单独予以陈述。

(4)[1]对官方引入的技术规范进行修改，应通知依第2款的职责部门。[2]当予以通知第2款的职责部门并未在通知送达后的6周内对此修改提出异议，则技术规范以修改过的文本作为正式引进。[3]在其提出异议情形下，该通知被视为依第1款正式引进的申请。

(5)应依第30条进行定期审查，以判断技术规范的正式引入是否仍具备原有的条件。

(6)具体由行政法规予以规定。

第33条　技术规范的推定效应

(1)[1]可予推测，依第32条正式引入的技术规范，恰当地反映了先进技术水平或者学术和技术的先进水平。[2]其具有一般行政规章的作用。[3]当以其他方式可以保障至少同等程度的危险防卫和对环境或人类风险预防时，允许其偏离于技

术规定。

(2)具体由行政法规予以规定。

第四小节　目标确立、自愿承诺、协议、规章

第34条　目标确立

(1)[1]对自愿履行在第13条意义上行政法规所要求的、对环境和人类的风险预防之要求,联邦政府可就其在确定期限内应当达成的目标予以规定。[2]目标确立应采用适当的方式予以公开。

(2)当第1款所确立的目标并未在规定期限内实现,联邦政府应评估,须通过依第13条的行政法规采取哪些措施;联邦政府在规定期限结束前通过行政法规采取措施的职权,不受影响。

(3)当授权其他部门颁布相应的行政法规,在此由被授权的其他部门替代联邦政府。

第35条　自愿承诺

(1)[1]经济协会、其他协会或者单个企业,可向联邦政府说明或者同联邦政府达成不具有法律约束力的协议,提出依本法典的行政法规之对象的、在适当期限内自愿履行对环境和人类的风险预防的特定要求(自愿承诺)。[2]自愿承诺应当以合适的方法予以公开。

(2)自愿承诺应当包含

1. 承诺范围,

2. 需履行要求的方式和范围,

3. 需履行要求的期限,

4. 向联邦政府定期报告的时间,和

5. 证据证明的方式。

(3)[1]协会或者单个企业应就其自愿承诺实施的状况,定期向联邦政府和公众汇报。[2]当自愿承诺已公开,联邦政府应向公众公告。[3]最晚应在自愿承诺的规定期限届满时,对于要求是否已予履行作出说明。[4]自愿承诺的要求得到履行应以适当形式予以证明。[5]相关证据的核查相应适用第134条、第135条、第137条和第139条至第142条。

(4)[1]第34条第3款相应适用。[2]当自愿承诺已与联邦政府达成协议，相应适用第34条第2款。

第36条 替代规范的合同

(1)[1]联邦政府可就第13条意义上的要求，通过公法上的协议与经济协会、其他协会和个别企业达成协议，当

1. 存在颁布就第13条意义上行政法规的前提条件，

2. 协议内容与本法典的要求相符，

3. 需予保护的第三方或公共利益不会造成损害，

4. 协议的适用期限不超过5年。[2]当所涉及的行政法规须获联邦参议院批准，则协议也须获联邦参议院同意。[3]第2句相应适用于第18条第1款、第20条和第22条的要求。[4]协议应在联邦司法公报上予以公布。[5]《行政程序法》对于公法上协议的规定，除第57条和第60条外，不予适用。

(2)[1]依第1款有关协议的规定，对协会成员和自行缔结协议的企业具有约束力。[2]对于协会成员的约束力独立于其成员的身份，约束力持续到协议结束。[3]遵守协议所规定的义务按照第133条至第150条的规定对其进行监督，且可通过行政行为对其强制执行。

(3)一旦通过签订协议确定了为环境和人类进行风险预防的相关要求，在批准决定或者后续裁定中允许不对其作进一步的要求。

(4)当相应的行政法规有第三方保护意义，那么协议中的规定也应当致力于对第三方的保护。

(5)第34条第3款相应适用。

第37条 约束性声明

(1)可通过行政法规对依第36条的协议全部或部分地明确，是对每个义务人还是对需进一步确定的特定群体有约束力的，当

1. 依第36条第2款第1句和第2句义务人的数量不少于法定声明义务人的一半，且

2. 约束性声明是出于公共利益的需要。

(2)在颁布依第1款的行政法规之前，应给予有约束力的声明所涉及的协会和企业表达意见的机会。

(3)[1]当出于公共利益的需要，第1款的约束性声明可以通过行政法规予以废止。[2]第2款亦相应适用。[3]此外，第1款协议的约束力于第36条的适用期限结

束时终止。

第 38 条　公法上的环保协议

(1)第 13 条第 1 款第 1 项的要求,可通过职责部门、设施运营者和相邻土地所有人之间签订的公法协议来予以确定,当

1. 与环境法规定或者第 36 条的规范替代合同不相冲突,或者相冲突的条款致力于相邻关系保护,并且

2. 应予保护的第三方和公众利益不受侵害。

(2)[1]协议中的规定约束缔约者及其权利继承人。[2]第 36 条第 2 款第 3 句和第 4 款相应适用。[3]《行政程序法》中关于公法协议的规定,除第 57 条、第 58 条第 1 款和第 60 条外,不予适用。

(3)各州法律可规定协议中的相关义务应在公法上的土地登记证中进行登记。

第 39 条　私人环保协议,环保联盟

(1)服务于履行根据本法典颁布的行政法规的、依第 34 条的目标的、依第 35 条自律的或者依第 36 条的规范替代合同的,企业间与企业联合会之间的协议和企业联合会的决议,应告知负责确定或达成协议要求的职责部门或者反垄断局。

(2)《反不正当竞争法》第 1 条不适用于本条第 1 款的有关协议和决定,当

1. 该协议或决定,致力于履行基于本法典颁布的行政法规中的要求、依第 34 条目标确立的要求或者依第 36 条规则替代协议的要求,

2. 基于环境保护对竞争限制是必要的,且

3. 市场中已存在重大竞争。

(3)[1]第 2 款的协议和决定及其修改和补充,都应在反垄断局登记后方才有效。[2]登记时需证明,已满足第 2 款中的条件,并已经对协议和决定所涉及的竞争者、供应商和采购商以适当的方式举行了听证。[3]其意见应附于登记材料中。[4]登记须在联邦司法公报上予以公布。[5]协议和决定在反垄断局收到申请之日起 3 个月内反垄断局不予反对时生效。[6]当不能予以证明第 2 款中指明的条件存在,反垄断局须提出反对。[7]反垄断局应在向环境保护部门征求意见后作出决定。

(4)[1]当第 2 款的前提条件不存在时,联邦经济部在向联邦环境部征求意见后,当作为例外情形基于环境保护的重大理由限制竞争在考虑到整体经济下是必要的时候,依申请可批准《反不正当竞争法》第 1 条意义下的协议或决定。[2]所

涉及的竞争者、供应商和采购商对此的意见，应附于申请。

第 40 条　公法性的环境区域联合体的规章

（1）[1]为保护一定地域的环境和人，可以按照州法的具体规定成立作为公法组织的环境区域联合体。[2]在联合体区域内，联合体可以承担区域内有关自然景观维护、土壤和水体保护、污染防治以及垃圾清除的任务。

（2）环境区域联合体的成员可以是：

1. 全部或者部分处于联合体范围内的乡镇和县市，

2. 从联合体职责执行中获益或者期待获益之人，

3. 联合体范围之内，其设施或者地产对环境，特别是土地和水体产生或者预计产生影响之人，

4. 经职责部门批准的其他人。

（3）[1]当基于本法典的相应规定不存在或者现有的规定要求并不严格时，则各州可规定，环境区域联合体在其职责范围内可通过章程确定：

1. 依第 11 条的环境质量、特别是针对水体和土壤特征的临界值和导向值，以及针对依第 13 条的相关要求，和

2. 为实施基于环境法规定相关要求所必须的技术规范和实施细则。[2]该章程需要由监管部门予以批准。

第四节　协会的参与

第 41 条　对协会的认可

（1）予以认可的协会是依第 2 款要求由相关职责部门予以承认的有权利能力的协会。

（2）[1]认可依申请授予。[2]协会须予以认可，当符合以下条件时：

1. 基于其章程和到目前为止的活动可知，将保护环境作为长期且主要的目的，且其不以对自然物的利用为目的，

2. 根据其章程，其活动范围应当至少包括一个州的区域，

3. 对适当的履行职责提供保障；就此，应考虑迄今为止的协会活动方式和范围、协会成员范围以及实际履行职责能力的情形，

4. 依《公司税法》第 5 条第 1 款第 9 项，由于从事非盈利目的而免交公司税，

5. 只要支持协会目标,都可加入。[3]对于协会,特别是基于章程其成员仅是法人的联合总会,当大多数成员都满足该条件时,视为符合依据第2句第5项规定的条件。[4]在认可中应指明,依章程的、适用于该认可的任务范围。

(3)第2款对参与超出单个州域的联邦规划和措施之认可,只要当协会的活动涵盖了与联邦规划和措施相关的多州的范围时,即适用。

(4)[1]由依州法的职责部门对符合章程的任务范围作出认可;该认可适用于职责部门设有驻地的该州区域。[2]对第3款的情形,由联邦环保主管部门作出认可。

(5)[1]当授予认可的条件未予满足,且条件未予满足的情形无法排除时,认可应撤回。[2]当授予条件之一不复存在,则认可应撤回。[3]只要当对认可的取消是不可驳回的,则参与权终止。

第42条　协会的协作

(1)当在受认可的特定职责范围内协会受到影响的,经认可的协会应参与以下程序中:

1. 依第111条第1款第1句第5项的程序,第111条第1款第1句第1至4项对于规划编制和重大改变的程序及第70条第2款的环境基础规划;依第75条需要进行环境影响评价的规划和计划,第253条的自然养护规划和第309条的森林覆盖范围规划,

2. 根据《建筑法典施行法》第4条第2a款和第7条对建设规划和章程的制订、修改、补充和废止,基于其对自然和景观的干预,预计进行依第269条第1款的措施或对保护区有重大影响的项目,

3. 在依第346条土壤保护规划、依第444条空气净化规划、依第359条第2款经营规划和依第394条确立水体保护区域以及依第271条第1款的声明的前期准备,

4. 第81条第2款和第3款含公共参与的项目许可程序及其修改,

5. 豁免或者例外

a)注意自然养护规划的义务;

b)依第269条第1款保护群落生境的禁令;

c)对保护自然保护区、国家公园和生物圈公园作出的禁令和规定。

(2)经认可的协会可参与到第85条规定的情形。

(3)[1]应及时和全面地通知协会;应保障协会查阅相关文件和进行意见表达的机会。[2]进一步的规定不受影响。

第五节　法 律 保 护

第 43 条　对预测和评估的审查

在适用环境法规定时,行政机关以技术或者自然科学的专业知识为前提的预测和评估,在司法程序中仅就以下事项进行审查:

1. 是否遵守了对预测和评估的程序规定;

2. 官方的预测和评估是否能予以验证,特别是事实调查是否适用且完整、相关的科技知识和事件的评估标准是否得到考虑、事实的评价标准是否合适。

第 44 条　预防领域内的第三方保护

只要行政法规或者行政规章确立了有关风险预防的临界值,那么同时也致力于对超过临界值而涉及的第三方进行保护。

第 45 条　协会诉讼

(1)[1]依第 41 条经认可的协会在自身权利没有受侵害的情形下,依行政法院规定,可要求对行政措施,或者为特定作为或不作为义务之合法性进行行政司法审查。[2]只有当行政措施、不作为或者义务必须经过依第 42 条协会参与的程序才能予以决定,此诉讼才予准许。[3]在诉讼中仅能针对违反下列规定:

1. 致力于自然保护和景观维护利益的规定;

2. 在依第 570 条的许可审批中需要考虑到的规定;

3. 致力于环境保护,且在第 81 条第 3 款的立项批准或者有区域意义的公共规划确立中,需要考虑的规定。

(2)[1]诉讼才予受理,只有当

1. 涉及协会经认可的、符合其章程的职责范围内,且

2. 协会已经行使了法律赋予的参与权利,或者协会未被给予陈述意见的机会时。

[2]当该协会曾有机会在行政程序上发表意见,则其根据所提供的或已审阅的资料本可在行政程序提出的意见,将不得在上诉程序中作为第一次反对意见提出。

(3)[1]协会对侵犯其参与权进行的诉讼权限,不受影响。[2]这种侵犯在事实上明显不对该决定产生影响,或者当该缺陷通过补充程序可予纠正时,侵犯参与权

不导致行政决定的撤销。

(4)协会诉讼的涉案价值最高不得超过 2 万德国马克。

第 46 条 竞争者之诉

[1]设施运营者、产品生产者和经销者,针对以同样或类似的方式在同一市场生产或销售产品或者商业成果的其他运营者、生产者和经销者,可向行政法院对行政机关的措施或其不作为的合法性提起审查。[2]当起诉人主张,因为其他运营者、生产者和销售者违反了环境法规定的特定法律义务,而行政机关的措施或其不作为导致其处于竞争劣势时,该起诉予以受理。

第 47 条 州法中程序条款的法律审上诉

[1]对州法规定中有关行政程序的表述与本法典中相关规定的一致性属于联邦行政法院法律审上诉范围。[2]当本法典中的规定基于州法的引述而作为州法予以适用时,也同样适用上述的法律审上诉。

第 48 条 迟延效力

针对基于特殊原因的监控措施,依第 98 条第 2 款的特殊原因的措施,依第 129 条、第 578 条第 3 款、第 579 条第 3 款和第 4 款、第 599 条、第 616 条第 2 款和第 3 款、第 622 条、第 632 条第 5 款第 1 句第 1 项和第 2 项、第 634 条第 1 款至第 3 款、第 677 条第 1 款第 2 句以及第 723 条第 5 款第 2 句的措施,而提起的异议和撤销之诉,不具有迟延效力。

第 49 条 行政司法路径

(1)对由本法保障的、因禁止或者限制利用造成的、需以金钱或实物转移进行赔偿或者补偿之请求权有争议的,应当依据行政司法程序。

(2)第 1 款相应适用于依第 103 条第 3 款、第 105 条第 3 款和第 4 款、第 205 条第 1 款第 2 句和第 2 款、第 362 条第 2 款第 2 项、第 364 条、第 436 条第 2 款和第 3 款、第 437 条第 2 款和第 3 款的赔偿、补偿或者其他金钱支付的请求权。

第六节 公共行政的环境义务

第 50 条 基本原则

(1)所有公共行政单位都受环境法规定要求的约束。

(2)[1]鉴于联邦德国的安全,特别是出于国防和国民保护的强制性需要,联邦职责部门在征得联邦环保职责部门意见下,通过行政法规对第 1 款例外情形其内容和范围具体予以规定。[2]公众可依第 20 条进行参与。[3]各州可基于维护公共安全的强制性理由颁布相应的规章。

第 51 条　政府采购中的义务

(1)[1]联邦部门和联邦专业行政监察部门的下属机构,在工作流程设置、材料或者其他耗材的采购和使用、建造项目以及其他任务中,只要该产品满足预期目的并且不会产生不合理的附加费用,则应优先运用对环境友好的符合第 118 条第 1 款要求的产品。[2]在任务招标时应考虑,予以委托的企业是否参与了欧共体系统内的环境管理和环境审计。

(2)第一款的义务人应努力促使其所参与的私法上法人以同样方式行事。

第 52 条　联邦和各州的地产

(1)[1]联邦在经营其财产和所占有的土地时,应以特殊方式考虑到第 1 条之目的,特别是自然保护、景观养护、森林保护以及水体保护。[2]对于自然保护有特殊重要价值的土地应依其生态特征进行养护和发展。[3]国家森林根据第 302 条优先满足森林的保护功能和休闲娱乐功能。

(2)[1]联邦应对其财产中那些对于自然保护和风景养护有特殊意义且适合于休闲娱乐的土地,特别是沿岸土地,有景观价值的土地,以及其他难以进入的森林、湖泊和海滨的土地,应提供作为环境友好的休闲娱乐之用,除非这与土地的公共目的性不相符合;这也适用于联邦法规定下的公法法人。[2]各州应对各州、县和其他根据州法规定的公法法人提供用于休闲娱乐的土地,颁布法规。

第七节　组织和职责

第一小节　行政部门组织和职责

第 53 条　一般条款

(1)[1]只要环境法规不作其他规定,即由各州负责执行。[2]各州设立环保主管部门,决定其类型、范围和行政能力,以符合正确实施的要求。[3]该部门必须有能力在合理时间内运用必需的专业知识作出决定。

(2)[1]在筹备可能涉及环保利益的公共措施时,环保主管部门应当参与。[2]对环保部门的措施,相关职责部门应当参与。

(3)[1]只要基于国防而强制必要时,可通过行政法规规定,由联邦部门负责实施环境法规定。[2]当欧共体的政府间协定或法律文件涉及成员国的职责部门,且各州主管部门不能执行其协议或者法律文件,可以通过行政法规来指定联邦主管部门执行。

第54条　联邦环境局

(1)[1]联邦环境局是在联邦环保主管部委的职责范围内一个独立的联邦高级机构。[2]其机构设立在德绍。

(2)[1]联邦环境局在其管辖权范围内承担环境法规定的保护环境和人类领域的行政任务。[2]联邦环境局应

1. 在法律法规制定、研究和发展环境保护的适当措施的基础知识和国际合作等领域,给予联邦环保主管部门专业和科学的支撑;

2. 管理环境规划信息系统和中心环境文献库;

3. 对需捆绑式或规划型项目许可的联邦之项目对环境和人类的影响评价予以支持;

4. 支撑国家环境信息,通过

a)为履行任务进行科学研究,和为执行和协调其他环境研究和联邦政府环境观测提供核心服务和协助,

b)根据第209条第5项和第210条的详细规定,协助中心环境信息系统的管理和数据的准备和提供,

c)搜集有关环境统计的数据,协助编制环境经济总统计,

d)协助向公众提供有关环境信息,并在必要时收集和发布进一步的环境信息,

e)就环境问题向公众进行告知、提供咨询和解释。

5. 根据本法典进一步规定,承担有关从公海上引进和输入的疏浚物、因基因技术而改变的生物体的释放和流通、农药和洗涤剂的上市流通、跨境废物处置这些领域的管理任务。

(3)此外,只要联邦法律允许将此类任务移交给其他联邦部门,经联邦环保主管部门的同意,可指定由联邦环境局在其职责内承担联邦的保护环境和人类

领域内的行政任务。

(4)联邦环境局作为被委托部门,承担由联邦环保主管部门委托其来执行或由最高联邦专业职责部门委托其来批准的、保护环境和人类领域内的行政任务。

第 55 条　联邦自然保护局

(1)[1]联邦自然保护局是在联邦环保主管部门的职责范围内一个独立的联邦机构。[2]其机构设立在波恩。

(2)联邦自然保护局基于本法典的进一步规定承担有关自然保护、景观养护和森林保护的联邦行政职责。

(3)[1]针对有关自然保护、景观养护和森林保护的所有问题以及国际合作领域,联邦自然保护局向联邦环保主管部门提供专业科学的支持。[2]并对需捆绑式或规划类项目许可的联邦项目在自然和景观的影响评价方面予以支持。

(4)联邦自然保护局对自然保护、景观养护和森林保护等领域科学地进行研究,以履行任务。

(5)联邦自然保护局承担由联邦环保主管部门委托其来执行或由最高联邦专业职责部门委托其来批准的、联邦在自然保护、景观养护和森林保护方面的任务。

第 56 条　联邦辐射放射防护局

(1)[1]联邦辐射放射防护局是在联邦环保主管部门职责范围内一个独立的联邦机构。[2]其机构设立在萨尔斯吉特。

(2)联邦辐射放射防护局基于本法典的进一步规定承担有关放射保护、核技术安全、放射性物质运输、放射性废物处置,包括设立和运营联邦的储存和最终处置设施等联邦行政职责。

(3)联邦辐射放射防护局,在第 2 款提及的领域上,特别是承担联邦监察、制定法律法规,和相关的国际合作,向联邦环保主管部门提供专业科学的支持。

(4)联邦辐射放射防护局对第 2 款所述领域进行科学研究,以履行任务。

(5)联邦辐射防护局承担在第 2 款所提及领域的、由联邦环保主管部门委托其来执行或由最高联邦专业职责部门委托其来批准的联邦职责。

(6)依第 480 条第 1 款的要求,当监测部门由于实际原因不能或在没有协助的情形下需承受相当大的困难才能对放射性物质进行检测和分析时,联邦辐射防护局可以根据要求协助监测部门予以完成。

第57条 专业监管和报告义务

(1)[1]当第54条至第56条所提及的部门承担了来自联邦环境部以外的业务部门的任务时,专业指示权归属于相关的联邦最高行政部门。[2]第1句中的相关部门应每年就其此类行为向联邦环保主管部门提交报告。[3]该报告应予以公开。

(2)当来自联邦环境保护部门以外的其他职责范围内的联邦部门实施环境法的规章时,联邦环保部门有义务对此进行技术监管。

第58条 公告

[1]通过联邦公报,联邦环保主管部门公示联邦环保主管机构组成。[2]同时部门职责、重要的法律基础、部门地址也应予以公开。[3]各州对其主管环保的部门也应公开。

第二小节 咨询委员会

第59条 组成和成员任命

(1)当本法典对向行政部门和其他机构提供咨询规定设立委员会,在选择社会方面的委员会成员时,应注意不同利益代表之间的平衡,在选择专业方面委员会成员时,对相关专业领域代表之间的平衡,以及不同意见。

(2)[1]成员应由联邦环保主管部门予以委任。[2]在成员予以委任前听取涉及利益和相关专业领域的协会的意见。

(3)[1]任期为4年。[2]可连任1次。

第60条 工作方式

(1)委员会的议事章程须由联邦职责部门予以批准。

(2)[1]委员会每年都应就其行为,向委任其的联邦部委和环境委员会进行报告。[2]该报告应予以公开。

第61条 与主管部门的关系

(1)成员独立且不受指示约束。

(2)当主管部门在行政程序中作出了与法律规定的委员会的不同意见时,该部门应对此进行书面解释。

第 62 条　法规授权

其他的细节，特别是成员的专业知识、委任、赔偿以及专业设置、委员会与部门的程序和合作等内容，可由联邦环保主管部门通过行政法规予以规定。

第 63 条　环境问题专家理事会

（1）[1]环境问题专家理事会每隔两年就环境现状和环境发展进行评估，以便使负责实现本法典目的部门、公共机构和公众易于进行判断。[2]应阐明相关的错误发展，指出避免或排除错误发展的可能性。[3]环境问题专家理事会可就具体问题进行特别鉴定或提出意见。[4]联邦环保主管部门可委托环境问题专家理事会制定其他的鉴定和意见书。

（2）[1]环境问题专家理事会由 7 位独立的、在环保方面有专业知识和经验的成员组成。[2]其独立性指的是，专家在其人身和私人状况的基础上，满足了对完成其专家的功能的信任，不受影响地、恰当地履行专家职责。

（3）环境问题专家理事会成员的委任应当征得联邦政府的批准。

（4）其他细节，特别是有关评价鉴定的时间点和评价鉴定公开，以及联邦和各州相关部门对于评价的听证，还包括对成员的委任、赔偿和设置，由联邦环保主管部门通过发布公告来具体规定。

第八节　行 政 违 法

第 64 条　罚款的裁量与运用

（1）在依本法典进行罚款裁量时，在具体案件中，应考虑已进入环境中的物质的性质、危险性和数量，以及因违法而造成的环境污染的严重程度和范围的情形。

（2）[1]依《行政处罚法》第 17 条第 4 款违法行为的经济利益，即行为人通过违法行为而得到的经济利益，应予以估算。[2]在行为人违反义务不作为的情形下，这种估算应以为保护环境所需采取的措施的费用为基础。[3]行为人就违法行为而进行的支出不予以考虑。

（3）依本法典，罚款所得应用于保护环境的相关措施。

第 65 条　环境教育

因未遵守环境法规而实施了违法行为或者对环境构成刑事犯罪的行为人，

有义务接受主管部门的传唤,参与学习有关环保行为的教育课。

第66条　行政违法

(1)故意或者过失地违反依第65条的传唤而不参加相关环境课程的行为,视为行政违法。

(2)对于第1款中的违法行为,可处以1万德国马克以下的罚款。

第二章　规　　划

（第 67～79 条）

第一节　一 般 规 定

第 67 条　环境法的规划原则

（1）[1]对国土空间有重要意义*的公共规划应有助于环境保护目标的实现。[2]应节约和珍惜自然资源，尤其是水、土壤和矿藏资源。[3]应保留和保障用于就近休闲、生态补偿、历史文化景观以及具保护价值的文化、建筑和考古遗址的自由空间。

（2）[1]确定为特定使用功能的区域应彼此协调，尽可能地避免对环境和人类产生明显的不利影响，特别是要避免对全部或主要用于居住区和需要保护的其他区域之有害排放和额外的交通流量。[2]可能发生事故特殊风险的工业区域和设施，应与住宅区、公共场所、需要保护的其他区域之间长期保持适当的距离。

（3）森林、草地和其他绿地只在其他用途所必要范围内予以规定和使用。

（4）考虑环境法利益的进一步义务不受影响。

第 68 条　环境保护部门的参与

[1]在准备可能涉及环境保护利益的公共规划时，政府部门和公共机构应尽早让环境保护部门参与。[2]只要对参与形式没有特别要求，应给予环境保护部门陈述意见的机会。

---

* 本章下文可表述为空间意义。

第二节 环境基础规划

第69条 环境基础规划的目的和对象

(1)[1]环境基础规划旨在对有空间意义的规划和措施进行决策时,判断其对环境和人类产生的影响,避免或者尽可能控制不利影响,并改善环境状况。[2]环境基础规划使用文字和图表方式,对有空间意义的规划和措施密切相关的环境状况,以及为实现环境保护目标需采取的有空间意义的要求和措施,进行综合性描述。[3]在描述对环境保护有空间意义的要求和措施时,需注意其在约束性决定中的可实施性,特别是在空间规划、州规划和建设指导规划中。

(2)[1]环境基础规划应说明,为尽可能实现环境保护目标,哪些要求和措施更具优先性。[2]它可以附以有空间意义的规划和措施的替代方案。

第70条 环境基础规划的制定、修改和补充

(1)环境基础规划由建设指导规划、空间规划和州规划承担者负责。

(2)[1]制订、修改和补充环境基础规划,在地方层面上应先于或同步于土地利用规划的制定、修改和补充,在区域和州域层面上应先于或同步于空间规划和州规划之目标的制定、修改和补充。[2]环境基础规划需不断调整来适应发展。

(3)当已经制订自然养护规划、水事框架规划和管理规划、空气保洁规划、噪声削减规划、林业框架规划、土壤保护规划、固废管理计划、污水处理规划、采矿需求和场地规划以及其他具有空间意义的规划,且根据第69条具有重要意义,这些规划的陈述和规定应纳入环境基础规划。

(4)[1]只要州法没有其他的规定,制定、修改和补充程序应相应依据对土地利用规划、空间规划和州规划适用的规定。[2]公众应参与该过程。

第71条 环境基础规划对其他规划的意义

(1)在与其他作为空间规划和州规划之目标的或作为建设指导规划之陈述和规定的、重要的规划利益进行权衡后,环境基础计划的陈述应尽可能地予以落实。

(2)即使环境基础规划的要求没有按照第1款规定予以实施,这些环境保护利益要求也应该在所有具有空间意义的规划和措施决策时予以考虑。

(3)当环境基础规划的要求没有按照第1款规定得以落实,或者在对其他

的有空间意义的规划和措施进行决策过程中，与环境基础规划的要求发生了偏离，应对以下内容予以解释：

1. 基于何种理由这些要求没有予以实施或者发生了偏离，和

2. 如何能够避免对环境和人类产生不利影响，和不可避免的不利影响应如何予以补偿。

第 72 条　区域性环境基础规划中的要求

（1）[1]只要对单个区域是必需的，则区域性环境基础规划应特别包含：

1. 适用于重要的生态功能和有机农业的优先区域，以及为确保特定的土壤功能所需的最小面积和土壤现状指标的说明；

2. 规定用于实施水体保护或特定的自然景观区域或土壤以及为实施空气保洁和气候保护措施的区域（措施区域）；

3. 用于区划发展轴和生态网络的区域绿带和绿色空间；

4. 用以表征水体、大气和土壤的指标，特别是环境质量的限值和参考值；

5. 用于实现和维持确定的指标所需的措施。

（2）[2]区域的环境基础规划应指定合适区块以保障水和原材料储量、就近休闲、度假娱乐和其他游乐活动。可对道路、基建项目的预留区域和对区域有重要意义的发展项目的区位提出建议。

（3）各州应制定法律基础，由此将依据第 1 款和第 2 款的、作为空间规划和州规划目标的陈述纳入区域规划中。

第 73 条　联邦环境计划、专业计划

（1）[1]联邦政府应在联邦环境计划中就与环境相关的规划和措施提出中长期的愿景。[2]计划草案应转发联邦议会，以给予陈述意见的机会。[3]联邦环境计划应持续更新。

（2）作为保护环境单个领域的专业计划应作为联邦环境计划的一部分予以制定。

第三节　规划和计划的环境影响评价

第 74 条　目的

[1]规划和计划的环境影响评价旨在根据相应的规划阶段对规划或计划于环

境和人类产生的影响以及他们的相互作用进行尽早识别、阐述和评价。[2]环境影响评价是规划和计划的决定程序中一个非独立部分。

第 75 条　适用范围

[1]环境影响评价应用于以下规划和计划的制定和重大修改：

1. 依第 395 条的污水处理规划，

2. 依第 745 条的废物管理规划，

3. 依第 452 条的市政能源规划和联邦与州综合性能源供应规划，

4. 农业结构改善规划，

5. 促进农林业生产计划，

6. 直接和间接促进与有空间意义的投资计划和在该领域内以应用为导向的促进研发计划，和

7. 其他直接和间接的促进计划，当这些支持措施和行动预计可能会对环境和人类产生不利影响时。

[2]第 1 款第 6 项和第 7 项同样适用于那些对联邦具有立法权的领域进行的州规划。[3]对空间规划、区域规划和土地利用规划，由环境基础规划代替环境影响评价。

第 76 条　调查范围

[1]对于第 75 条第 1 款第 1 至 4 项中的规划，规划职责部门可以根据规划进展状态，决定关于环境影响评价预期的调查范围；依第 77 条环境说明书应包含的相关信息的种类和范围的相应材料，[2]可以就此咨询专家和其他第三方。[3]第 42 条第 1 款第 1 项不受影响。

第 77 条　环境详情

(1)[1]在制订或修改规划或计划时，负责规划或计划的部门机构应编制环境详情，环境详情应至少包含以下内容：

1. 关于计划或规划基本内容、主要目标和目的之概括描述，

2. 受规划或计划影响的环境现状描述，

3. 由于规划实施可能造成对环境和人类的影响之描述，

4. 相近替代方案的描述，

5. 避免、减少或者补偿对环境和人类不利影响的可能措施之描述以及可能的替代措施，

6. 一份关于第 1 项至第 5 项提到内容的简明综述。

[2]第 75 条第 1 句第 1 项至第 4 项规划的环境详情中也包含收到意见的主要内容。

(2)[1]从现有的环境基础规划中获得的有效数据和要求可以在环境详情予以采用。[2]为了编制环境详情,规划职责部门可以要求,考虑实施措施的、声明愿意实施措施的或者依法有实施义务的项目承担者,提供所需文件的资料。

第 78 条 公众参与

(1)[1]职责部门应对制订规划或计划的意向和依第 77 条第 1 款第 1 句第 6 项的综述进行公开。[2]第 42 条第 1 款第 1 项不受影响。

(2)[1]依第 75 条第 1 句第 1 项至第 4 项规划的相关文件应在可能受规划影响的乡镇予以 1 个月的公示;乡镇应对公示以当地通行方式进行提前通知。[2]任何人可以在公示后两周内表达意见。

(3)关于公众、其他部门与相关者进一步参与的规定,不受影响。

第 79 条 行政决定

[1]在依第 77 条的材料、提交意见、公众表述意见和进一步自行调查结果的基础上,主管部门编制关于环境影响的综合说明。[2]在此综合说明的基础上,主管部门对规划或计划的环境影响进行评估,并在规划或计划决策时予以考虑。[3]此决策须予以理由解释。[4]解释内容包括环境影响的综合陈述、环境影响的评估以及对此进行考虑的方式。[5]决策应予以公告。[6]在公告中应指出可查阅规划或计划的地点。

第三章　项　　目*

（第80～114条）

第一节　一般规定

第80条　对象

（1）[1]通过项目行政许可，对通常可能影响多种环境媒介的项目，跨环境媒介和整体地予以决定。[2]因涉及利益众多而需要规划程序和权衡的项目，以及根据一般预计将利用他人土地，并将对自然和景观产生大面积干预的，且又于公共利益是必要的项目，则此类项目同样适用前述规定。

（2）项目行政许可分为捆绑式项目行政许可、规划型项目行政许可或简易项目行政许可。

（3）[1]在行政许可程序中，对项目于环境和人类的影响予以评价。[2]在捆绑式和规划型项目行政许可中，评价涵盖在不同环境媒介之间的交互影响在内的环境影响之调查、描述说明和评估（环境影响评价**）。

---

* 此章的标题德语为"Vorhaben"，英语为"Projects"，国内规范中以"建设项目"概念更为接近，但建设项目通常会联系到工程建造有关，根据德文原意，尤其是第81条第2项规定的"基因生物的释放"，单独以"项目"的概念更广泛，可通过条文中的具体定义来加以限定。

** 中文语境下，通常称为环境影响评价，但从德语直译，用环境兼容性或者与环境可承载性更为准确。就制度本身而言，从广义理解"环境影响评价"，会比仅从"环境影响"概念要宽泛，不只限于对影响的评价，还会涉及社会、经济、环境的承受力的问题。同时，因各国的环境影响评价在制度设计和历史发展中不同，项目单位自行组织和行政单位监管及其相互之间的合作协调关系，深入考察会有众多不同。

第 81 条　需经行政许可的项目

(1)以特定方式会导致对环境或人类不利影响的建立和运营固定设施及其他活动,须依本章进行项目行政许可。

(2)本章中项目指:

1. 建立和运营

a)依第 421 条的设施,

b)依第 468 条核技术设施及依第 472 条的关停,

c)依第 397 条的污水处理设施,

d)依第 562 条第 1 款第 2 句的基因技术设施,

2. 依第 570 条第 1 款经基因改变之生物体的释放,

3. 依第 361 条第 4 款的水体使用,

4. 依第 311 条第 5 款的林地改造,

5. 依第 312 条第 1 款及连同第 311 条第 5 款的植树造林,

6. 依第 234 条第 1 款的开采海底矿藏。

(3)本章第 80 条第 1 款第 2 句所指之项目系指:

1. 建立和运营

a)依第 479 条第 1 款放射性废物的长期储存场所,

b)依第 542 条的管线设施,

c)依第 747 条的垃圾填埋场,

2. 依第 536 条第 1 款的交通设施建造,

3. 依第 377 条第 2 款的水体建设,

4. 依《为国防任务的土地购置法》第 1 条第 3 款的土地之标识。

(4)联邦法规定需项目行政许可的其他项目,不受影响。

第 82 条　项目承担单位和行政许可部门

(1)[1]当联邦行政部门或机构作为项目单位承担此任务,则其不得作为行政许可部门。[2]前述规定同样适用于附属于行政或公共机构的私法社团作为项目单位之情形。[3]当行政部门根据其类型、范围和功能,特别是基于其捆绑式权限,提供一种以共同福祉为目标的决策保障的,则第 1 句和第 2 句不予适用。[4]具体细节由行政法规进一步予以规范。

(2)各州参照第 1 款规定其行政部门和机构对项目行政许可的管辖职权。

第二节 捆绑式项目的行政许可

第83条 基本义务

(1)[1]项目需遵守以下基本义务:

1. 不得引起对环境或人类的危险;

2. 应当对环境和人类的风险作出预防;

3. 应当采取必要措施,以预防事故发生和尽可能地限制其后果;

4. 尽可能节约和高效地利用资源和能源;

5. 固体废物应首先考虑避免,其次再是环境友好地回收利用,只有当技术上不能或不可行时,最后才应在不损害公共福祉的情况下予以清除;

6. 应确保从项目计划到关闭停歇期间内未产生对环境或人类的风险和危险,剩余的固体废物应尽可能环境友好地予以回收利用和清除,且在必要和可行情形下,在适当时间拆除设施,及恢复土地的环境良好状况。

[2]第1句第1项和第3项中的义务履行,也应致力于保护可能因违反义务而被涉及的个人。

(2)[1]履行适用于项目的基本义务和对自然及景观干预的准入性前提条件,应当在考虑到所有的污染途径和环境媒介间相互作用,采取整体上对环境尽可能轻微影响之措施。[2]联邦环境保护主管部门应就第1句之适用细则通过行政法规作出具体规定。

(3)第1款中义务的内容和范围具体根据对项目及对其环境影响适用的环境法规定。

第84条 行政许可条件

(1)授予项目行政许可,只有当

1. 确定须予遵守的项目基本义务得到履行,

2. 对授予项目行政许可的依环境法规定的所有其他前提条件得以履行,

3. 不违反其他对项目适用的公法规定。

(2)对依第81条第2款第1项和第2项中的项目,其项目行政许可还需要满足以下条件:

1. 不存在会对项目单位和对设施建立、运营、管理(主管)和监管负责的人

员之可靠性有疑虑之事实,

2. 在第 1 项中所指人员拥有必要的专业证书,

3. 保证在设施运营中其他作业人员拥有关于设施安全运营、可能的危险和适用保护措施之必要知识,和

4. 不违反设施建立和运营的劳工保护的利益要求。

(3)在项目行政许可中,基于项目单位的申请,当在考虑到资源和能源的使用时,根据行政部门的评估,整体上对环境的影响利大于弊时,可不遵守基于风险预防的单个限值规定。

第 85 条 申请商讨和审查范围

(1)[1]依项目单位请求,行政许可部门应就必要的申请材料及预期的审查范围举行会谈,和在必要情形下以类似的其他替代方式。[2]除项目单位外,职责相关的专业行政部门一并参加;涉及其职责范围的并依第 41 条经认可的协会,以及其他第三方和专家均可参加。[3]第 89 条第 1 款至第 4 款相应适用。[4]行政许可部门应当向项目单位及前述第 2 句规定的除专家之外参加者告知预期的必要材料及审查范围。

(2)[1]当项目的环境兼容性通过公众参与在先前的程序中已予以审查,在项目行政许可中可只限于对附加的或其他重大环境影响。[2]当事实和法律状况,或知识水平发生根本性变化,在前期程序中已审查并予以排除的替代性方案,应在接下来的审查中予以纳入。

第 86 条 申请

(1)[1]项目行政许可以书面申请为前提。[2]申请应提供为审查行政许可条件所必要的材料。[3]行政许可部门应在申请受理 1 个月内审查材料是否完整;在说明特殊理由情形下,行政许可部门可延长一次,期限为两周。

(2)[1]必要的材料主要包括:项目说明、项目影响范围的环境及其组成部分、项目对环境和人类将产生的影响及相互作用、关于经项目单位已评估的项目替代方案及其环境影响的概况、对于避免、补偿或替代环境减损的主要选择理由及建议。[2]申请书和材料也应当能使第三人判断,其是否且在何种程度上可能受到项目的影响。

(3)[1]只要项目环境影响已经在先前程序中予以评估,应提供其结果、评估过的替代性方案和排除替代方案的理由。[2]此外还应就事实或法律状况及知识水平是否有根本性的变化加以说明。

第 87 条　正式参与

(1)[1]当材料完整,则有权行政许可机构应将项目在其官方报纸和项目所在地广为传播的当地日报上公布。[2]在公告中应:

1. 明确指出项目行政许可的申请书及其材料置备供查阅的时间、地点,

2. 指出在公示期间在公示中明确的地点可书面提交任何异议,

3. 明确告知,在不符合期限或无理由说明之所提异议,在进一步的行政许可程序和随后的法律救济程序中以及司法程序中会予以排除,基于私法中那些特别规定除外,

4. 确定商讨时间,并指出,即使在项目单位或异议人缺席情形下,只要符合期限和形式要求的所提异议也予以研讨,

5. 指出对异议之决定的送达可通过公告代替。

(2)[1]当预计可能有较多异议,研讨时间可事后予以确定;对此公示相应适用第 1 款第 1 句和第 2 句第 4 项。[2]项目单位、涉及其职责领域的行政部门、根据第 41 条认可的环境协会、可能受到项目影响的个人和提出异议者,应予以通知。[3]当异议者超过一百人时,应当采取依第 1 句公告替代适用。

(3)[1]公告后 2 个月内,申请书及其材料应在行政许可部门,及必要时在项目可能产生影响之基层乡镇社区,以供查阅。[2]当其他行政部门有提出意见和有专家鉴定意见时,也同样予以提供查阅。

(4)[1]公示期间,所有人可以书面或通过在行政许可部门的记录形式,提出对项目的异议。[2]异议应予说明理由;只要项目之影响可能会涉及异议者的权利,就此应予以解释。[3]随着公示期结束,在进一步的行政许可程序和随后包括司法程序在内的权利救济程序中所有异议提出权,都予以排除。[4]基于私法特别条款规定的防卫权主张,于此例外。[5]异议除斥也适于那些在公示期结束后出生的或者新迁入项目影响范围内的人。

(5)行政许可部门应听取其职责范围与项目相关的其他行政部门之意见。

第 88 条　论证会

(1)[1]在公示期结束后,行政许可部门与项目单位及依期限和合法形式有效提出异议者,以及必要时包括专业部门和专家,对项目进行研讨。[2]研讨会议致力于对申请、异议和表达异议之可能性,全面予以处理。[3]也可对逾期提出的异议予以研讨;但其在随后的司法程序中排除在外。[4]基于私法特别条款提起的异议应当向一般法院提起诉讼。[5]在论证研讨期间,参与人应有机会查阅还未公示的专

家意见和参与专业部门的意见，并对此发表意见；根据建议，论证主持人可对提交书面意见规定期限。

(2)[1]研讨日期是公开的。[2]公众可予排除。

(3)只要行政部门意见和专家鉴定含有对行政许可条件方面的重大新认识的，且是在研讨会后提交的，应以一定方式给予项目单位和异议人查阅和提出意见的机会。

第 89 条　利益平衡

(1)在行政许可决定的准备阶段程序中，应当致力于在参与各方利益间达成一种平衡，并努力实现协调一致的解决方案。

(2)行政许可部门可委托一个程序协调人、其他行政部门或其他机构主持程序中的某个阶段，尤其如举行研讨会。

(3)[1]当程序协调人得以指定，即独立于其从事职位，不受行政指令约束。[2]若其担任公职，则允许其不听从提出项目申请或对项目行政许可负责的其任职的工作部门指令。

(4)程序协调人服务于由行政许可部门确定的事务部门，只在受委托程序相关事务范围内服从其指示。

(5)当依第 2 款委托主持论证会，行政许可部门就此只作为论证会的参与方。

(6)当程序已经依据第 2 款作出委托，则程序协调人、其他行政部门或其他机构应当就受委托的程序部分(阶段)之结果发表意见，并尽可能在 1 个月内将其与申请材料、受理部门的意见和专家鉴定报告以及有可能仍未得到解决的异议转交给行政许可部门。

第 90 条　决定

(1)[1]当依第 86 条第 1 款第 3 句规定的材料完整，则行政许可部门应在 6 个月之内就行政许可申请作出决定。[2]当因审查难度，或依第 89 条的程序协调人、其他行政部门或部门没有及时回复意见或者出于项目单位自身原因而必要时，则可延长期限 3 个月。[3]延长期限应当向项目单位说明理由。[4]其他延期情况仅在特殊情形下经监管部门同意，才予准许。

(2)[1]基于项目单位的材料、各种观点、公众意见和本身的调查结论，行政许可部门作出环境影响的综合报告。[2]行政许可部门基于综合性描述，评价项目的环境影响，并在决定时依据适用于项目的实体法规定考虑评价结果。

(3)[1]当项目的准入性取决于前置程序,这些在先前和随后程序中实施的、作为所有环境影响整体评价的部分评价,应予以全面总结。[2]在对项目准入性的决定中,在前置程序中查知、描述和评价的项目对环境和人类之影响,应当予以考虑。

(4)对在研讨中没能达成统一意见的异议,也应在项目许可中予以决定。

(5)[1]行政许可决定应当书面作出,并给出书面理由。[2]在决定理由中,必须包括综合的陈述、评估需要考虑的各方面说明和评价。[3]当存在替代性方案时,则应对优先选择的方案作出解释。

(6)[1]行政许可决定应当送达申请人、明显的利益相关人及异议提出方,且仍需公告。[2]当行政部门在公告中依据第87条第1款第2句第5项指明且除申请人外超过100份送达,则向异议提出方的送达可通过公告送达方式代替。[3]在决定书的执行部分和诉权告知按照第87条第1款第1句的方式予以公开时,公告生效;附属规定也应予以指明。[4]在此情形下,应自公告之日起两周内签发并提交全部决定书以供查阅。[5]在公告中应当说明作出行政决定的时间、地点及其理由,及能依第7句予以索要。[6]公示期结束后决定书视为向未提起异议的第三人送达;对此应在公告中予以指出。[7]在正式公告后至异议期届满期间内,提起异议方可书面要求提供行政决定书及其理由。

第91条　正式内容和附带条款

(1)[1]项目行政许可应在内容上详细规定。[2]必要时,项目行政许可应规定条件颁发或附带条款约束,以保障满足行政许可前提条件。[3]行政许可部门尤其须规定相应措施,只要为防止对环境和人类的危险和风险,和为避免、补偿(平衡)或赔偿对自然和景观干预,所必要的。[4]项目行政许可可依申请规定期限。

(2)[1]当细节审查将不恰当地拖延决定的作出,可依申请对依第81条第2款第1项的项目作出附条件保留的项目行政许可,尤其是对安全分析之细节、建造技术之证明和替代措施之范围或者赔偿数额之多少的确定。[2]仅当可预见,由此不会减损关于项目对环境或人类影响的统一且跨环境媒介审查和公众参与,并且行政决定的总体结果不会遭致重大变更,才允许附条件保留。[3]仅在所有行政许可条件都予以满足时,才允许开始运营。

第92条　针对行政许可程序的行政法规

(1)通过行政法规可以进一步对包括环境可承载性评估要求在内的行政许可程序作出进一步规定;公众参与应依第20条规定。

(2)对于水法和自然保护法上的利益评估,各州可以颁布具体的程序规定。

第93条 部分行政许可

(1)[1]依申请可对于项目或者项目部分的建立,或者项目部分的建立和运营,作出行政许可,当满足以下情形:

1. 授予部分行政许可存在正当利益,

2. 满足部分行政许可申请对象的行政许可批准条件,和

3. 阶段性审查确认,对整个设施的建立与运营之行政许可至此还未存有不可解决的障碍。[2]环境适应性评价既包括在任一评估阶段所能认识到的整个项目之环境影响,也包括针对部分行政许可对象之环境影响。

(2)[1]依第1款第1句第3项的阶段性审查之结果,受到其阶段性和随后部分行政许可程序中所提交的材料所约束的。[2]当因事实和法律基础发生变化或对项目出现新的认识,只要项目还没有最终予以批准,且提出了新的要求,则此约束性不再存在。[3]当基于事后其他材料的个案审查并提出新的要求,只要项目还没有最终予以批准,则此约束性也即灭失。

(3)在不属于系列相关的项目中,授予部分行政许可应不超过四个。

(4)在决定书中执行部分应当对依第1款第1句第3项进行的阶段性审查结果作出说明。

(5)按照以下几款的规定,第86条至第92条也同样适用于部分行政许可程序。

(6)[1]行政许可部门可允许申请材料中仅就部分许可之对象作出最终描述。[2]此外,该些描述须使依据第1款第1句第3项之审查成为可能。

(7)[1]申请和依第6款所有必要的材料应当予以公示。[2]行政许可部门在公告中应当明确指出,在异议期限内根据公示材料对于整个项目能够提出的异议,根据部分许可的存在效力,在依第2款约束力框架下,在项目行政许可的进一步程序中和在随后包括司法程序在内的权利救济程序,应予以排除。

(8)[1]在第二个及其他部分许可程序过程中,当不能证明存在发生情势变更或其他担心对环境或人类产生显著不良影响的情形,许可行政部门应不进行再次的公众参与。[2]重新的公众参与也应当限于依第1句的影响。[3]通过行政法规可对出现需要予以关切的环境影响之特征,加以规范。

(9)授予部分行政许可可附规定期限或者附条件保留,即它到行政许可决定时予以撤回或附带条件有效。

第 94 条　临时性裁定

(1)对依第 81 条第 2 款第 1 项的项目,对项目行政许可依存的个别问题,特别是对于项目的地点选择和理念,可依申请作出临时性裁定,当同时满足以下情形:

1. 存在作出临时性裁定之正当利益,

2. 针对待决问题已满足行政许可的前提条件,且

3. 阶段性审查确认,对整个设施的建立与运营之行政许可至此还未存有不可解决的障碍。

(2)第 93 条第 1 款第 2 句、第 2 款和第 5 款至第 9 款相应适用。

(3)一个项目总体不应作出两个以上临时性裁定。

(4)临时性裁定之对象应在决定的执行部分详细描述,且阶段性审查之结果应依据第 1 款第 3 项作出说明。

(5)当项目单位未在不可撤销生效之日起两年内提出项目行政许可申请或部分行政许可申请,临时性裁定无效;此期限可依申请延长至四年。

第 95 条　先期开始

(1)在依第 81 条第 2 款第 1 项 a 和第 3 项的项目行政许可程序中,行政许可部门可以准许在项目行政许可前就先行开始设施建立或水体使用,当满足以下情形:

1. 此决定有利于项目单位,

2. 先期开始中存在着公共利益或者项目单位的正当利益,和

3. 项目单位承诺赔偿所有到最终决定前因为项目所导致的损失,且在行政许可未得批准情况下将恢复原状。

(2)仅在第 86 条第 2 款第 1 句规定之申请材料已经提交时,先期开始才予以准许。

(3)[1]先期开始的批准可随时撤销。[2]先期开始的作出可以是附期限、附条件保留或受特定条件制约。

(4)当系确保第 1 款第 3 项的义务履行之必要,行政许可部门应当要求支付安全。

第 96 条　重大变更

(1)[1]项目的重大变更需要项目行政许可。[2]重大变更是指根据职责部门的预测可能对环境和人类有显著的不利影响之改变。[3]第 2 句中影响的显著性取决于

此影响对第 84 条第 1 款第 1 句和第 2 句中条件审查的重要性。[4]对于交通设施,仅在其建造式干预对环境与人类的影响明显增加,才可认为变更重大。

(2)当因重大变更引起对至今尚未涉及的乡镇社区地区的不利影响产生忧虑,这种项目变更应当依第 87 条第 1 款予以公告,并依第 87 条第 3 款公示相关材料。

(3)在行政许可程序中和在项目完成后的重大变更之情形下,第 1 款和第 2 款相应适用额外的公众参与。

第 97 条　报告义务与通知义务

(1)[1]当依第 96 条第 1 款的项目变更可能对环境与人类有影响又并不显著的,该项目应在距开工至少 1 个月前向主管部门书面报告。[2]用于审查是否须经行政许可的必要材料应当在报告中提交。[3]主管部门应当在收到报告和第 2 句规定的必要材料之日起 1 个月内作出审查,是否需要变更行政许可。[4]当主管部门告知行政许可并非必需的,或者未在 1 个月内作出回复,项目单位允许进行变更。[5]主管部门可决定增添条件,以保证对于依环境法规定新批准的行政许可之项目的要求得到遵守。

(2)[1]对依第 1 款需予报告的变更,项目单位可提出行政许可申请。[2]申请依第 110 条之简易程序或者,在项目单位申请下,依对捆绑式项目行政许可规定的程序和在第 81 条第 3 款情形下依对规划型项目行政许可规定的程序,授予行政许可。

(3)[1]对于依第 81 条第 2 款第 1 项和第 2 项的项目,经营者的更换应当由至今或将来的经营者事先及时向主管部门报告。[2]当行政部门在接收报告起 2 个月内没有对报告提出异议,项目行政许可在没有行政部门明确对报告同意下移交给权利继承人。[3]当因为审查第 84 条第 2 款第 1 项至第 3 项的前提条件困难时,主管部门可延长期限 2 个月,需延长期限应当书面给予理由。[4]当在变更之前不能及时报告且新经营者不迟延地事后补交,只要行政部门没有提出反对,其可继续从事经营;第 2 句和第 3 句相应予以适用。

(4)针对运行不同运营方式或投入不同物质(多功能设施或多物质设施)的第 81 条第 2 款第 1 项 a 所指之项目,应当在经行政许可的运营方式期间内首次投产或应用另外一种新物质时,立即向主管部门报告。

(5)[1]当经营者计划关停依第 81 条第 2 款第 1 项之项目,对包括说明时间节点在内的情况,其应不得迟延地向主管部门报告。[2]报告应当包括有关经营者履行依第83条第1款第1句第6项义务的计划措施的说明材料。

第98条　行政许可和设施的复审

(1)[1]对于依第81条第2款第1项和第3项的项目,行政许可部门应定期进行复审,最长每隔10年,以确认依第91条第1款第3项所确定的这些措施是否符合最新水准;当不再合适时,则依第126条或第132条作出裁定。[2]复审可基于根据第143条至第146条的自我监测之措施上进行,当只能由此才能确认是否保持最新水平。

(2)进行依第1款意义之复审,尤其是出于以下情形:

1. 项目对环境或人类的影响已然显著,以致应当复核在项目行政许可中确定的排放限制或者重新制定,

2. 先进技术水平或先进科学和技术水平的重大变化能够明显降低排放,

3. 有必要改善经营安全,尤其是通过使用别的技术,或

4. 环境法新规定的要求。

(3)对于正在运营中的或依其他规范批准行政许可和在本法典生效后1年内投入运营的现存设施,应保证其最晚在本法典生效起8年内,应当遵照依第83条第1款和第2款的要求予以运营。

第99条　项目行政许可的法律效力

(1)[1]通过项目行政许可,项目的准入性全面予以确定,尤其在对于环境和人类的影响方面。[2]不再同时需要涉及项目的其他行政部门之决定,特别是行政特许和规划制定。[3]依《联邦矿产法》的行政许可作为例外。[4]关于干预性措施的规定,和规定向其他行政部门征求意见或其他协作的规范,不受影响。

(2)[1]根据非基于特别条款对土地所有权于相邻土地的不利影响之私法的防卫权利,不能提起要求项目中止、拆除所属设施、搁置使用,只要项目行政许可是不可撤销的。[2]只能要求采取排除不利影响的预防措施。[3]只要此类根据先进技术水平的预防性措施无法实施或者在经济性上不可行,仅能要求损害赔偿。

第100条　项目行政许可的注销

(1)项目行政许可注销,当

1. 未在行政许可部门规定的期限内开始实施项目,最晚不允许超过3年,或者

2. 不再从事经行政许可的活动3年以上。

(2)行政许可部门可以基于申请出于重要理由延长依第1款规定之期限,

当由此不会危及本法典之目的。

第三节　规划型项目行政许可

第101条　适用范围

对于依第81条第3款项目的项目行政许可，第2节的规定依以下特别条款的规定适用。

第102条　行政许可前提条件

(1)[1]第84条第1款和第3款适用以下裁量标准，项目行政许可才予以批准，当

1. 调查、评价和多方权衡，在与具体的替代性方案比较下的项目涉及的公共和私人利益及对环境的影响，

2. 此项目对公共利益是必要的，

3. 依行政部门的评价，在考虑到计划的保护和补偿措施前提下，赞成项目的利益超过反对的利益。

[2]第84条第2款只适用于依第81条第3款第1项a和c的项目。

(2)只有当权衡过程中的缺陷是明显的且对权衡结果有影响，才能认为在权衡过程中存在明显重大的缺陷。

第103条　先期工作

(1)[1]由项目单位或其委托人或行政许可部门的委托人，对项目规划的先期工作进行必要的测量、土地和地下水的调查时，包括标识装置的临时附着和其他先期工作，所有权人和其他使用权人应当予以容忍。[2]为此目的，在工作、运营或经营场所和工作时间，仅当所有权人或其他使用权人或委托人在场时才能允许进入。[3]仅在获得房屋所有权人同意下，方允许进入住宅。

(2)[1]计划进行此类活动，应当至少在两周前直接通知，或当需要发出100份以上的通知时，通过当地通行的公告在需要进行前期工作的基层地区范围内予以通告。[2]当在第1款第2句情形下，所有权人或其他使用权人拒绝其进入，由行政许可部门作出决定。

(3)[1]当基于第1款之措施直接造成所有权人或其他使用权人财产损失的，项目单位应当以金钱方式承担相应的赔偿。[2]对金钱赔偿未能达成一致时，则由

行政许可部门依项目单位或权利人申请确定赔偿金额。[3]在作出决定前应听取参与各方意见。

第104条　程序

(1)必要的材料包括:

1.对与项目相关的土地和设施的说明,

2.对项目之于公共利益的必要性之原因解释,

3.对公众福祉或第三人权利其他影响的说明,和避免或补偿不利影响的措施之建议。

(2)行政许可部门应调查受项目征地涉及的人员并依第87条第1款第2句通知公示事宜。行政部门也应当通知相关非常住居民,当其身份或居留情况明确或在适当时限内可予查明的。

第105条　决定和法律效力

(1)[1]项目行政许可涵盖该项目所涉及的全部公共关系和对其他设施的必须的后继措施。[2]第90条第1款不予适用。

(2)[1]除了依第91条第1款规定的附属规定外,在权衡过程中,为避免和补偿对公共和私人利益的不利影响,可以规定进一步的措施。[2]依第91条第2款的保留追加规定也可包括保护性措施。

(3)当为避免对其他人权利的不利影响之措施是不成比例的或者与项目本身不符合的情况下,项目单位应对相关人进行补偿。

(4)[1]当根据项目行政许可的不可撤销性,对第三人造成其事先不可预见的不利结果,相关人由此可以事后参照第2款和第3款规定,要求对项目行政许可予以补充规定。[2]相关人可自认识到此种不利影响之日起3年内,向职责部门提起申请。[3]当与项目行政许可的相应状态存在已经超过30年,则申请被排除。

第106条　分阶段性建设、部分行政许可和临时性裁定

(1)[1]针对依第81条第3款第1项第b目及第2项和第3项,当其是系列相关联的,则可就单个阶段作出项目行政许可,前提是此阶段是服务于项目的整个规划,且又是独立可利用的。[2]当在分阶段性建设中,存在对直到项目的随后阶段才会有与其利益相关的个人或涉及其任务的行政部门或协会的强制情形,则项目的部分行政许可应依第87条和第104条第2款规定予以授予。[3]当只要在后继规划阶段可能会产生的环境影响或其他对公众福祉或第三人权利的不利影响，由此也应包括此相应材料。

(2)依第93条作出部分行政许可授予或依第94条作出临时性裁定之可能性仅针对依第81条第3款第1项a和c的项目。

第107条 特定条款的适用

(1)依第95条的先期开始可允许针对依第81条第3款第1项c及第3项之项目。

(2)依第81条第3款第1项a和c的项目应执行依第98条的行政许可和设施的复审。

(3)依第81条第3款第1项a和c的项目适用依第97条第3款运营商变更的报告义务。

(4)依第81条第3款第1项a和c的项目适用依第97条第5款的关停报告义务。

第108条 项目行政许可的注销

[1]当最终放弃已经开始实施的项目，则此项目行政许可应当予以注销。[2]项目行政许可也应予以注销，当关停依第81条第3款第1项b和第2项至第4项的已经建成和运行之项目。[3]注销程序参照第97条第5款进行公告。[4]在注销决定中，项目单位应承担依第83条第1款第1句第6项所必要之措施。[5]因为授予项目行政许可后导致相邻地块发生改变时，应当采取相应措施的，可以由行政许可部门规定项目单位有义务采取相应保护措施；当此类改变是由于受自然现象或不可抗力导致的，由此产生的费用需由相邻土地权人承担。

第四节 简易项目行政许可

第109条 适用范围

(1)[1]通过行政法规对按照简化要求批准行政许可的项目作出规定，当该项目依据其因该项目引起的不利影响的类型、规模和持续时间，与保护环境和人类是相容的；公众参与须依第20条。[2]简易的项目行政许可只能适用于如下情形：

1. 对于依第81条第2款第1项a和d和第2项的项目以及用于新产品或新工艺之研究、发展和试验的此类项目和项目部分；

2. 对于依第 81 条第 3 款第 1 项 b 和 c 以及第 2 项至第 4 项，当在特殊情形下：

a) 其他人权利不受影响或者相关人书面表明同意使用其所有权或者其他权利，

b) 同涉及其任务范围的公共利益承担人达成谅解，和

c) 可以预见不会对环境造成显著的不利影响，且对自然和景观的干预是可避免或可予以补偿的。

(2) 只要对依具有强制性的欧共体法律文件有必要的，就应最迟在项目简易行政许可授予后 4 周内告知欧共体理事会。

(3) 依项目承担人的申请，依对捆绑式项目行政许可之规定和在第 81 条第 3 款情形下依规划型项目行政许可之规定，批准行政许可。

第 110 条　条件和程序

(1) 适用简易项目行政许可，应当满足第 83 条、第 84 条第 1 款和第 2 款第 4 项以及在第 109 条第 1 款第 2 句第 2 项的情形下的第 102 条所规定的前提条件。

(2) [1]在行政许可程序中，提出申请适用第 86 条第 1 款、第 101 条和第 104 条第 1 款，行政部门的参与适用第 87 条第 5 款，和利益平衡适用第 89 条。[2]职责部门可以适当方式公告项目，给予提出异议的机会。

(3) 项目行政许可决定适用第 90 条第 1 款、第 5 款第 1 句和第 3 句以及第 6 句的标准，即决定期限为 3 个月，且不进行行政许可通知的公告。

(4) 决定内容和附属条款可依第 91 条第 1 款和第 101 条、第 105 条第 2 款第 1 句进行。

(5) 依第 93 条第 1 款至第 6 款和第 94 条的部分行政许可和临时性裁定仅允许适用于依第 81 条第 2 款第 1 项 a 和 d、第 3 款第 1 项 b 和第 2 项及第 3 项。

(6) 项目的变更规定适用第 96 条第 1 款和第 97 条。

(7) 项目简易行政许可之法律效果和失效，依据第 99 条第 1 款、第 100 条以及第 101 条、第 105 条第 1 款第 1 句的规定。

(8) 第 103 条、第 107 条和第 108 条适用于依第 81 条第 3 款第 1 项 b 和 c 以及第 2 项至第 4 项之项目。

第五节 在先行程序和其他项目中的环境影响评价

第111条 在先行程序和与项目相关规划中的环境影响评价

(1)[1]下列情形予以实施环境影响评价：

1. 依《田间整理法》第41条的道路和水体规划；

2. 建造规划，通过其，依第81条的或依环境影响评价其他规定受约束的特定项目之建筑法上的可接受性予以证明的，或者其替代对此类项目的行政特许；

3. 在依第2项前提条件下依《建筑法典施行法》第7条的项目规划和后继规划；

4. 依第338条的矿业供需和选址规划；

5. 空间规划程序，通过其，对依第81条的特定项目或环境影响评价其他规定的特定项目予以评估的。

[2]在第2项至第5项情形下，环境影响评价根据项目的规划进展情况予以实施。

(2)[1]对依第1款第2项和第3项中规划的环境影响评估程序，适用《建筑法典》和《建筑法典施行法》之规定。[2]第80条第3款第2句、第230条和第231条相应予以适用。[3]依《建筑法典》第3条第2款和第9条第8款理由说明应当要满足第90条第5款的要求。

(3)[1]对于在第1款第1项、第4项和第5项中所指程序，相应适用第80条第3款第2句、第85条第1款、第86条第2款、第90条第2款和第5款以及第230条和第231条；当职责部门自身作为项目单位，对第85条所指部门相应适用第76条规定。[2]通过以下方式吸纳公众参与：应当通过项目公告、依第86条在适当的时期内能够予以查阅项目必要的材料、给予陈述的机会和公众能详细获知行政许可决定。[3]其他规定不受影响。

第112条 在其他项目中的环境影响评价

(1)当对环境或人类可能有显著影响的项目，而本法典没有规定环境影响评价的，由行政法规作出规定，要求其需遵守环境影响评价。

(2)[1] 对于此程序相应适用第80条第3款第2句、第85条和第86条、第90条第2款、第3款和第5款以及第230条和第231条。[2] 主管部门通知公众和涉及部门;决定和理由应予公告。[3] 其余规定不受影响。

(3)[1] 当项目需要多个行政部门的行政许可,则各州决定一个主管部门,且该主管部门至少对第85条第1款和第90条第2款第1句规定之职责负责。[2] 当项目准入的确需要在多个程序框架内决定,则在这些程序中实施的部分审查应对包括环境交互作用在内的全部环境影响的总体评价予以综述。

(4)对于调查的准则和程序、陈述说明和评价、关于预定调查范围的情况介绍之原则,以及环境影响的综合陈述和评价原则,可以通过行政法规进一步予以规定。

(5)针对第2款和第3款,各州对第1款意义上属于其立法范围的项目之环境影响评价作出相应规定。

第六节　共同规定

第113条　过渡规定

(1)以下行政许可或规划制定,作为捆绑式项目行政许可继续有效:

1. 依《经营条例》第16条或第25条第1款或依《联邦污染防治法》第4条或第15条的行政许可,以及依《固废法》第7条第1款或者依《循环经济和固废法》第31条之规划制定或行政许可;

2. 依《核能法》第7条之行政许可;

3. 依基于《水法》第18c条各州法中规定的行政许可或规划制定;

4. 依《基因工程法》第8条第1款第2句和连同第13条的行政许可或者依第41条第2款对于基因技术设施延伸出来的行政许可;

5. 依《基因工程法》第14条第1款第1项连同第16条之行政许可;

6. 依《水法》第9条的特别行政许可;

7. 依《联邦森林法》第9条第1款的行政许可;

8. 依《联邦森林法》第10条第1款第3句连同第9条第1款的行政许可。

(2)以下行政许可或规划制定,作为规划型项目行政许可继续有效:

1. 依《核能法》第9b条连同第9a条第3款的规划制定;

2. 依《固废法》第7条第2款或依《循环经济和固废法》第31条第2款的规划制定;

3. 依《联邦高速公路法》第 17 条第 1 款,《联邦水道法》第 14 条第 1 款,《航空法》第 8 条第 1 款,《联邦铁路法》第 36 条第 1 款或《一般铁道法》第 18 条第 1 款的规划制定;

4. 依《水法》第 19a 条和依《联邦矿产法》第 133 条的行政许可;

5. 依《水法》第 31 条的规划制定。

(3)对在本法典生效前需要进行多个在第 1 款和第 2 款第 4 项中所指的行政许可,或除了此类行政许可外还有其他行政许可的项目,这些行政许可一起作为项目行政许可继续有效。

(4)已经开始的程序,应当依环境法的规定完成。

(5)[1]当在本法典或依第 421 条、第 562 条第 1 款第 2 句、第 361 条第 4 款或者第 542 条的行政法规生效时,已经建立或者重大变更,或者已经开始建立或作重大变更的项目,其因为本法典或者行政法规的生效实施须经行政许可的,应当在 3 个月内向职责部门报告。[2]应当在履行报告后 2 个月内,向职责部门提交用以判断行政许可前提条件所必要的材料。

(6)依《经营条例》第 16 条第 4 款、《联邦污染防治法》第 67 条第 2 款或者第 67a 条第 1 款,依《固废法》第 9a 条第 2 款,或者依《水法》第 19e 条第 2 款已予以报告的项目,视为依本章之报告。

第 114 条　行政违法

(1)作为行政违法,当某人故意或过失

1. 违反第 81 条和第 96 条或者违反依第 109 条的行政法规,不经必需的行政许可而建立、运营或重大变更项目;

2. 违反依第 91 条第 1 款第 2 句需履行的规定;

(2)也作为行政违法,当某人故意或过失

1. 违反第 97 条第 1 款、第 3 款和第 5 款或者第 107 条没有或者没有及时进行报告,或者违反第 97 条第 4 款没有或者没有及时报告;

2. 违反第 113 条第 5 款第 1 句没有或者没有及时进行报告;

3. 违反第 113 条第 5 款第 2 句没有、没有及时或者没有完整提交材料的。

(3)依第 1 款的行政违法可以处以 100 万德国马克以下,依第 2 款的行政违法行为可处以 10 万德国马克以下的罚款。

第四章　产　　品

（第115～125条）

第一节　一般规定

第115条　目的和适用范围

（1）[1]本章旨在防卫因生产、流通、使用和处置产品对环境和人类造成的危险和预防其风险。[2]本章也适用于自然资源之保护。

（2）当本法典其他条款或其他联邦法律有同等或更严格的要求，则本章之规定不予适用。

第116条　概念界定

在本法中的含义：

1. 产品：为使用之目的而制造或从自然界获取的所有可移动物体，包括物质、半成品和制成品；

2. 生产商：是指为营利或者在经营性企业和公共机构框架下，制造产品或从大自然中获取产品的人；

3. 经销商：是指为营利或者在经营性企业和公共机构框架下销售产品的人；

4. 使用者：使用、消耗、加工、处理、贮存、装填或以其他方式处理产品的人。

第117条　基本原则

主管部门应致力于，在生产、流通、使用和处置产品中遵循以下基本原则：

1. 维持低的并尽可能持续减轻对环境和人类的总负荷，

2. 节约资源和能源，以及

3. 减缓物质流、降低物质用量和进一步闭合物质循环。

第二节 生产商、经销商和使用者的义务

第118条 研发与生产

(1)[1]生产商应当在产品研发和生产过程中评估是否可能发生:

1. 使用减轻环境负担的,尤其是使用低原料、低能源和低废弃物的生产工艺;

2. 优先使用可循环废弃物或从废弃物中回收的物质;

3. 根据含量和危险度,减少在生产过程中的使用危险物质,以及降低产品和废弃物中危险物质的含量;

4. 降低在使用产品时能源使用和污染排放;

5. 产品设计,应是耐用、易修复和可重复利用的,产生较少废弃物,以及可按照环境友好的方式予以处置。

[2]应当在产品研发和生产过程中考虑以上的评估结果。

(2)通过行政法规,对应当在研发和生产过程中按照本条第1款作出评估的产品,作出规定。

第119条 环境负荷分析

(1)[1]生产或进口新产品的人应当就其对环境和人类的可能影响,尤其是对其原材料和能源的需求以及产生的废弃,包括相互作用和可使用的替代产品,作出调查分析(环境负荷分析)。[2]环境负荷分析同样适用于已经生产或进口的产品,只要此类产品可能对环境或人类产生危险或风险。[3]根据第118条第1款之规定展开的产品研发与生产应当考虑环境负荷分析结论。

(2)[1]通过行政法规可以对生产商或进口商应当实施环境负荷分析并予以记录的产品作出规定。[2]行政法规也可,对环境负荷分析的内容和范围、调查和评价流程以及向主管机关作出报告之义务,作出规定。[3]当已经在规划许可中调查分析了产品的可能影响,则可全部或部分地援引此内容。

第120条 上市流通和使用

(1)当产品合规且恰当使用时不会对环境和人类产生根据具体情况可避免的显著的不利影响,该产品可上市流通。

(2)当违规使用产品可对环境和人类产生不利影响,使用该产品应当合规

和恰当,尤其是应遵循生产商或经销商的建议。

(3)[1]生产商、经销商或商业性使用者应当在产品流通或使用过程中就其对环境和人类可能产生的危险和风险作出标识和警示。[2]他们应以合适的方式就产品的环境相关属性作出提示,并对其按照环境友好的方式的使用和处置提出建议。

第121条　禁止、限制和标识

(1)可以由行政法规规定:

1. 特定的产品或产品类别,其生产、流通、使用或处置特别容易对环境或人类造成不利影响的,

a)不得予以生产、流通或使用,除非仅当满足特定的数量、特征或用于特定目的,

b)仅允许按照特定方式和方法予以使用,

c)仅允许在满足特定条件下或仅向特定人员交付,或

d)按照特定方式予以包装、标识或附上特定的标记或说明。

2. 第1项下所指的特定产品或产品类别的生产商、经销商或使用者:

a)应当报告其行为或需要对此的许可;

b)应当满足对于其可靠性和健康方面的特定要求;

c)应当在详细规定的程序中证明其专业知识。

(2)依第1款的措施尤其可以就如下予以规定:

1. 在考虑依第590条对特定危险物质、特定危险制剂或危险制品的生产、流通、使用和处置的基本原则下,就第586条第1句所述之目的;

2. 为保护臭氧层和气候之目的;

3. 对燃料、助燃剂、润滑剂或其他适用于在其合规使用、回收个别组成部分、能源利用或以清除为目的的燃烧时的相关产品的构成和生产工艺,致使对环境或人类的不利影响;

4. 避免和减少废弃物中的危险物质,和确保或促进产生的废物进行一种环境无害处理;

5. 对基因技术产品的包装和标识。

第122条　回收和处置

(1)生产商和经销商应当依据进一步规定,尤其是依据第2款制定的行政法规,回收和以环境友好之方式处置其产品。

(2)通过行政法规可以规定:

1. 生产商和经销商

a)仅在保证回收时,才得以上市流通特定产品,

b)必须回收特定产品和以合适措施确保返还,尤其是建立回收和押金制度,

c)应当在一定的交付或丢弃点回收特定产品,

d)应当对规定应予回收的产品作出相应标识并在可能情形下标出押金数额,

e)应当对回收物的种类、数量和处置情况予以说明;

2. 处置义务人应当依据第 740 条至第 743 条之规定参与回收行为,且应当将收集的垃圾转交至第 1 项规定之义务人。

(3)依第 2 款颁布的行政法规还可规定:

1. 回收产品的回收和处置的费用承担义务,

2. 第 2 款第 1 项 e 规定的情况说明的方式方法。

(4)第 15 条第 4 款适用情形系仅在联邦政府未在本法典生效之后 2 年内行使授权前提下,州政府方可颁布行政法规。

第 123 条 自我监测

(1)当有依据,产品的使用可能对环境和人类产生危险或风险,产品生产商、经销商和营利性使用者应有义务持续调查由其生产、上市流通或使用的产品的主要使用情况。

(2)[1]通过行政法规可以规定,当产品的持续使用可能对环境和人类产生不利影响,则产品使用者应当对使用的时间、地点和被使用产品的种类和数量作出记录。[2]记录应当保存 10 年。

第三节 环 境 标 识

第 124 条 环境标识

(1)[1]当产品、工艺或服务具有环境友好、可表明其质量的重要特征,或以环境友好的方式生产或取得的,则产品、工艺或服务可授予环境标识。[2]环境标识应当在说明其环境友好的特征或根据第 1 句的生产或获取方式对特定时间予以授

予。[3]环境标识仅在满足第2句说明时可使用。

(2)当依据第119条对产品的环境负荷分析作出记录并公开,则在使用环境标识时可予以援引。

(3)[1]可授权主管环保的联邦部委,颁布行政法规规范:

1. 使用环境标识的细则;

2. 会同联邦经济主管部委赋予其权益,可在广告中指出同类产品或工艺或类似服务的竞争者未被授予环境标识;

3. 颁发流程需要联邦高级部门共同参与或由其主管;主管部门和参与流程的方法应予明确。

[2]公众参与根据第20条规定。

第四节 行政违法

第125条 行政违法

(1)故意或过失地违反依第118条第2款、第121条或第122条第2款规定的行政法规的人,只要行政法规就特定行为指向本罚款规定,涉及行政违法。

(2)故意或过失违反依第119条第2款、第123条第2款或第124条第3款规定的行政法规的人,只要行政法规就特定行为指向本罚款规定,涉及行政违法。

(3)依第1款的行政违法可处以100万德国马克以下罚款,依第2款的行政违法可处以10万德国马克以下罚款。

(4)[1]涉及第1款或第2款行政违法行为的,或在违法行为实施或准备中使用过的或已被确定的物品,可予以没收。[2]《行政处罚法》第23条予以适用。

第五章　干预措施和监控

（第 126～150 条）

第一节　干 预 措 施

第一小节　需经许可的活动

第 126 条　需经许可活动的后续决定

（1）[1]为了履行环境法所规定的义务，许可部门可在授予项目许可或依第 361 条第 1 款和第 562 条第 3 款第 1 句和第 4 句许可后，作出决定。[2]许可授予后，当确认出现对环境或人类的危险，特别出现对环境有害的影响，应由许可部门作出后续决定。

（2）[1]当后续决定是不成比例的，尤其是履行决定相关的费用与决定所追求的结果不相称时，则许可部门不应作出后续决定。[2]对此，应特别注意由设施运营或其他活动引起的对环境或人类产生的影响之性质、规模和危险性，以及设施的使用期限和技术特征。[3]当许可部门因不成比例而无法作出后续决定，则应当依照第 128 条，部分或全部撤销许可。

（3）[1]在需经许可的活动最终结束后，为履行依第 83 条第 1 款第 1 句第 6 项义务应在 10 年内作出决定。[2]依据其他法律规定的决定不受影响。

（4）[1]其权限范围受许可影响的行政部门，认为后续决定是必要的，可以向许可部门提出作出决定的建议。[2]若该许可部门未接受该建议，须说明理由。

（5）前述第 1 款至第 4 款相应适用于依第 113 条第 5 款应予公示的或依第 113 条第 6 款视作为公示的项目，以及依第 368 条第 2 款的原有权利和原有利益。

(6)第 96 条、第 97 条第 1 款第 1 句和第 2 句不受影响。

第 127 条　禁止需经许可的活动

(1)[1]当未经环境法规定的必要许可而从事相应活动,则监管部门或许可部门应禁止此活动。当有可信证据表明,对追补许可可以使此活动较快获得合法状态,且在此期间不会对环境或人类造成损害或风险,则不适用禁止。

(2)当依照环境法规定被授予的许可持有人没有遵守许可规定、没有执行具有可实施性的后续追加决定或环境法规定的法律义务,则监管部门或许可部门可以依照第 128 条作出为消除妨碍所必要的行政决定,或者部分或全面禁止活动。

(3)[1]当事实证明,许可持有人或作业的专门人员在遵守许可决定中的义务方面不符合规定,并且因此需要担心对环境或人类的危险或风险,则监管部门或许可部门可以禁止此类需经许可的活动。[2]基于申请,可批准许可持有人,设施由能保证作业正常执行的人员进行操作。[3]第 97 条第 3 款不受影响。

(4)当联邦部门是许可部门,监管部门应通知它有关违反或怀疑违反环境规定的行为,及其为执行环境法规定而采取的措施。

第 128 条　许可的撤销和撤回

(1)只要为防止对环境或人类的危险所必要的,许可部门应撤销或撤回根据环境法规授予的许可。

(2)当许可持有人严重或重复地违反环境法规定的义务、违反可执行的行政决定或违反许可内容的规定,且不撤销许可将危及公共利益的,则应撤销依据环境法规所授予的许可。

(3)[1]发生第 2 款规定的撤销情形,不予以赔偿。第 1 款的撤销情形在以下情况下亦不予赔偿:

1. 对设施的建立、运营或重大变更的取消许可系基于后续新出现的情形,且其原因在于设施的运营,

2. 基于后续新出现的情形取消许可,且原因可归责于项目单位的责任范围,或者

3. 基于最佳可用技术的修改而取消许可。

(4)除非本法典另有规定适用第 1 款至第 3 款。

第 129 条　经许可活动的紧急措施

当有证据证明经许可活动的实施会对环境或人类造成危害的,许可部门或

监管部门应当对依法被许可的活动暂时禁止，或采取其他临时措施。

第二小节　不需许可的活动

第 130 条　对不需许可的活动的决定

（1）对于依照环境法规不需许可的活动，主管部门可以在个别情况下采取必要的决定，排除予以确定的违反环境法规的违法行为，或防止将来的违法行为。

（2）[1]主管部门可以部分或全部地禁止，依据环境法规不需许可的活动，当

1. 负责人不遵守依据第 1 款或其他环境法规要求履行的行政机关决定，

2. 在不经环境法规定的必要的登记和报告下进行活动，

3. 有证据证明，从事行为的人不满足环境法规规定的资质要求，

4. 有证据证明，活动会对环境或人类造成危害，而这种危害只能通过中止活动来避免。[2]第 127 条第 1 款第 2 句相应适用第 2 项，第 127 条第 3 款第 2 句相应适用第 3 项。

（3）自然保护和水资源保护中的命令或禁止职权由各州规定。

第三小节　共 同 规 定

第 131 条　自然和景观的损害恢复

（1）[1]当由于

1. 第 152 条意义上违反环境法的要求，

2. 妨碍设施合规运营，或者

3. 发生涉及危险物质、半成品、产品或废物的事故，

并对生态系统，包括其栖息地的动植物世界或景观，造成重大的或持续的损害时，主管部门可按照本法的规定，要求责任人进行修复，使其达到损害未出现时的状态。[2]当恢复原状已无可能或没有生态上的意义，则应当尽可能恢复到环境良好状态；第 262 条相应适用。[3]当土地所有权人或占有人恢复一种损害没发生前的状态，则第 1 句和第 2 句的决定不予适用。

(2)[1]只要涉及第269条和第271条第1款规定的保护区,或第288条第1款第8项规定的受特别保护的动物和植物物种的栖息地,主管部门应当作出第1款规定的决定。[2]此外,当设施是未经必要的许可,没有登记或报告而建立的,且不能保证短时间内经过追补许可、登记或公示取得合法状态时,主管部门应当采取第1款规定的措施。

(3)主管部门可以根据职责范围内的裁量,替代第1款规定之决定,而要求补偿必要措施所需的费用。

(4)[1]土地所有权人和占有人有义务容忍对第1款第1句和第2款所规定的措施。[2]必要情形下,有义务协助措施的顺利实施。[3]第353条相应适用。

(5)在作出第1款所述决定之前,主管部门应听取责任人、土地的所有权人和占有人的意见,以及邀请其职责领域因此受到影响的其他部门参加。

(6)依照第1款第1句第2项和第3项及时采取紧急措施以防止和减少损害的人,可以要求责任人赔偿其支出。

(7)只要不利影响是在本法生效之前所造成的且依至本法生效前的有效法律没有要求责任人采取恢复措施的,本条规定不予适用。

第132条　修复计划

(1)[1]除了第126条、第127条第2款、第128条、第129条、第130条第1款和第2款第1句第1项和第4项以及第131条规定的措施外,主管部门还可以要求责任人提交,保证在合理时间范围内满足由行政机关具体确定的义务之修复计划。[2]责任人可以提交经主管部门审核的依第1句规定的修复计划;这不除斥作出紧急干预措施的决定。[3]当主管部门已批准修复计划,只要必要,仍可确定变更或补充措施,作出决定或委托公法上的合同,并确保其执行。

(2)[1]除了根据第127条第2款、第130条第2款第1句第1项不予批准或依第128条第2款撤销许可之外,主管部门可以在与责任人达成一致意见的前提下,在修复计划或其他决定之外,命令责任人建立环境管理系统,和在合理期间内执行企业环境评估,并由环境鉴定机构进行审核。[2]这些环保措施应当遵守欧共体1993年7月29日颁布的《第1836/93号关于商业企业自愿参与环境管理和环境审查的指令》。[3]企业可以将环境声明交给主管部门,但无义务予以公开。

第二节　监　　测

第一小节　一 般 规 定

第 133 条　任务和基本原则

(1)[1]对环境法义务的履行情况应持续地并基于各种不同要求出发实施监测。[2]监测是国家职责(行政监测)。[3]监测部门应当寻求与受监测措施影响的各方进行友好的合作。

(2)[1]与行政监测并行,依照环境法规定的义务人应自我负责确保义务遵守。[2]可根据环境法条款要求,自己或者予以委托的方式执行特定监测措施,并进行记录或保存文件(自行监测)。

第二小节　行 政 监 测

第 134 条　第三方的职责和监测

(1)[1]环境法规的执行职责也包括监测。[2]多个部门依据第 1 句有监测职责时,可以分别执行必要的监测措施;部门之间应当相互通知对方。[3]监测部门还可以与其他部门合作执行监测措施,并吸收专家加入。

(2)[1]监测部门可以将监测任务委托给第三方,只要规定没有反对,且有序的监测实施能得到确保。[2]通过行政法规可以规定,关于第 1 句中要求的受委托监测的第三方所应具备的关于专业知识、可信性、独立性和技术设备的条件之要求。

第 135 条　监测措施的可靠性

(1)履行环境法规范的义务应通过监测措施得以确保,尤其是通过测量,检验物体和物质,进入和检查设施、运输工具、住房、企业和商业空间以及场地,查阅文件,收集样品和进行询问。

(2)[1]除环境法规另有规定外,监测部门及其委托机构应根据其职责相应的考量采取监测措施。[2]监测措施应当是适当和必要的,且不应造成相关人员不成比例的负担。

第136条 行政监测义务

(1)[1]当监测部门获悉可能对环境或人类造成危险或风险的事实,其有义务采取适当的监测措施。[2]当其他部门先行得知这些事实,除法律另有规定外,其他部门有义务通知监测部门。

(2)当监测部门向第三方要求第1款所提及的事实之情况,则其应当向第三方告知其所实行的监测措施。

第137条 监测义务

(1)负有监测义务的,包括:

1. 由环境法规规定的设立或运营设施之所有者和运营者,

2. 可能对环境或人类造成危险或具有风险的产品、土地、商业空间、企业空间或运输工具的所有权人和占有人,以及

3. 从事可能对环境或人类造成危险或风险的相关工作的人员,或行政许可委托从事此类工作的人员。

(2)[1]被监测义务人必须容忍获准的监测措施的执行。[2]此外,在执行监测措施时,其有义务向监测部门及其委托的人提供必要协助,特别是进入设施、土地、场所,打开仓储、提供工具并允许查阅文件。[3]当为执行监测措施所必要,被监测义务人应当提供在其从业的人员。[4]对监测部门的要求,被监测义务人应参考负责监测措施的环保专业人员。

第138条 对非监测义务人的要求

(1)只要为实施环境法规定必须要调查排放或其他环境影响,即使不属于依第137条第1款规定的被监测义务的土地所有权人和占用人,其也必须容忍进入地块和进行调查。第133条第1款第3句和第139条相应适用。

(2)[1]在行使第1款所述的职权时,应当考虑所有权人和占有人的合法权益。[2]当根据第1款采取监测措施直接引起财产损失,则应当给予适当的金钱赔偿。[3]当财产损失是监测措施不可避免的结果,且此监测措施是监测部门对据第137条第1款规定向被监测义务人作出决定,被监测义务人应当承担赔偿金。

第139条 进入地块和空间

(1)[1]在持续监测期间内,只要被监测义务人没有对其它操作予以确认,进入被监测义务人的土地、企业用房、住宅和运输工具发生在正常运营和营业时间

内。[2]当为实现监测目的而有必要，基于特殊事由的监测措施也可在正常工作时间之外进行。

(2)仅当为防止对公共安全造成紧迫危险的情况下，才允许以监测之目的进入住宅。

(3)第1款和第2款所述的措施可以在欧洲共同体和其他成员国的专家的参与下进行。

(4)执行依第1款或第2款的措施应当告知被监测义务人，只要不会因此损害措施目的。

(5)[1]被监测义务人及其缺席情形下任命的代理人有权在执行监测措施期间在场。[2]当被监测义务人在场会导致延迟或损害监测目的，则亦可在其不在场情形下执行监测措施。

(6)住宅不可侵犯的基本权利(《德国基本法》第13条)受本条第1款和第2款第1句的限制。

第140条　采样和物品交付

(1)被监测义务人应当容忍为调查之目的而抽样并取走物品。

(2)[1]基于索要，应向被监测义务人出具所抽取的样本和物品清单的收到证明。[2]采样时，被监测义务人可要求对样品部分正式封存。[3]调查完成后应当将物品退回和基于要求而将样品退回。

第141条　回答问询义务

(1)[1]被监测义务人应依要求及时告知一切为执行监测所必要的问询，并在其场所或在监测部门行政场所内提交必要的资料。[2]可要求被监测义务人书面进行答复。

(2)当相关说明，会使得被监测义务人自身或其根据《民事诉讼法》第383条第1款第1项至第3项规定的从属人员，面临刑事调查的危险或者面临依《行政处罚法》程序的危险，则被监测义务人可以就此类问题的答复保持沉默。

第142条　对税务部门有限的支持和报告义务

基于监测而获得的信息和资料才可适用于《财税法》第93条、第97条、第105条第1款、第111条第5款与第116条第1款，仅当

1. 为执行因存在强制性公共利益的税收犯罪行为的调查程序和与此相关的征税程序，税务部门需要相关信息，

2. 被监测义务人或其代表人涉及故意虚报资料，或者

3. 有证据证明环境税不合法予以减免。

第三小节　自 行 监 测

第 143 条　对需经许可设施的监测措施

(1)[1]对依照第 81 条第 2 款第 1 项和第 3 款第 1 项 a 至 c 的设施的运营者,应对自身状况进行不间断的监测和对必要的安全技术进行核查。[2]特别是应检查设施产生的排放状况、环境影响和设施影响区域内的其他影响。[3]检查结果应当予以记录并保存 10 年,除非依据第 5 款的行政法规另有规定。

(2)[1]对依照第 81 条第 2 款第 1 项和第 3 款第 1 项 a 至 c 的设施的运营者有义务依据类型、数量、空间和时间间隔,测量从设施产生的排放;设施运营者应当定期告知监测部门测量结果(排放申明)。[2]当依第 5 款的行政法规未有特殊规定,则对排放的测量和评估之要求将在许可决定,或对现有设施由监测部门予以确定。[3]此外,可命令应使用所列出的测量仪器,连续记录特定排放和污染情况。[4]前述第 1 句至第 3 句的信息数据应载入依照第 222 条的登记册。

(3)在设施投入使用或在作出重大变更后,和在 3 年期限后,监测部门可要求运营者,由第 146 条所认可的机构对依照第 1 款第 2 句的检查进行核查。

(4)[1]当预计不会对环境或人类造成不利影响,监测部门可根据第 1 款之规定部分或全部地免除设施的自行监测义务。[2]当义务人参与了欧共体环境管理和环境审查体系,且其依据欧共体第 1836/93 号《环境审计条例》第 5 条所作的环境声明中对第 1 款第 2 句作了充分说明,则监测部门应当免除义务人的自行监测义务。

(5)自行监测可通过行政法规进一步予以规定,特别是

1. 关于检查执行特定设施的时间间隔、检查时长、检查范围、何种排放、环境影响和其他影响、检查程序,和以何种方式记录检查结果;前述同样适用于安全技术核查的执行,

2. 关于特定设施的运营者,其必须作出按照第 2 款第 1 句排放声明,

3. 关于特定设施,其应使用依第 2 款第 2 句所列出的测量仪器,

4. 关于特定设施,在其对环境或人类的不利影响极其有限的情形下,不存在自行监测的义务。

第 144 条　基于特殊理由的措施

(1)[1]当对义务人在运行设施时不遵守环境法规的义务需要担心时,监测部门可以对受环境法规规范的企业,要求其有义务,由依第 146 条认可的机构,调查在设施的作用范围内由设施产生的排放、环境污染和其他影响的类型和程度,并进行安全技术的核查。[2]调查的类型和范围可予以详细规定。

(2)当有必要时,为确定依第 426 条范围内的设施,是否会导致有害环境影响,监测行政部门在要求依第 1 款的特别测量外,还可以依第 143 条第 2 款第 3 句要求使用所列出的测量仪器。

第 145 条　安全技术检查

(1)[1]监测部门可规定依第 81 条第 2 款第 1 项和第 3 款第 1 项 a 和 c 设施的运营者,在

1. 设立期间或在其投产前其他的时间点,

2. 投产后的一个时间点,

3. 定期,

4. 中断运行时,或者

5. 当有证据表明特定安全技术不符合要求时有义务,委托第 146 条所认可的机构执行安全技术检查和检查安全技术资料[2]在发生设施重大变更的情况下,相应适用第 1 句。

(2)[1]监测部门可允许掌握必要的专门知识的,可信性、独立性和技术装备齐全的环境专员或其他专家执行第 1 款所述之检查。[2]监测部门还可以具体规定检查的种类、范围和提交检查结果。

第 146 条　专业机构的承认

[1]通过行政法规可对依第 143 条第 3 款和第 145 条第 1 款的评估机构和依第 144 条第 1 款第 1 句的调查机构,就其专业性、可信性、独立性和技术装备方面必须予以满足的具体要求,予以确定;行政法规还可以就这些机构的经验收集、评价和必要的培训,作出规定。[2]各州应对符合第 1 句要求的专业机构的认可程序进行规范。

第 147 条　通知义务

(1)[1]被监测义务人应当就可能,引起共同的危险、对人的生命和健康的危险或者对重要环境物的紧急危险的,紧迫事故、事实、过程和有关信息,立即通知监测部门。[2]当被监测义务人披露其刑事违法行为或行政违法行为,其所做的不得

在未经其同意的情况下在刑事诉讼或行政处罚法程序中针对其使用。

(2)[1]依第82条第2款第1项和第3款第1项a至c的设施之运营者,以及第16章规定的许可所有人和登记义务人,有义务及时向主管部门告知:

1. 与特许证件、许可证件或登记存在重大偏差情况,

2. 产生任何有关设施或危险物质导致的对环境或人类不利影响的新信息。

[2]告知应当附上可证明偏差或新认知的说明、资料和样本。[3]第1款规定的通知义务,第96条关于设施重大变更需取得许可的规定,以及第98条规定的核查义务不受影响。

第四小节　共同规定

第148条　监测费用

监测费用由监测义务人承担。

第149条　送达

[1]第137条第1款第1项规定的监测义务人须确保针对其的书面文书可以在德国境内送达。[2]必要时,须指定一名全权代理人并告知主管部门。

第三节　行政违法

第150条　行政违法

(1)行政违法,是指故意或过失地:

1. 违反第126条、第127条、第129条、第130条、第131条、第132条第1款第3句、第143条第2款或第3款、第144条第1款或第2款以及第145条可执行的命令,

2. 违反依第143条第5款行政法规或基于此的一个可执行的命令,只要行政法规针对特定情形指向了本罚则。

(2)行政违法,是指故意或过失地:

1. 违反第137条第2款或第138条以及139条,没有容忍措施或不履行规定的其他义务,

2. 违反第 140 条第 1 款没有容忍取样和扣留物品的，

3. 违反第 141 条第 1 款没有，没有及时或不正确或不完整地进行告知和提交，

4. 违反第 143 条第 1 款和第 2 款没有进行监测和调查，或没有记录和保存调查结果的，

5. 违反第 147 条第 2 款没有、没有及时、不正确或不完整地进行通知。

（3）对第 1 款所规定的违法行为处以 100 万德国马克以下的罚款，对第 2 款所规定的违法行为处以 10 万德国马克以下的罚款。

（4）[1]在违法行为实施或准备中使用过的或确定出现过的物品，可予以没收。[2]《行政处罚法》第 23 条应予适用。

第六章　企业环境保护、环境责任和其他经济手段

（第151~206条）

第一节　企业环境保护

第一小节　一 般 规 定

第151条　目的

本节旨在确保遵守有关的环境法要求，持续改进企业和公共机构承担的企业环境保护责任。

第152条　概念界定

在本节中，

1. 环境法要求是指对以下内容予以要求：

a）环境法相关条款和涉及本法典专业范围的国家规定，和

b）案件特定事实中涉及的指令规定和正式决定中包含的内容、条件和命令。

2. 环境鉴定人是指欧共体《第1836/93号环境审计条例》第2条第m项下规定的经允许的环境鉴定人。

第二小节　企业组织和环境保护董事

第153条　企业组织的通知义务

[1]需经许可审批的、符合第421条含义下的设施运营者、辐射保护责任人和

其他被聘为环保专员的义务人，应通知主管部门其已采取的组织和人员措施，以确保其在运行期间遵守关于环境法的要求。[2]当相关地点的义务人依据欧共体《第1836/93号环境审计条例》第5条已作出环境声明，且其包含第1句要求的说明，则已满足环境声明寄送义务。

第154条　环境保护董事

(1)负有委任环保专员义务且授权代表机构由数名成员组成的股份公司、有限责任公司和经登记的合作社应当委任一名与授权代表机构成员有同等权利的环境保护董事。

(2)[1]环境保护董事负责企业环境保护，尤其是领导与环境相关的企业组织部门、参与开发和引入保护环境的流程和产品，以及监测环境法指令的遵守。[2]在环境保护董事不影响其前述职责前提下，亦可从事其他行为。[3]环境保护董事应当与企业整体权能部门协调一致从事其职责。[4]由经营规则具体规定。

(3)环境保护董事负责在企业内部环保领域内采取必要措施，以

1. 避免或消除违反环境指令的行为，和

2. 避免对环境或人类产生的危险。

[2]在意见不一致时由企业整体权能部门决定。

(4)负有委任环保专员义务且由多名有权股东组成的无限公司、两合公司和股份两合公司应当确保领导层承担与第2款和第3款规定的同等企业环保责任，并列明责任人。

(5)负有委任环保专员义务的公法机构应当确保机构领导层承担与第2款和第3款同等的企业环保责任，并列明责任人。

(6)依据第1款委任的环境保护董事和依据第4款或第5款委任的责任人承担立即向主管部门报告的义务。

第三小节　环 保 专 员

第155条　职责

(1)[1]环保专员应向委任其职位的义务人和企业雇员，就于企业环保有重要意义的事务提供咨询建议。[2]环保专员，相对于义务人和企业雇员，被授权和承担以下内容：

1. a)致力于研究、开发、引入、运用和改善环保友好型工艺和产品,

b)参与研究、开发和引入新工艺和产品,尤其是依据第 118 条作出检验并依据第 119 条作出环境负荷分析;

2. 监测环境法要求的遵守情况,包括通过测量排污、污染影响以及废水排放量和性质,通过对运营场所或行为的控制、废物排放途径、危险物质的处理、危险货物的运输以及通过记录控制和测量结果;环保专员负有立即告知义务人经确认的不足之义务和消除该不足之建议义务;

3. 考虑到环境法要求中规定的义务,环保专员应向雇员阐明及培训关于设施或行为对环境及人类的影响,以及环境法所要求的避免及减少此类影响的措施;

4. 当义务人参与环境管理和企业环境审计整体系统,则由义务人参与内部的企业环境审计和发表环境声明;当义务人充分独立于《第 1836/93 号环境审计条例》附件 II 第 C 项所规定之控制行为,且其就待审行为领域既未拥有独立的决定权,也非《第 1836/93 号环境审计条例》附件 I 第 B 项下规定的管理代表,则其可担任企业的审计师。

(2)环保专员应进一步被授权并负责以下内容:

1. 致力于改善设施和工艺流程的安全,包括相关的保护措施;

2. 立即告知义务人所知悉的事故情况;

3. 依据第 147 条第 1 款第 1 句检查关于事故事件报告的正确性和完整性;

4. 立即告知运营者防火瑕疵和技术救援瑕疵。

(3)环保专员应当记录其为履行第 1 款第 2 句第 2 项和第 2 款第 2 项和第 3 项职权所采取之措施;环保专员应当至少保留该记录五年。

(4)义务人可向环保专员让渡决定权,尤其是消除和限制有关事故事件影响的决定权。

(5)环保专员应向义务人每年提交有关其行为的书面报告,尤其是依据第 1 款至第 3 款采取和建议的措施。当义务人参与了环境管理和企业环境审计整体系统,则该报告可援引该报告期内执行的内部环境审计结论。

(6)主管部门可结合实际情况对环保专员的职责:

1. 进一步规定,或

2. 予以限制,前提是企业在合规执行环保方面未受影响。

第 156 条　环保专员的委任

(1)[1]义务人应当书面委任环保专员。[2]委任时应当详细描述环保专员的职责

和其履行职责必要的职权。[3]第2句相应适用于其职责变更时。

(2)[1]义务人应当于环保专员委任前告知企业委员会和人事委员会其详细的职责。[2]第1句相应适用于其职责变更时。

(3)仅具有为履行职责所必要的专业知识、技能和可靠性的人才能被聘为环保专员。当主管部门发现环保专员不具备其履行职责所必要的专业知识、技能和可靠性之事实,则主管部门可要求义务人另行委任环保专员。

(4)主管部门应允许义务人经申请委任一名或多名非企业雇员担任环保专员,只要第155条所列之职责的履行可得到同样的保证。

(5)[1]义务人应当立即向主管部门说明环保专员的委任、其职责和职权的描述,以及职责变更或职权变更。[2]说明应当包含对环保专员的专业知识、技能和可靠性的描述,履行职责所需要的时间及其掌握的工作人员和设施。[3]环保专员应当获得该说明的副本。[4]当陈述不足或陈述表明环保专员不能按照规定履行职责,则主管部门可要求义务人按照规定另行作出适当的委任。

(6)第402条、第425条、第471条第3款、第496条、第547条、第561条第2款、第569条第2款、第713条和第754条对专业知识、技能和可靠性的要求,包括被委任的环境专员的继续教育及其数量,可由行政法规进一步规定。

第157条　多名环保专员的委任

[1]应当委任以履行职责所必须的环保专员人数。[2]当委任多名环保专员,在就职责履行达成一致情况下,义务人可依据第155条向环保专员交付各个细分的企业环境保护领域或各个任务。[3]应当明确划清每个环保专员的应尽职责和交付的职权。[4]义务人在履行任务时应负责必要的协调工作。

第158条　环保专员的解聘

(1)须以书面形式解聘环保专员。解聘前应进行企业委员会或人事委员会听证。

(2)义务人应立即向主管部门报告解聘情况。

第159条　对环保专员的义务

(1)[1]义务人应当支持环保专员履行其职责,提供其人力、空间、装备、器械和工具,且能有必要的后续专业培训。[2]义务人应促使环保专员得以与劳工保护领域的受委托人合作。

(2)义务人应当立即告知环保专员与其任务和职权相关的一切行政措施。

(3)第1款第1句要求的人员与物资配备要求由行政法规进一步规定。

第 160 条　对义务人决定提供意见

(1)在对引入工艺和产品和进行投资,义务人在作出决定前,当该决定对环境保护意义重大时,应当取得环保专员的意见。

(2)[1]应及时征求意见,以使得作出第 1 款决定时该意见得以恰当考虑。[2]意见应当呈交第 154 条第 4 款或第 5 款规定的环境保护董事或负责人。[3]在其他企业和机构中,意见应提交有权决定工艺和产品引入和投资的相关人员。[4]当决定与环保专员意见不一致时,则应向环保专员陈述理由。[5]应环保专员的要求,应以书面形式陈述理由。

第 161 条　报告权

[1]环保专员向第 154 条第 4 款或第 5 款规定的环境保护董事或负责人报告其意见和想法。[2]其他企业和机构应采取组织措施保证环保专员可以直接向企业或机构领导层报告其建议和想法。[3]当在环保专员职责框架下未就建议措施达成一致意见时,则相应适用第 160 条第 2 款第 4 句和第 5 句。

第 162 条　专业独立性

环保专员在履行其第 155 条第 1 款至第 3 款和第 5 款规定之职责时无需遵守专业指示。

第 163 条　禁止妨碍和解雇保护

(1)不得妨碍环保专员履行其职责,亦不得因其行为而对其不利。

(2)[1]当环保专员是义务人之雇员,除非有事实证明存在重大理由使义务人有权不遵守雇佣期将其解雇之外,禁止对其作出解雇。[2]该条款同样适用于环保专员任职结束两年内期间。

第四小节　环 境 审 计

第 164 条　适用范围

(1)本小节之规定旨在确保有效修订版的欧共体《第 1836/93 号环境审计条例》得到实施。

(2)[1]除欧共体《第 1836/93 号环境审计条例》第 2 条第 i 项和第 j 项规定之商业企业外,私人和公共服务领域的企业和机构也可以加入这个共同体系。[2]欧共体《第 1836/93 号环境审计条例》相应适用于此类企业和机构。[3]可通过行政法规对其进一步规定，并可规定将适用范围拓宽至非商业领域之外。

第 165 条　企业住所地登记处

（1）[1]工商会和手工业同业公会承担经审查的企业住所地之登记，尤其是欧共体《第 1836/93 号环境审计条例》第 8 条和第 9 条规定的任务内容。[2]经征求州最高环保主管部门同意后，由监察部门采取监察措施。

（2）[1]工商会和手工业同业公会应通过书面协议指定一个共同职位，其根据欧共体《第 1836/93 号环境审计条例》第 9 条每年年末经联邦环保部向欧共体委员会告知登记的企业住所地更新名录。[2]州最高主管部门可从该名录中获得针对具体州的摘录。

（3）[1]工商会和手工业同业公会可以书面形式同意，将前述第 1 款第 1 句要求履行的其他任务全部或部分地委托给某个工商会或手工业同业公会。[2]该约定需经监察部门在征求环保主管部门意见下批准。

（4）[1]工商会和手工业同业公会可对协会所属企业的登记流程在欧共体《第 1836/93 号环境审计条例》第 18 条第 2 款框架下通过章程进一步规定。[2]章程需经监察部门和州最高环保主管部门批准。[3]章程同样适用于非商会成员之企业。

（5）[1]对于登记实施机关的官方行为，将收取费用。[2]工商会和手工业同业公会被授权通过章程确定费用额度。[3]第 4 款第 2 句和第 3 句相应适用。

第 166 条　在企业住所地登记处的录入

（1）当有证据表明该地点满足欧共体《第 1836/93 号环境审计条例》的所有条件，则其满足本法典第 8 条第 1 款规定的在企业依据地登记处登记的前提，但发生如下情形除外：

1. 环境声明的有效性声明并非由经许可的环境鉴定人负责出具；

2. 共同出具环境声明的有效性声明人士并不具备鉴定受评估地点所必须的知识；

3. 环境鉴定人与受评估之企业或企业注册地的审计师之间存在关联关系；

4. 存在可以证明环境鉴定人在其评估中违反欧共体《第 1836/93 号环境审计条例》第 4 条第 3 款和第 5 款义务的事实。

[2]第 1 句第 3 项相应适用《商法典》第 319 条第 2 款和第 3 款。

（2）[1]在企业住所地登记之前，登记主管部门应给予环保主管部门机会在四周内表达其对拟进行登记的意见。[2]当环保部门告知在企业住所地点存在违反环境法之情形,且可能与该企业相关的,则在环保主管部门和企业之间意见澄清之前,暂缓作出登记决定。

第 167 条　注销和临时取消登记

(1)在登记主管部门依据欧共体《第 1836/93 号环境审计条例》第 8 条第 3 款或第 2 款或第 4 款注销或临时取消企业住所地登记前,相关企业及环保主管部门可依据欧共体《第 1836/93 号环境审计条例》第 18 条第 2 款第 2 句提出意见。

(2)当环保主管部门告知企业住所地存在违反环境法要求的情形,且可能与该企业相关的,则可在对违反行为的行政行为或罚款结束或刑事判决执行完成,暂时取消登记。

第 168 条　“参加声明”的使用禁止

(1)欧共体《第 1836/93 号环境审计条例》第 10 条规定,“参加声明”禁止用于以下情形:

1. 未在企业依据地登记簿中登记、其登记信息被注销或临时取消的;和

2. 用于产品广告或产品、包装之上。

(2)无相应参加声明情形之下不得使用欧共体《第 1836/93 号环境审计条例》附件四之标识。

第 169 条　登记程序和环境鉴定人

(1)为确保统一运用欧共体《第 1836/93 号环境审计条例》,可在依据第 165 条第 2 款第 1 句含义下的共同机构听证后以行政法规对登记程序予以详细规定。

(2)关于环境鉴定人的许可和行为,行政法规可就如下事项作出规定:

1. 对可靠性、独立性和专业性的要求;

2. 环境鉴定人准入的条件和程序,包括课程设置、其他资质证明以及考试和主管联邦机构;

3. 根据欧共体《第 1836/93 号环境审计条例》从事环境鉴定活动、但没有被授权作为环境专家的,对其专业知识认证的要求和程序;

4. 环境鉴定人和专业知识证书持有人的注册登记指导;

5. 定期审查环境鉴定人和专业知识证书持有人;

6. 为满足欧共体《第 1836/93 号环境审计条例》提出的对环境鉴定人及专业知识证书持有人要求的规定与禁令;

7. 撤销和撤回准入资质及专业知识证书；

8. 其他成员国的环境鉴定人的从业行为；

9. 对未有准入资格和未登记环境鉴定人作出的环境声明的有效性声明予以禁止；

10. 对环境鉴定人的监管措施和程序。

（3）[1]为确保对环境鉴定人行为进行统一监管，联邦环保主管部门可在第165条第2款第1句含义下的共同机构听证后颁布指令，用以澄清欧共体《第1836/93号环境审计条例》附件3中B规定的环境鉴定人的职责。[2]联邦环保主管部门可根据行政法规设置一个环境鉴定委员会，以提供进一步指导方针和咨询服务。

第五小节　企业环境信息

第170条　企业环境信息披露

（1）[1]负有委任环保专员义务且依据第264条第1款、《商法典》第325条第1款第1句和第2款有对制定和披露企业状况报告义务的企业，应当每年公开报告其企业活动对环境的重大影响和其环保专员的作业行为。[2]环境报告应当包括《第1836/93号环境审计条例》第5条第3款第a项至第d项要求的陈述和在企业整体框架下环境鉴定人是否已对环境管理和环境内部审计的信息进行了检查。[3]环境报告可以是企业状况报告的一部分。

（2）[1]依据《商法典》第290条、第293条至第296条规定，当企业负有编制大集团现状报告的义务，且母公司或子公司满足第1款之条件，则其应当就整个集团进行报告。[2]《商法典》第291条相应适用。

（3）在一个或多个地点参与环境管理和环境企业审计的欧共体的企业可在允许范围内援引环境声明。

第171条　环境声明与环境报告寄送

[1]企业按照要求寄送《第1836/93号环境审计条例》第5条规定的环境声明和第170条规定的环境报告。[2]德国境内寄送免费。

第二节　环 境 责 任

第一小节　违反审慎行为责任

第 172 条　违反环境法要求之责任

(1)[1]当由于

1. 需合法运营设施发生故障,

2. 在从事危险物质、配制品、产品或废物中发生事故或

3. 从设施或第 2 项中的行为产生污染影响,而发生死亡、受伤、健康受损或财物损害的,责任人有义务对由此造成的损害作出赔偿。[2]当责任人遵守了依据第 152 条环境法规定的必要的审慎义务,则不承担赔偿义务。[3]第 1 句不适用于仅用于个人需要的设施和行为。

(2)当损害因污染影响引起,但没有发生第 1 款第 1 句第 1 项或第 2 项提及的故障和事故,可推定其履行了必要的审慎义务,当

1. 责任人已采取组织和人事措施以确保遵守规定,且在设施或者行为可能产生问题的排放期间履行了对规定的设施及行为进行检查的义务,且此类检查并未发现任何违反环境法的要求的情况,或

2. 企业为可能产生问题污染影响的设施或者行为之地点及期间,参加了环境管理和环境审计共同体系,且环境审计审查和有效性声明并未披露任何违反环境法要求的情况,或

3. 在主张损害赔偿请求权时,该有问题的污染影响发生已超过三年。

第二小节　危 险 责 任

第 173 条　运营特定设施之责任

(1)[1]当因未能合规运营第 421 条规定之设施、第 397 条废水处理设施、第 747 条垃圾填埋场设施或第 542 条管道设施,或因该些设施引起的排放而发生死亡、受伤、健康受损或财物损害的,运营者有义务赔偿损失。[2]在损害结果非源

于核事件或离子射线影响的前提下，第468条规定的核技术设施运营者和第479条第1款辐射废弃物清除设施运营者应就引起的损害结果，依据前述第1句承担责任。[3]如损害结果因不可抗力引起，则不存在赔偿义务。

(2)当从尚未运营设施或不再运营设施引起需合规运营的故障或排放，且基于能证明设施的危险性的具体情形，则尚未运营设施之所有人或停止运营时的运营者承担责任。

(3)当运营者遵守环境法之要求且未出现合规运营之故障，且财物仅轻微的或根据当地情况可接受的一定程度范围内的损害，则无需承担损害赔偿义务。

第174条 对经基因技术改变的生物之责任

(1)当死亡、伤残、健康受损或财物损害，系因经基因技术工作的生物体之属性而引起的，则第555条第1款第1句规定之运营者应当承担损害赔偿义务。

(2)[1]当损害是由转基因生物引起的，则可推定系由基于遗传技术工作的生物体之属性引起。[2]当损害很可能系因这些生物体的其他性质造成的，则推定无效。

(3)[1]当死亡、受伤、健康受损或财物损害，系因对用于人类特定药剂的使用而引起的，且该药剂系在德国国内已向消费者出售并遵守准入义务或根据行政法规已免于履行准入义务的，则前述第1款和第2款不予使用。[2]同样予以适用，当基因技术产品依据第575条规定之许可或第575条第4款第1句规定的其他条款而上市使用的情形。[3]此情形下，取得上市许可的生产商依据《产品责任法》承担责任；当产品瑕疵系基于基因技术引起的，《产品责任法》第1条第2款第5项和第2条第2句不予适用。

第175条 水体特性改变之责任

(1)任何人将物质倒入或排入水中，或以改变水的物理的、化学的或生物的特征之方式影响水体，应有义务赔偿由此造成的其他损害。

(2)[1]当用于制造、加工、储存、运输或移除物质的设施中的物质进入水中，而不应被倒入或排入水中的，设施所有权人有义务对由此造成的损害进行赔偿。[2]当系不可抗力事件而引起的损害，则不存在赔偿义务。

第三小节 共同规定

第 176 条 因果推定

(1)[1]损害因果予以推定,当根据案件具体情形存在显著重大可能性的,损害是由于运营依第 172 条第 1 款第 1 句第 1 项和第 3 项、第 173 条第 1 款和第 2 款以及第 175 条第 2 款规定之设施,处理依第 172 条第 1 款第 1 句第 2 项和第 3 项规定之危险物质、半成员或废弃物,或因第 174 条第 1 款规定之生物体属性引起的。在判断损害因果时,尤其应当考虑操作工艺、使用的装备、所使用和释放的物质和生物体之种类和浓度、气象状况、损害发生的时间、地点、情况和损害性质。

(2)[1]根据案件特定事实,当依第 173 条第 1 款和第 2 款规定之设施可能引起损害,推定损害是由该设施造成的,除非操作者遵守了环境法要求且不存在不符合规定的操作情况。[2]但当一个或多个设施可以引起损害发生,根据案件特定事实其他因素也可引起损害发生,则上述推定不适用。[3]予以推定遵守有关环境法的要求,应按照第 172 条第 2 款的规定,且根据第 172 条第 3 款所述期限应为 10 年。

第 177 条 多个致因人

[1]当损害系多人引起,对损害发生提供重要条件的各人按因果关系所占比例对损害承担责任;《民事诉讼法》第 287 条相应适用。[2]当因果关系所占比例难以确定,则对损害发生提供重要条件的各行为人按连带债务人承担责任。

第 178 条 共同致因

[1]当在损害发生中有受害人行为共同作用,则相应适用《民法典》第 254 条。[2]在财产受损情形下,财产实际控制人的行为应视同于受害人的行为。

第 179 条 受害人对责任人之资讯请求权

(1)[1]当有事实证明损害是由设施、处理危险物质、半成品、产品、废弃物或以基因技术工作基础上的生物体属性所导致的,受害人可要求责任人提供资讯,只要对确认存在依第 172 条至第 174 条和第 175 条第 2 款规定之赔偿请求权是必要的。[2]资讯请求权仅限于获取使用的装备、所使用或排放的物质之种类、数量和浓度、设施引发的其他排放以及环境法要求的资讯。[3]在第 174 条情形下,亦可主张关于基因技术设施的应用种类和流程、基于基因技术工作的排放和相应的排放种类和流程的资讯。

(2)第1款规定之请求权不适用于第225条第1款或其他法定条款规定的保密事项。

(3)[1]当有证据表明责任人未提供完全、准确和充分的资讯,或未在合理期限内提供,受害人可要求准予查阅现有资料。[2]第1款和第2款之规定相应适用。

(4)《民法典》第259条至第261条之规定相应适用。

第180条　受害人对行政机关之资讯请求权

[1]在满足第179条第1款第1句规定之前提条件下,受害人亦可要求对该设施或行为颁发许可、负有监测职责、或负有记录排放行为的行政机关提供咨询。[2]当咨询之提供将妨碍其任务之合规履行,或资讯信息之披露将对联邦或各州利益造成伤害的,或依据第224条至第226条规定应予以保密的,行政机关不负有披露资讯之义务。[3]第179条第1款第2句和第3句相应适用于对设施或行为进行许可或监测的行政机关;受害人可请求行政机关提供有关责任人、法定代表人或送达代理人的姓名和住址之信息。

第181条　责任人的资讯请求权

当责任人被依据第172条至第174条、第175条第2款而被提起诉讼,责任人可以请求受害人、其他责任人和行政机关提供必要的信息以确认其对受害人赔偿责任的范围或对其他责任人赔偿之抗辩的范围。第179条和第180条相应适用。

第182条　赔偿义务的范围

(1)[1]损害赔偿义务范围包括:

1. 身体和健康损害,

2. 物质损害和

3. 符合第175条条件下的财产损害或因身体、健康以及物质损害之后果。[2]对于身体和健康损害,《民法典》第842条至第846条相应予以适用。[3]对于第172条规定之责任,《民法典》第847条第1款相应适用。

(2)[1]当财产损害同时侵害了自然生态、动植物世界及其群落生境或生态景观,且受害人将之恢复到未受到侵害前状态,应适用《民法典》第251条第2款之规定,因恢复原状而产生的费用,并不仅仅因其显著超过财产本身的价值而被视为是不适当的。[2]赔偿义务人应按照赔偿权利人的要求,对必要的费用进行预付承担。

第 183 条　救助费用

[1]在合规操作设施发生故障后或在处理危险物质、半成品、产品或废弃物发生事故后，采取合适措施以预防或减少损害的第 182 条规定之任何人，可要求第 172 条至第 175 条规定之责任人承担费用赔偿。[2]《民法典》第 677 条、第 681 条、第 684 条和第 686 条之规定相应适用。[3]公法意义下的法人仅在其是受害人前提下方可依据前述第 1 句和第 2 句提出请求权。

第 184 条　责任最高限制

[1]在损害由单一环境影响所致时，赔偿义务人对第 173 条和第 174 条规定的死亡、身体和健康损害的赔偿最高不超过 1600 万德国马克，财产损失亦遵循此限。[2]第 183 条规定之救济成本应首先全额偿付。[3]当不同赔偿金额超过前项规定之各自最高限额，单个赔偿金额应根据赔偿总量与最高限额的比例予以削减。

第 185 条　时效

《民法典》中侵权行为适用的时效期间相应适用于本法。

第 186 条　担保准备金

(1)[1]第 173 条第 1 款下的设施运营者，当该设施可引起特别重大损害时，有义务对第 173 条规定之赔偿责任提供担保(担保准备金)。[2]当已停止运行之设施可能出现特别的危害，主管部门可以责令设施关闭时之运营者在此后最多长达 10 年内继续提供相应的担保准备金。[3]关于第 174 条规定之责任，第 1 句和第 2 句相应适用于第 555 条第 1 款第 1 句规定之运营者。

(2)担保准备金可以通过

1. 与在有权从事经营活动的德国或欧共体成员国内的保险公司签订责任保险合同，

2. 由联邦或某个州承担履行担保或保证责任或者

3. 由在有权从事经营活动的国内或欧共体成员国内的信用机构提供履行担保或保证责任，并且该信用机构保证提供相当于责任保险的金钱保障。

(3)1965 年 4 月 5 日版本公布的《强制保险法》第 2 条第 1 款第 1 项至第 5 项所列的人员免除提供财务责任保障的义务。

第 187 条　责任的具体细节

(1)当危害性较低，则行政法规可规定个别设施免于承担第 173 条规定之责任。

(2)第186条第1款第1句和第3句含义下的设施和行为、财务责任保障措施其他细节和个别设施所必须的最低保障金额可由行政法规予以规定。

第188条　与其他责任条款的关系

(1)本节规定不适用于,已经使用了第508条至第528条或1992年11月27日颁布之《修改关于〈1969年国际油污损害民事责任公约〉议定书》和修改《1971年设立国际油污损害赔偿基金国际公约》规定的情形。

(2)本节规定不影响其他法中有关责任之规定。

第189条　过渡条款

本节规定不适用于本法生效前已发生之损害,亦不适用于适应规定生效前未被要求的赔偿。

第三节　环境税费

第190条　基本原则

(1)[1]环境相关的行为,尤其是针对排放和自然资源使用的,应依据本法要求征收环境税。[2]环境税将由各州收取并纳入各州财政。

(2)各州县在评估与环境相关行为的收费与缴费标准时应恰当考虑本法目的,可持续的环境友好发展的指导原则和污染者担责的原则。

第191条　缴费义务人

缴费义务人是指对环境相关行为规定负有缴费义务的人。

第192条　税费额度

税费标准,根据行为对环境造成不利影响的程度、使用资源的价值或根据本法规定的避免措施所需成本,予以确定。

第193条　确定和征收

(1)纳税年度是日历年。

(2)[1]税费金额根据缴费义务人的申报予以确定。[2]缴费义务人依要求提交相关证明。[3]当缴费义务人未履行、未准确履行或未完全履行申报之义务,则估算其应缴纳税费金额。

(3)[1]纳税年度的申报应在次年3月31日之前。[2]各州决定负责收取所申报税费的主管部门。

(4)联邦环保主管部门可颁布行政法规规定为申报所需要的材料之形式和内容。

(5)[1]可要求缴费义务人自纳税年度开始之日起提前付费。[2]详细条款由各州规定。

(6)[1]税费金额由书面决定予以确定。[2]税费缴付决定发出后一个月内应予以缴纳。

(7)《税费办法》第163条、第222条、第227条和第261条相应适用,但在评估重大不公平现象时,须考虑到相应征税的目标。

(8)当本法或州立法未有另行规定,则《税费办法》之规定相应适用。

第194条　税费收入的使用

(1)[1]各联邦州使用环境税费的目的用于

1. 保护环境的措施和项目;

2. 研究环境的交互作用,研发环境友好型和改善环境的工艺流程,包括引入试点项目;

3. 为环境友好行为提供咨询和信息和为缴费义务人或其员工提供培训和继续教育服务。[2]各州可决定,因执行本法税费规定而引起的行政投入成本由相应的税费征收予以填补。[3]依第1句的使用应低于环境税费收入产生的回流量。

(2)[1]各联邦州可就税费征收的用途进一步作出规定。[2]可规定组建咨询委员会,以提供正确的建议。[3]尤其是考虑到第1款第1句第2项规定的措施,应当确保各联邦州之间以及与联邦政府之间的协调。[4]征收税费的用途明细需每年公布。

第195条　向议会报告

[1]联邦环保主管部门应每四年向联邦议会作出关于本法规定之税费规定执行情况的报告,尤其是税费征收对减少排放和资源保护目标的影响及鉴于此类影响法律进行必要变更或废除的情况。[2]该报告可作为第213条第3款规定的报告之一部分。

第四节　环 境 补 贴

第 196 条　基本原则

(1)当本法目的框架下所追求的目标未实现或未充分实现，可对符合本法目的之措施或项目提供环境补贴。

(2)本法意义下之补贴系指用国家财政向私法领域中的自然人和法人提供津贴、贷款、保证和担保。

第 197 条　对资助计划和方针的要求

(1)[1]在资助计划和资助方针框架下，目标应明确、具体且尽可能确定数量。[2]应对适用范围、资助种类、时间、资助受众对象和期待的效果及相关的负面效果作出详细描述。[3]应确定资助开始的时间；当无法实现时，则应公布时间和地点。

(2)[1]在安排补贴时应当注意补贴接受对象的本身能力。[2]仅在补贴的目的不能通过贷款、保证或担保实现情形下，才能提出用津贴。

第 198 条　程序

(1)申请环境补贴应当包含必要的资料，尤其是对措施或项目的描述、对产出成果的证明；申请人必须说明措施或项目与本法的目的和资助计划或资助方针中确定的目标相一致。

(2)当有人提出环境补贴可能产生不利于竞争的影响时，在作出分配决定前，应就各企业家或企业所有人的申请举行听证。

第 199 条　分配条件、附带条款

(1)仅在全面权衡所有相关的公共和私人利益，且公共利益占主导地位时才能给予环境补贴。

(2)[1]给予环境补贴应当与附带条款相联系，以确保实现预期的补贴目标且成果可被检验。[2]补贴接受者应依要求证明其合乎规定的使用资金，并在适当的情况下容忍为监管目的进行必要的检查。[3]长期补贴情况下需提交持续性报告。

第 200 条　向议会报告

[1]联邦环保主管部门应每四年向联邦议会作出关于目标制定和效果的报告，包括成果控制、环境补贴提供和未来环境补贴规划。[2]该报告可作为第 213 条第 3

款所规定报告的一部分。

第201条 补贴法规定之适用

1976年7月29日颁布的《反对滥用补贴法》第2条至第6条之规定相应适用于环境补贴。

第五节 补偿、使用优势和共同使用

第202条 预防领域的补偿

(1)[1]审批部门应作出不同于依第126条、第130条和第428条对环境或人类的风险预防措施之决定,当项目建设人能保证最长五年内在其他设施和其他项目方面自愿采取一致的或更好的减少环境污染的措施(补偿措施)。[2]不允许产生对环境或人类的危险。[3]仅允许在同类型和同样影响的环境污染间进行补偿。[4]当某设施已经实现或即将达到平均运营时长,则在设施停止时不存在补偿情况。[5]运营者应就补偿措施提交规划书。[6]应确保其得到执行。

(2)可通过行政法规规定第1款的规范扩展到依据环境法规定的许可审批。

(3)第2款的行政法规可规定,允许在邻国项目中实施措施作为补偿。

(4)第468条规定之核技术设施、第562条第1款规定之基因技术设施和第570条规定的基因技术变更生物体豁免的情形不适用第1款、第2款和第3款。

第203条 受污染地区的补偿

[1]可通过行政法规规定,行政机关在审批项目规划时可允许作出与环保规定防止有害污染影响的要求之例外,当在遵守最佳可用技术前提下仍不能满足该等要求,且对环境的影响不会显著增加,亦保证实施补偿措施。[2]不允许造成对健康的损害。[3]第202条第1款第3句至第6句和第4款相应适用。

第204条 使用优势

(1)[1]如设施或产品得以证明其对环境有显著的改善效果,则根据行政法规,允许可移动设施或其他产品例外于一般的禁止和限制规定予以使用,以防范环境和人类风险。[2]但本条不适用于基因产品的使用。

(2)在使用可移动设施和产品时,对引起较低环境污染的设施和产品之使用者应相较于其他方给予优惠对待。

第 205 条　设施的共同使用

（1）[1]当共同使用设施系用于公共利益，尤其是环境保护，且对运营者是可行的，则主管部门可规定设施运营者有义务允许企业基于合适费用共同使用如下设施：

1. 垃圾处理设施，

2. 废水设施，

3. 水资源使用设施，

4. 发射塔设施，

5. 轨道系统或，

6. 管线设施。[2]当关于费用或共同使用的其他细节未能达成一致意见，则由主管部门自由裁量作出决定。[3]在决定作出之前相关人士可参与听证。[4]对于电力传输适用第 454 条第 2 款。

（2）当依第 1 款符合目的的共同使用仅在设施变更情况下方可实现，则行政机关可对设施运营者施加义务，要求其在共同使用者负担成本情形下承担或容忍必要的变更。

第六节　行政违法

第 206 条　行政违法

（1）行政违法是指故意或过失地：

1. 违反第 153 条未向企业组织告知，或未及时或未准确或未完整告知的；

2. 违反第 154 条第 1 款之规定未指定环保董事，或违反第 154 条第 4 款或第 5 款未任命责任人的；

3. 违反第 156 条及其他环境法规或以之为依据的决定未委任，或未及时或未准确委任环保专员的；

4. 违反第 168 条使用参加声明或标识的；

5. 违反第 170 条第 1 款第 1 句未提交环境报告的；

6. 违反第 187 条第 2 款规定的行政法规，只要该条例就特定行为规定了罚款条款的。

（2）行政违法亦指故意或过失地：

1. 环保专员违反第 155 条第 3 款未、未准确或未完整作出记录或保存记录;

2. 环保专员违反第 155 条第 5 款未提交或未及时提交年度报告;

3. 违反第 193 条第 2 款未作出、未及时作出、未准确作出或未完整提交税费申报表。

(3)第 1 款所指的行政违法行为可处以 5 万德国马克以下罚款,第 2 款所指的行政违法行为可处以 2 万德国马克以下罚款。

第七章　环 境 信 息

（第 207 ~ 227 条）

第一节　国家环境信息

第 207 条　国家环境科研

（1）[1]联邦和州在职权范围内开展和促进环境科研。[2]科研结果应予以公开。

（2）应致力于与其他国家、欧洲共同体及国际组织之间的科研合作。

第 208 条　环境监测

（1）[1]联邦和州在其职权范围内承担环境监测义务。[2]重点对环境的总体现状及其变化、这些变化带来的后果及其对环境的影响、国家环境保护措施对环境状况的影响等内容进行持续、全面的调查和评析。

（2）[1]联邦和各州对环境监测的范围和内容进行协商。[2]在监测环境时互相协助并告知监测结果。

（3）[1]根据第 1 款第 2 句进行调查时，主管部门应利用联邦和州相关部门的现有数据，特别是通过监控手段获得的官方认知。[2]当相关的知识和信息仍不足够，且出于公共福祉的原因需进一步进行调查时，对主管部门的相关权限和环境监测的实施相应适用第 133 条第 1 款第 3 句、第 135 条、第 137 条、第 139 条和第 140 条规定。[3]除公共安全和公共管理的紧急情况外，依据上述第 1 句和第 2 句方式获得的信息仅可用于环境监测以及第 213 条第 2 款和第 3 款要求的环境信息公众披露。

第 209 条　联邦环境信息系统

为了构建联邦层面的中央环境信息系统，联邦和州主管部门应调查在依第

208条环境监测和实施环境法规中所获得的认知,只要这些认知被认为对环境和人类实施总体风险评估和观测是有意义的,这些认知包括:

1.(联邦职业安全与健康研究所)关于危险原料、危险配制品以及可能释放危险原料和危险配置品的产品,

2.(罗伯特·科赫研究所)基因技术设施、作业、基因技术产品释放和流通销售,

3.(联邦辐射防护办公室)放射性物质及其在环境中的辐射,

4.(联邦自然保护局)对自然和景观的侵扰,

5.(联邦环境局)其他的需经依本法典许可的或须予登记公告的设施、产品、材料或行为。

第210条 数据的准备和提供

(1)[1]在第209条第1项至第5项提到的部门,应对提供给他们的或者他们自己获得的,用于观测和评估对环境和人类造成危害和风险的认知进行总结、处理和记录。[2]上述部门应将处理后信息的类型和形式告知联邦、州和地方政府部门,只要政府部门认为这些信息对其履行职责是重要的,他们可以提出使用请求或直接使用这些信息。

(2)联邦环境局与联邦职业安全机构共同管理环境信息系统,该环境信息系统应对危险原料、危险配制品、产品和依环境法规须经许可或须予登记公告的其他物质或产品之说明予以汇总,内容包括:

1.分类、包装和标签,

2.运输,

3.存储和使用,

4.处置和清理,

5.以及在事故或故障情况下需采取的必要措施。

(3)设立自动呼叫程序相应适用《联邦数据保护法》第10条。

(4)[1]可通过行政法规进一步予以规定。[2]在行政法规中,可要求对第1款的数据以合适形式定期予以公布。

第211条 环境统计

(1)[1]只要为环境研究、环境规划、环境经济整体核算的目的而必要的,数据调取作为联邦统计的实施行政法规规定。[2]调查数据应使用联邦和州政府的现有数据。

(2)[1]统计主要调取以下相关内容的数据：

1. 自然和景观损害，特别是由居民区、运输、农林土地利用和采矿引起的损害，

2. 污染排放，特别是土壤污染、水污染、空气污染和辐射，

3. 放射性物质及其在环境中的释放，

4. 基因工程设施、作业、基因工程产品释放和流通，

5. 危险原料、危险配制品、可释放危险原料和危险配置品的产品，

6. 废物管理，尤其是废物处理，

7. 由于生产、销售、使用或处置而将对环境或人体产生危险或风险的产品，

8. 依本法典需经批准或公告的其他设施、产品、原料和行为，

9. 事故以及由于爆炸和原料意外释放造成的对环境和人类的严重威胁，

10. 和环境保护的支出、物品和服务。[2]以第 1 句第 1 项至第 9 项目的的调查内容应包括为保护环境和人类所采取的有关措施。

第 212 条　环境经济的总核算

(1)[1]为了使国民经济产值统计完整，环境经济总核算应每隔一年统计联邦区域内环境以及资源和能源使用的现状和需求，并与第 213 条第 3 款相协调。[2]环境经济总核算应包括在国内外所有的环境污染。[3]当有可能，应制定相关的指标并根据该指标来进行检查该法律目标是否在总体上得到了落实。

(2)[1]联邦统计部负责环境经济总核算。[2]第 1 款第 3 句提到的指标经由联邦政府确定。

第 213 条　对公众的环境教育

(1)在职权范围内，联邦和州实施对公众的环境教育。

(2)[1]环境监测和环境统计的结果应予以公开。[2]数据公布时，联邦政府还应考虑从各州获得的数据。

(3)[1]联邦政府每 4 年公布一份关于整个联邦区域环境状况的报告。[2]该报告内容主要包括：

1. 联邦范围内包括资源消耗在内的环境的整体现状和发展，

2. 第 73 条的联邦环境计划中对于联邦范围内未来的环境发展前景和应采取的相应措施，

3. 联邦环境政策的效果，尤其是

a)联邦环境计划的实施情况，

b)和环境经济总核算的主要内容。

第214条　信息和建议

(1)主管部门有权向公众提供有关无害环境行为的信息和建议。

(2)[1]当以公共福祉为重要理由而有必要的,主管部门有义务,

1. 对环境公正行为给予警示、指示和建议,或者

2. 对经官方确认的、企业对第1条第1款和第3款中的环境因子造成的影响、企业排放废气和废物等信息给予公开。[2]相关方须进行听证;《行政程序法》第28条第2款第1项和第3款相应适用。

第215条　环境宣传

(1)联邦和州在各自职权范围内负责环境宣传。

(2)环境宣传的目的主要是:

1. 以能被普遍理解的方式向公众公开对环境和人类造成危害和风险的信息,

2. 明确个体行为对环境和人类产生的后果,

3. 协调现实社会条件下的观念与环境问题的后果和环境保护措施。

第216条　执行数据

[1]联邦和州政府对主要的环境立法的执行情况相互进行通报。[2]这特别适用于审批对象、审批数量和审批时间、所采取相应措施的内容和数量。

第二节　环境信息的获取

第217条　获得环境信息的请求权

(1)任何人都享有免费获取以下环境信息的请求权:

1. 联邦、州、地方政府、地方协会和公法法人承担的环境保护任务的信息,或者

2. 政府部门借助私法范围内的自然人或法人来履行义务并监督其开展环境保护。

(2)没有权利向司法、侦查和纪检部门及从事立法或颁布的行政法规框架内的联邦和州的最高政府机关获取信息。

(3)环境信息包括文字、图像以及其他方式的信息,包括:

1. 环境现状和环境对人类健康的影响，

2. 影响或者可能影响环境现状的程序、操作和措施，

3. 及用于环境保护的程序、操作和措施。

（4）[1]其他关于信息获取的权利不受影响。[2]联邦和州可以根据第 218 条、第 219 条、第 223 条第 1 款进一步作出规定。

第 218 条　程序

（1）[1]获取信息的申请须在拥有该信息的管理机构办理。[2]申请必须足够明确和指明所寻信息。[3]当被提请的管理机构没有相应的信息，当该管理机构知道持有信息的管理部门，则应告知申请人。

（2）[1]政府机构管理局应允许查阅档案，提供信息，提供其他的信息载体。[2]应符合申请人的要求与申请人的感知相一致。[3]政府机构没有义务对公开的信息内容的正确性进行检查。

（3）[1]应最迟在 2 个月内就申请作出决定。[2]当在 2 个月内没有对申请作出决定，可根据《行政法院程序法》第 75 条第 2 句在 2 个月后申请复议。

（4）[1]可通过不经联邦参议院批准的行政法规，对联邦机构的权限作出例外规定。[2]各州可以在其范围内对权限作出例外规定。

（5）在第 217 条第 1 款第 2 项情况下，由监督工作的机构进行负责。

第 219 条　同样形式申请时的代表

[1]对于超过 50 人签名的或者以复制相同文本形式提交的申请（同样申请），《行政程序法》第 17 条和第 19 条相应适用。[2]当超过 50 人请求指定共同代表时，可依当地习惯将此请求予以公告。

第 220 条　请求权的限制和排除

（1）当发生以下情形，则不存在获取环境信息的请求权：

1. 信息公开可能对联邦和州福祉带来显著不利，

2. 处于司法诉讼程序、刑事调查程序、行政处罚和罚款程序中，和包含公众参与的行政管理程序中第 87 条第 3 款规定的信息，

3. 当信息公开可能对环境造成显著或持续性影响，或者信息公开可能对第 217 条第 1 款第 2 项提及的行动或者措施产生危害时，

4. 当依第 217 第 1 款第 2 项对行政机关和个人的咨询必须进行保密时，

5. 属于私人第三方而无法律义务进行告知的信息，当第三方不希望公开时，

6. 受版权限制。

(2)[1]当信息获取的申请存在明显的错误或者所申请的内容是尚未完成的文件或者未经处理的数据时,可以对申请予以拒绝。[2]当提前公开信息会影响正在实施的行政程序的效力,获取信息的申请也可予以拒绝。

第221条 登记

[1]主管部门对对象、内容、许可接受人、数量及相应的修改、废除和后续的补充规定予以登记。[2]任何人都可以要求查看和摘录登记的内容。

第222条 簿册和盘点

任何人都可以查看和摘录按照本法规定和基于此颁布的行政法规形成的土地登记簿和账本。

第223条 费用

(1)征收与本节相关的由于公务行为而产生的费用及开支时,需考虑获取环境信息的公共利益。

(2)可通过不经联邦参议院同意的行政法规,对必须征收费用的联邦机构的公务行为和相应的金额作出规定。

第三节 保 密

第224条 个人相关信息

[1]政府部门只有在信息公开后公众获得利益高于保守相关人秘密获得的利益情况下,才可以进行信息公开。[2]在决定个人信息公开前,政府部门应听取相关人意见。

第225条 商业秘密

(1)只要信息的拥有者保守秘密获得的利益超出信息公开后第三方或者公众获得利益,行政机关不允许对迄今为止未公开的商业信息("商业秘密")进行公开。

(2)[1]当认为存在商业秘密,向行政机关提交其商业信息者,需对该商业秘密进行标识、分别提交和独立阐述。[2]当相关资料被用于第三方参与过程,则应向第三方提交一份关于保密需求的综合性说明,指出相关资料不存在秘密披露,或者解释不披露有保密需求的信息是不可能的。[3]说明应尽可能地详细,以确保第三方能够判断其是否可能受到项目的影响和受影响的程度。

(3)[1]当第三方请求获得信息,相关人基于行政部门的要求必须提交第 2 款第 2 句意义上的说明。[2]当相关人违责不提交说明的,行政部门可以公开这些信息。

(4)当行政机关认为标记作为商业机密信息的理由不充分,行政机关在决定对这些信息披露前应对相关人进行听证。

(5)当相关人事后公开商业秘密,其须就此告知有关行政机关。

第 226 条　对受影响第三方采取措施的信息

[1]当信息公开对保护措施的效力产生不利影响,这些针对事故和受影响的第三方而采取的保护措施的信息可以不公开。[2]第 225 条第 2 款和第 4 款相应适用。

第四节　信息获取委员会

第 227 条　信息获取委员会

(1)[1]信息获取委员会由联邦和州负责环境保护工作的部门组成。[2]委员会成员由各个负责环境保护的部门委任。

(2)[1]委员会给予行政机关在信息获取方面的咨询。[2]个人在申请信息获取时被拒绝,或者认为在信息保密程序方面不合理,可以向委员会申诉。[3]当个人主张信息保密涉及其重大利益的情形同样适用申诉。[4]委员会出具书面建议。[5]如委员会已对行政机关的决定作出决议,该行政机关应在适当的时间范围内,就委员会提出的建议是否落实向委员会汇报。

(3)[1]不存在向信息获取委员会提出获取信息的权利。[2]委员会成员在工作关系终止后依然有义务,对其在职务中获悉的事务保持缄默。

第八章　跨国环境保护

（第 228～244 条）

第一节　一 般 规 定

第 228 条　国际责任

[1]在其职权框架内，基于对环境和人类负责，主管部门可在本法典适用范围外采取行动，尤其是对国际环境物和对具有跨国界意义的环境物。[2]主管部门保障有关环境保护的国际条约得到遵守。

第 229 条　国际合作

（1）[1]联邦政府在国际合作层面，尤其是在形成世界经济框架条件时，致力于减少现有的、并避免形成新的于环境和人类的不利负担。[2]这尤其适用于对具有跨国重大意义的环境物和人类的共同遗产之保护措施。

（2）联邦政府应当及时将致力于实现第 1 条目的或可能引起第 1 条保护法益危险或风险的敏感国际条约告知联邦议会、联邦参议院和公众。

第二节　在跨国环境影响中的程序

第 230 条　跨国部门参与

（1）[1]当一项计划、规划或项目可能对他国环境或人们产生显著影响，或相关国家提出相应请求，则主管部门应当不迟于第 87 条第 1 款第 1 句或第 78 条规定的时间点向相关国家所指定之部门转送许可申请、规划或项目草案，也包括第 86 条要求材料或第 77 条第 1 款第 1 句第 6 项的综述。[2]当相关国家未指明参与部门，则应当知会该国负责此类项目的最高主管部门。

(2)主管部门应当与他国主管部门探讨跨国环境影响和避免、减少跨国环境影响的措施。

第 231 条　跨国公众参与

(1)[1]未在本法典效力范围内居住的人，当有受到第 81 条规定之计划或第 75 条规定之规划、项目影响之可能性，则依据第 87 条第 4 款参与制度或第 78 条，其应享受国民待遇。[2]主管部门应尽力以恰当方式将计划、规划或项目在相关国家予以公告。

(2)当国外异议人士参与第 1 款所述之程序，则主管部门可要求计划承担者或规划、项目主管部门必须保障提供足够详尽的翻译。

第 232 条　国外计划在国内公告

当在第三国实施的许可程序、规划或项目计划制定框架下，在德国联邦领域内的环境影响之相关材料已被转达，当该转交国法律明确规定了或根据环境法规定公众参与制度时，则主管部门应以合适方式在可能的相关区域内公开计划、规划或项目。

第 233 条　重大事故的告知义务

发生故障并对国外环境和人类产生影响，则主管部门应立即告知相关国家主管部门。

第三节　本法典适用效力范围外之项目执行

第 234 条　海底矿藏资源开发

(1)[1]从事超出国家主权领域边界的海底或海床矿藏开采的，需经依据第 81 条第 2 款第 6 项规定之项目许可。[2]第 87 条第 1 款第 4 项、第 2 款和第 88 条不适用于此。

(2)[1]签发许可的主管部门为克劳斯塔尔－策勒费尔德的高等矿务局。[2]该高等矿务局作为下萨克森州授权的联邦机关履行此项任务，且在此领域受联邦专业监察和法律监察。[3]该项目许可包括基于 1995 年 6 月 6 日颁发的《海底采矿法》第 4 条第 2 款的支持。

第 235 条　在技术和金融发展合作中的环境保护

技术或金融发展合作框架下的项目,在国内执行时需纳入环境影响评价,仅在项目不会对环境或人类产生危险时,才允许实施。

第四节　产品进出口

第 236 条　产品出口标识

(1)[1]当环境法相关条款针对产品流通环节就包装、标识、安全数据说明的制备、使用说明之附页提出特别要求,则该要求相应适用于出口到第三国。[2]但当接收国的相关规定设立了至少同等的要求,或如国际条约包含相应规定,则前款不适用。

(2)信息应当尽可能以接收国的一种或多种官方语言,或以预计使用区域的语言标识。

(3)[1]细则可由行政法规进一步规定。[2]当对于受保护国环境和人类避免风险有必要时,则可对附加的标识、国内颁布之禁止和限制说明,和额外使用说明之附页以及警告标示作出规定。

第 237 条　产品出口登记

(1)[1]1992 年 7 月 23 日颁布的《欧共体理事会关于特定危险化学物品进出口的第 2455/92 号条例》第 4 条第 1 款第 1 项和第 2 项规定之登记程序相应适用于以下产品向非经济合作与发展组织成员国之出口,但凡该类产品未在欧共体第 2455/92 号条例附件一中列及:

1. 依据第 121 条第 1 款第 1 项 a)和第 2 款第 1 项制定之行政法规禁止或限制流通之物质、半成品、制成品;

2. 禁止流通或依据第 333 条第 5 款第 2 句第 1 项制定之行政法规禁止使用的植物保护剂;

3. 禁止流通或依据第 681 条第 1 款第 1 句第 1 项 a)制定之行政法规禁止使用的杀虫剂。

(2)关于登记内容、向国际登记簿转达登记内容、援引编号的归类和登记簿的使用、接收国回复的告知以及客观状况和法律环境变更时的登记义务等细则内容依据欧共体第 2455/92 号条例第 3 条之规定由行政法规予以规定。

第238条　关于向国外出口因基因技术而改变生物体的登记

(1)[1]为出口经基因技术改变的生物体之目的，计划首次向非经济合作与发展组织成员国出口第554条第1款第2项所规定的经基因技术改变之生物体的，应当于出口前事先向联邦农业生物所登记。[2]登记时应附上第570条或第575条规定的许可(如已获得)、关于产品中包含的生物体发生的基因技术改变之描述，和关于该产品对环境和人类风险的概况描述。[3]联邦农业生物所应最迟于出口前十五天告知接收国的主管部门。[4]仅在接收国主管部门证实收到联邦生物所的告知函后方可出口。

(2)第237条第2款相应适用于此。

第239条　国外机关的咨询

依接收国相关部门的请求，联邦最高主管部门和各联邦州最高主管部门应当依据第237条、第238条和1993年2月1日颁布的《欧共体垃圾运输条例》(《欧共体理事会关于在欧共体内运输、输入和输出废弃物的第259/93号条例》)第17条第2款、第3款和第8款之规定，就进口产品和垃圾危险性评估以及替代方案的检验方面提供咨询意见。

第240条　其他产品特性检验

当产品流通或释放依环境法相关规定需经许可的，则依生产商的申请并由其承担费用，联邦最高主管部门可就在特定且不涉及国内环境状况的条件下，就该产品对环境和人类的危险和风险状况作出检验并颁发证明。

第241条　产品和设施的出口禁止

(1)可通过行政法规予以规定，禁止或限制特定产品出口第三国，尤其是与公告或许可不相关联的，只要为防范对环境或人类的尤其是在国外，且该危害以其他方式不能予以解决的重大危害，或为了执行国际条约或欧共体法案，该禁止或限制是必要的。

(2)第1款亦相应适用于出口生产危险物质或半成品的设施，或缔结有关在使用中会产生危险物质和半成品的生产和使用工艺转让合同。

第242条　产品进口

(1)[1]当发生在欧洲经济体之外或在无政府地区产品生产或获取引起第1条所述法益之显著危险的，则可通过行政法规规定，仅在对生产或获取方式加以恰当标识的前提下，才允许其进口。[2]当第1句所述措施被证明不足以实现第1条之目的,则对在无政府地区或对跨国环境物产生显著危害的情况下生产或获取满足第1句所述条件前提下的产品,可由行政法规限制或禁止进口。

(2)[1]在依据第1款颁布行政法规之前,联邦政府应就其拟采取之措施及时告知相关国家,并使得世界贸易组织认识到该措施。[2]联邦政府应当与出口国建立磋商机制,并尽力达成一致解决方案。[3]当国家间条约对进口限制作出规定,则第1句和第2句不予适用。

第243条　权限划分

(1)[1]联邦出口局负责依据第241条制定之行政法规颁发许可。[2]联邦财政部负责监督本节条款的遵守。

(2)当有依据证明存在违反环境法相关规定的情况,在支配权人承担费用和风险下,海关部门可拒绝设施和产品及其运输工具和包装工具的进口,或直至经确认的瑕疵消除或主管部门作出决定予以确保。

(3)[1]财政部会同联邦环保主管部门决定具体海关部门,以办理受环境法规限制进出口的设施和产品的寄送。[2]前述海关部门应在联邦司法部公告中公布。

第五节　行政违法

第244条　行政违法

(1)行政违法是指故意或过失

1. 违反第236条第1款未按照规定的包装或标识,或未附上规定的安全数据说明的出口产品;

2. 违反第237条第2款、第238条第2款、第241条或第242条规定的行政法规,只要在该法规就特定行为规定了罚款条款。

(2)第1款所指之行政违法可处以100万德国马克以下罚款。

(3)涉及行政违法的,或在违法行为进行或准备中使用过的,或已被确定的物品,可予以没收。《行政处罚法》第23条适用于此。

分　　则

第九章　自然保护、景观养护和森林保护

（第 245～325 条）

第一节　自然保护和景观养护的一般规定

第 245 条　自然保护和景观养护的目的

在居住区和无人区的自然与景观都应予以保护、养护、发展和修复，以长期保障

1. 生态系统的功能，

2. 自然物的更新能力和可持续利用，

3. 生物多样性，包括栖息地和生存空间在内的动植物世界，

4. 自然与景观的多样性、特殊性和美观。

第 246 条　概念界定

（1）在本章中

1. 群落生境：指的是野生动植物的栖息地和生存空间；

2. 群落生境关联系统：指的是自然和景观中受保护的部分，和其他有生态价值的和保护免受不利影响的区域，它们如此紧密关联，使群落生境根据其位置、大小和特点能够促进不同种群之间基于种群特殊需求的交流和传播；

3. 共同体利益的群落生境：指的是 1992 年 5 月 21 日欧洲理事会颁布的第 92/43/EWG 号指令（一般简称《欧共体栖息地指令》）附件 I 中，为保护自然生存空间和当时有效的文本中所列举的野生动植物所提出之生存空间。

（2）[1]此外，在本章中

1. 动物：指的是

a）野生的、被捕获的、或者被人工育种的，和非被遗弃的以及死亡的野生种

类动物,

b)野生种类动物的卵、幼虫、幼体和其他成长形态,

c)确定可辨认的野生种类动物部分,和

d)确定可辨认的动物制成品;

2. 植物,指的是:

a)野生的,通过种植获得的和已死亡的野生种类植物,

b)野生种类植物的种子、果实和其他生长形态,

c)确定可辨认的野生种类植物,和

d)确定可辨认的植物制成品;

3. 物种:指的是每一个物种、亚种、某一物种或亚种的子群;

4. 群体:指的是基于生物学和地理学而有确定界限的具有一定数量的个体;

5. 涉及共同利益的物种:在第92/43/EWG号指令附件II、IV、V中所列举的动植物物种;

6. 欧洲鸟类:指的是属于欧洲理事会于1979年4月2日颁布的第79/409/EWG号指令(一般简称《欧共体野生鸟类指令》)第1条关于保护当时有效文本中的野生鸟类所规定之欧洲本土的鸟类;

7. 特殊保护物种有:

a)属于欧共体理事会在1996年12月9日颁布的第388/97号条例《关于通过对贸易的监控而保护野生动植物标本》有效文本中附件A或B中所列举的动植物物种;

b)当动物物种未属于依照在1976年9月29日发布的公告文本中《联邦狩猎法》第2条第1款的狩猎权范围,且不属于a项的

aa)在第92/43/EWG指令附件IV中所列举的动植物物种,

bb)欧洲鸟类品种;

c)基于第288条第1款第3项受特殊保护的本土物种;

8. 严格保护的物种,指的是受特殊保护的物种,包括:

a)在欧共体第388/97号条例的附件A中予以列举,

b)在欧洲经济共同体第92/43/EWG指令的附件IV中予以列举,

c)在依照第295条第3款所制定之行政法规中予以列举。

[2]联邦环保主管部委通过依第296条第1款的行政法规,对第1项的c)和d),第2项的c)和d)和对某一物种的确立,作出进一步规定。

（3）[1]在本章中森林是指所有被森林植被所覆盖的地表。[2]森林涉及光秃的或稀疏的地表、森林小路、森林分区带和安全带、森林空地和沼泽、森林草地、野草地、木材安置场地和其他与森林相联系和对其服务的地表。[3]在农田或者其他被开垦的区域内的小块地表，其被单个的树丛、树列或者灌木所覆盖，或者作为苗圃被利用的，不属于本章中所指森林。[4]各州可以将其他的地域归入森林的范围内，和将圣诞树和装饰性树木以及居住区域所属的公园设施从森林的概念中排除。

第247条　自然保护和景观养护的基本原则

（1）[1]实现自然保护和景观养护的目的应特别根据基于以下原则的相关规定：

1. 对生态系统在其空间上可划分的各个部分予以保障，使生态系统中在特定区域被影响的生物功能和景观结构予以维护、发展和修复；

2. 在居住区内对自然的组成部分，如森林、灌木丛、路边的田埂、群落生境的边缘、溪流和池塘进行维护或发展；

3. 对于未被开垦的区域，基于其对于自然保护及休闲娱乐的意义所必要之范围和特点，对其进行保护；

4. 应对动植物及其共生系统从其种类多样性予以保护。其群落生境和特殊的生存条件，应予以保护、养护、发展及恢复。当不存在或无法实现其他的保护，那么与其他区域一起构成群落生境关联系统的自然和景观中受保护的部分应予以标识；

5. 具有特性的历史文化景观及其组成部分应受到保护。这同样适用于有保护价值的文化古迹、古建筑和地面遗迹，只要出于保护遗迹的特点和审美所必要；

6. 应保护土地对生态系统的功能。应保护封闭的植被覆盖区域，特别是针对森林、绿地和岸滩区域。应防止土壤侵蚀；

7. 在勘探和开采矿产资源、挖掘和堆积中，应当避免对有价值的景观的不利影响和对生态系统的长期不利影响。不可避免的不利影响应通过促进自然的物种延续、恢复自然的行动、恢复植被来减轻或者补偿；

8. 自然的以及与自然紧密联系的水体，包括岸滩区域以及自然保留区，应予以保护和恢复。水体应防止受到污染，特别是通过对保持和建设自然的或者近自然的岸滩带。生物的水利工程措施优先于其他水利工程措施。应避免因地下水水位下降而导致对生态系统的明显不利影响，特别是对群落生境的不利影响。对无法避免的不利影响应当予以补偿；

9. 空气污染和噪音影响也应通过自然保护及景观养护的相关措施予以避免。无法避免的不利影响应尽量减少，使生态系统脆弱部分的自然状态不受损害；当此亦无可能，则应对不利影响进行补偿；

10. 应避免对气候的不利影响。森林和对气候具有有利影响或有空气交换通道作用的特殊区域，应予以保护、恢复和进一步发展。针对无法避免的不利影响，应通过自然保护及景观养护的相关措施予以减少和补偿。

11. 建造型设施、交通道路、管道铺设以及类似的建设项目，应基于自然的景观结构予以考虑。对景观破坏与地面利用应通过整合尽可能地减少。

[2]自然保护及景观养护的目的也应根据基于第328条第4款和第358条第2项中原则的要求来予以实现。

(2)[1]依照第245条和本条第1款所包含的要求应进行互相衡量，和相对自然和景观的其他要求进行衡量。[2]在此应考虑自然和景观与其所强调之意义的相应重要分量。[3]群落生境基于其特点和形式不能在其他位置重建，或在其他位置重建有显著困难，只有当基于公共利益的特别重要理由所必需，才能被摧毁。[4]当对自然和景观有实质性和持续性不利影响的威胁，在衡量中自然保护及景观养护的利益应优先于其他利益，除非基于公共利益的重要理由必须要该不利影响。

(3)各州可规定其他原则。

第248条　共同体法中的自然保护

[1]应促进第92/43/EWG号指令第3条所指特殊保护区欧洲生态网络的建立。[2]对其协同性应保持，和通过对群落生境关联系统的养护和发展来加强其协同性。[3]对基于共同体利益的群落生境、基于共同体利益的物种，和欧洲鸟类品种的保护状态应予以监测。[4]尽管当法规对因为撤销、减少，或显著或持续地造成不利影响在第1句意义上的区域已规定补偿或赔偿措施，该区域的特定功能仍应尽可能地予以修复。

第249条　自然保护义务

(1)每个人都应当如此行为，以使自然和景观基于情形不再受到不可避免的不利影响。

(2)只要环境法律规范没有允许，每个人都有义务：

1. 将对自然及景观的干预，限制在绝对必要的范围内；

2. 不污染和损毁自然和景观；

3. 不损害动植物世界及其群落生境；

4. 不干扰其他人的环境友好的休闲娱乐。

第 250 条　农业和林业

(1)对自然和景观进行保护和养护也是农业和林业的一项任务。

(2)尤其在施肥和使用农药中的环境珍惜的农林业规定应予以遵守。[2]对天然的土壤性质、水体、动植物世界及其生物圈和文化景观所造成的负担，应尽可能地减到最少，特别是通过限制排放。

第 251 条　自然保护和休闲娱乐

(1)[1]自然和景观同样服务于环境友好的休闲娱乐。[2]不同利用之间的冲突可通过一个前瞻性的规划予以预防。[3]对群落生境的不利影响应予避免。

(2)各州应对因其特点和位置而对休闲娱乐空间具有意义的区域，和作为未能得以保持的某区域的替代区域，颁布相应规定，对该区域进行保护。

第二节　生态系统的一般保护

第一小节　自然养护规划

第 252 条　自然养护规划的目的

(1)自然养护规划旨在实现自然保护和景观养护的目标和原则。

(2)[1]自然养护规划与《国土空间规划法》第 5 条第 1 款第 1 句和第 2 句以及第 3 款中涉及的规划和项目相互协调。[2]自然养护规划也应与环境基础规划相互协调。

(3)[1]联邦和各州的政府部门、各乡镇以及乡级联盟、公共规划承担者以及在公法上负有义务的特殊法人，在作出对自然和景观会产生影响的规划、决定和特殊措施时，应注意自然养护规划的内容。[2]仅在特殊情况下，并且获得了州级最高部门的同意时，对自然保护及景观养护的例外情形才被许可，并且必须予以说明；第 247 条第 2 款相应适用于此。[3]当存在《国土空间规划法》第 6 条第 1 款 a 至 c 中的前提时，例外情形应予批准。

(4)自然养护规划同时作为评价环境影响的参考。

第253条 自然养护规划的种类和内容

(1)自然养护规划指的是自然项目、自然框架规划、自然规划和绿色秩序规划。

(2)自然养护规划通过文字和图标,有根据地对规划空间作出以下说明:

1. 自然和景观的现存状态,和依据自然保护和景观养护的目标和原则进行的评价;

2. 自然及景观应争取达到的状态,及其要求和措施,特别是

a)保护和发展自然和景观的多样性、特性、美观性,和环境友好的休闲娱乐,

b)避免、减少和消除对自然和景观的损害,

c)保护、养护和发展野生动植物物种的群落生境和生活共同体,特别是涉及共同体利益的物种、欧洲鸟类品种和受特殊保护的或者濒危的物种,

d)保护、养护和发展涉及共同体利益的群落生境、第269条所规定的群落生境,和第271条所规定的自然和景观的特定部分,

e)建立和保障群落生境组合,

f)对土壤、水体、空气和气候进行保护,改善其质量和更新。

第254条 自然项目

[1]各州在自然项目中列出其辖区内对自然保护和景观养护的超地方性要求和措施。[2]自然项目可由许多分项目组成。

第255条 自然框架规划

(1)自然保护和景观养护的超地方性要求和措施,应就州的特定部分和区域在自然框架规划中予以列出。

(2)各州应对于制定有关整个州的自然框架规划的义务,制定相应的法律依据。

第256条 自然规划

(1)基于自然项目及自然框架规划,应在自然规划中列出对于自然保护及景观养护的地方性要求和措施。

(2)对于制定有关整个地区的自然规划的义务,各州应制定相应的法律依据。

第257条 绿色秩序规划

(1)考虑到现有建设规划,和将对建设规划的制定、补充、修改和废除,应在

绿色秩序规划中,列出有关自然保护及景观养护的进一步地方性要求和措施。

(2)对于制定相关区域绿色秩序规划的义务,各州应制定相应的法律依据。

第 258 条 对于市州的特别规定

根据本章规定,柏林、不来梅和汉堡只要制定自然项目和绿色秩序规划。

第 259 条 制定程序

(1)[1]各州应规定自然养护规划的制定程序。[2]对此须保证,自然保护及景观养护主管部门,和通过规划被涉及的其他基于公共需求的承担者能够参与。

(2)[2]各州在制定自然养护规划时应考虑到,在总体上不得妨碍邻州和联邦自然保护及景观养护的目标和原则的实现。[2]当基于自然条件的原因,某一跨越州级边界的规划是必要的,那么邻州应在制定自然养护规划时,应共同确定针对所涉区域的相关要求和措施。

第二小节 对自然和景观的侵害(/干预)

第 260 条 对自然和景观的侵害

(1)对自然和景观的侵害指的是,对其外表形态进行改变或者对其地表和水体进行利用,在此过程中使得生态系统、动植物世界及其群落生境和景观的外形显著地或持续地遭到损害。

(2)[1]各州可规定,当以特定的方式对其外表形态进行改变或者对其地表进行利用,且其在通常情况下不会导致显著的或持续的损害,则不视为侵害。[2]各州同时可规定,当部分满足第 1 款中的条件时,则特定方式的改变可被视为侵害。

(3)[1]各州可规定,当在基于 1960 年 6 月 23 日颁布的《建筑法典》第 34 条第 4 款或者 1993 年 4 月 28 日颁布的公告文本中关于《建筑法典措施法》中第 4 条第 2 款 a 或者第 7 条所指建筑规划或规章的适用范围的地块,且该消除是在上述规定生效后至可预见的利用被着手之前发生的,则排除生态系统状态或景观外形的变化,不视为侵害。[2]上述规定也适用于曾经用于建筑的地面,在其结束建筑利用和重新开始建筑利用之间的时间段。

(4)各州可规定,重新开始基于按照合同的经营限制或者因为参与中断项目而被暂时地限制或废除的农林利用,在一定的时间段内不被视为侵害,只要该利用符合第 250 条的要求且不违反其他相关规定即可。

(5)[1]第261条至第263条仅适用于对自然和景观的以下侵害

1. 基于其他的规定,

a)需要以立项许可的形式或者以特定部门决定形式的批准,或者

b)应向行政部门登记,或者

2. 不需要依第1项a)的许可,因为其是由行政部门来实施或者基于行政部门的委托而实施;第265条不受影响。[2]各州可以颁布进一步的规定。

第261条　侵害的可接受性

(1)[1]在个别情况下,在衡量自然和景观的所有要求,其他利益优先于自然保护和景观养护的利益时,侵害才可予接受。[2]对此应将对自然和景观造成损害尽可能降到最小。

(2)当侵害的结果是群落生境受到破坏,且基于群落生境的性质和形式,不能重建或者在其他地方重建有非常显著的困难,只有当基于公共利益的特别重要理由所必要时,此种侵害才可被接受。

(3)当侵害的结果是群落生境受到破坏,且该群落生境对受严格保护的动植物而言是不可替代的,只有当基于公共利益的特别重要理由所必要时,此种侵害才可予接受。

第262条　致因人的义务

(1)[1]当根据第261条的侵害予接受,则致因人有义务在合适期限内通过自然保护及景观养护的措施对损害进行补偿,当这一补偿措施对于实现自然保护及景观养护的目标和原则有必要时(实物补偿措施)。[2]通过向受侵害地域周边的污染排放之不利影响,尽管基于计划考量中,也必须予以补偿。[3]当在侵害结束后或者在侵害结束后的适当期限内,没有留下对生态系统的显著或持续的损害,景观的外貌也被恰当地恢复或者新建,那么损害被视为已被弥补。[4]补偿措施的方式和内容应当考虑环境基础规划及自然养护规划的内容。

(2)[1]在已被批准的侵害中,当基于第1款的补偿不可能实现,则致因人有义务对因其侵害而造成的生态系统的功能和价值上的损害进行赔偿,当其对于实现自然保护及景观养护的目标和原则有必要时(非现场或非实物替代措施)。[2]赔偿措施应尽可能靠近受侵害的地点实施。[3]当靠近侵害地点的赔偿不可能时,各州可规定致因人执行其他赔偿措施。

(3)[1]当实施第2款所规定的赔偿措施不可能时,各州可要求致因人对于还存在的显著或持续的损害用金钱进行支付(替代性支付)。[2]该赔偿金由各州获

得。[3]这些赔偿金应用于自然保护和景观养护的措施，和被侵害的自然和景观相关区域的改善。

第 263 条　程序

（1）当各州无其他规定，则由对决定、接收登记或实施干预的主管部门同时有权作出依第 261 条和第 262 条的决定。

（2）[1]在征求自然保护和景观养护主管部门意见的基础上，作出依第 261 条和第 262 条的决定，当不是由这些部门自己作出决定，或者基于第 3 款或第 265 条对此无其他规定。[2]当无法达成一致意见，则由共同上级主管部门作出决定。

（3）[1]当第 1 款所述联邦部门或者在联邦委托管理范围内的州级部门有管辖权时，向此自然保护及景观养护主管部门征求意见。[2]当联邦部门想偏离自然保护及景观养护主管部门的意见时，只要其他形式的参与未被规定，则该联邦部门应协同州级主管自然保护和景观养护的最高部门作出决定。

（4）依照其他相应草案中所提及的文件的规定，特别是依照第 86 条第 2 款，当致因人并未负有义务，则致因人应根据基于第 1 款的主管部门的要求进行必要的说明，由此可以评判对自然及景观造成的损害的可能性、避免损害的措施以及补偿和赔偿的措施。

（5）[1]在获得批准的侵害中，依照第 262 条对于自然保护及景观养护有必要的措施，应在景观养护的附带规划中以文字或者图标的形式予以列出。[2]当侵害基于其范围和意义是微小的，则可予以免除。

第 264 条　侵害登记

州自然保护和景观养护最高主管部门应设立一个登记册，其中须就侵害、补偿及赔偿措施和对于结果控制说明予以录入。

第 265 条　与准备侵害的计划和与建筑法之间的关系

（1）[1]对依照《国土空间规划法》第 5 条第 3 款所规定的规划及建筑规划进行的制定、修改、补充或者废除，基于其对自然及景观可能产生的侵害，相应适用第 261 条和第 262 条。[1]当对自然和景观的侵害被批准，那么在这些规划中应特别预见到用来补偿或赔偿预期损害的范围和措施；用于该目的的设定在建设规划上空间被分割的分区中也可被准许。[3]个别情况由相应的自然养护规划予以规定。[4]当基于第 2 句的规定未被遵守时，在侵害准备计划中应预见到，致因人对于补偿和赔偿措施所负有的原则性义务，许可中的进一步内容可依照第 260 条第 5 款第 1 项 a 予以规定，公告中的进一步内容可依照第 260 条第 5 款第 1 项 b 予以规定。

(2)基于《建筑法典》的规定对地面利用规划和建设规划的批准,以及对于依照建筑法第 11 条第 3 款第 1 句所作出的决定,相应适用第 263 条第 2 款。

(3)对于基于《建筑法典》第 30 条在建设规划区域内的立项,和基于建筑法第 33 条第 1 款在规划制定期间,本法第 262 条只有当建设规划或者建设规划的草案包含了有关补偿和赔偿措施的规定,或者预见了前述的规定时,才能予以应用;第 261 条和第 263 条不适用于此。

(4)第 1 款相应适用于《基于建筑法典的措施法》第 4 条第 2a 款和第 7 条的规章,第 3 款相应适用于在这些规章范围内的立项。

(5)第 260 条至第 263 条对于建设规划替代规划批准的适用不受影响。

第 266 条　补偿和赔偿措施的执行

(1)在建设规划中确定的补偿和赔偿措施由市政府来执行。

(2)[1]在建设规划中,依照本法第 265 条第 1 款第 2 句对《建筑法典》第 9 条进行补充的规定,可以全部或者部分的附加于,对基于特殊规定而具有预期侵害的地面区域。[2]当通过土地所有人实施规定的措施不确定时,第 1 款才对此适用。

(3)第 1 款和第 2 款所规定的措施可在侵害发生前予以实施;当基于城市建设的原因或者自然保护的原因有必要时,应在侵害发生前实施这些措施。

(4)[1]基于第 1 款的市政府措施的花费应由预期的被侵害的土地所有人承担;基于第 2 款的措施的花费,应当由该措施所附加的土地所有人承担。[2]此外的花费应基于超限建筑的地面、被许可的地面或预期损害的严重程度予以分配;相关规定应相互联系。[3]进一步的细节可由市政府通过规章予以规定。

(5)第 1 款至第 4 款同样适用于《基于建筑法典的措施法》的第 4 条第 2a 款和第 7 条的规章的适用范围内的立项。

第三小节　养　　护

第 267 条　容忍义务

(1)各州可规定,当对于土地的利用不造成不合理的损害时,土地所有人和使用人应对在本法规定范围内的自然保护及景观养护措施予以容忍。

(2)各州可颁布进一步规定。

第 268 条　养护措施和发展措施

（1）只要自然保护及景观养护的利益显著且持续地被损害，且对于土地的养护是适当且可合理期待的，土地所有人和使用人可被赋予合乎土地位置的养护义务。

（2）各州可颁布进一步规定。

第三节　群落生境保护和特殊场地保护

第一小节　群落生境的保护

第 269 条　特定群落生境的保护

（1）[1]可能导致以下群落生境的破坏或者显著或持续的损害的措施，都不能被允许：

1. 流动的和静止的内陆水域及其岸滩自然的和近于自然的区域，以及附属于其的与岸滩相伴随的自然的或者近乎自然的植被，还包括自然和近乎自然的沿岸区域和定期被水淹没的区域；

2. 泥地、沼泽、芦苇荡、芦苇沼泽、蒲草和芦苇茂盛的湿草地、源头区域；

3. 贫瘠的一年只收割一次的草地，和贫瘠的粗放方式培养的牧场；

4. 开放的内陆沙丘、开放的自然堆积山坡或者碎石堆、灌木林、矮树林、刺柏林、带刺草地、干枯的草地、含重金属的草地、有野生灌木的干燥炎热地区；

5. 沼泽林、红树林和河边森林、峡谷森林、碎石林以及边坡林；

6. 山崖及陡峭的海岸、海岸沙滩和沙丘、盐碱草地、海岸地区的海藻草地以及沿海地区、浅海湾；

7. 阿尔卑斯山区域开放的悬崖、高山草地、积雪的小山谷，高山矮曲林灌木丛。[2]第 260 条第 3 款和第 4 款相应适用；预期措施应向自然保护及景观养护主管部门进行报告。[3]各州还可对其他群落生境予以与第 1 句内容一致的规定。[4]各州应建立群落生境的名单目录。

（2）[1]当基于公众利益的重要理由且有必要时，豁免才能被允许。[2]第 247 条第 2 款、第 261 条和第 283 条第 1 款不受影响。[3]第 262 条相应适用。

（3）[1]主管解除的部门同样也负责依照第 2 款第 3 句作出相关决定。[2]第 1 款所提到的措施根据其他规定获得了替代该解除的允许,相应适用第263条第2款和第3款。[3]第263条第4款和第5款也适用于其余的事项中。

(4)第265条和第266条相应适用。

第270条　各州的措施

[1]各州应为保护、养护、发展、恢复群落生境采取合适的措施。[2]在第269条第1款中所提到的群落生境的生态功能的保障,特别是要确保其既不缩小也不扩张。

第二小节　特殊场地的保护

第271条　一般规定

(1)自然及景观的组成部分可基于以下内容予以说明:

1.自然保护区、国家公园、生物圈公园、景观保护区、自然公园;

2.自然遗迹或受保护的景观要素。

(2)[1]这一说明可规定保护的对象、保护的目的、为达到保护目的所需的规范和禁止,当有必要,也可规定养护、发展及恢复的相关措施。[2]该说明还可包含对保护所必需的环境因素。[3]第1款第1句所述区域,可根据其保护目的所对应的不同级别的保护,而进行相应的划分。

(3)各州可对以下事项颁布特别规定:

1.第1款所述相关程序;

2.针对自然和景观的正在发展的部分,为实现其保护或者力争达到的保护目的而进行的临时担保;

3.对于自然及景观的受保护的,和进行临时担保的组成部分进行登记。

第272条　自然保护区

(1)自然保护区指的是,在某一受法律约束的区域中对自然及景观出于以下必要情形而进行特殊的保护:

1.为对特定野生动植物的群落生境或生存共同体进行保护、发展和恢复;

2.基于科学的、自然历史的或者风土人情的理由,或者

3.基于其稀有性、特殊的性质或者所展现的美观。

(2)[1]在某一已确立的自然保护区中,根据进一步的规定禁止一切导致对自

然保护区或者其组成部分毁灭、损害、改变和明显且持续的干扰的行为。[2]当对特定野生动植物物种的群落生境的生存共同体的保护和发展、或为保障其自然发展的保护目的有必要时，自然保护区不允许公众进入。

第 273 条　国家公园

(1)国家公园指的是，受法律约束的且受到统一保护的区域：

1. 其面积广阔且具有特殊性质；

2. 其大多数的组成部分都符合成为自然保护区的前提条件；

3. 处于一个没有或者很少被人类影响的状态下，或是被转换到这样的状态之下；

4. 其主要服务于本地的动植物保护；

5. 在重要的区域内尽可能使自然的进程不受任何干扰。

(2)国家公园应由负责环境保护和区域政策的联邦政府部门发布。

(3)[1]各州应确保，在考虑基于其广阔空间和居民定居所致的例外情况下，要像保护自然保护区一样来保护国家公园。[2]当为其保护目的所允许时，国家公园应允许公众进入。

第 274 条　生物圈公园

(1)生物圈公园指的是受法律约束的、整体受保护且被发展的某一区域：

1. 其面积广阔且展现特定的景观类型；

2. 其核心区域符合自然保护区的前提条件，其余的部分应符合景观保护区的大部分前提条件；

3. 区域的某一组成部分应显示出自然的或者与自然紧密联系的景观；

4. 通过对景观的常规多样利用和对其中历史性生长的物种和群落生境多样性，以及对自然因子，特别是节约型经济方式的模范性发展和实验，来服务于其保护、发展和修复。

(2)第 273 条第 2 款相应适用。

(3)[1]各州应确保，在考虑基于其广阔空间和居民定居所致的例外情况下，要像保护自然保护区和景观保护区一样来保护生物圈公园。

第 275 条　景观保护区

(1)景观保护区，指的是受法律约束的、在其中对自然及景观进行特殊保护的区域：

1. 对生态系统的功能性和自然因子的可再生性及可持续利用性进行保护、

发展和恢复;

2. 当基于景观的多样性、特性,或者美学价值,或者景观的特殊文化意义而有必要时;

3. 当根据对于休闲娱乐的特殊意义而有必要时。

(2)[1]在某一已确立的景观保护区中,应根据进一步的规定禁止一切改变该区域特性和违反特殊保护目的的行为。[2]在颁布这些规定时,应考虑通过农林业对自然及景观进行保护和养护。

第 276 条　自然公园

(1)自然公园指的是统一进行发展和养护的区域:

1. 其面积广阔;

2. 大部分地区是自然保护区和景观保护区;

3. 基于景观上的一些条件而特别适于休闲娱乐的;

4. 根据空间秩序和土地规划的原则和目标,予以规定为休闲娱乐。

(2)自然公园应对休闲娱乐目的进行规划、划分和展示。

(3)[1]各州可以对自然公园进行法律上的约束。[2]基于第 271 条第 3 款的颁布规定的义务在此不成立。

第 277 条　自然遗迹

(1)自然遗迹指的是,受法律约束的、自然中的单个客体,其为以下特殊保护而必要:

1. 基于科学的、自然历史和风土人情的理由;

2. 基于其稀有性、特殊性或者美观性。

(2)对自然遗迹进行清除,和其他导致自然遗迹的毁灭、损害、改变或者显著或持续的干扰行为,可以通过进一步规定予以禁止。

第 278 条　受保护的景观要素

(1)受保护的景观要素指的是,受法律约束的自然及景观的组成部分,对以下情形是必要的:

1. 对生态系统功能性进行保护、发展和恢复;

2. 对当地景观和风景进行改善、发展和恢复;

3. 预防有害的影响,或者;

4. 基于作为野生动植物物种生活场所的意义,特别是其对于保护、发展、建立群落生境组合的意义。

(2)[1]对于特定受保护的景观要素的清除,和可能导致受保护景观要素的毁灭、损害、改变或者显著且持续的干扰行为,应通过进一步规定予以禁止。[2]对于受保护景观要素经允许的减少,相应适用第262条。

第三小节　欧洲意义上的保护区

第279条　选择和对保护区的声明

(1)[1]各州与联邦环保及空间规划主管部门协商后决定,根据第92/43/EWG号指令第4条第1款的清单,那些区域应被接收。[2]此清单应由联邦环保主管部委提交给欧共体委员会。

(2)[1]各州应为第272条规定的自然保护区作出符合以下指令当时所述保护目的声明:

1. 基于第92/43/EWG号指令第4条第2款第3项,对于欧共体具有意义的区域的清单里所记入的区域,并应尽可能快,最迟在清单公布后的六年之内;

2. 基于第79/409/EWG号指令第4条第1款和第2款的,被欧洲委员会提名的区域。[2]关于保护区的规定可以全部或部分地被废除,当该规定的前提基于自然的发展而取消,或者当基于第92/43/EWG号指令第9条的程序未被执行时。

(3)[1]应在不损害第271条第2款的适用于恢复休养目的的区域的情况下,保护区声明作出进一步的规定。[2]必要的利用限制可被协商,只要保护目的能够实现。[3]进一步的保护规定不受影响。

(4)[1]各州通过法定的禁止或者通过基于第271条第3款第2项的规定来保证,第2款所述的区域在自然保护区说明的法律效力之内,得到临时担保。[2]第1句相应适用于依照第92/43/EWG号指令第5条的程序所涉及的区域。

(5)[1]依照第92/43/EWG号指令第4条第2款第3项,在对于欧共体范围有重要意义的区域的清单里所提及的区域,和依照第79/409/EWG号指令第4条第1款和第2款中提到的区域,应当作为对欧洲有重要意义的保护区而予以命名以及相应予以标记。[2]进一步事项通过行政法规予以规定。

(6)第92/43/EWG号指令第17条所述信息义务由联邦环保主管部委协同各州一起承担。

第280条 公告

对基于第279条第2款第1句和第4款第2句的区域,由联邦环保主管部委在联邦司法公报上予以公布,即使是在其还没有被声明作为自然保护区时。

第281条 对保护区有重要影响的项目

(1)[1]对保护区有重要影响的项目,是指当某一立项对基于第280条被公布的区域造成不利的影响的,也可与其他立项一起。[2]第260条第2款相应适用。

(2)未被视作对保护区有重大影响的项目,是指与基于第280条被公布的区域的保护、养护和恢复直接有关的,或对基于第280条被公布的区域的保护、养护和恢复是有必要的项目。

第282条 保护区承载力的评估

[1]在第284条第1款所述程序中,针对对保护区有意义的立项的可能影响,应基于第92/43/EWG号或第79/409/EWG号指令中的保持目标或本法第280条予以公布的区域保护目的,进行相应的评估。[2]对于保护区有意义的立项,需要经过有约束力的或者规划性的立项审批,该审批程序除去基于第80条第3款第2句的内容外,也包含了第1句中的评估。[3]对于其他对保护区有意义的立项,应由各州对其细节进行规定。

第283条 对保护区有意义的立项的批准,致因人的义务

(1)[1]根据第282条第1句的评估规定可知,对保护区有意义的立项若导致对该区域的显著或持续的损害时,则该立项不得被批准。[2]对保护区有意义的立项若对第1句进行偏离,只有基于非常重要的公众利益原因,特别是保护人类健康或防御关于公共安全的显著危险,或者基于其对环境的其他决定性的有利影响而有必要时,以及实现立项目的且不具有或者仅有极小的损害的备用方案不存在时,才能被批准。

(2)当对保护区有意义的立项根据第1款予以批准,则第262条相应适用。

(3)进一步的相关保护规定不受影响。

(4)当对保护区有意义的立项要求对保护区进行废除或缩小时,第1款和第2款亦对此适用。

第284条 程序

(1)[1]根据其他相关规定作出批准、公告的接收和实行对保护区有意义的立

项主管部门的决定都应适用第 283 条。[2]当对保护区有意义的立项不需要基于其他规定的批准和公告，则由自然保护及景观养护主管部门对该立项进行公告；相应的决定依照第 283 条作出。[3]当对保护区有意义的立项由某一部门或者基于这一部门的委托而实行，可不适用第 2 句后半句，依照第 283 条所述决定管辖。[4]第 285 条第 1 款不受影响。

(2)第 263 条第 2 款和第 3 款相应适用于

(3)基于对保护区有意义的立项，当具有优先性的自然生存空间类型，或者基于第 92/43/EWG 号第 1 条 d 和 h 项或者第 79/409/EWG 号指令第 4 条第 1 款和第 2 款的优先物种遭到了损害，那么该立项只可在基于公众利益的原因被批准，且其主管部门应通过联邦环保主管部委征求欧共体委员会的意见。[2]当防御事关公共安全的显著危险时，或者保护人类健康时，第 1 句不予以适用。

(4)联邦环保主管部委向欧共体委员会的报告其与各州相一致的、依照第 283 条第 2 款和第 262 条所制定的措施。

第 285 条　对保护区有重要影响的规划

(1)[1]对根据《空间规划法》第 5 条第 1 款及第 3 款的项目和规划、建设规划、根据《基于〈建筑法典〉的措施法》第 4 条第 2a 款和第 7 条的规章、道路法规、特殊规划、和基于官方的决定在根据第 284 条第 1 款的程序中被注意和考虑到的规定，进行制定、修改、补充和废除时，相应适用第 282 条至第 284 条。[2]上述内容同时也适用于这些规划和规定之前的规划和规定。[3]当基于第 1 句和第 2 句对于规划的制定和实质性修改需要进行环境影响评价时，对评价的修改应包含保护区影响评价。[4]第 282 条至第 284 条适用于对建筑规划时，当替代了规划决定时，则不受影响。

(2)[1]在基于《建筑法典》第 30 条而存在建设规划的区域，和在基于《建筑法典》第 33 条第 1 款的规划制定阶段的区域，针对对保护区有意义的立项只有在建设规划和建设规划的草案包含了相应的规定或预见到相应规定时，本法第 283 条第 2 款和第 262 条才能予以适用；第 282 条、第 283 条第 1 款和第 284 条不予适用。[2]在基于第 284 条第 1 款的其他程序中，附加于立项的或者其他影响的评价应予以限制。

(3)对于第 283 条第 1 款和第 2 款所述建设规划中确立的相关补偿和赔偿措施的执行，相应适用第 266 条。

(4)第 2 款和第 3 款相应适用于《基于〈建筑法典〉的措施法》第 4 条第 2a

款和第 7 条规章的适用范围内的立项,和相应措施的实施。

(5)现存的规划应当符合根据第 280 条所公布的区域保护目的和恢复休养目标。

第四节 野生动植物保护

第一小节 一般规定

第 286 条 物种保护的目标

[1]本节的规定旨在对野生动植物物种和其基于自然和历史所形成的多样性中的生存共同体进行保护,以及对物种(物种保护)范围内的生物多样性进行保护。[2]物种保护包括在适当的群落生境中的野生物种的自然流通范围内因动植物的入侵而受到排挤的野生物种。

第 287 条 各州对物种保护的规定

[1]各州应作出以下规定:

1. 确定对物种保护有意义的野生动植物的种群和共生,包括基于共同体利益的物种、欧洲鸟类物种和受特殊保护或濒危的物种,并对其进行评估;

2. 制定保护、养护和发展的目标,并予以实现。[2]为实现物种保护各州可以颁布进一步的规定。

第 288 条 概念界定

(1)根据本节立法目的,特规定如下术语:

1. 本地物种:指的是某一野生动植物物种,其流通区域或者其常规的迁徙区域全部或者部分地

a)位于或者曾经位于国内,或者

b)通过自然的方式在国内扩张;

本地野生动植物物种也包括,自行野化或基于人类的影响而被驯化的动植物物种,其在国内开放的自然中没有人类的帮助而获得了更多的后代;

2. 外来物种:指的是所涉区域内原本不存在的某一野生动植物物种;外来物种也包括曾经在所涉领域中出现过的物种;

3. 受特殊保护的本地物种：指的是依照第 295 条第 3 款第 2 项所制定之行政法规中提及的动植物物种。

（2）根据本节立法目的，特规定如下其他相关术语：

1. 直接侵害：指的是

a）故意捕猎、伤害或者杀死动物，或者有意地从自然中提取它们的发展形态、巢穴、后代、居所和避难所，或者对它们的发展形态、巢穴、后代、居所以及避难所进行损害和毁灭；

b）故意剪断、采摘、拔掉或撕毁、挖出、损害或者毁灭植物、植物的某一部分或某一生长形态；

2. 禁止占有：指的是动植物禁止被他人占据或持有、禁止占有和保管，以及禁止进行加工和处理；

3. 禁止商品化：指的是禁止动物和植物

a）被销售或者以销售为目的被储存、购买、经营、运输、交换，或者有偿地被使用、利用、转让或者接手；

b）基于商业目的被展览或者被另外利用；

4. 供应：指的是准备好买或卖和类似行为的意思表示，包括广告、委托广告以及买或卖对价的请求。

第 289 条　公告

联邦环保主管部委应在联邦司法公报上公布受到特殊保护和严格保护的物种。

第 290 条　物种保护标记

[1]联邦环保主管部委有权通过行政法规规定动植物的物种保护标记的授予和使用。[2]基于此标记也可表明，对能商品化的动植物不存在基于物种保护法律的考量。[3]其余事项相应适用第 124 条规定。

第二小节　保 护 规 定

第 291 条　野生动植物的一般保护

（1）[1]各州颁布有关野生动植物保护的规定。[2]其中应特别规定：

1. 面对不具有合理理由的直接侵害给予的保护；

2. 面对恶意的干扰给予的保护。

(2)各州根据对第 92/43/EWG 号指令第 22 条的考虑而采取相应的措施,保护本地动植物世界免受外来物种入侵的危险。

第 292 条 动植物的放养与移植

(1)将外来动植物物种放养或者移植到开放自然中的人,应承担相应的责任,即避免给本地动植物物种带来外来入侵的危险,或者避免对本地野生动植物物种的状态和传播,或者危及这些物种的数量。

(2)[1]根据第 1 款的放养和移植应获得基于州法的主管部门的许可。[2]许可只有在确保第 1 款所述要求被遵守时,才能被授予。[3]此许可可根据第 565 条第 4 款的规定予以执行。

(3)[1]第 2 款不适用于农林业中的植物种植。[2]当基于第 1 款的要求未被遵守时,此种种植也可被禁止。

第 293 条 有毒动植物

[1]当对于保护人类生命和健康有必要时,可通过行政法规规定

1. 特定的有毒动物物种

a)不能引进或持有;

b)只有在引进者和动物持有者准备好相应的解毒剂和治疗建议时,才能准许引进或持有,或者

c)当主管部门事先公示时,才可以准许对其引进或持有;

2. 特定的有毒植物

a)在特定的土地上不允许种植,或者

b)在目录和商品清单里具有对其毒性的相关指示时,其才能够被供应。

第 1 句可无视第 246 条第 2 款第 1 项和第 2 项而同样适用于非野生动植物物种;第 1 句所指动植物在没有确定可辨认的动植物部分时也不适用于此。[3]第 1 句第 1 项 b 和 c 所指持有可通过相关规定予以约束。

第 294 条 野生动植物保护区

(1)[1]设立、扩大和运营野生动植物保护区需要通过基于州法的主管部门批准。[2]许可只在以下情况下才能被授予,

1. 不对生态系统和景观形态产生损害,同时也对以不适当的方式进入森林或者河流或者进入水体进行限制;

2. 野生动植物保护区的位置、大小、形态、内部设施,和对动物的喂养、养护

和管理，都符合动物保护法律的相关要求；

3. 不抵触物种保护的相关利益。

(2)进一步事项由各州规定；各州可特别基于其他前提条件而决定是否予以许可，和对特定的野生动植物保护区的一般性例外予以批准。

第 295 条　禁止对受特殊保护的动植物物种的捕获和干扰

(1)[1]各州应考虑到第 92/43/EWG 号指令第 12 条、第 13 条和第 16 条，第 79/409/EWG 号指令第 5 条、第 7 条和第 9 条和《国际物种保护公约》的相关义务，而颁布为物种保护所必要的关于保护受特殊保护物种的野生动植物的规定。[2]这些规定包括：

1. 防止直接的捕获，

2. 防止对受严格保护种类的动物以及欧洲鸟类的故意侵扰。

(2)《联邦狩猎法》的进一步规定不受影响。

(3)[1]联邦环保主管部委有权通过行政法规对以下物种进行严格的保护：

1. 依照第 247 条第 2 款第 7 项 a 或 b 规定，受特殊保护的

a)基于欧共体第 338/97 号规章附件 B 所提及的动植物物种；

b)欧洲鸟类物种。

2. 依照《联邦狩猎法》第 2 条第 1 款所述狩猎权而规定的例外动物物种，其不属于第 246 条第 2 款第 7 项 a 或 b 所述受特殊保护的动植物物种，

只要其与本地物种有关，而该本地物种在国内因直接捕获而使其状态遭受强烈的危险，或者该本地物种被危险的物种所混入。[2]公众应基于第 20 条规定进行参与。[3]只要这些行政法规与动物物种(其涉及狩猎权以及渔业权，或者符合生物学上的植物保护目的)有关，或者与通过人工养殖而获得的以及可利用于林业的植物有关，基于第 1 句的行政法规必须征求对猎场、渔场、农林业的联邦主管部委同意。

第 296 条　禁止对受特殊保护的以及其他特定的动植物物种的占有和商品化

(1)[1]联邦环保主管部委颁布有关持有禁止和买卖禁止的行政法规，针对

1. 受到特殊保护的动植物物种，当欧共体第 338/97 号规章第 8 条及第 9 条未包含相应禁止；

2. 涉及欧共体理事会关于欧共体成员国进口特定种类的海豹皮或其衍生品进口的共同体的第 83/129/EWG 指令(一般称为海豹皮指令)附件中的商品，以

及基于相应文本中的商品,其违反了1983年9月欧共体颁布的指令第1条及第3条规定。[2]联邦环保主管部委被授权,根据第1句的行政法规,对于不受特殊保护的非本地动植物物种,颁布相应的持有禁令和买卖禁令,此禁令因本地动植物世界外来入侵的危险,以及本地野生动植物物种的状态和传播的危险,或者这些物种的数量而有必要。

(2)在基于第1款的行政法规中,可对根据欧共体第338/97号条例,预先制定进出口限制措施,当持有禁令和买卖禁令不足够时。

(3)[1]在基于第1款的行政法规中可准许相关的例外情形,当

1. 对保护目的不造成危险;

2. 其对于利用被没收或者征收的动植物是有必要的;

3. 基于公共利益的特殊重要理由而有必要时。

[2]当在个别情况下,例外情形的要求会给所涉人员造成过度的负担时,第1句所述例外情形可同样被批准。[3]由各州颁发该许可。

(4)[1]当第246条第2款第7项b和c所提及的动植物物种,根据第2款第1句属于持有禁令的例外情形时,则其也同时属于买卖禁令的例外情形。[2]以下基于第1句的例外情形应不考虑:

1. 受严格保护的动物物种以及从自然中获得的植物物种;

2. 从自然中获得的欧洲鸟类品种,当其未被第79/409/EWG号指令附件3提及时。

(5)[1]根据第295条第3款第3句对意见一致的要求亦相应适用。[2]基于延迟的危险,在并未与主管猎场、渔场、农业及林业的联邦主管部委达成一致意见时,联邦环保主管部委可颁布基于第1款的行政法规;该行政法规最晚在其生效后的6个月内失效。

第297条　制定行政法规的授权

(1)联邦环保主管部委有权,通过行政法规颁布规定:

1. 对受特殊保护的动植物物种进行盈利性的加工处理、买卖、或者从别处获得的人士的记录义务,特别是规定记录义务的范围、记录义务的标的和规模范围、记录的保管期限长度,以及基于州法的主管部门对其进行核查;

2. 对受特殊保护的动植物物种进行标识,以用于第300条所述证明;

3. 基于第296条第1款以及欧共体第338/97号条例第8条及第9条,对特定动植物物种进行持有的告知义务,减轻了对于持有禁令以及买卖禁令的

监管。

(2)[1]基于第1款的行政法规需与联邦经济主管部门的意见相一致。[2]对意见一致的相关要求,相应适用第295条第3款第3句。

第298条 各州的其他规定

(1)[1]各州可进一步规定对其他本地野生动植物物种予以特殊保护,特别是第92/43/EWG号指令附件5中提及的物种,只要其因直接捕获而导致生存危险或者因该指令第14条第1款中所提及的理由而在各州中有必要时。[2]第295条第2款相应适用。

(2)[1]各州颁布相应规定禁止和限制如下行为:

1. 运用器械、材料以及工具,对动植物进行大量的或无选择的捕杀、伤害、捕获或者消灭;

2. 导致野生动植物物种的消失,或者对其数量产生特殊的明显损害的行为和程序。

当其基于物种保护,特别是因履行第92/43/EWG号指令第15条、第79/409/EWG号指令第8条,或者是履行基于国际物种保护条约的义务而有必要时。[2]当考虑到物种保护的重要性,第1句不适用于基于其他规定需要被批准的器械、材料或者工具性。

第三小节 补充规定

第299条 管辖权以及程序

(1)联邦环保主管部委有权在与联邦财政部委达成一致后,通过行政法规对以下内容颁布规定,以实现欧共体有关物种保护方面的法律文件和履行1973年3月3日签署的有关濒危野生动植物物种国际贸易的华盛顿物种保护公约(一般简称为CITES,即《濒危野生动植物物种国际贸易公约》)的义务,以及用于执行基于第296条第1款规定的持有禁令和买卖禁令:

1. 欧共体第338/97号条例第13条第1款和第2款,以及华盛顿物种保护公约第9条所规定的主管部门;

2. 动植物进出口的程序,有关物种保护的或者基于第296条第1款的持有禁令和买卖禁令的根据欧共体法律文件的进出口规定,特别是需呈交书面文件

的进出口登记;

3. 通过税收部门对动植物进行保管、没收以及征收;

4. 联邦主管部门为其部门行动所付的费用和垫款的收取。

(2)[1]联邦财政部委在与联邦环保主管部委意见一致后,不需通过联邦参议院的批准,可通过行政法规规定,在动植物进出口的监管中联邦财政部委与由其确定的海关部门的协作,而该监管应遵守有关物种保护的欧共体法律文件,或者基于第 296 条第 1 款的持有禁令和买卖禁令的进出口规定;由此也可预先制定有关公告、登记以及问询的义务,社会服务的功能,以及对公文以及特殊文件审查的容忍,以及对无偿的模型和试验的检查和取样的容忍。[2]该行政法规对处理动植物进出口的海关部门的官方公示的详情也予以了规定。

第 300 条　证明义务、征收

(1)[1]在行政法规中基于第 2 款第 1 句进一步对特定的动植物占有或者行使事实上的权力之人,可在面对基于州法的主管部门时引证某一合法性,该合法性需在其呈交的文件中被证明,或者证明其本身或第三人于 1980 年 8 月 30 日之前在同意协定第 3 款所述区域于 1990 年 7 月 1 日之前对该动植物已经进行了占有。[2]不具备必要的证据或者必要的证明的动物或植物可被基于州法的主管部门进行征收。

(2)[1]进一步的内容由联邦环保主管部委通过行政法规予以规定。[2]在根据第 1 句的行政法规中,针对私益领域对于证据义务,或者通过证明义务来替代证据义务,可批准例外情形,当所涉人员因证据义务而遭受过度的负担时。

第 301 条　一般行政规定

[1]联邦环保主管部委与联邦经济主管部委取得意见一致并获得联邦参议院的批准,可以颁布对实行欧共体有关物种保护、有关本小节或依照本节所制定之行政法规的法律文件所必要的一般行政规定。[2]当一般行政规定是针对联邦部门所制定时,则不需要参议院批准。

第五节　森林保护

第一小节　一般规定

第 302 条　保护森林的目标

森林应因以下功能而予以保护，并在必要时予以促进：

1. 其对于环境的意义，特别是对于生态系统的功能性、气候、生物多样性、水资源、空气净化、土壤肥力以及景观而言(保护功能)；

2. 民众在森林中的环境友好型休闲娱乐(休闲功能)；

3. 经济效益(应用功能)。

第 303 条　概念界定

根据本节立法目的，特规定如下术语：

1. 国有森林：指的是专属于联邦或者各州的森林，以及各州与其他州共同拥有的森林，只要该森林基于州法的规定被视作国有森林；

2. 共有森林：指的是森林专属于乡镇、乡镇联合体、行政联盟、其他集体、机构以及基于公法的基金；当依照州法的规定不被视作共有森林时，宗教团体及其机构治树社、传统林业济合作社(如自治联盟、栎树林合作社、标识合作社、农庄)以及其他社区(社区森林)拥有的森林被排除在外。

3. 森林占有人：指的是森林所有人以及有权使用人，当其是森林的直接占有人时。

第 304 条　森林的经营

[1]森林应在森林保护的目标范围内有序持续地加以经营。[2]通过州法应规定，所有森林持有人负有义务，在合适的期限内对被砍伐光秃的森林区域以及稀疏的森林部分：

1. 进行重建，或者

2. 对不完整的林区部位进行补充。

只要由此可以对生态系统的功能性产生有益的影响；但当转换成其他应用方式被许可或被特别批准时，该行为不适用。

第305条　联邦及各州对森林的经营

(1)[1]属于联邦财产的国有森林应优先履行基于第302条的森林的保护功能和休闲娱乐功能。[2]联邦国有森林的经营通过行政法规制定相关要求,其可以以第332条第2款中环境友好型林业的良好专业实践为出发点。

(2)各州基于第1款的应用,应对其财产中的国有森林以及集体所有森林,颁布相应的经营规定。

(3)第1款及第2款不得违反:

1. 在基础层面上符合规划的已确立的目标的履行;

2. 有序的国家建设发展的要求,以及

3. 信托法第1条第1款所述私有化委托。

第306条　联邦森林普查清点

(1)[1]联邦森林普查清点指的是在联邦整体领土上以抽检为基础进行的大范围普查清点。[2]普查清点应当对森林的大范围状态进行全局概览,并提交森林可能产出的经济效用。[3]对此,必要的测量和描述应根据统一程序进行。[3]各州应提供第3句中提及的基础数据;联邦林业主管部委与其共同整理评估。

(2)被委托进行联邦森林普查清点准备及执行的人,有权为履行委托而进入相关土地,以及在某一土地上执行必要的普查清点工作。

(3)联邦林业主管部委有权通过行政法规来确定联邦森林普查清点的时间点,并对第1款中的抽检程序及被查明的基础数据颁布进一步的规定。

第二小节　森 林 养 护

第307条　森林总体规划的目的

(1)森林总体规划旨在保障基于第302条的森林功能。

(2)森林总体规划与自然养护规划相互协调。

(3)[1]森林主管部门应在所有会对基于第302条的森林功能产生影响的规划和措施中,对森林总体规划的内容予以注意。[2]各州可颁布进一步的规定。

(4)森林总体规划中有空间意义的要求和措施应与各州区域规划规定的其他有空间意义的规划和措施在《国土空间规划法》第5条第1款第1句、第2句和第3款所述项目或规划予以衡量。

第 308 条　森林总体规划的基本原则

森林总体规划应坚持如下基本原则：

1. 根据其区域和空间上的划分对森林进行保护或塑造，使其对生态系统的功能性尽可能地产生有益影响，面对自然和人为的危险具有保护作用，且尽可能继续供民众休闲娱乐。

2. 森林的重建应使其相应的功能持续地保障事实上的需求。

3. 某一区域里，森林的保护和休闲娱乐功能占了很大的比重，则森林应为了保护及休闲娱乐的目的，在相应的空间范围和结构上，在考虑经济利益的基础上被安排。

4. 当其他需求不具有优先级时，应在合适的地点实现有序且持续的木材生产。

5. 在森林所占比重很高的区域内，应有足够的地面从植树造林中被排除。

6. 当不同的土地占有人的有限的土地面积或分散的农田与合理的林业土地利用相对立时，应当组成林业联合会，并在必要时，争取组成土地联合会。

第 309 条　森林总体规划的种类和内容

（1）基于州法的主管部门，应对单个的森林区域、土地或其组成部分，制定森林总体规划。

（2）森林总体规划应对现有的森林以及争取达到的状态下的森林，以及涉及基于第 302 条的森林功能的要求及措施，以文字和图标的形式为规划区域而制定，并附带相联系的说明。

第 310 条　制定程序

[1]在森林总体规划的制定中，被涉及利益的公共利益的承担者应及时进行报告。[2]当根据特别规定某一特别形式的参与未被提及时，应对此进行表态。[3]这也相应适用于参与的森林占有人和土地占有人，及其联合会。

第 311 条　森林开发

（1）[1]根据基于州法的主管部门批准后，森林才可以被开垦和被改为进行其他的利用。[2]在对改造申请进行决定时，森林占有人的权利、义务以及经济利益，和公共利益之间应当相互衡量协调。[3]当森林保护在公共利益之中十分重要时，许可应被拒绝，特别是当森林对于生态系统的功能性、居民的休闲娱乐或者林业生产都具有重大意义时。

（2）第 260 条至第 266 条、第 269 条、第 281 条至第 285 条不发生改变。

（3）对森林的改造也可以在特定的时间范围内予以许可；通过决定可确立

土地在适当的期限内有序地进行重新植树造林。

(4)[1]基于第1款至第3款的决定,应与自然保护及风景养护主管部门的意见相一致。[2]当未获得一致意见时,则由共同上级部门作出决定。

(5)[1]超过5公顷范围的改造,应通过基于第81条第2款第4项的立项批准。[2]此外,许可程序由各州予以规定。

(6)各州可以对改造作出以下规定:

1. 不需要基于第1款的许可,当该森林区域基于另一公法上的规定而被有效地确定了某一其他应用方式时;

2. 需承受另外的限制,或者,特别是针对保护和休闲娱乐的森林,对其进行否决。

(7)第1款至第3款的规定相应适用于林间道路的开辟,以及森林草地的修建、重建和特殊清除;各州对许可程序予以规定。

第312条　首次造林

(1)[1]在土地上进行首次造林,需获得基于州法的主管部门的许可。[2]该许可可以被否决,当空间秩序及土地规划的要求与森林建造相对立,且该要求无法通过命令被满足时。[3]第311条第1款第2句、第2款、第4款及第5款相应适用。

(2)各州可规定,首次造林应:

1. 不需要获得许可,当该森林区域基于另一公法上的规定而被有效地确定了进行森林建造时。

2. 对其进行进一步限制或进行否决。

第三小节　受特殊保护的森林

第313条　受保护森林

(1)[1]森林被描述成保护性森林,当其可对于防御或者阻止对环境的危险,或者防御或者阻止对人类的危险、显著危害和显著污染所必需的特定的森林措施予以实行或停止时。[2]对于保护性森林的说明也考虑到了森林对于排污、水和风的侵蚀、干旱、降水和雪崩造成的有害的冲刷的保护作用。[3]第271条至第278条、第394条第1款第3项、第346条以及《联邦长途公路法》第10条,不发生改变。

(2)当其基于州法的规定已经直接获得保护性森林的特质时,则不再需要根据第1款进行有关保护性森林的说明。

(3)[1]在已被确定的保护性森林里进行砍伐或者进行具有同样后果的稀疏型采伐需获得基于州法的主管部门的许可。[2]当该命令对于森林的恢复功能有必要时,该许可可以与命令相结合。[3]该决定应与自然保护及景观养护主管部门意见相一致。[4]当未能取得一致意见时,则由共同上级部门作出决定。

(4)[1]进一步事项由各州予以规定。[2]各州可通过进一步的规定赋予森林占有人义务,在保护性森林里实行或者禁止特定的措施。

第314条　休闲娱乐用森林

(1)森林可被定性为休闲娱乐林,当其可以促进公共利益,森林区域以休闲娱乐为目的予以保护、养护或者构造。

(2)[1]各州可予以进一步规定。[2]各州可对娱乐性森林作出如下特别规定:

1. 森林经营的方式和范围;

2. 狩猎的限制性规定,以保护进入森林的游客猎制;

3. 森林占有人的义务,道路、长椅、隐蔽所以及类似设施和装备的建造和设立,或者容忍对产生干扰的设施和装备的清除;

4. 进入森林的游客行为。

第315条　州法上的补充

各州可规定其他受保护的森林类型。

第四小节　共同规定

第316条　森林功能的保障

在制定有关森林所需要或者对森林产生影响的规划和措施时,公共项目开发者应:

1. 对基于第302条的森林的功能进行合适的考虑;

2. 当其他的参与形式并未被规定时,森林主管部门应在对规划和措施进行准备时进行汇报与表态。

第317条　一般性行政规定

联邦森林主管部委基于联邦参议院的同意,针对执行第306条的规定,可颁布必要的一般性行政规定。

第六节　征收、赔偿以及困难补贴

第 318 条　征收

针对以自然保护及景观养护为目的的征收,各州可颁布相关规定。

第 319 条　特别的财产限制

基于财产的环境义务,当自然保护及风景养护的措施导致了不合理的财产损失时,各州应对此予以补偿。

第 320 条　其他限制

通过自然保护及风景养护的措施,对财产所有人或者特定的使用权人造成了经济上的不利影响,该不利影响对于所涉人员意味着特殊的困难,且基于第 319 条没有相应的赔偿,各州可预先制定合适的补偿规定。

第七节　共 同 规 定

第 321 条　有关部门和公共机关的任务

(1)[1]当无其他规定,本章的执行,以及本章范围内和以本章为基础所颁布的规定的执行,由自然保护及风景养护主管部门负责。[2]这并不适用于森林保护。

(2)[1]其他部门以及公共机构,应在其管辖范围内对自然保护及风景养护的目标实现予以支持。[2]其在涉及自然保护及风景养护的利益的公共规划和措施的准备阶段,应向自然保护和景观养护主管部门报告并且进行表态,当其他形式的参与未被规定时。

(3)基于第 2 款第 2 句的参与也相应适用于自然保护和景观养护主管部门,当自然保护和景观养护的规划和措施涉及其他部门的任务范围时。

第 322 条　解除

(1)[1]本章中的命令和禁令,以及以本章为基础所颁布的规定,都可依申请而被解除,当

1. 在个别情况下规定的执行

a)导致了意料之外的困难,以及对自然保护及风景养护的利益的偏离;或者

b)对自然和景观造成损害；

2. 基于公共利益的重大理由需要进行解除；第 247 条第 2 款、第 269 条第 2 款以及第 283 条第 1 款不发生改变。

[2]第 286 条规定的对保护区有意义的规划不能被解除，其当涉及建筑规划、《基于〈建筑法典〉的措施法》第 4 条第 2a 款以及第 7 条的规章，或者涉及这些规划和规章的适用范围内的立项时。

(2)[1]解除应由自然保护及景观养护主管部门进行批准。[2]基于其他规定的许可可替代解除，第 263 条第 1 款及第 3 款相应适用。[3]各州在相应适用第 2 句，应与主管自然保护和景观养护的部门就依照本章所制定的规定所规制的替代解除的官方许可进行合作。

第 323 条　行政违法

(1)行政违法指的是，故意或者过失地

1. 违反基于第 296 条第 1 款的行政法规，只要其为特定行为规定罚款的；

2. 违反欧共体第 338/97 号条例第 4 条第 1 款第 1 句、第 2 款第 1 句或者第 5 条第 1 款，以其中提及的方式将标本进口、出口或者再出口；

3. 违反欧共体第 338/97 号条例第 8 条第 1 款或者第 5 款，以其中所提及的方式对标本进行买卖、获取、提供买卖渠道、为出售而储备或者运输、为商业目的而展示或者进行其他利用；

4. 违反欧共体第 338/97 号条例第 9 条第 5 款，在进入欧共体、离开欧共体或者在欧共体内部运输时，或者在途经欧共体时或在有必要的转运中进行短暂的保管时，对于活的动物，未进行适当的准备以尽可能地排除伤害、健康损害或者虐待的危险；

5. 违反 1991 年 11 月 4 日颁布的欧洲理事会有关禁止在欧共体区域内使用圆形捕捉器的第 3254/91 号条例第 2 条，以及禁止从基于当时适用的文件可以使用圆形捕捉器或者不适用国际人道捕猎规定的相应捕猎方法的国家进口来自特定野生动物物种的皮毛和商品；或者

6. 违反第 3254/91/EWG 号条例第 3 条第 1 款第 1 句，将其所提及的动物物种的皮毛或者商品带入欧共体境内。

(2)行政违法还包括，故意或者过失地

1. 违反基于第 249 条涉及自然及景观的一般行为的规定，或者违反基于第 250 条第 2 款有关农林业的一般行为的规定；

2. 违反依照以下条款所制定之行政法规,只要行政法规为特定行为规定罚款的:

a)第 293 条;

b)第 297 条第 1 款;

c)第 299 条第 1 款第 2 项,或者

d)第 299 条第 2 款。

3. 违反欧共体第 338/97 号条例第 4 条第 1 款,在进口许可中或者在事后以主管部门批准的目的而使用标本时;

4. 违反欧共体第 338/97 号条例第 4 条第 3 款或者第 4 款没有进行进口登记;

5. 违反欧共体第 338/97 号条例第 7 条第 1 项 b,以及第 4 条及第 5 条,对未取得必要的证书的人工繁殖的植物进行进出口活动;

6. 违反欧共体第 338/97 号条例第 7 条第 2 项 b,对其所提及的物种的标本,在未取得相关出口文件时,在欧共体进行过境运输;

7. 违反基于欧共体第 338/97 号条例第 11 条第 3 款的许可和证书中所包含的可执行的命令;

8. 从第三国出口的,当第三国是华盛顿公约的缔约国,且未取得基于该公约的许可或者证书,或者没有已存在的文件作为相关证据,而本向欧共体境内进口标本。

(3)第 1 款所指行政违法可处以 100 万德国马克以下罚款,第 2 款所指行政违法可处以 10 万德国马克以下罚款。

(4)[1]涉及第 1 款或第 2 款的行政违法的,或者在行政违法的实施或准备中使用过的或者已被确认的物品,可予以没收。[2]《行政处罚法》第 23 条亦予适用。

(5)基于《行政处罚法》第 36 条第 1 款第 1 项,行政机关

1. 在以下情况中,指的是主管自然保护的联邦部门

a)第 1 款第 1 项、第 3 项以及第 4 项中,通过违法行为向欧共体进口,出口或者在欧共体过境的情况;

b)第 1 款第 2 项和第 6 项的情况;

2. 在第 2 款第 2 项 c 以及第 4 项的情况下,指的是主管海关部门;

3. 此外的情况下,指的是基于州法的主管部门。

第 324 条　通过税务部门的调查

[1]行政主管部门应根据本章对有关动植物进出口的行政违法,通过海关行政

部门进行调查。[2]1961年4月28日颁布的《对外贸易法》第37条第2款至第5款相应适用。

第325条 有关各州立法的条款

[1]本章所述规定为州立法的框架性规定，具有第3句和第4句所指例外。[2]在本法生效的基础上，各州在三年内颁布对于本法的确认或者对现存的规定予以适用。[3]第246条第2款第2句、第248条至第250条、第259条第2款、第263条第3款、第273条第2款、第274条第2款、第279条第1款及第6款、第280条、第284条第4款、第289条及第290条、第293条、第295条第3款、第296条及第297条、第299条至第301条、第305条第1款、第306条、第311条第5款，以及第312条第1款第3句、第316条及第317条、第321条第2款及第3款、第322条第1款以及第2款第1句及第2句、第323条及第324条应直接进行适用。[4]当基于建筑规划，基于《建筑法典措施法》第4条第2款a以及第7条的规章，以及基于在这些规划和规章范围内的立项时，应对第265条及第266条、第269条第4款、第285条进行直接适用。[5]当国有森林涉及国家财产时，对第305条第3款也直接适用。

第十章　土 壤 保 护

（第 326～354 条）

第一节　一 般 规 定

第 326 条　目的

[1]本章的目的是在考虑到土壤的利用功能同时，保持和恢复土壤的自然功能。[2]本章还致力于促进农业和林业的可持续发展，以及作为对《联邦矿业法》的补充，致力于实现《联邦矿业法》第 3 条第 1 款意义上的矿产开采中和停产后的环境保护。

第 327 条　概念界定

（1）本法典意义上的土壤，是指在其上面可建造的和不可建造的地球表面，包括土壤中的气体的和流体的组成部分（土壤空气和土壤溶液）以及流动或静止水体的底土。

（2）在本章中，

1. 土壤自然功能，是指土壤：

a）作为为人类、动物、植物以及土壤有机物提供生存条件和生存空间的意义，

b）作为生态系统的组成部分的意义，特别是水循环和养分循环，

c）基于其过滤、缓冲和物质转换的特性，作为对物质作用的降解、中和及建造媒质的意义，特别是其对于地下水的保护；

2. 土壤使用功能是指土壤的如下意义：

a）作为自然或文化历史的档案储存，

b）作为原料储存场所，

c)作为农业和林业使用场所，

d)作为居住和休闲娱乐场地，

e)作为经济性使用、交通运输、供给和处置场所；

3. 土壤损害：对土壤物理的、化学的或生物的性质特征的改变，由此须担心此类改变会丧失或者显著、持续地损害土壤的自然功能；

4. 土壤污染：对土壤的物理、化学或生物性质的改变，导致丧失或者显著或持续地受到损害第 326 条第 1 句规定的土壤功能，由此对环境或者人类造成危险，个人或公众受到其显著不利和重大影响；

5. 受污染场地：已关停设施或已终止的经营行为导致的土壤污染或水体污染，在此处堆放、储存、运输、加工或以其他方式处理过对土壤或水体危害物质的；

6. 疑似污染场地：由于关停设施或在经营终止后存在土壤污染担忧的区域；

7. 修复措施：清除污染物或进行防护的措施；

8. 清除污染：消除对土壤的物质污染或者减轻污染到一定程度，使其不再造成对环境或居民的危险、对个人或大众的显著不利或重大干扰；

9. 防护措施：通过隔离污染或其他措施，防止污染引起对环境或居民的危险、对个人或大众的显著不利或重大干扰；

10. 土壤复垦措施：是指通过此类措施使区域得以恢复，在考虑到当前允许的或规划法上将来计划的用途下，使土壤自然功能得以满足；

11. 农林业利用：凭土壤的自然功能而进行使用的农业和林业活动以及土壤的任何其他非建造性用途。

第 328 条　原则

(1)处置土壤应当节约和珍惜。

(2)表层土应保持效用状态，防止破坏和流失。

(3)[1]在建造项目和其他项目中，应当将地面硬化的规模限制在必要范围之内；对已经硬化的或者以其他方式造成土壤自然功能已经受损的区域优先予以考虑利用。[2]允许以特定方式将土地用于建造使用的法规，不受影响。

(4)对于不再利用或不再用于建筑的或硬化的区域，当其将来许可的使用也不须建造或硬化的，应予以复原或复垦。

(5)[1]在农林业利用中，必须尽可能避免对环境造成风险，特别是土壤侵蚀、土壤压实、腐殖质含量的降低和可能影响土壤功能的物质输入等。[2]必须保持和促进生物活性、肥沃程度和土壤效能。[3]农业和林业也应当帮助保持和恢复土壤的自然功能。

(6)[1]矿产资源及其储存地应予以保护,并尽可能为后代的使用而作保留(可持续发展)。[2]只有无法以其他方式在合理条件下满足需求时才可予以开采;即使在此情况下,也应考虑原料是否可以从可回收材料中获得或者使用其他原料代替。

第329条　基本义务

(1)[1]每个人都必须遵守如下义务:

1. 不能导致土壤污染的发生,

2. 防止可避免的土壤损害,将不可避免的土壤损害限制在最小规模,

3. 在利用地产或进行其他活动时应预防土壤侵害和土壤污染。[2]不可避免的土壤侵害是指,不发生土壤侵害,则法律允许的土地利用或从事其他法律许可的活动将无法进行,或者与土壤侵害相关联的建设项目在衡量包括土壤保护要求在内的所有利益下进行。

(2)耕作使用应当进行环境友好型操作,尤其是需注意:

1. 根据第332条规定的良好专业实践准则,

2. 禁止使用或者限制使用农药和化肥。

第330条　土壤状况值的确定

[1]为实现第326条第1句所述的目的,可根据第11条以行政法规就土壤状况值进行以下规定:

1. 在超过相应的土壤状态标准时被视为土壤污染的,并有必要依第339条、第343条、第346条、第347条和第351条的规定采取措施的(行动值),

2. 在超过相应土壤状态标准时,为确定土壤污染,应进行个案评估,且由官方正式对存在土壤污染作出确认(评估值),

3. 在超过相应的土壤状态标准时视为土壤侵害的(预防值)。

[2]第1句所述土壤状态标准应在考虑到土壤情形,包括先前污染、个别物质的影响、潜在受影响的保护对象以及不同的土壤利用类型下,予以确定;必须考虑到多种污染物共同出现和总体污染的情况。[3]与第1句所述土壤状态估值一起,还应确定查明这些数值的程序(检测程序)、取样和处理样品的要求以及分析方法。

第331条　管辖权限

(1)[1]对需经批准的或行政部门其他许可的设施和事务,应在许可程序中审

查其是否满足本章中的或依据本章制定的行政法规中规定的义务，而予以决定。[2]在许可后，由负责后续命令的主管部门作出决定。[3]当危险迫近则可不适用通常程序的，此类决定应与土壤保护主管部门协商进行。

(2)对于不需经批准的或者其他部门许可的设施和事务，由负责土壤保护的主管部门对履行本章或依据本章制定的行政法规规定的义务作出要求。

第二节　农林业利用

第332条　良好专业实践规则

(1)为实现环境友好型农林业利用，良好的专业实践主要是指：

1. 应尽可能少地改变土壤自然特征和对水、空气、动植物及其群落生境和文化、休闲娱乐景观的不利影响，

2. 在考虑气候条件下因地制宜地经营，尽可能避免土壤侵蚀、土壤板结和腐殖质含量的降低，并保持和促进土壤的生物活性和适宜的土壤结构，

3. 通过合理的作物轮作，保持和促进土壤的生物活性，

4. 维护或恢复景观的自然结构要素，特别是树篱、灌木丛、土埂，梯度和草坪，

5. 尽可能避免对水体，特别是对用于饮用水供应的地下水或地表水，造成风险或危险，

6. 尽可能少地使用农药和肥料，

7. 尊重植被综合保护的原则，

8. 只要不会因此产生不可预估的经济上不利，尽可能施用如植物和土壤所需要的有限的肥料、土壤辅助剂、栽培基质或农药，

9. 尽可能少地排放温室气体，特别是二氧化氮。

(2)行政法规可进一步规定和补充依第1款第1项至第5项和第9项的良好专业实践的规则。

(3)对此负责的咨询机构在其指导活动中，应当传授农业和林业方面的良好专业实践。

第333条　使用农药

(1)[1]农药须经许可，并满足以下条件，才允许施用：

1. 在许可确定的和在使用说明书中指明的使用范围内,

2. 按照其中指明的施用规定。[2]未经许可的农药只有在依第 629 条第 2 款第 1 句第 2 项和第 3 项被批准进行市场流通时,才能使用;对其使用相应适用第 1 句。[3]第 636 条第 3 款不受影响。

(2)[1]只要使用者应当考虑到在特定情况下使用农药会对人类和动物的健康或地下水造成有害影响,或对其他环境媒介造成严重有害影响,就不允许使用农药。[2]以下情况也不允许使用农药:

1. 位于地表水体和沿海水域或直接相邻,或者

2. 处于按照州法律规定的水体临岸带。[3]当与重大公共利益,特别是物种多样性保护不冲突时,第 2 句规定的使用禁止可依据行政法规对特定情形作出例外许可。[4]依第 3 句制定的行政法规或州法律超出第 1 句和第 2 句规定的,不受影响。

(3)[1]使用农药的良好专业实践的规则可通过行政法规予以具体规定或补充。[2]同时,行政法规尤其可对以下行为予以禁止、限制或须经许可或报告作出规定:

1. 对使用

a)特定的农药或者含特定物质的农药,

b)需要应用特别的器械或程序的农药,

2. 对种植特定植物品种,其土壤需要经特定农药处理,以及使用特定的当地传统的植物或植物制品,

3. 向使用者出售属于第 1 项 a 规定下的农药,

4. 对含有农药或者附着有农药的植物种子、种植材料或者培养基质的市场流通,也可规定由许可部门作出许可向其告知。[3]第 2 句第 1 项不适用于依第 632 条、第 634 条和第 635 条或第 638 条已许可的农药。[4]当限制使用第 2 句第 1 项规定的农药,可规定和禁止特定的使用目的、方式、时间、地点和使用方法,以及规定使用量和使用后的等待时间。[5]由依第 2 句第 1 项 b 和第 2 项的行政法规而制定的细化的各州规定,不受影响。

第 334 条　肥料的使用

(1)只要使用者应当预见,在特定情形下,使用肥料对人群和动物健康、土壤肥力或者地下水有不利影响,或者对其他环境媒介有重大不利影响,则不得使用肥料、土壤助剂、培养基质和农药。

(2)施用肥料的良好专业实践规则,可以通过行政法规予以具体规定和补充。行政法规尤其可规定:

1. 确定经济肥料和次生原料肥料中营养成分撒播的土地面积上限,

2. 为确定土壤中的营养成分,制定履行土壤监测义务的规则,

3. 考虑到经济肥料和次生原料肥料中的有害物质,对其营养成分的使用:

a)进行限制或禁止,特别是根据肥料和原有土壤中根据不同标准的有害物质的含量、土壤的种类和特性、农林业经营的规模、畜牧业规模,可供面积及其使用情况、使用方式和时间以及自然的场地条件,

b)与拟使用肥料的检查、遵守特定的质量要求、这些物质的预处理措施以及土壤或其他适当措施的调查并相关联。

第 335 条　促进生态农业耕作

(1)[1]主管部门应促进生态耕作。[2]生态耕作是一种经营方式,能够

1. 保持土壤的肥沃程度和生物活性,特别是通过使用豆科植物、绿肥植物或深根作物进行适当作物轮作,并通过利用从生态耕作中获得的有机物质;在作物的营养需求或土壤耕作准备仅依照第 1 句前半句所指的方法无法满足时,则可补充使用其他有机肥或矿物肥料,

2. 防治虫害、病害和杂草,特别是应选择适当的品种、进行适当的作物轮作、机械耕作、去除野草幼苗以及通过创造有利条件保护益虫;只有在作物受到直接威胁时,才可使用农药。

(2)可通过行政法规,对生态耕作的其他要求和促进生态耕作的措施予以规定。

第 336 条　氮费(税)

(1)[1]对矿物氮肥的使用征收一种根据第 190 条第 1 款的费(税)。[2]被视作使用的有:

1. 提供处置途径,除此之外氮费(税)向制造者征收,

2. 进口,

3. 因自主消费需求而生产。

[3]当氮肥用于在国内施肥以外的目的时不征收氮费(税)。[4]通过行政法规可对出于其他目的的利用和为此须提供证明的前提条件,予以规定。

(2)[1]有氮费(税)缴税义务的有:

1. 第 1 条第 2 句第 1 款所规定的有处置权的人和制造者,

2. 第 1 条第 2 句第 2 款所规定的进口者,

3. 第 1 条第 2 句第 3 款所规定的制造者。

[2]在最终消费者的发票上,应分别和清晰标识氮费(税)。

(3)[1]第 193 条规定的说明应至少包含氮肥的商业标识、以千克为单位的数量及其含氮量。[2]主管部门可以抽样检查缴税人所作的具体说明,特别是含氮量。

(4)[1]征收净额应以纯氮(N)的千克量计算。[2]税率分为四档:

- ××德国马克起,
- ××德国马克起,
- ××德国马克起,
- ××德国马克起。

(5)所征得税收应针对性地用于促进对环境无害的农林业利用的措施,特别是:

1. 促进无化肥和农药和扩展措施以及有机耕作;

2. 农业和食品科学领域的研究和开发,以改善环境友好的生产和经营方式以及维持或提高生物资源的质量;

3. 向农林经营者宣传和咨询关于生态生产和经营方式。

第三节　矿 产 开 采

第 337 条　基本义务

(1)开采和加工矿产资源或依照《联邦矿业法》建设和运营设施或装备的,负有如下义务:

1. 防止可避免的环境损害,尽可能补偿不可避免的环境破坏,

2. 避免产生对人类的危险,

3. 采取针对环境和人类风险的预防措施,

4. 在采矿作业完成后进行区域复垦,并使区域恢复到至少等同于其原始状态的状况;自然保护法中的侵害规定(本法典第 260 条至第 266 条)的不受影响;在制定补偿和赔偿措施时,必须适当考虑之后的复垦工作。

(2)对于属于根据《联邦矿业法》的规划义务的建设项目,《联邦矿业法》第

55 条不受影响；履行第 1 款所述基本义务是《联邦矿业法》第 48 条第 2 款第 1 句意义上的更高层级的公共利益。

第 338 条　采矿需求量和位置规划

(1)[1]为满足长期开采需要，应当由国家编制开采矿产资源地的规划。[2]必须平衡公共和私人利益的合作和对立的相互关系。[3]各州可以决定将此规划作为州规划或地区规划予以制定。

(2)[1]规划应对矿产资源、开采限度、可能的作业面积和可预见的矿产资源开采期限作出说明。[2]此外，还须对考虑采取第 337 条第 1 款第 4 项规定的复垦措施和以实行的预期的时间框架，进行说明。

(3)乡镇社区在建设规划中部门相应的说明和规定的职权，不受影响。

(4)[1]依申请，第 1 款所述规划或建设主导规划的编制应以相应的说明和规定形式作出决定。[2]可由审查区域范围内的土地所有权人，针对那些计划申请矿产开采权的人，提出无主矿产的申请。[3]申请书应附有能够对其需求进行评估的文件。

(5)根据《联邦矿业法》第 9 条对在开采的无主矿产资源特许，只有在该地区在依第 1 款规划或建设主导规划中明确指出时，才可授予。

第四节　监测土壤特征和避免土壤损害

第 339 条　主管部门的任务

(1)[1]主管部门应致力于督促第 329 条、第 332 条至第 334 条和第 337 条规定的义务得以履行。[2]只要存在土壤损害或土壤污染迹象，主管部门应作出并安排必要的调查。[3]主管部门尤其需要与负责自然保护和景观维护以及地下水的部门达成一致。

(2)[1]主管部门应采取必要措施记录、调查和评估土壤污染和疑似土壤污染的地区。[2]行政部门、法院和其他公共机构有义务就此方面向主管部门提供其所掌握的资料。[3]以此为目的允许提供个人相关数据和其他信息；对此适用《联邦数据保护法》。

(3)主管部门应当对土壤损害以及土壤污染和疑似土壤污染的区域进行监测。

(4)[1]用于国防或联邦边防为目的的土地，联邦应采取必要措施履行本章规定的义务。[2]联邦应与负责土壤保护的主管部门合作。[3]只有当联邦允许时，土壤监测措施才予实行;由联邦承担监测费用。[4]即使考虑到国防任务,当执行监测措施有利于公共利益时,联邦应允许监测。[5]为了履行本章规定的义务,用于规制其他国家军事用地和执行军事任务的国际条约不受影响。

第 340 条　告知和合作义务

(1)[1]致因人及其权利继受人以及土地所有权人和土地的事实占有人(土地占有人)有义务,将其所知的土壤损害或土壤污染,或有可能导致或已经引起土壤侵害或土壤污染的情形,及时告知主管部门。[2]当土壤损害或土壤污染是由意外事件导致,则有义务告知直接受事件影响的人。[3]在储存或堆放物质中,或者在施工过程、施工调查、挖掘或其他类似活动中发觉土壤损害、土壤污染或可能导致土壤损害或土壤污染的情况时,工作执行人、工作委派人或监视人有义务,将其所获知的情况及时告知主管部门。

(2)[1]第 1 条第 1 句和第 3 句所指人员有义务对土壤侵害和土壤污染以及疑似污染地区的官方了解、调查和评估,予以合作,并提供为实现任务所必要的技术帮助。[2]特别是有义务告知所有情况和提供向主管部门履行任务所需的材料。[3]义务人本身或者在《民事诉讼法》第 383 条第 1 款第 1 项至第 3 项规定的人有刑事调查或因违反《行政处罚法》而造成刑事后果的,不适用本条。

第 341 条　报告义务

将可能引起土壤损害的需治理和处理的土壤,倾倒于地面、用以建造或加工到土壤中的人士,有义务在治理开始的至少四周之前向主管部门报告相关区域的位置、治理措施种类和使用材料,只要其他法规没有规定登记和许可。

第 342 条　土壤信息系统

(1)[1]为履行本章所列义务和支持国家和地方规划,各州应为其区划内的或为特定的地区建立和更新土壤信息系统。[2]信息系统的目的是收集、处理和使用有关土壤的物理、化学和生物学特性,土地利用以及本章规定的和为保护地下水、自然和景观而存在的使用限制的数据。[3]系统的必要组成部分特别包括永久性观测区域和土壤状况登记册。

(2)[1]土壤状况登记册应特别纳入疑似污染土壤和已确定的污染土壤。[2]受污染场地和疑似污染场地应予以特别说明和标识。

第 343 条　行政部门的职权

(1)[1]为履行第 329 条、第 332 条和第 334 条规定的义务,主管部门可以对个

别区域作出必要的规定。[2]行政部门可以

1. 规定禁止或限制特定类型的土地使用和特定物质的使用，当因此将会导致土壤疑似污染或土壤污染，

2. 当有土壤侵害或土壤污染的迹象，要求重大嫌疑致因人及其权利继受人、所有权人或者占有人，

a）实施或委托实施测量、调查和其他监测措施，并就此报告，尤其是及时告知测量和调查结果，

b）临时制止或限制特定类型的土地使用或特定物质的使用，

3. 当已经出现了土壤损害和土壤污染，则第2项中的责任人应

a）定期收集和评估样品，也对可能扩散的有害物质进行采样和评价，或者将之委托予第三人，并及时告知结果，

b）禁止或限制特定类型的土地利用或特定物质的使用，并采取其他措施防止进一步的土壤损害和土壤污染。

（2）[1]主管部门可以自行或者委托第三方执行第1款第2句第2项和第3项所规定的措施，只要第1款规定的义务人的履行或及时履行无法予以保证。[2]当措施实行人未按期实行措施时，同样适用前款。

（3）[1]第1款和第2款所述措施所产生的费用，由措施实行人承担。[2]当土壤损害和土壤污染的迹象未被证实，依第1款第2句第2项作出命令的前提不成立，则主管部门应偿付措施实行人产生的费用，对因此造成的损失承担适当的补偿。[3]当措施实行人由于违反禁令的行为，特别是不履行义务和裁定，而导致产生土壤损害或土壤疑似污染时，前一句不适用。

（4）[1]主管部门可以通过裁定规定所有权人或其他的土地使用权人有义务，启封、修复或复垦对第328条第4款所指区域，只要此是经济合理的。[2]第2款和第3款相应适用。[3]《建筑法典》第179条不受影响。

第344条　多个责任人的选择

（1）[1]当土壤损害或土壤污染的责任人多于一人时，则主管部门可以要求其中任一责任人实施全部或部分措施，或在行政机关已经实施了这些措施时，承担所产生的费用。[2]行政部门根据义务裁量作出选择；对基于不同考虑的措施，行政部门可以要求多个责任人各自负担并要求予以合作。[3]多个责任人的选择标准应优先根据因果关系决定的责任程度，以及确保通过措施以实现目的有效性；在评价责任范围时，应将权利继受人置于与其前法定权利人同列。

(2)[1]当土壤损害或土壤污染由对此须负责的不同主体在不同时期导致,只要可以划分责任,并且不影响措施难度和进度,则每个责任人只需实施对其责任部分必要的措施;费用适用第343条第3款第1句。[2]当无法划分,或责任划分会增大难度或影响进度时,适用第1款。

(3)主管部门在多名责任人中只选择了一名或其中几名要求承担费用或者采取措施时,相应适用《民法典》第421条第2款至第425条。

第345条　多名责任人之间平衡

(1)[1]多名责任人应按照其各自对土壤损害或土壤污染的致因比例关系进行分担。[2]赔偿义务适用《民法典》第426条第1款第2句和第2款。

(2)[1]赔偿的诉讼时效为3年。[2]时效的计算从措施结束开始;特别是当主管部门验收措施时,应视为措施结束。[3]当措施由主管部门实施,则时效从主管部门要求支付费用开始。[4]当索赔人在一段时间后才意识到他人的责任,则主张责任的时效从意识到之时开始。

(3)赔偿的争议由普通法院决定。

第346条　土壤保护计划

(1)[1]对于存在或疑似存在土壤损害或土壤污染的一定面积的区域,主管部门可制定土壤保护计划,以防止土壤损害或土壤污染,恢复土壤自然功能,治理或复垦土地,采取对环境或人类的风险预防措施。[2]在制定土壤保护计划时,必须考虑空间规划和区域规划的要求。[3]土壤保护计划应与对该地区或地区局部的现有和拟定的其他规划协调一致。[4]所涉及管辖地区的乡镇基层政府应参与制定。

(2)土壤保护计划应至少包括:

1. 依据第1款第1句确定其目的,

2. 现有或疑似的土壤损害或土壤污染及其原因,

3. 为实现第1项中确定的目的而需采取的措施。

(3)土壤保护计划可以包括:

1. 在特定或不特定时间或在某一时期内,禁止或限制利用土地或者使用特定物质,

2. 规定土地占有人或所有权人有义务容忍或履行土壤保护计划中的特定措施,

3. 各州法律规定的其他的说明、措施、规定或规则。

(4)[1]土壤保护计划只要对第三方具有约束力,且特别规定了第3款所述事项,则被视作行政法规。[2]各州可对制定土壤保护计划的其他事项予以规定。

(5)[1]依第3款的规定或者其他规定，地产的许可使用不合理地受到限制或者废止的，依照州法的规定给予适当的赔偿。[2]在确定赔偿的合理性、种类和范围时，应考虑所有权的环境义务。[3]对经许可使用的限制或废除，当相关人违反第329条所述义务而被要求时，或者在依据第348条所述已有土壤污染情形下作为措施实行人时，视为合理。

(6)当第329条第2款规定的环境友好的土地的农业或林业使用，依第3款的规定和规则受到禁止或限制使用、且并非由于相关人员违反第329条、第332条至第334条规定的义务而引起的，则可按照各州法律规定，对其由此措施造成的经济损失和第5款规定的不应承担的赔偿给予补偿。

第五节　土壤污染的修复和复垦

第347条　修复和复垦义务

(1)[1]土壤污染和土壤污染造成的水污染，应当在确保对环境或对气候没有严重危害且不会对居民带来危险的情况下进行修复。[2]应当在可行且成本支出与所追求结果之间比例适当的情况下予以复垦。[3]清洁后的土壤应输入到自然和自然景观中，以实现其自然功能。

(2)应优先实行清除污染的措施；当清污措施无法实现或成本支出与追求结果不成比例时，实行防护措施。

(3)[1]在履行第1款和第2款规定的义务时，必须考虑到合法的使用权益及其保护需求以及由此产生的复垦的可能性和要求。[2]水体的修复要求应遵循第十一章的规定。

(4)可通过行政法规对以下内容予以规定：

1. 关于修复和复垦义务的内容和范围的要求，特别是关于清污和防护措施的要求，

2. 处置被挖取、转移或处理后的土壤。

第348条　修复和复垦的责任人

(1)[1]以下人员应履行义务并承担依第347条规定的措施所产生的费用：

1. 土壤污染的致因者及其整体权利继受人，

2. 基于法律条例规定的应对所造成的土壤污染负责的人及其整体权利继

受人,

3. 土壤污染发生时的土地实际占有人,

4. 土壤污染发生时的土地所有权人,

5. 土地当前所有人,和

6. 土地当前占有人。[2]第1句第1项中的致因者也指当其已经知道或应当知道危险性时,仍然对造成土壤污染的其他人之行为产生特定影响的人,以及在土壤和设施不允许的情况下,仍将导致土壤污染的垃圾或者其他物质通过运输到土地上存放、堆存或运输到土地上的设施中的人。

(2)[1]当设施、设施运行或在土地上实践的其他事务在特殊情形下导致了土壤污染,那么可以推定土壤污染是通过设施、设施运行或其他实践事务而造成的。[2]第176条第1款第2句和第2款相应适用。

(3)当实行措施的费用超过了以权利继受方式取得的资产的价值,则整体权利继受人的责任应视为不存在。

(4)[1]当共同致因通过作为、容忍或者违背义务的不作为予以排除时,则第1款第1句第3项和第4项中规定的责任不存在。[2]此责任于占有或所有权终止30年后消灭。

(5)当责任人在购买土地所有权或实际转让土地时,不知道或不确定知道土壤污染或引起土壤污染的情形,且所实行的措施排斥土地私人的利用,则第1款第1句第5项和第6项所规定的责任不再存在,特别是当措施的费用超过实行措施后土地的交易价值或占有权之剩余期限的使用价值时。

(6)[1]第1款第1句第5条所规定的责任并不以《民法典》第928条意义上的所有权的终止而消灭;在所有权终止30年后责任消灭。[2]第1款第1句第5条所规定的承担费用的责任并不以地产的出售而消灭,当所有权人在土地登记册记载的所有权变更登记前已明知追索权的命令时。[3]当所有权人明知或意识到在土地上存在土壤污染,且受让人没有能力实行必要的修复和复垦措施、或承担由此的费用时,所有权人承担费用的责任不消灭;在由行政机关要求实施必要的措施后,土地的原始所有权人回购的,当受让人因缺少能力而无法实施此类措施,则应当予以接受。

(7)当有多个人有责任时,相应的适用第344条和第345条。

(8)行政机关可以在特殊情况下放弃追究责任,当土壤污染是由在土地上合法许可的设施或从事活动所导致,且责任人不知道或不应当知道存在土壤污染的可能性时。

(9)属于第1款规定的土壤污染的责任人,对在本章生效之前已产生的土壤污染,依据当时有效的法律规定而不承担修复和复垦责任或不承担费用的,则无须承担责任。

第349条　军事污染场地

(1)由于军事目的而利用,和用于制造、试验、储存、堆放、清除或使用第一次或第二次世界大战的作战武器和军事器械所导致的土壤污染和由土壤污染造成的水体污染的修复和复垦,适用第348条第1款至第6款和以下规定。

(2)[1]用于国防目的的,或由曾在德国境内驻扎的前国家军队、其他国家的武装力量,以及由德意志帝国的武装力量,或由德意志帝国委托或容忍的处理作战武器和军事器械的单位所使用过的土地,该土壤污染被推定为由于该使用所导致。[2]因个别特殊的其他情形会导致土壤污染的,不适用此种推定;第176条第1款第2句相应适用。[3]由第1句中所指单位导致的,污染视为由德意志联邦共和国导致。

(3)[1]用于制造、试验、储存堆放或者清除作战武器和军事器械的土地,其土壤污染被推定为由于该使用所导致。[2]第2款第2句相应适用。[3]德意志帝国的武装力量或行政部门所导致的污染,或其决定所导致的污染,或第二次世界大战后占领国武装力量或行政部门所导致的污染,视为由德意志联邦共和国导致。[4]当用于制造、试验、储存、堆放或者清除作战武器和军事器械的主体无法确认,或因为其他原因不能要求其作为致因人的,由德意志联邦共和国代替。

(4)因使用作战武器和军事器械所导致的土壤污染,视为德意志联邦共和国导致。

(5)[1]联邦环境保护主管部门与财政部以及在各州的确认下制定修复和复垦军事污染场地的规划。[2]其中应包括可预见的所需费用以及执行措施的顺序和时间安排。[3]该规划也可以针对个别州特别制定。[4]为实行依规划所规定的措施,对第2款至第4款所述视为德意志联邦共和国导致的土壤污染的修复和复垦所产生的费用,由该州按行政协议承担1/4。

(6)规定其他国家有义务履行措施,或者应当赔偿损失,或清偿费用的国际条约的,不受影响。

第350条　容忍义务

当土地的所有权人和占有人不是污染责任人时,则其有义务容忍土地修复和复垦措施。在必要时,他们也应配合以确保这些措施能够顺利实施。

第 351 条 行政部门的命令和措施

(1)[1]主管部门应当履行依第 347 条制定之行政法规所要求的义务。[2]主管部门可以与责任人签订公法合同;当依本章规定,责任人应当承担进一步的义务或费用时,责任人可以向主管部门作出承诺。

(2)[1]主管部门可以要求责任人提交第 132 条第 1 款所规定的修复计划,包括第 347 条所述必要措施和实施修复措施所要求的时间框架。[2]此计划还应说明已存在的污染和对须修复和复垦的土地的用途。[3]可通过行政法规对修复计划的要求作出规定。

(3)当在修复措施实施的过程中,出现主管部门在依据第 132 条第 1 款第 3 句的修复计划确认中不曾认识到的事实,或已认识到但需要进一步措施的事实,除所确认的修复计划外,主管部门可以命令附加实施此类措施。

(4)[1]依据第 1 款对责任人作出的命令和经确认的修复计划,应包括实施措施所必要的政府批准决定,计划制订除外。[2]许可决定中包括的程序性要求应当予以考虑。[3]批准决定涉及的部门应进行参与。[4]法律规定的会商合意不受影响。[5]命令颁布或修复计划批准,应通知受到计划实施影响的土地所有权人或占有人。

(5)[1]当第 348 条规定的责任人无法保证实行或及时实行措施时,主管部门可以根据第 347 条的规定自行或委托第三人实施措施。[2]当责任人在规定期限内没有执行第 1 款所规定的命令、或在规定期限内没有提交第 2 款所规定的修复计划、或没有及时实行修复计划所规定的措施时,第 1 句同样适用。[3]主管部门应当将此通知责任人;可在第 1 句的情况下给予限期,或在第 2 句的情况下给予宽限期。[4]第 1 句中情况发生时,主管部门通过行政裁定对费用依据第 348 条的规定由责任人承担。[5]第 2 句中情况发生时,主管部门应将那些不能履行或不及时履行在裁定中要求其或通过合同接受的义务的人,纳入费用承担中。[6]只有当主张这些费用的数额与必要的支出不成比例时才可以对承担费用提出异议。[7]在多个责任人间的清偿适用第 345 条第 1 款。

(6)在第 5 条第 2 款的情形下,参与实施措施的或提交或执行再开发计划的参与方,可以就其自身的参与违法性或主管部门或受其委托的第三方实施措施的违法性在费用补偿程序中提出主张。

(7)[1]对以国防或联邦边境防卫为目的的土地,由联邦政府进行恢复和复垦的必要措施。[2]第 339 条第 4 款第 2 句至第 5 句相应适用。[3]第三方对为第 1 句所提目的的使用之前产生的土地污染之责任,不受影响。

第352条　修复实施人

(1)[1]各州可作出规定,设立修复实施人或确认企业作为修复实施人。[2]修复实施人应当实施对土壤污染的收集、调查、评估和补救措施,包括依照第2款第2句的规定,受土壤保护主管部门的委托,实行复垦措施;有政府职权的修复实施人只能是公法法人和州主管机关。[3]企业只有在可靠且有能力履行委托其任务,且对其经营活动得以定期审查时,才可确认作为实施人。

(2)[1]各州可作出规定,使修复实施人有义务根据主管部门的委托实施依第1款第2句的措施。[2]各州可以确定,修复实施人有权因污染致因人、土地所有权人或其他责任人的委托和付费,而实行本章或依本章制定的行政法规所规定的措施。

(3)各州可规定,修复实施人可以使用规定作为收集、调查、评估和修复土壤污染措施包括复垦,以及为水体污染时采取此类措施的公共预算,将工作委托信托机构进行管理和经营。

(4)[1]各州创造条件,为不能确定污染责任人的土壤污染的修复提供资金,包括土壤复垦以及为对水体污染的此类措施。[2]对此,联邦依《基本法》第104a条第4款给予各州财政援助;进一步由依《联邦预算法》通过行政协议予以规定。

第353条　增值补偿

(1)[1]当依据《建筑法典》第194条,土地的交易价值由于实施本法第347条第1款所规定的措施而显著升值,使没有或没有单独承担措施费用的土地所有权人由此获得一种不合理的财产利益时,土地所有权人有义务向承担措施费用的人支付补偿金。[2]补偿费用以修复和复垦所需费用为上限。[3]补偿费用不作为土地所有权的公共支出。

(2)各州应通过详细规定以调查补偿金数额,并在考虑到合法使用权益下确定补偿金额。

第六节　行 政 违 法

第354条　行政违法

(1)行政违法,是指故意或过失

1. 违反第329条第1款第1项或第329条第1款第2项以及依据第330条

为进一步确定义务而颁布的行政法规,致使土壤污染或可避免的土壤损害,对特定行为规定罚款的,

2. 违反第 332 条第 2 款的行政法规,只要其对特定行为规定罚款的,

3. 违反第 333 条第 1 款、第 2 款、第 4 款第 1 句,使用农药的,

4. 违反依据第 333 条第 5 款或第 333 条第 5 款制定的行政法规,只要其对特定行为规定罚款的,

5. 违反依据第 334 条第 2 款所制定的行政法规或基于依据第 334 条第 2 款的行政法规而作出的执行裁定,只要其为特定行为规定罚款的,

6. 违反依据第 343 条第 1 款第 1 项至第 3 项和第 4 款作出的执行裁定的,

7. 违反依据第 351 条第 1 款第 1 句作出的执行裁定的,

8. 违反依据第 351 条第 2 款第 1 句的可执行裁定或者违反依据第 351 条第 2 款第 3 句制定的行政法规,没有、不完整或不及时制订修复框架,只要其为特定行为规定罚款的。

(2)行政违法,还指故意或过失:

1. 违反第 332 条第 1 款规定的农林业利用的,

2. 违反第 340 条第 1 款第 1 句不通知、通知不及时或不完整的,

3. 违反第 340 条第 2 句不提供信息或提供信息不及时或不完整的,

4. 违反第 341 条不告知、告知不及时或不完整的,

5. 违反第 350 条,不允许实施修复或复垦措施的。

(3)第 1 款规定的行政违法行为可处以 100 万德国马克以下罚款,第 2 款规定的行政违法行为可处以 10 万德国马克以下罚款。

(4)[1]涉及依据第 1 款第 3 项至第 6 项行政违法行为的,或者在行政违法行为实施或准备中使用过的和已被确认的物品,可予以没收。[2]《行政处罚法》第 23 条适用于此。

第十一章　水体*保护

（第 355～418 条）

第一节　一般性规定

第 355 条　目的

[1]本章旨在优先保护作为生态平衡组成部分的水体和作为可利用物的水。[2]本章也致力于保护海洋环境。

第 356 条　概念

（1）在本法典意义上的概念，

1. 水体：

a）持续或间歇在河床流动、停留或从源头自然流出的水（地表水体），

b）中等水位时，沿海基线或地表水体向海一侧边界和沿海的向海临界线之间的海洋（沿海水体），

c）沿海水体之外的海洋（公海），

d）地下水。

对不属于联邦境内水河道的地表水体之向海侧边界，由各州规定；各州也可规定，对于水管理不具重要意义的小型水体，不视为第 1 句意义上的水体，如作为疗养泉认定的泉水；对此不适用于第 175 条。

2. 污水：是指因生活的、商业的、工业的或农业的使用，或因人类的其他作用

---

* 德语的 Gewässer 它是对水（Wasser）的泛指，在我国因为有水资源、水环境和水生态之争，德语中的概念更为中性和全面，在本翻译中，水体不仅是指具体的某个湖泊与河段，更是指整个与水循环和储存相关的水生态系统。

方式,导致物理、化学或生物特征改变的水,和在干旱天气状况下汇集径流的水(脏水),以及在建筑或硬化的地表上流经的雨水;污水也包括那些只要已从水体中取出的水,尽管其有害性比在取水时并没有增加;

3. 污水处理设施:是指致力于减少或消除污水中的有害性,和为合规去除由此所产生的污泥,而进行净化处理的装置;

4. 污水清除:包括污水的收集、输送、处理、排放、渗入、滴漏和细流以及对与污水处理相关的污泥的脱水;

5. 公共水供应:包括用作一般性用途的饮用水和工业用水的获取、净化、分配和输送。

(2)[1]在本章意义上使用,是指:

1. 从地表水体中取水和引水;

2. 地表水体的蓄高和降低;

3. 从地表水体中取出固体物质,只要此行为对水体状况或对水流有影响;

4. 向地表水体投入或注入物质;

5. 向沿海水体投入或注入物质;

6. 向地下水注入物质;

7. 抽取、裸露、引出和引走地下水。[2]下列各项也视为使用:

1. 地下水的蓄高、降低和改道;

2. 其他导致水体物理、化学或生物特征有持续性的或并非不明显的不利改变之相应行为。[3]服务于扩建地表水体的行为,不视为使用。[4]只要未使用化学品且致力于维护地表水体的行为,也同样不视作使用。

第 357 条　对土地所有权的限制

土地所有权无权进行:

1. 根据本章或根据州水法需经行政许可的水体使用,

2. 地表水体的建设。

第 358 条　基本原则

(1)经营管理水体,应当

1. 保持和改善水体作为生态平衡组成部分的功能和性能,不产生可避免的不利影响,尽可能地弥补不可避免的损害,

2. 防止水体受到污染,保持和恢复水的自然自净能力,

3. 服务于公众福祉,以及在保持与公众福祉一致的情形下保障私人使用,

4. 保护公共供水不受危害，

5. 保障洪水防治，

6. 保持或创造能够长期使用的能力储备。

（2）在水事经营管理框架下的规划、决策和其他措施中，第 1 款规定的要求应当在相互间予以权衡。

第 359 条　水事 * 规划

（1）[1]为确保在生活和经济发展所必要的水事条件，应对流域或经济区域或其局部制定水管理的框架规划。[2]规划应当不断适应发展。

（2）[1]各州可以制定管理规划，在规划中依第 358 条确定水使用的管理目标和水体的特征。[2]只要为修复和长期利用用于污水排放或未满足最低质量要求的水体、以及为履行国家间协议或欧共体的强制性法律文件是必要的，各州有义务制定规划。[3]空间规划和区域规划目的，以及依第 11 条、第 369 条第 2 款和第 389 条第 2 款对水体质量的限值和参考值，都须予以考虑。

（3）[1]只要对某地表水体或其局部没有制定管理规划，当物质排放出于使用需求，且预期将对水体或水体部分的特征造成不只是不明显的不利改变时，只有当其以公共福祉为重要目的时，该物质排放才予以行政许可。[2]主要的管理目标可以从管理理念中得出，这些管理理念通常体现在水行政机关官方文件中对有关水体应当服务的使用和对各段水体予以指明的特征的规定说明，以及从数量管理和质量管理相关的所有措施。[3]第 1 句和第 2 句在同等意义上也适用于其他部门对涉及向地表水体的物质排放的项目作出的决定。[4]第 362 条不受影响。

（4）[1]水事框架规划和管理规划的内容应当通过行政规章予以确定。[2]通过行政法规确定标识水体特征的表征之原则，并对在管理规划中哪些表征是需强制执行的以及如何来调查明确这些特征，作出规定。

第 360 条　基本义务

（1）每个人都须根据具体情形采取必要的谨慎，以

1. 避免损害作为生态系统组成部分的水体，尤其是避免造成水污染或水体特征的其他不利改变，和

2. 实现基于水平衡考虑所要求的节约用水。

---

* Wassenwirtschaft 翻译成水经营管理，在一些上下文中翻译成水事。

(2)使用水体时,应保证

1. 不因使用而损害公共福祉,尤其是对环境产生危险或对公共水供应造成威胁;

2. 采取必要的预防措施,尤其是通过履行水行政机关的管理规定,防止损害环境和公共供水。

(3)任何建立或运营设施、处理物质或从事那些一旦事故发生将可能导致水污染或水巨大流失的活动的人员,都应根据危险的种类和规模采取必要的预防措施,以防止事故发生,并尽可能地限制其影响。

第二节　行政许可

第 361 条　行政许可的要求和内容

(1)只要基于本章规定或者在本章框架下颁布的州法无特殊规定的,使用水体应当经行政许可。

(2)[1]行政许可赋予一种可予撤销的、以一定目的使用水体的权益。[2]行政许可应规定一定的期限,在特殊情形下才允许超过 30 年。[3]在行政许可中应对使用种类、地点和规模进行规定;在符合水体管理目标的情况下,使用规模须限于实现使用目的所必要的范围内。

(3)[1]行政许可不赋予使用属于他人事物或处于他人占有下的土地和设施的权利。[2]行政许可也不赋予任何权利以对特定水量和质量的水产生影响。[3]行政许可不影响对水的特定数量和特征造成变化的私法权益主张。

(4)[1]当水体使用可能对环境或人类、公众福祉或第三人权利产生明显的不利影响时,水体使用应当经第 81 条第 2 款第 3 项的项目行政许可。[2]当项目的承担者提出申请,且符合以下条件时,项目行政许可才予以批准:

1. 此使用出于公共利益目的;或者

2. 没有确定的法律地位保障不能合理促使企业实施此项目。[3]可通过行政法规对哪些情形下需经项目行政许可进行进一步规定。

第 362 条　行政许可前提条件

(1)行政许可予以批准,当

1. 可确保依第 360 条规定的义务得到履行,

2. 使用不会对他人权利产生不利影响，且

3. 依水事职责机关的权衡评估，此使用

a）符合水体的管理目标，且

b）在与多个依第 361 条的行政许可申请相冲突时，比其他使用优先。

（2）第 361 条第 4 款意义上的项目行政许可，当相应使用对第三人的权利产生不利影响，只有满足以下条件才予以批准，当

1. 相关人没有提出异议，或者

2. 此使用有着对公众福祉十分重要的理由；在此情形下相关者予以赔偿；第 103 条第 3 款相应适用。

（3）[1]第三人对不利影响有权提出异议的其他情形，各州可进一步予以规定。[2]在这种情形下，第 1 款第 2 项和第 2 款第 1 项和第 2 项第 1 分句相应适用；各州可以规定，仅当预期使用的可期待效用明显超过可预期的对相关人的不利影响，且相关人能获得不利补偿的情况下，才允许批准行政许可。

第 363 条　附加条件和先期开始

对参照第 91 条中附加条件的可接受性和参照第 95 条中使用的先期开始行政许可，由各州加以规定。

第 364 条　权利和职权的平衡

[1]在权衡过程中，基于水的数量和质量不能满足所有使用者或者会对水造成损害的，和出于公众福祉所要求的，尤其是公共水供应，则依参与人申请或行政机关基于职责，可对使用行政许可、旧有权利和职权的行使类型、规模和时间予以规定或限制。[2]在权衡过程中可就补偿数额予以确定；第 103 条第 3 款相应适用。

第 365 条　行政许可的撤销

（1）[1]当第 361 条第 4 款意义上向水体投入和排放物质的，或者依第 356 条第 2 款第 2 句第 2 项水使用的项目行政许可已予批准，当预期会对公众福祉产生损害时，行政许可须予以撤销；此撤销不产生赔偿问题。[2]对于在川流式发电厂中重新引入不会有不利改变的驱动水的情况，第 1 句不予适用。

（2）第 361 条第 4 款意义上的项目行政许可，当它根据第 1 款已经不予准许时，可不予赔偿地全部或部分予以撤销，当企业

1. 已缩减其使用规模，

2. 已很大程度改变了其使用目的。

第 366 条　水事机构的后续决定

当相关人针对批准项目行政许可提起异议,且在作出决定时还不能确定不利影响是否并以何种规模发生,应当对由此而需要确定的限制条件和损害补偿保留一个后续的程序。

第 367 条　水事机关的参与

(1)[1]与水体使用相关的项目行政许可,需征求水事机关意见。[2]本款同样适用于依州法的规划制定程序。

(2)矿产法的经营规划计划使用水体的,矿产部门在批准行政许可中需要征得水事部门同意后决定。

第 368 条　行政许可和特许的延续、旧有权利和职权

(1)在本法典生效前依《水法》第 7 条已经批准的行政许可作为本章的行政许可延续有效。

(2)只要各州没有别的规定,对于在……(《水法》的最后有效日期)之前依《水法》第 15 条和补充的州法不需行政许可或特许的使用,其同样不需要行政许可。

(3)[1]旧有权利和职权的撤销相应适用第 128 条和第 365 条规定。[2]在 1976 年 10 月 1 日之前生效的法律允许的范围内,旧有权利和职权可不作赔偿予以撤销。

第三节　地 表 水 体

第一小节　经 营 管 理

第 369 条　地表水体的减少污染物排放计划和管理目标

(1)[1]联邦政府制定有关向地表水体排放有害物质总量减排计划。[2]总量减排计划应当长期和统一均衡地实施,应当对互为影响的海洋环境和地表水体的质量的风险从整体上进行适当判断;国民经济的利益应予以考虑。

(2)各州可以对所有地表水体确定水体质量的最低要求,不论各自的用途均应遵守;第 1 款的总量减排计划应予以考虑。

(3)当以多种方式使用地表水体,对个别用途规定了对水质的相同特征的不同要求,管理目标应当符合其中更为严格的要求。

第 370 条　污水排放的最低要求

(1)[1]污水向地表水体排放的行政许可,只有在废水的污染负荷尽可能低,且根据现有技术的相应方法是可行的前提下,才予以批准。[2]第 362 条不受影响。[3]通过行政法规对先进技术水平的要求进行规定。[4]还可对污水接入点或其混合前的要求予以规定。

(2)[1]当现存排放不满足第 1 款的要求时,各州应确保采取必要的措施。[2]各州可以规定,要求此类措施应当在一定期限内予以完成。[3]依第 1 款的措施,在考虑所有的承载(污染)途径和在第 83 条第 2 款第 1 句中所指的交互影响下,应不能对,比保护水体所产生的优势更重要的环境产生明显不利影响。

(3)[1]各州也须确保,在向公共污水设施排放污水时,应遵守第 1 款规定的要求。[2]第 2 款在必要时也相应适用。

第 371 条　地表水体的特别使用

[1]在第 356 条第 2 款第 2 句第 2 项意义上的使用也特别包括密集型养殖和施用粪肥、肥水或混合农肥以及密集型种植的土地使用,当由此可能引起地表水体的物理、化学或生物特性的不利变化。[2]在考虑到土壤排水的情况下,对在哪些前提条件下依第 1 句的行为作为使用,可通过行政法规进一步予以规定。

第 372 条　物质的倾倒、储放和运输

(1)[1]固体物质不允许以清除处置为目的向水体倾倒。[2]泥浆物质不属于固体物质。

(2)[1]只有当不需要担心水会受到污染、或产生物理、化学、生物特性上不利变化、或排水口的其他不利改变时,才允许在水体附近储放或堆存物质。[2]这同样适用于液体和气体通过管道进行运输的情况。[3]其他禁止性规定不受影响。

第二小节　免于行政许可的使用

第 373 条　共同使用

[1]所有人均可在根据州法允许的共同使用范围内使用水体,但涉及第三方权利冲突或所有权人及相邻权人之权能和使用的除外。[2]第 360 条不受影响。

第 374 条　所有权人和相邻权人使用

(1)[1]所有权人或经所有权人赋予相应权利的人为自己所需而使用地表水体

的,当不会对其他人造成影响、水的性质没有发生不利改变、水供应没有明显的减少或者没有产生水平衡其他不利影响的,无须行政许可。[2]第 360 条不受影响。[3]各州可不包括所有权人使用,当至今一直未对此准许。

(2)对毗邻地表水体的土地所有权人和有权使用土地的权利人(邻岸权人)以及与相邻土地接壤地块的所有权人和使用此土地的权利人(后邻岸权人),各州可规定依照第 1 款无须对使用地表水体进行行政许可。

(3)对用于航运的或者人工建造的水体,不存有第 2 款中的邻岸权人和后邻岸权人的使用。

第 375 条　作为渔业目的的使用

各州可规定出于渔业目的而向地表水体进行的物质投放无须行政许可。

第 376 条　在演习和试验中的使用

[1]为公共安全或公共秩序的危险防卫为目的而进行的演习和试验中,在以下情形下无须行政许可:

1. 使用移动设施,从地表水临时性取水和将水再排入地表水体;和

2. 临时向地表水体倾倒物质,当由此对其他人不会或仅是产生轻微影响的、水的性质没有发生不利改变的,且对水平衡不会有其他不利影响的。[2]此类项目应事先告知职责部门。

第三小节　建设、维护、洪水防治

第 377 条　水体建设

(1)[1]当与公共福祉之重要理由不冲突时,自然或近自然的水体应保持其现状。[2]当自然水体不是以近自然的方式予以建设,该水体应依第 1 句尽可能地予以恢复。

(2)[1]水体或其岸体的建立、拆除或重大改变(建设)需要依第 81 条第 3 款第 3 项的项目行政许可。[2]影响泄洪的大堤和大坝建造,等同建设适用。

(3)[1]在建设中,不允许明显改变水体自然的径流方式,应保持自然的滞洪区,应保障典型自然区域的生命共同体,应避免水体自然状况的其他不利改变,或在不得已时,应予以补偿。[2]当建设预期会导致明显和持续的、不可弥补的增加洪水危险,则行政许可不予准许。

第378条　维护

(1)[1]水体维护包括保持河道径流的正常状况,对通航水体还包括保持其适航性。[2]维护工作还需要考虑到本章目的;也应当对水事风景的景致和休闲价值予以考虑。[3]各州可颁布进一步的规定。

(2)关于维护范围的规定适用于已建水体的维护,除非在依第377条第2款程序中或者联邦或州法中有其他规定。

(3)[1]对水体维护负有义务的主体和履行此义务的方式,由各州予以规定。[2]当私人没有或没有充分履行其维护义务,应确保所需的必要的维护工作通过当地政府或者水土协会或者市政专业联合体作为维护义务人予以实施。

(4)为了确保水域的妥善维护,各州还可对邻岸权人和后邻岸权人就维护责任人的哪些行为应予以容忍,以及邻岸权人和后邻岸权人应承担哪些义务进行规定。

第379条　洪淹区

(1)对洪水淹没区或为泄洪或蓄洪所必要的区域,各州应明确划定作为洪淹区,只要是出于以下目的所必要的:

1. 保持和改善水体及其洪泛区的生态结构,

2. 防治水土流失造成的侵蚀,

3. 保持或恢复自然的蓄洪区域或者

4. 干预洪水径流。

(2)[1]对洪淹区须颁布相应法规,以确保洪水无害径流和保持自然的蓄洪区域或促使蓄洪区域的恢复。[2]当与公共福祉的重要理由相冲突,不能制定依第1句的规范时,应当及时采取必要的补偿措施。

第四节　沿海水体和公海

第一小节　沿 海 水 体

第380条　沿海水体的管理目标

(1)管理和维护沿海水体,应当考虑到海水的有限自净能力和避免富营养化。

(2)沿岸土地的经济性使用应当要考虑到沿海水体作为生态系统组成部分的功能。

第381条　污水排放的最低要求、储置和运输物质

(1)污水向沿海水体的排放,相应适用第370条第1款规定。

(2)在沿海水体附件存储和堆放物质以及通过管道输送液体和气体的,相应适用第372条第2款规定。

第382条　免予行政许可的使用

(1)各州可以规定,当沿海水体的物理、化学或生物特性没有或者仅是在微小范围内有不利改变的,在以下情形下可免于行政许可,

1. 为渔业目的而投放物质的,

2. 地下水、泉水和雨水的排入。

(2)第376条相应适用。

第二小节　在公海和沿海水体倾倒和排放固体废物

第383条　适用领域和概念界定

(1)本小节的规定适用于

1. 位于国际法认可的联邦德国专属经济区范围内公海上的船舶、飞行器、平台或其他设施,

2. 有权悬挂联邦德国旗帜或者有联邦德国国家所属标志的船舶和飞机器,

3. 已经从本法典适用范围内装载了予以倾倒的、排放的或者燃烧的固体废物的船舶和飞机器以及

4. 沿海水体。

本小节的规定不适用一般船舶、飞行器、平台或其他设施(产生)固废的倾倒、排放与燃烧(行为)。

第384条　禁止倾倒、排放或燃烧固体废物

只要在以下规定中没有特别规定的,包括但不限于船舶、飞机、平台和其他设施向公海以及沿海水体倾倒和排放固废的,以及在公海上通过燃烧设施处理固废的,应予严格禁止。

第 385 条　行政许可

（1）[1]挖掘疏浚物在公海上的倾倒和排放需经行政许可。[2]行政许可予以批准，当

1. 在陆地上的处理可能会对公共福祉有不利影响或者需要不合理的昂贵费用的，且

2. 依职责部门评估，这种倾倒或排放不会产生对海水或海底特征的不利改变、对人类健康的危害、对生物和海洋生态系统损害、对休闲娱乐功能影响或者对海洋的其他合法使用可能阻碍，予以担忧，或者可通过附以条件或约束加以防止或者能够予以补偿的。

（2）[1]不属于固体废物的其他物质在公海上的倾倒和排放，需经行政许可。[2]此行政许可仅在满足第 1 款第 2 项条件下才予准许。

（3）对在沿海水体倾倒和排放挖掘物和不属于固体废物的物质之行政许可，各州参照第 1 款和第 2 款予以规定。

第 386 条　挖掘物的倾倒和排放

[1]依第 13 条的行政法规，应对需要倾倒或排放的挖掘物特征的标准予以确定，在制定中应当考虑到第 385 条第 1 款第 2 项意义上的不利改变。[2]尤其是 1992 年 4 月 9 日《关于波罗的海区域海洋环境保护公约》第 5 附件以及通过 1972 年 2 月 15 日《防止由于船舶和飞行器倾倒而导致海洋污染的公约》第 16 条、1992 年 9 月 22 日《关于保护大西洋东北部海洋环境公约》第 10 条、1974 年 3 月 22 日《关于波罗的海区域海洋环境保护公约》第 12 条和 1992 年 4 月 9 日《关于波罗的海区域海洋环境保护公约》第 19 条所设立的委员会的决议和建议，应当予以考虑。

第 387 条　紧急避险

（1）[1]当在海上由于船舶、飞行器、平台或者其他设施的损坏或丢失导致人的生命或者船舶、飞行器、平台或者其他设施的安全受到威胁，以及危及人类生命的情形下，当倾倒和排放是防止危险威胁的唯一可能，且由倾倒和排放产生的所有可能的损害比所有其他情形下的损害更小时，不适用第 384 条至第 386 条的规定。[2]实施倾倒和排放的，应当将对环境和人类损害之可能性限于最小范围内。

（2）在第 1 款的情形下，船舶和飞行器的驾驶员或者平台或设施的安全负责的人员应该就详细状况和已倾倒或排放物质的种类和数量及时向联邦海事和

水文局报告。

第 388 条　在公海上的法律实施

(1)[1]第 385 条第 1 款和第 2 款的行政许可,由联邦海事和水文局负责。[2]在确定是否满足第 385 条第 1 款第 2 句的前提条件时,应听取联邦和州有关职责部门意见。[3]联邦海事和水文局可以为实施第 1 句委托的任务而采取必要的措施,以及监督这些措施的遵守。[4]实施倾倒计划的行政许可程序以及证明义务可以由行政法规进一步予以规定。

(2)[1]联邦执法人员依《行政强制法》和《由联邦执行公务人员履行公共权力的直接强制法》,对本小节有关在公海上清除固废的行政案件进行管理。[2]直接强制由联邦水事和航运行政部门中有水事航运警察权限的执行人员以及联邦边防和海关行政部门的强制执行人员实施;在征求联邦内务和联邦财政部的意见下,联邦交通部对与水事和航运行政部门、联邦边防和海关行政部门的合作事项,予以具体规定。

(3)[1]1965 年 3 月 24 日颁布的《在海运领域的联邦职责法》第 8 条相应适用。[2]住宅不可侵犯的基本权利(《基本法》第 13 条)在此方面受到限制。

(4)[1]基于第 1 款的行政行为予以收取费用(行政收费和工本费)。[2]收取费用由行政法规进一步规定。[3]费用的计算须涵盖与行政行为相关的人员和物品支出;在一些积极的行政处理中,可以同时适当考虑对于费用承担人的意义、经济价值或者其他利用价值。

第五节　地　下　水

第 389 条　地下水经营管理的目的

(1)[1]地下水的开采不允许长时期超过其更新速度。[2]源自地下水的当前和将来的公共水供应保障相对于地下水的其他使用具有优先地位。

(2)[1]依第 11 条通过行政法规,对下列事项进行规定:

1. 进入到地下水的以特别方式影响本章目的之物质,

2. 依第 1 项确定物质的特定数值,当其被超过时,在考虑现今或预期使用受污染的地下水资源的情形下,应当采取相应的补救措施,

3. 依第 1 项确定物质的特定数值,在考虑到需要修复的地下水资源其现今

或预期的使用情况下，在修复结束后应长期处于限值下，以及

4. 依第1项所确定物质的特定数值，那些经处理后水应予再排入地下水不允许超过的指标。[2]各州关于修复受污染地下水的其他规定不受影响。[3]各州可以规定，实施修复措施的义务人在修复措施实施前应当制订修复规划，并将其提交职责部门批准。[4]当出现第3句的修复规划时，则无需制定依第359条第2款第2句中的管理规划。

第390条　保持清洁和修复

(1)[1]禁止向地下水排放对水体有特别危害的物质；这些物质由行政法规予以规定。[2]只有当不需要担心对地下水的有害污染或者其物理、化学或生物特征的其他不利变化时，才予以批准向地下水排放其他物质。

(2)有关物质的存储和转运以及通过管网运输液体和气体的情形相应适用第372条第2款。

(3)[1]各州应确保能够依照第347条至第351条的规定实施必要措施，以修复非土壤污染造成的或者第351条命令未涉及的地下水污染。[2]只要依第351条或者依州法的措施足以修复，则无需制定第359条第2款第2句的管理规划。

第391条　地下水的特别使用

[1]第356条第2款第2句第2项意义上的使用，特别指土地的农业使用；第371条第1句相应适用。[2]在考虑到可能会产生特别的地下水危害的情形下，可通过行政法规，对将依第1句的行为应视为使用的条件进一步予以规定。

第392条　免于行政许可的使用

(1)以下抽取、裸露、引出和引走地下水的行为，无需行政许可，

1. 出于家庭自用，为农业的农庄经营和为农庄外的牲口饮水的目的，或者很小量且出于临时目的的情形，

2. 用于农业、林业或者园艺用地的一般性土地排水。

(2)各州可以原则性或者对特定区域予以规定，

1. 第1款中所提到的情形须经行政许可，

2. 除第1款中提到的目的之外，商业机构、农业、林业或者园艺用地，以小量抽取、裸露、引出和引走地下水的，无需行政许可。

第393条　地面钻掘

(1)只要出于本章目的所要求的，各州应当规定对进入土壤一定深度的钻

掘工作进行监管。

(2)当无权或者意外地连通到地下水时,考虑到水平衡的要求,可命令切断这种连通。

第六节 区域相关的水体保护

第394条 水保护区

(1)基于公众福祉需要,出于以下目的,各州可通过行政法规确定水保护区域,

1. 为防止水体在当前或将来的公共水供应利益方面受到不利影响,
2. 补给地下水,或者
3. 防治雨水的有害径流以及水土泥沙、肥料或农药的浸泡与携入。

(2)在水保护区域可以

1. 禁止一定的行为或者规定有条件限制的允许,和
2. 土地所有权人和使用权利人有义务容忍一定的措施,尤其是对水体和土地的观测、对保护规定的监控、设置围栏以及采取景观建造措施、植树绿化和造林。

(3)当第2款的行政决定对使用权规定了容忍或限制义务,在考虑到所有权的环境义务下,这些限制对所有权产生不适当损害的,对此应当依照州法的规定承担赔偿;对于依第361条第4款或者第377条第2款意义上的项目行政许可、现有权利和权力的限制,相应适用第365条规定。

(4)当第2款规定的条件会对所有权人或其他的使用权人造成经济上的不利影响,且依第3款不予以赔偿对相关人意味着一种特别的困难时,各州可以对此情形规定进行一定的补偿。

第七节 污水清除

第395条 污水清除义务和污水清除规划

(1)[1]污水处理应当不影响公众福祉。[2]产生影响尤其是指当

1. 对环境或人类造成危险或风险,
2. 自然保护、景观维护以及城市修建的利益得不到保障。

(2)[1]各州从超越地方的角度制定污水处理规划。[2]在规划中，尤其应对重要污水处理设施的位置、其来水范围、污水处理的主要特征以及污水处理措施的承担方加以规定。[3]规划制定的内容可认定具有约束力。

(3)[1]各州可规定，负有污水处理义务的公法主体和有污水处理义务的其他人所应具有的前提条件。[2]当依第2款认定为有约束力的规划指向其他承担人时，即此承担者对污水处理负有义务。[3]各州也可规定，在满足特定前提条件下，公法上的主体可以完全或部分地、有期限和可撤销地将其污水处理义务委托给第三人。

第396条　污水设施的建立与运营

(1)[1]建立与运营污水设施，应当致力于依第370条规定的对污水排放的要求得到遵守。[2]此外，只要环境法规定对此没有其他要求，污水设施的建立和运营应当适用一般认可技术标准。

(2)当现有设施不符合第1款规定时，第370条第2款相应适用。

第397条　污水处理设施的行政许可

(1)在两小时内处理超过3000公斤五日生化需氧量的有机污水或者超过1500立方米的无机污水(冷却水除外)的污水处理设施之建立、运营以及重大变更的，须经依第81条第2款第1项中的项目行政许可规定。

(2)通过行政法规，可对第1款意义上的设施建造与运营中，应当遵守依第360条所指义务予以规定。

第八节　处理危害水和土壤的物质之设施

第398条　要求

(1)[1]用于处理对水和土壤有危害的物质之设施和在不应超越工厂区域的运输这些物质的管道系统，在进行相应的建造、安装、维护和运行时，应当保证不会对水域污染、对水域造成任何其他不利物理、化学或生物条件的改变或依据第327条对土壤污染产生担忧。[2]通过行政法规，对以下内容予以规定：

1. 第1款意义上对水和土壤有害的物质，

2. 第1款意义上设施的特征以及建造、安装、维护和操作此类设施的更具体要求。[3]在依第2句的行政法规中，对水和土壤有害的物质应根据其危险性进行分级;第2句第2项的要求应当与设施的种类和功能指标以及物质的分级相一致。

(2)[1]当对于相应水体的特别保护需求或者特别保护要求是必要的,职责部门可在特定情况下对第1款的设施设定其他要求。[2]州法对于在水保护区、泉水保护区、洪淹区或者规划区域处理对水和土壤有害的物质的规定不受影响。

(3)第398条至第400条不适用于以下物质的储存、灌装、转运、生产、处理和使用:

1. 污水,

2. 超过辐射防治法放射性界限的物质。

第399条　特征确定和建造类型行政许可

(1)[1]依第398条的设施或者设施局部以及技术防范措施,仅当职责部门对其功能特征予以确定时,才准许使用。[2]当这些设施、设施局部或者技术防范措施是系列成批予以生产的,可按设计类型予以行政许可。[3]可从内容上限定、规定期限以及附带条件下批准型号的行政许可。[4]行政许可可以由生产地或引进企业的所在地职责机关予以批准。

(2)第1款第1句不适用于

1. 设施、设施局部或者技术防范措施,当

a)是简易或传统类型的,

b)根据1992年8月10日《建筑产品法》的规定或者转化实施欧共体指令的其他规定,这些指令要求遵守保护水体和土地法律之规范的,允许其进行市场流通的,并贴有欧共体标志(CE标志),这个标志证明根据这些规定允许的、且由各州确定的级别和功能水平,或者

c)根据建造法、污染防治法或者经营法方面的规定,须经行政许可或者其他适用性证明的,只要在此中水体和土地保护法律规定的要求已予以关注的;

2. 对地表水和土地有害物质

a)暂时在运输容器中存放或者短期适于运输予以置备或储存,只要容器或者包装满足公共交通运输的规定和要求的,

b)处于加工操作中的,或者

c)在实验室中对操作所必须的数量提供预备的。

第400条　义务和专业运营

(1)[1]第398条的设施只允许由专业企业进行建造、安装、变更、中止、关停和

清洁。[2]当经营者符合第4款规定条件或者是能够提供第4款第2项同等监管服务的公共机构的，经营者可以自己实施此类行为。[3]各州可以对不须由专业企业实施的行为予以规定。

(2)[1]运营方应当对第398条设施的密封性和安防设备的功能持续进行检查。[2]当有必要予以尽早发现第398条该类可能产生污染的设施，职责部门可以要求企业采取措施，对水体和土地进行观测。[3]依第401条第2款基于州法对自我监测的其他措施之规定，不受影响。

(3)[1]对依第398条设施实施填料或清空的人，应当监测此过程，并须在工作开始验证相关必需的安防设备处于正常状况。[2]在填料和清空中也应遵守设施和安防设备允许的排放限制。

(4)第1款意义上的专业运营商，是指其

1. 配备特定仪器、装备以及有专业人员，确保遵守第398条的要求，和

2. 有权持有认可的建筑工程或质量管理协会的质量标志，或者已经与技术监测机构签订监测合同，其中包括技术监测机构最长有效两年的评估。

第九节　监测和环保专员

第401条　监测义务

(1)除遵守第133条第1款第1句的义务外，还应对水体状况予以监测。

(2)各州依第133条至第142条和第148条至第150条的规定对行政机关的监测予以规定。此外还应参照第143条至第150条规定进行自我监测。

第402条　环境专职人员

(1)予以许可每天排放多于750立方米污水的水体使用者，有义务设置1名以上的环境专职人员。

(2)水行政机关可要求

1. 向水体排放污水、未依第1条规定设置环境专职人员的，

2. 向污水设施排放污水者，

3. 第398条设施的运营者，

设置1名或1名以上的环境专职人员。

第十节 水资源使用费

第一小节 污 水 费

第403条 缴费义务

(1)[1]向水体直接排放污水的人(直接排放者)应当缴纳第190条第1款意义上的费用(污水费)。[2]第1句意义上的直接排放也同样适用于向地下排放的情形;遵守第250条和第332条至第334条要求,向农业和林业使用土地范围的排放可予以排除。

(2)[1]各州可以规定,作为排放者的公法机构有缴费的义务。[2]每天排放少于8立方米的家庭或类似废水(少量排放者),有向由各州规定的公法机构的缴费义务。[3]各州规定收费的减免情形。

(3)[1]当水体中的水通过设立在其中的设施得到清洁(河流清洁设施),各州可规定,污水处理设施运营者可在确定的集水区范围内向排放者进行收费。[2]第2款第3句相应适用。

(4)没有缴费义务的有以下类别的排放:

1. 依第356条第2款第2半句的污水,

2. 向开采矿产资源过程中所生成的地表水体中排放污水,当此类水只是作为清洗由此处开采矿产来使用的,并不含除所开采物外的其他有害物质,且可以保证没有有害物质会排进其他水体,

3. 由水上运输工具产生的脏水,

4. 在3公顷面积以内封闭地面和由铁路轨道汇集的所有雨水,当其没有被公共管网接纳,以及没有被收集的雨水。

(5)各州可规定,对于污水向因其自然特征而不适合通过传统的净化程序作为饮用水水源的地下层进行排放的,没有缴费义务。

第404条 评价基础

(1)[1]计征费额由污水有害性决定。[2]有害性通过污染(危害)当量来计算。[3]对于与危害当量相应的计量单位,以及对浓度和年度总量的阀值,由行政法规进一步规定,在未超阀值时,对氧化物质、磷、氮和有机卤素化合物、金属汞、镉、铬、

镍、铅、铜及其合成物以及污水对水生物的毒性，进行有害性计算；此外，对于危害水生组织的有害物质含量和其毒性的确定程序，按照各自的先进科学与技术水平予以确定。

(2)对于河流污水设施，计征费额依在污水处理设施下游水体中的污染当量计算。

(3)各州可规定，当污水在与污水处理厂直接相关的二级过滤池进行消除时，污水的有害性不能排除。

第405条　基于行政决定书确定危害当量

(1)[1]当在本小节中没有其他特别规定，用作确定危害当量数额依据的污染物负荷应当根据行政许可排放废水决定中所确定来计算。[2]当超出第404条第1款第3句行政法规规定的个别污染物或污染物质浓度阀值，则该行政命令须至少要对危害物质或危害物组在一定时期内在污水中应予以保持的浓度、污水对水生生物的有毒性，在一定时期内应予以保持的稀释因子进行限制(监测值)，以及对年污水总量进行规定。[3]当行政决定书包含了某个危害物质或危害物组不同时期的监测值的，污水费的计算应当以最长时期的监测值为准。[4]对于河流的污水处理设施，第1句到第3句相应适用。

(2)[1]当证明在使用前从水体获取的水已存在一定污染(本底污染)，缴费义务人可依申请，对于在第404条第1款第3句中所提到的危害物质或危害物组的本底污染可不予计算。[2]这种本底污染应当根据有害物质浓度的多年平均值予以估算。[3]对于各水体或者其局部，各州可统一确定相关有害物质的平均浓度。

第406条　危害当量数额的提高

(1)[1]当依据第401条各州官方或得到官方认可机构的监测表明，依第405条第1款第2句作为征费计算基础的某个监测值在此相应期间内未能得以遵守和不视为遵守的，危害当量的数额应予以提高。[2]这种提高根据所测最高值超过监测值的百分比予以决定。[3]当监测值有1次未能得以遵守，此提高值根据百分比的一半确定，当监测值有多次未予遵守的，则依全额百分比进行确定。

(2)[1]依据第405条第1款第2句作为污水征费计算基础的监测值的行政许可行政决定书，还包括短期内的监测值或者一定时期内应遵行的污水总量或有害物质当量，当超过这些值时，这些危害当量依第1款第2句和第3句相应提高。[2]当规定的污水总量未能得以遵守，提高对于所有在行政许可行政决定书中依第405条第1款第2句中限定的监测值之危害当量数额。[3]当无论是依第1句的监测值或明确规定还是依第405条第1款第2句的监测值未能得到遵守的，危害当量数据的增加根据可适用的最高(所测的)百分比。

(3)当污水排放行政许可的行政命令没有确定监测值，并且监测结果依第404条第1款第3句颁布的行政法规中对于在命令中所提到有害物质或者危害物组作为监测值的特定浓度已经超限的，这个通过以计算阈值得出危害当量的数值相应依第1款第2句和第3句提高。

第407条　对偏离行政命令的解释

(1)[1]排放者应向职责机关申报，在征费时期内在至少不短于3个月的一定时期，其遵循一个比第405条第1款第2句在行政命令中确定的监测值更低的数值或者比所确定污水量更少的数值，此期间的危害当量的数量依照申报的数值予以认定。[2]这种偏离须至少达到20%。[3]规定其所依据情况的声明应当在要求期限前至少两周提供；第405条第2款相应适用。[4]第1句至第3句也同样适用于河流污水设施。

(2)[1]对依第1款申报的数值之遵守，应当依照对监测值进行确定的行政命令，对此偏离，应通过行政机关行政许可的测量程序予以证明；行政机关监管的测量结果应当在此测量程序评定中一并纳入考虑。[2]当不能予以证明遵守第1款所申报数值的，应依第405条危害当量的数值予以确定；其他适用第406条。

第408条　在其他情形下危害当量的查明

(1)[1] 当第405条第1款的行政命令中没有包括危害当量查明所必要的规定，排放者应当最晚在征缴时期开始前提前1个月向职责部门作出解释，在评估期间其遵守的监测值对于确定危害当量是有重要意义的。[2]当排放者没有履行依第1句的义务时，危害当量的查明根据应依据来自行政机关的监测中的最高测量结果。[3]当没有行政机关的监测值时，须由职责机关对监测值予以估算。[4]年度污水总量在查明污染当量时予以估算。[5]第405条第2款和第406条和第407条相应适用。

(2)[1]对雨水的排放和依第403条第2款第2句中少量排放的危害当量的计算，由各州加以规定。[2]各州可通过行政法规进行规定，在哪些条件下对于依第1句的排放费用可予免除。

第409条　费用规定

(1)费用规定按照每一种危害当量确定，自……起，……德国马克，自……起，……德国马克/年。

(2)[1]依第1款费用规定，除了雨水和小型排放外，当危害已降至无可避免时，可减免一半的危害当量：

1. 第405条第1款的行政命令的内容或者依第408条第1款第1句的解释至少满足依第370条第1款行政法规的要求，且

2. 第370条第1款行政命令的要求在征收期间内得到遵守，只要它不是通过以违反先进技术水准的稀释或混合的方法予以实现的。

[2]依第370条第1款颁布之行政法规对第405条第1款行政命令中确定的或者依第408条第1款第1句所作解释的监测值没有要求的，第1句相应适用。

(3)在依第407条第1款声明之情形下，当接下来的行政决定与所申报数值的解释相符合，且满足第2款的前提条件，减免依申报值进行计算。

第410条　污水处理支出的抵算

(1)[1]当建立或扩建污水处理设施或者污水避免设施时，当其运营可以使对向水体排放的危害当量有重要意义的数值降低至少20%，以及可相应地减少污染物负荷，那么施工或后期安装费用可在安装启动前三年内应付的税款中抵免。[2]这不适用于依第406条污水费提高的部分。[3]当污水费已经支付，但仍有相应主张的权利；此权利不计利息。[4]当此设施未投入运营或者没有达到降低至少20%减少的，污水费可予以事后补交。[5]污水费的事后补交应当依据《征税条例》第238条从征缴时间起予以计息。

(2)在《统一协议》第3条中所指区域建造或延长第1款所述收费污水处理系统的，由此产生的费用和服务费可依第1款标准，在2005年评估年度之前交费义务人在该地区其他排放时应交纳的废水费中抵免。

第411条　征缴

(1)各州可对第193条第2款的税费说明义务作出例外情形的明确规定。

(2)各州可对第403条第2款和第3款情形下的征缴与规定作出明确规定。

第412条　污水费的使用

污水费的收入应当目的明确致力于污水清洁和避免，尤其是如下用途：

1. 污水处理设施和污水减量设施的建造，

2. 雨水贮留池和雨水清洁设施的建造，

3. 水库周边管渠和来水管渠的建造，湖泊和海洋岸带以及为建立共同清洁设施所需的汇水主管网的建造，

4. 泥污清除设施的建造，

5. 水域附近观测水体质量、水位或含氧量的措施,

6. 改进净化和减少污水的设施或工艺的研发,

7. 对污水处理设施或减量设施的运营人员的培养和培训。

第二小节　地下水取水费

第413条　缴费义务

(1)对依第356条第2款第1句第7项须经行政许可义务的使用(地下水取水),使用人应当依第190条第1款交纳费用。

(2)[1]无缴费义务的地下水取水情况有:

1. 依第392条和各州补充规定可免予行政许可的;每年不超过2000立方米的抽取视作为第392条第1款第1项规定的微量使用,

2. 由职责机关出于清除地下水和土壤污染目的作出命令或行政许可的,

3. 源自疗养泉,只要其水不是作为经营性的饮用水生产使用的,或者

4. 服务于直接的热能利用,只要所取水再排回原先同一地下水资源的。[2]只要其与减少地下水取水和保护、保障和改善地下水资源之目的一致,各州可以对于费用义务的其他例外情形予以规定。

第414条　费用征缴的裁量基础

(1)[1]费用依据抽取地下水的年度总量计算。[2]缴费义务人应当通过相应仪器的测量来证明取水数量。

(2)费用征缴通过行政法规予以规定;其中应当对抽取地下水的使用目的予以考虑。

(3)在一定情形下依先进技术水准采取了可能节水措施的,或者费用义务人在经济上特别困难的,各州可对减免其费用的情况予以规定。

第415条　税费的使用

地下水取水费的收入主要使用于

1. 对地下水水量和水质的监测;

2. 资助致力于地下水节约和合理使用的项目;

3. 资助以地面启封(译者注:针对土地的硬化)为目的之项目,

4. 在农林业、经营性园艺以及其他经营领域的运营中以水体保护为目的之

咨询辅导，

5. 地下水保护管理方面的研究。

第十一节　共同规定

第 416 条　水事登记

(1) 对水体应作水事登记。

(2) 在水事登记册中应特别记录关于

1. 第 361 条意义上那些不只是为了临时性目的的行政许可，以及第 368 条意义上的现有权利和职权，

2. 第 379 条意义上的洪淹区域，

3. 第 394 条意义上的水保护区域。

第 417 条　行政违法

(1) 行政违法是指故意或过失

1. 违反第 361 条未经行政许可从事水使用行为，

2. 违反第 391 条第 2 款第 1 项规定的行政法规，且该法规就特定行为规定了行政罚款，

3. 违反第 372 条、第 381 条或第 390 条关于物质的倾倒、存储、转运或者运输的规定，

4. 在建造、安装、维护或运营设施中违反第 398 条第 1 款第 2 句第 2 项的法律法规，且该法规就特定行为规定了行政罚款，

5. 违反了

a) 第 399 条第 1 款设施、设施局部或者技术防护装置的应用，其特征没有予以确定或者其建造方式没经行政许可的，

b) 第 400 条第 1 款第 1 句建造、安装、维护、维修或清洁依第 398 条的设施，没有满足第 400 条的前提条件，或者将此任务委托给第三人，而第三人不能满足依第 400 条第 4 款前提条件的，

c) 第 400 条第 3 款没有监测依第 398 条设施的填料和清空行为，不能证明安防设施的正常状况，或者没有遵守设施和安防装备的污染限值的。

(2) 行政违法行为可处以 100 万德国马克以下罚款。

(3)涉及行政违法行为的，或者在行政违法行为的实施或准备中使用的，或者已被确认的物体，可予没收。[2]《行政处罚法》第23条规定应予以适用。

第418条　州立法的规定

[1]除第3句中的规定以外，本章规定是对州立法的框架规定。[2]各州应当在本法典生效起三年内颁布与本章规定相对应的法规或者与现有法规相适应。[3]直接适用的规定有第360条至第362条、第364条至第368条、第369条第1款、第370条第1款、第371条和第372条、第374条、第376条、第377条、第381条、第383条至第388条、第389条第2款第1句、第390条、第391条、第392条第1款、第395条第1款、第397条、第398条至第400条、第402条、第403条第1款和第4款、第404条第1款和第2款、第405条至第407条、第408条第1款、第409条、第410条、第411条第1款、第412条、第413条、第414条第1款至第3款、第415条至第417条。

第十二章　污染防治和能源供给

（第 419～464 条）

第一节　污染防治的一般规定

第 419 条　目的和应用领域

[1]污染防治法旨在保护环境和人类免受有害的污染影响，尤其是通过防止空气污染和噪音和预防污染生成；也包括对臭氧层和气候的保护。[2]第二节中与设施相关的污染防治规定也致力于防范事故。[3]除了第 2 句中的情况，污染防治的规定不适用于对土地和水的直接污染。

第 420 条　基本原则

（1）[1]在评价污染引起的危害和风险时，应基于整体影响，并考虑相关区域的保护价值。[2]一个地区的保护价值主要取决于它的建造规划和其他规划安排、它的实际使用和受污染影响的情况。

（2）在污染负荷特别大的地区应持续性地减少污染，并且不应使其他地区因此而受到超出轻微程度的污染负担。

第二节　与设施相关的污染防治

第一小节　需行政许可的设施的建立和运行

第 421 条　行政许可条件

（1）[1]根据自身性质或以特殊方式运行可引起有害污染、产生固废或废热，或者会引起事故的设施,其建立和运行需经依第81条第2款第1项a的项目行政许可。[2]不以营利为目的的和不在商业公司范围内的此类设施,只有当其达到一定规模从而通过空气污染或产生噪音或固废或废热会引起有害污染时,前款才相应适用。[3]此外,用以存放或处理固体废物的固定的固体废物处理设施,只要此类设施并非不重要,其建立和运行需获得第81条第2款第1项a的项目行政许可。

(2)[1]依第1款需经项目行政许可的设施(需行政许可设施),由行政法规最终予以确定;依第20条实施公众参与。[2]第109条中可简化的项目行政许可的设施,当满足以下条件时,也可以在行政法规中规定无需经过简易项目行政许可:

1. 当此设施整体或者在行政法规中明确指出的主要部分已依建造类型予以准许的,且依建造类型行政许可予以建立和运行的。

2. 设施建立前至少30天,已由经认证的环境鉴定人或者依第146条经认可的机构出具了证书,可以证明此设施满足第84条第1款第1项和第2项以及依此颁布的行政法规和行政规章要求,或者

3. 设施或设施局部用于新生产或新程序的研究、发展或试验的。

(3)[1]需经行政许可的设施有:

1. 对运行或设施安全必需的设施部件和程序步骤,以及

2. 与依第1项的设施部件或程序步骤存在技术关联,且可能对排放和污染或设施安全产生影响的,在相同地点建造的相关装备。[2]行政法规可进一步予以规定。

第422条　在建立和运行中的基本义务

(1)[1]对需经行政许可的设施之建立和运行,依第83条第1款的基本义务适用以下标准:

1. 不引起有害污染,

2. 对因污染可能导致的风险应采取预防措施,尤其是通过遵守环境法规规定的临界值或标准值,以及根据先进技术水平和考虑特定情形的所有状况下,采取措施尽可能地将排放降低到在临界值和标准值以下,

3. 根据先进技术水平和良好的安全管理实践,采取必要措施,预防事故并尽可能地控制事故影响,

4. 只要根据设施种类和位置,在技术上是可能和可行的,且与其他基本义务是相符的,设施产生的热量应用于设施运营,或将其输送至协议接受的第三方。[2]第1项和第2项也适用于依第397条、第468条、第479条第1款以及第542条

和第747条中的项目。[3]第3项规定的基本义务应涵盖经营人责任范围的整个区域，当在此领域的一个或多个设施，包括整体和与此相关的设备中，存在依第421条第2款的行政法规所规定的危害物质。

（2）依据州法颁布的、对有害污染或事故进行特别防范的特定区域提出更为严格要求的法令不受影响。

第423条　关于基本义务的行政法规

（1）[1]依据第83条和第422条的要求，对需经行政许可的设施之建立、特征和运行，尤其对排放限值以及对关停后的状况要求，通过行政法规予以进一步规定。[2]依第20条实施公开参与。

（2）为防范事故和限制其后果，可以通过行政法规对安全管理、对经营人的报告义务、检测义务、通知义务和信息义务、对相邻运营者之间的信息交换和对职责部门的措施提出进一步的要求，以及对信息和公开参与予以规定。

第424条　特殊行政许可条件

（1）[1]需经行政许可的设施经营人须确保履行第83条第1款第1句第6项基本义务，行政部门才授予行政许可。[2]通过行政法规，对哪些设施以及应当提供何种程度上安全保障予以规定。

（2）第749条第1款相应适用于第421条第1款第3句意义上的垃圾处理设施。

第425条　环境专职人员

（1）需经行政许可的设施的经营者应委任一个或多个环境专职人员，只要基于设施的种类或规模，出于以下原因而必需的：

1. 由设施产生排放，

2. 限定排放的技术性问题，

3. 产品在特定使用中会引起有害污染的特征，或者

4. 发生事故的特殊风险。

（2）通过行政法规对设施经营者应当设置环境专职人员的需经行政许可设施予以确定。

（3）职责部门可作出决定，对在行政法规中没有规定需设置环境专职人员的设施，可要求其经营者应当设置一个或多个环境专职人员，当在特别情形下基于第1款所规定的原因这种设置是必需的。

第二小节　无需行政许可的设施之建立和运行

第 426 条　建立和运行的基本义务

(1)[1]建立和运行无需行政许可的设施,应当

1. 不引起有害污染,

2. 对因污染可能导致的风险应采取预防措施,尤其是通过遵守环境法规的临界值或标准值,以及根据先进技术水平和考虑特定情形的所有状况下,采取措施保持尽可能少的排放。[2]对非营利目的的和非经营性企业的设施,只有当其产生空气污染或噪音时,才适用第 1 款的基本义务。

(2)第 422 条第 3 款同样适用。

第 427 条　规范无需行政许可的设施之行政法规

(1)[1]第 426 条对无需行政许可的设施的建立、特征和运行,特别是排放限值和经营者自我监测的要求,可通过行政法规进一步予以规定。[2]依第 1 句的行政法规也可对避免、再利用和清除固体废物以及对无需行政许可的固体废物处理设施的废物存放或处理要求,作出规定。

(2)依第 1 款第 1 句的行政法规,可对以下事项予以规定:

1. 特定设施的经营者应当及时向职责部门报告设施的启用或重要改变,

2. 只有在经认证的环境鉴定人或者依第 146 条经认可的机构出具证明,认定此设施满足行政法规或第 430 条建造类型行政许可的要求以后,特定设施才予允许运营。

第 428 条　特殊情形规定

相关职责部门可根据特殊情形作出裁定,以保障第 426 条和依第 427 条颁布的行政法规得以执行。

第三小节　设施的市场流通

第 429 条　对设施和设施部件的要求

[1]通过行政法规,可规定批量生产的设施或设施部件,只有当其满足为防止有害污染和预防因污染引起的风险的特定规定时,才允许以营利或在经营性企

业范畴内进入市场流通。[2]依第 1 款的行政法规重点可对以下事项予以规定：

1. 设施或设施部件的排放不允许超过一定的值，

2. 设施或设施部件应当符合限制排放的具体技术要求，

3. 设施和设施部件需要标明排放值。

第 430 条　建造类型行政许可

（1）为防止有害污染和预防因污染引起的风险，可通过行政法规对以下情形予以规定：

1. 批量生产的设施或设施部件基于建造类型评估予以一般性行政许可，建立和运行的要求可以与建造类型行政许可相关联，

2. 特定批量生产的设施或设施部件，只有当设施或设施部件的建造类型已予以行政许可，且与授予行政许可的样件一致时，才允许以营利性或在经营性企业框架内进入市场流通，

3. 规定建造类型的行政许可程序，

4. 建造类型行政许可所需交纳的费用和材料。

（2）只有满足第 429 条第 2 款颁布的行政法规或者其他环境法规章的规定以及可提供设施或设施配件排放证明的前提下，才予以颁发建造类型行政许可。

（3）生产商或进口商在申请时，需证明批量生产的设施或设施部件低于有效排放值到何种程度。

第四小节　咨询委员会

第 431 条　设施安全委员会

（1）[1]由联邦环保主管部门成立设施安全委员会为联邦政府提供咨询。[2]依第 60 条第 2 款以及基于特殊理由，委员会应定期就改善工厂安全的可能性提供专家意见。

（2）设施安全技术委员会主席以及在取得联邦劳动和社会秩序部一致同意的情况下的社团利益代表和主管设施安全的州最高部门代表，应召集到委员会里。

（3）议事规程和选举主席需要联邦环保主管部门的认可，这应当与主管劳

动和社会秩序的联邦部门取得一致意见。

第432条 设施安全技术委员会

(1)[1]由联邦环保主管部门成立设施安全技术委员会。[2]此委员会向联邦政府或联邦主管部门就避免事故和限制事故影响的安全技术方面的问题提供咨询。[3]在考虑现有规范的其他保护目标下,委员会对符合安全技术发展状况相应的规则(安全技术规则)提出建议。

(2)[1]在设施安全技术委员会里,除了联邦部门和州最高部门的代表以及附属委员会主席,应当召集依第2句尤其需要对学术代表、依第146条的专家、设施操作实践人员、同业工会、依《设施安全法》第11条第2款和《危险物质条例》第44条第1款任命的委员会主席以及设施安全委员会主席。[2]设施安全技术委员会可以成立附属委员会;非设施安全技术委员会成员的专业人员也可以纳入其中。[3]第431条第3款同样适用。

(3)联邦环保主管部门在听取各州主管设施安全的部门意见后,可依第32条正式引入安全技术规则。

第三节 交通领域的污染防治

第一小节 运输工具的性质和运营

第433条 基本义务

(1)[1]机动车辆和其拖车、轨道车辆、空间航行工具和水上航行工具(航行工具),只有当其设计出于防止有害污染和预防衍生风险的目的,以当前先进技术手段能达到在正常行驶中尽可能保持低排放、低耗能的要求,才允许以营利性或在经营性企业框架内予以生产或用于流通。[2]根据欧共体规定批准的较高排放的运输工具,不受影响。

(2)[1]司机和车主应当确保在运行过程中避免不必要的燃油消耗和排放,并将不可避免的排放量保持在最低限度。[2]车辆应当进行相应的休养和维护。

(3)[1]第1款和第2款的规定仅适用于参与运输造成的排放。[2]当浮桥和浮动设施参与运输时,应视为水上交通工具。

第 434 条　针对性质和运行的行政法规

[1]对第 433 条中车辆的性质、技术装备、运行和审核的要求，以及联邦交通法中对此明确规定的，通过行政法规予以进一步确定。[2]依第 20 条实施公众参与。[3]在行政法规中，也可以对节约能源、发动机功效的要求、燃料消耗的最高值以及二氧化碳排放量的标准值进行规定。[4]行政法规可以对出口国外车辆的例外情形予以规定。

第二小节　交通设施、交通费(税)

第 435 条　交通设施建造和运行的基本义务

(1)道路、轨道和机坪的建造和使用，应不造成因污染而对环境和人类的危险，且就采取风险预防措施。

(2)[1]当必要的预防措施不相称，或与交通设施用途不一致，且与公共利益中的其他利益权衡后，交通设施的建造或运行依然是必要的，则第 1 款不予适用。[2]不允许产生健康损害。

第 436 条　交通设施行政许可的规定

(1)在行政许可时，应要求交通设施的经营人采取依第 435 条的建造性措施、交通规则或其他预防措施。

(2)[1]当依第 435 条第 2 款不得不接受有害污染时，应要求交通设施经营人，对已存在的或已公布计划或在建筑监督上已批准的建造计划的相关建筑设施的所有者，补偿其为必要的保护措施而产生必需的费用。[2]当所涉建筑设施的特殊性或者区域的实际或规划中使用类型，需要容忍污染的，前款不予适用。[3]针对污染的其他有害影响的进一步赔偿的规定，不受影响。

(3)[1]当依第 2 款第 1 句和第 2 句必要的保护措施不相称，交通设施的运营方应当向土地所有者支付适当的赔款，当土地因交通设施污染而显著失去其价值时。[2]第 2 款第 3 句相应适用。

第 437 条　对现有交通设施有害污染的附加裁定

(1)[1]当有害污染由一个或多个现有交通设施引起，应作出附加裁定。[2]也可针对风险预防措施进行裁定。[3]为此目的，对设施行政许可、交通规则和污染防治负责的行政部门应协调一致。[4]负责行政许可的行政部门可要求交通设施的经营人采取建造性措施和其他预防措施,只要这些要求并非不适当的和与项目计划不相冲突。[5]交通管理主管部门可以对在交通设施上的运输予以限制。[6]根据联邦和州道路法为对防治交通污染的相应修订,不受影响。

(2)[1]当依第1款不得不承受有害污染,相关建筑设施的所有权人有权主张对用于必要保护措施必需支出的补偿。[2]只要是因所涉所有权人的特殊性或者区域的实际或规划中使用类型,需要容忍污染的,前款不予适用。

(3)[1]当依第2款所规定的保护措施不适当的,土地所有权人有权主张相应的赔偿,当此土地由于交通设施引起的有害污染很大程度地减损了其价值时。[2]第2款第2句同样适用。

(4)[1]第2款和第3款权益主张针对负有公共义务的责任方、轨道或机场的经营人。[2]多个义务人作为共同债务人承担。

第438条　道路交通费(税)

(1)[1]为限制不包括联邦高速公路的道路使用和减少在一定路段或区域的交通污染,授权州政府制定行政法规,对第190条至第195条意义上的费(税)征收予以规定。[2]收费(税)须依有害废气的种类和数量分级。[3]收费(税)应当用于促进近距离公共交通,特别是用于基层地方的公共交通。[4]在行政法规中应当对费(税)制定和征收予以规定。

(2)第1款所述措施也可以试行。

第439条　航空费(税)

(1)[1]对属本法典适用范围的、从事盈利性的客运机场,征收费(税)收。[2]费税按运输的个人计算。[3]依《航空法》第20条第1款和第21a条批准的航空公司应当交税。

(2)[1]费(税)由联邦航空管理局征收。[2]税收归入联邦,用于研究航空运输造成的环境污染,以及促进减少或避免航空运输的措施和研发环境友好型飞机。

(3)由行政法规进一步予以规定。

第440条　污染调查

(1)[1]交通设施承运人有义务,向州法规定的主管部门提供为调查交通设施产生的污染而必要的信息,以及提供材料和规划。[2]第141条第2款同样适用。

(2)州法规定的主管部门,可要求交通设施的经营人在交通设施影响区域自己承担来调查交通设施产生的污染形式和规模,只要对由此设施产生的有害污染予以担忧的。

第441条　措施计划

依州法的主管部门应在考虑到空气净化计划和噪声减少计划下，根据第444条和第445条提出措施规划，在规划中对依第437条第1款的要求因地制宜、客观和及时予以协调规定。

第442条　行政法规

（1）通过行政法规，对以下事务予以规定：

1. 为防治和预防有害污染对交通设施建造技术上的规定，

2. 对建筑设施中为防治有害污染采取必要措施的形式和范围，

3. 对依第436条第2款和第437条第2款措施进行的一次性合计赔偿，以及依第436条第3款和第437条第3款对土地价值减损的赔偿。

（2）通过依第11条的行政法规，确定交通设施的建造和重大变更以及现有交通设施的临界值和标准值。

第四节　区域相关的污染防治

第443条　调查区域

（1）为认识空气污染现状和发展情况，并建立救济和预防机制的基础，依州法的行政主管部门应在调查区域，确定对有害污染可引起的特定空气污染的形式和范围，判定在大气中是间断的或者持续的，以及对空气污染产生和扩散起重要作用的情况和其对环境和人类的影响进行调查。

（2）[1]调查区域首先是集中居住区，以及下列地区：

1. 已出现或预计会产生的空气污染，因其频率和持续时间、高浓度，或不同空气污染物共同作用的危险可能引起有害污染的；或者

2. 确定或预期超过规定的空气质量临界值或标准值。[2]授权州政府通过行政法规确定调查区域。

（3）[1]依州法的行政主管部门负责编制调查区域的污染、排放和影响登记册。[2]排放登记册包含了对特定设施和交通道路的空气污染的形式、数量、空间的和时间分布以及关于排放条件的说明。[3]授权州政府，通过行政法规，确定合适的机构，调查制订排放登记册的必要信息，并将其转交行政主管部门；包括薪酬规则。

(4)在已有或预期由噪声引起的有害污染的区域,基层政府或依州法的行政主管部门应记录噪声源的影响并确定其对环境的影响。

(5)当有必要在联邦区域对空气污染或噪音的现状和发展以及其原因和影响进行统一评估,联邦环保行政主管部门,就在制订污染、排放和影响登记册中应当予以考虑的原则、以及关于测量、预测和评估程序方面,颁布基础行政法规。

第444条　空气净化计划

(1)[1]只要有必要在特定区域防止由空气污染造成的有害污染,或预防可能由空气污染引起的风险,依州法的行政主管部门需公布空气净化计划。[2]当一个地区超过欧洲共同体具有约束力的法律规定的空气质量临界值或标准值,需采取协调一致的行动来消除或减少空气污染时,需要制定空气净化计划。[3]空气净化计划可限于特定空气污染物质和特定类型排放源。

(2)空气净化计划包括以下内容:

1. 已确定的和预期的排放和污染、对环境和人类的影响以及空气污染的原因,

2. 对空气质量按时间进程的目标计划,

3. 对减少空气污染和预防的计划措施。

(3)[1]空气净化计划措施,应当依照本规范,特别是依照第126条和第437条或其他规定的后续命令,由公共行政主管部门的命令或其他决定执行。[2]在空气净化计划里已经通过规划规定的,规划主管部门在其规划中应尽可能予以考量。

第445条　噪声减轻计划

(1)[1]只要在居住区或其他需保护的区域有必要防治噪声有害污染或预防由噪声引起的风险时,基层政府或依州法的行政主管部门应颁布噪声减轻计划。[2]噪声减轻计划可限于特定噪声来源。

(2)噪声减轻计划中包括以下内容:

1. 已确定的和预期的噪声污染及其来源,

2. 按时间分阶段降噪目标计划,

3. 用于降噪或防止噪声负荷进一步增加的计划措施。

(3)第444条第3款相应适用。

第446条　在静滞气候条件下的措施

(1)[1]对在静滞气候条件期间为防止空气污染产生的有害污染,或预防可由空气污染引起的风险,授权州政府通过行政法规,对应当根据第2款采取措施的

相应区域予以确定。[2]只要行政主管部门一旦确定并公布超过特定的警界值，就须实施措施。[3]在行政法规中，也可对必要措施的持续期间予以规定。

(2)在行政法规中可对以下内容予以规定：

1. 道路交通管理局全部或部分禁止在行政法规中规定的机动车辆的通行，

2. 设施不能或只能在规定时间运行，或者

3. 在设施中禁止或限制使用那些会引起特别严重空气污染的燃料。

第 447 条 高臭氧浓度时的措施

(1)[1]通过行政法规规定，为防止由臭氧浓度升高带来的危险，当特定区域超过一定的警界值时，应当根据第 2 款和第 3 款采取措施。[2]根据第 20 条实施公众参与。[3]在确定和公开针对受影响地区的措施之前，所涉及的州应和邻近的各州达成一致。

(2)[1]在依第 1 款行政法规中，应予规定，在超出某一警界阈值的情况下，禁止不符合公共利益的机动车辆通行。[2]对于污染物排放低的机动车辆、不得迟缓的、以其他方式不能合理实现目的的以及出于其他紧急理由的行驶，可以作禁止通行的例外规定。

(3)依第 1 款的行政法规可作以下规定：

1. 设施不能或只能在特定时间运行，

2. 在设施中禁止或限制使用参与产生臭氧的物质。

(4)也可依第 1 款颁布行政法规，以预防臭氧浓度升高引起的有害污染。

第五节 能源供应和能源使用

第一小节 一 般 规 定

第 448 条 目的

本节目的，旨在保证一种长期对环境友好的能源供应和能源使用，且由此促进气候保护。

第 449 条 概念界定

在本节意义上，

1. 能源供应:电力、天然气或者热能的生产、输送和分配;

2. 能源生产:能源转变为电力或天然气;

3. 能源输送:电力或天然气通过管线运输到再分配或终端用户;

4. 能源传输(过境输送):将电力或天然气接入外部网络和与此相关的供应;

5. 能源分配:电力或天然气向再分配商或终端用户的给付;

6. 能源服务:采用能源分配,与咨询、推广和促进能源节约和能源生产等其他措施,相结合的方式,特别是源自可更新能源以及耦合热量或其他来源的热能,来满足能源需求;

7. 可更新能源:水力、风力、太阳能、垃圾填埋场废气、污气(沼气)以及来自农林业或者木材经营中的产品或者生物质剩余或固体垃圾物质,只要其能在电力生产中可被使用;

8. 耦合热量:热电联供设施产生的热量。

第450条　原则

(1)行政部门和基层地方政府应当致力于减少电力和天然气的需求,以及促进可更新能源的利用和耦合热能。

(2)在向能源供应企业赋予管线使用权中,应优先遵循能源服务规划。

(3)职责部门应当致力于建筑物的屋顶和墙面的设计与建造,使尽可能利于获取太阳能。

(4)联邦在能源保障领域的资助应当优先提供给节能和可更新能源的研究、发展和应用。

第451条　基本义务

(1)[1]生产或传输能源者,应当建立和使用必要的设施,以使所使用的资源尽可能被完全利用,所产生的热量应尽可能地予以利用或以供使用。[2]分配能源者,应当遵循能源服务规划。

(2)应尽可能节约利用能源。

第452条　基层政府的能源规划

基层地方政府应当制定能源规划,在规划中对能源需求、节能的可能性、能源服务的理念以及所需的能源供给予以规划。

第二小节　环境友好型电力生产的实施规定

第453条　源自可更新能源的电力

(1)[1]经营电力输送网络的电力供应企业有义务储存和购买源自在其联网区域内由可更新能源所生产的电力。[2]依第1句的义务不适用于来自

1. 总装机容易超过5兆瓦的水电站、垃圾填埋场废气或沼气设施或者源于使用由商业木材加工中的产品或生物质垃圾所生产的电力，和

2. 股份超过25%由德国联邦、州或者公用电力供应企业或与《股份公司法》第15条意义相关的公共企业所有的设施。

(2)[1]对于来自水力、垃圾填埋场废气和沼气以及来自农林业或者木材经营中的产品或者生物质固体垃圾物质的电力，其收购费用由电力供应企业电力收购价每度（千瓦时）平均支付的至少80%应当由最终消费者承担。[2]对此，对于水电站、垃圾填埋场废气和沼气设施只适用各会计年度的部分所储存电力，它的比例为500千瓦装机容量相应对比1千瓦；在计算年均容量中以最后几个月所测的最高发电功能计。[3]对于其余的电力价格至少以第1句中平均支付的65%计算。

(3)对于太阳能和风力发电，收购价格应占第2款第1句中所指的平均支付的至少90%。

(4)[1]依第2款和第3款所确定的平均值是指在联邦统计局对前一统计年度所公布的数值，没有依第三电力法进行抵销的和营业税以分/度的形式。[2]在计算第2款和第3款的收购价中应当计至小数点后两位。

(5)只要对于第1款到第4款的义务有着较大的困难或者有义务的当事人不能履行1989年12月18日《联邦收费条例——电力》规定的义务，则其有权利主张由其他电力供应企业承担部分费用。

第454条　环境友好的电力生产

(1)[1]通过行政法规，对电力生产商和分销商计算环境保护系数的标准进行规定，这一系数代表了投入运营的各个电厂的环境影响。[2]确定标准的一般性参考因素运营电厂的效率，即使用物质的获取和自身产生的环境影响以及安全风险。[3]在电暖联供框架中应当考虑热能利用。

(2)拥有第1款中最高效的环保系数的生产商或分配商,有权向网络运营商要求电力过境传输,只要网络容量允许和网络运营商的传输条件符合。

(3)[1]电力合同期限为10年。[2]当电力接收商希望与环保系数更高的生产者或经销商缔结电力供应协议,可以在合约结束前五年内提前终止现有的电力供应协议。

第455条　实施规范的评估

由负责环境保护的联邦部委定期在间隔不超过4年,评估可更新能源和环境友好型电力技术的市场机会是否和在何种程序上保留或者改变第453条和第454条,并向联邦议会提交此评估结果的报告。

第三小节　节　　能

第456条　建筑物保温

(1)建造必须要供暖或降温的建筑物的,应当根据第2款行政法规的规定设计和执行保温,以使在供暖和制冷中降低可避免的能源损耗。

(2)行政法规对建筑和其建筑部件的保温要求予以确定。

第457条　对于供暖和通风设施以及供水系统的要求

(1)在建筑物里建造或委托建造或者装置或委托装置用于暖气或者通风技术或者保障用水的设施或装备的,在设计、选取和建造这些设施或装备时,须考虑第2款和第3款的行政法规规定,不消耗比预期用途所需更多的能量。

(2)通过行政法规,对第1款中提及的设施和装备的特征及其实施要求予以明确规定,以避免能源损耗。

(3)[1]第1款和第2款的规定适用于在现有建筑物内至今未安装的设施或装备的安装、更换、扩展和修改。[2]在进行重大扩建或改造时,此要求可扩展至整个设施或装备。[3]此外,可对第1款中提及设施和装备进行补充要求,以便于改善后续能效和进行能耗记录。

第458条　对供暖和通风设施以及供水系统的运行之要求

(1)运营或者委托运营用于暖气或者通风技术的或者保障用水的设施或装备的人,应当对依第2款所颁布的行政法规对此类设施的保持和运营、以保障不使用比特定使用所需要的更多能量的规定,予以考虑。

(2)通过行政法规,对第1款提及的设施和装备的运营要求予以规定,以避免能源损耗。

第459条　对现有建筑物的差异化要求和延期

(1)通过行政法规,对第456条至第458条规定的要求可予以差异化规定或者允许作出例外,只要对于特定建筑物和建筑物部分正常使用是可能或必要的以及为避免能源损耗的目标被要求或行政许可的。

(2)行政法规可以规定,在建筑物发生重大变化的情况下,也应当遵守第1款和第456条至第458条规定的要求。

(3)行政法规可以规定,现有建筑物、设施或装置也应当遵守第1款和第456条、第457条第1款和第2款规定的要求,当这些措施通常有利于明显减少能源损失以及可以通过节能在一定时期内节省开支时。

(4)比第2款和第3款以及第456条至第458条的规定的要求更高的其他法律规定和州法保持不受影响。

第460条　运营费用的分摊

通过行政法规予以规定:

1. 记录用于供暖和通风系统的用户的能源消耗或用于供水的共用设施或装备的能源消耗,

2. 这些设施或装备的运行成本应按照用户能耗由用户分摊。

第461条　行政法规的共同规范

(1)[1]第456条至第460条颁布的行政法规中确定的要求,应当是通过先进技术水平可以实现的以及对相同类型和用途的建筑物在经济上是合理的。[2]一般来说,在正常使用期内可以通过节省获得必要的费用支出,则要求被认为是经济合理的。[3]对于现有建筑还应考虑预期的使用期限。

(2)行政法规中可以规定,在具体情况下,因特殊情形导致不合理的费用或以特殊方式导致不可接受的困难时,可以基于申请免予适用相应规定。

(3)[1]第456条至第459条颁布的行政法规中的要求和第460条颁布行政法规中的评价和费用分配,可以根据用户协议和依据《房屋所有权法》的规定进行差异化规定。[2]还可进一步就这些规则如何影响参与人之间的法律关系进行规定。

第462条　重要的时间点

本小节意义上的预建和建成的建筑物的区分,以授予建筑行政许可证的日期为准。

第 463 条　监测

(1)[1]通过行政法规可对监测的种类、程序和频率进行规定,以及对于监测的例外情形予以准许。[2]同时,可对公告义务和证据义务予以明确。

(2)各州政府负责对第 456 条和第 457 条提出的履行要求进行监测。

第六节　行政违法

第 464 条　行政违法

(1)行政违法是指故意或过失地

1. 违反第 423 条颁布的行政法规或据此行政法规颁布的执行性命令进行设施运营的,只要此行政法规对于特定情形明确了罚款规定的,

2. 违反第 427 条第 1 款、第 439 条或第 430 条颁布的行政法规或据此行政法规颁布的执行性命令进行设施运营的,只要此行政法规对于特定情形明确了罚款规定的,

3. 没有、没有完全、不正确或不及时遵守第 428 条可执行性命令的。

(2)行政违法亦指故意或过失地

1. 违反第 433 条第 2 款,未以可避免燃料消耗和可避免的排放、并将不可避免的排放量降至最低的方式正确运行车辆的,

2. 违反第 439 条第 3 款的行政法规,只要此行政法规对于特定情形明确了罚款规定的,

3. 违反依第 446 条第 2 款第 1 项或第 447 条第 2 款的行政法规参与在公共道路上车辆行驶,

4. 违反依第 446 条第 2 款第 2 项或第 447 条第 3 款的行政法规运营设施,只要此行政法规对于特定情形明确了罚款规定的,

(a)违反第 457 条第 2 款和第 3 款关于暖气或者通风技术设施以及用水设施要求的行政法规或者第 458 条第 2 款对于运行这类设施要求的行政法规以及第 459 条第 2 款和第 3 款与此相关的特别规定的行政法规,或者

(b)违反第 463 条行政法规监测义务的,

(3)第 1 款的行政违法行为可处以 100 万德国马克以下罚款,第 2 款的行政

违法行为可处以 10 万德国马克以下罚款。

(4)[1]与第 1 款第 1 项至第 3 项和第 2 款第 5 项 a 规定的行政违法有关的、或在违法行为进行或准备中使用过的或已被确定的物品，应予以没收。[2]《行政处罚法》第 23 条予以适用。

(5)[1]对于第 1 款第 3 项和第 4 项的行政违法行为，在《行政处罚法》第 36 条第 1 款第 1 项意义上的管辖行政部门，是依《道路交通法》第 26 条第 1 款确定的行政部门或警察部门。[2]这同样适用于第 2 款第 1 项在公共道路上批准行驶的车辆和挂车。

第十三章　核能和辐射防护

（第 465～529 条）

第一节　一 般 规 定

第 465 条　目的

本章旨在，

1. 保护环境和人类免受和平利用核能的危险和电离辐射的影响，以及采取风险预防措施，

2. 赔偿核能或电离辐射的影响造成的损害，

3. 防止核能对德意志联邦共和国境内外安全产生危险。

第 466 条　适用范围

（1）除另有规定，本章规定仅适用于有目的使用具有特殊物理性质的放射性物质而产生的危险和风险。

（2）按照其他公法规定的被批准、许可、授权、允许和准许的设施和活动，当这些设施和活动被用于防范危险和预防核能和电离辐射的风险，而本章或以其为依据的行政法规又没有进行其他规定的，这些设施和活动不遵守本章或据其发布的法令中对其进行批准或通知的要求。

第 467 条　概念界定

（1）就本法典的意义，

1. 放射性物质：核燃料和其他自源性发射电离辐射的放射性物质；

2. 核燃料：以下形态的特种裂变物质：

a）钚 239 和钚 241，

b）铀233和铀235，

c）富含一定数量的同位素233或235或这两种同位素兼具、其总量与同位素238的比例高于自然界铀中同位素235与同位素238的比例的铀，和

d）含有在（a）和（b）所提同位素中的一种或多种物质的任何产品，当在大致均匀分布的超过100公斤的产品中，其含量不少于15克的；

核燃料也指因为纯度很高而在合适的装置中能进行自我维持的连锁反应、且在行政法规予以规定的其他物质。

（2）当（a）和（b）所述同位素的量小于15克时，在第1款第2句所述物质应视为其他放射性物质。

（3）[1]放射性废物也是本法所指的放射性物质。[2]因其活跃性微不足道、不需要采取必要措施防止危害或防范风险，且在法律法规中予以规定的物质，不视为本法意义上的放射性物质。

（4）本章意义上的重大事故是指影响设施正常运行的，可能会对环境或人类造成损害的故障。

第二节　审批和监测

第一小节　设 施 审 批

第468条　需批准的核设施

（1）[1]建造、经营和以其他方式拥有固定核设施的，需按照第81条第2款第1项的（b）进行项目审批。[2]核设施包括：

1. 用于生产、加工或处理核燃料的设施，特别是铀浓缩装置和燃料厂，

2. 用于核燃料裂变的设施，特别是核电厂，

3. 用于再处理已使用的核辐射燃料的设施，

4. 在处理衰变的核燃料中，用于储存衰变的核燃料或裂变产物的设施，特别是经燃烧的可燃元素的中间储存设施。

（2）按照第1款需要批准的设施有：

1. 对运营必需的，或为了满足第465条第1项提到的目的而需要的设施部件，

2. 与同属一个运营设施的第 1 项提到的设施部件相连并且与其有同样技术目的的辅助设备,当这些辅助设备对于实现第 465 条第 1 项的目的或对于其他有害环境影响的产生或避免具有重要意义的,

3. 为第 1 项和第 2 项所述设备和辅助设备提供便利的实体设施。

(3)[1]关于第 1 款意义上的固定核设施的规定在必要的修改后,适用于移动设施。[2]当核燃料裂变设施的最大功率不超过一千瓦,或设施用于或计划用于船舶动力时,可免除公众参与。

第 469 条　基本义务

(1)[1]第 83 条第 1 款第 1 句第 1 项至第 4 项的基本义务适用于建造、经营和其他方式拥有的需经审批的核设施,具体如下:

1. 设备进行技术设计时,应确保在正常运行情况下,其放射性物质的排放对人体的辐射暴露量不超过依第 11 条制定的行政法规规定的对公众和操作人员的限值。

2. 考虑到特殊个案的所有情形下,任何对环境或人类的辐射或放射性污染应尽可能的低于法律规定的限值。

3. 固定设施进行技术设计时,应避免出现重大事故,或在尽管采取相应措施仍然出现重大事故的情况下,也不应超过依第 11 条制定的行政法规规定的限值。

4. 放射性废物应避免或减少排放,或在当无法避免或减少时,应符合第 465 条的目的进行无害回收或以有序的方式进行安全处理。

5. 应采取必要的预防措施,以应对破坏性行为或者第三方的其他影响。

[2]第 1 句第 1 项至第 3 项的基本义务应与国家的先进科学和技术水平相适应。

(2)第 82 条第 1 款第 1 句第 5 项和第 6 项的基本义务不适用于此。

(3)在不影响第 83 条第 1 款第 2 句的规定下,第 1 款第 1 句第 1 项和第 3 款的义务履行也致力于保护可能受到违反义务影响的个人利益。

第 470 条　特殊的审批条件

(1)[1]审批应当满足以下条件:

1. 拥有依第 526 条必要的、足够的担保准备金,

2. 采取针对关停设施的必要预防措施,

3. 设施不会妨碍德意志联邦共和国的任何重大利益,

4. 确保德意志联邦共和国在核能和辐射防护领域内履行共同体法和国际义务，

5. 有设立第 468 条第 1 款第 2 句第 4 项用于核燃料储存装置的需要。

[2]第 84 条第 3 款不适用此。

(2)第 468 条第 1 款第 2 句第 2 项的营业执照从最初使用之日起最长期限为 40 年。

第 471 条　设施安全

(1)[1]可以通过行政法规对第 83 条第 1 款第 1 项至第 3 项和第 469 条第 1 款第 1 句第 1 项和第 3 项关于设施的安全设计进行更详细的规定。[2]特别是对由此类设施设计导致的重大事故和对应的必要措施予以规定。[3]对此，须考虑导致重大事故所有可认识到的原因及后果。

(2)[1]第 25 条不予适用。[2]第 1 款中依第 15 条第 2 款向州政府的授权转让不包含在内。[3]应按照第 20 条进行公众参与。

(3)[1]第 468 条第 1 款中的核设施的经营者必须为核技术安全设置环境专职人员。[2]这不适用于最大功率不超过 50 千瓦连续热输出的核燃料裂变设备。

第 472 条　关停

(1)[1]根据第 468 条第 1 款规定，关停设施的措施须根据第 81 条第 2 款第 1 项 b 进行项目审批。[2]关停包括从最终停止运作到设施拆卸等所有措施，包括设施或设施部件的安全防护、设施部件拆卸或清除用作其他用途。

(2)[1]第 469 条第 1 款第 1 句第 2 项、第 4 项和第 5 项，第 2 句，第 2 款以及第 470 条第 1 款第 1 句第 1 项和第 4 项相应适用。[2]在此过程中需考虑降低由于停止运作而导致的危险和风险。[3]具体要求可依第 495 条第 1 款第 1 项 c 通过行政法规予以规定。

(3)[1]第 468 条的设施所有人应确保在最终停止运行后一定时间内对设施进行无害化拆除。[2]根据以下法规的审批，只要对其拆除是可行和合理的，则第 1 句应适用于在本法典生效时正在运行的设备：1959 年 12 月 23 日的《核能法》第 7 条，与此相关的《和平使用核能和预防危害法》及 1985 年 7 月 15 日的修订版，最近颁布的 1996 年 9 月 12 日的《授权程序加速法》。[3]第 1 句不适用于已被拆除用于其他用途并相应使用的设施部件。

(4)当计划的拆除措施已经按照第 468 条予以批准，或者根据第 5 款可免予公众参与，且已经是第 126 条、第 127 条或第 129 条中一种状况的对象，则不需要关停的审批。

(5)当不存在对环境或人类造成重大不利影响的情况时,第87条和第88条规定的公众参与可予免除。

第473条 产生电离辐射的设施

(1)[1]产生电离辐射设施的安装和运行,特别是电子和离子加速器、等离子体系统以及X射线装置和干扰发射器,都需要批准。[2]这也适用于设施变更或设施运行的改变,当这些改变会影响辐射防护时。[3]第83条第1款第1句第1项至第4项和第2句,第84条第2款第1句至第3项,第469条第1款第1句第2项、第4项、第5项和第2句以及第470条第1款第1句第1项、第2项和第4项相应适用。

(2)在以下情形下,应予以批准

1. 确保履行第1款第3句所述的义务时,

2. 确保有负责设备安装和安全运行所需的对辐射防护的环保人员数量,明确他们行使决定权力的范围以及赋予其完成任务所需的权力,

3. 辐射防护环保专职人员在可靠性上不存在有质疑的事实,且这些环保专职人员拥有辐射防护所需专业知识和技能,

4. 场地选择或设施运行与重要的公共利益,特别是与对因其设备运行导致的暴露于辐射操作设施附近公众群体规模的限制、或与第1条保护目标不存在冲突的。

(3)[1]可通过行政法规对具体的批准条件进行详细规定。[2]行政法规还可以对与第1款所述设施的安装或运行有关的活动,特别是清洁、检测、维护和修理,制定需经批准或通知的规定。

第二小节 其他审批

第474条 处理放射性物质

(1)[1]除加工、处理、其他利用或储存核燃料以外在第468条规定的设施内的活动,以及对加工、处理或其他使用过程的运营场所和位置进行重大变更的,均须批准。[2]其他放射性物质的制备、生产、加工、处理、其他使用或储存也需经批准。[3]第83条第1款第1句第1项至第4项、第2句,第84条第1款第2项和第3项以及第2款第1项至第3项,第469条的第1款第1句第2项、第4项和第5

项和第 2 句以及第 470 条第 1 款第 1 项和第 4 项相应适用于本条。

(2)审批授予相应适用第 473 条第 2 款第 1 项至第 3 项。

(3)审批程序相应适用第 110 条第 2 款至第 4 款以及第 6 款和第 7 款。

(4)第 1 款第 1 句以及第 81 条第 2 款第 1 项 b 和第 3 款第 1 项的审批可以扩展用于第 1 款第 2 句的审批。

(5)根据《联邦矿产法》,放射性资源的勘查、获取或处理需要经营计划许可的,无需依第 1 款的审批。

(6)可以通过行政法规对以下内容予以规定:

1. 与第 1 款所述的处理放射性物质有关的活动,特别是清洁、检测、维护和修理,需要审批和公告的,

2. 第 1 款第 1 句范围内运营场所的放射性部分应在运营终止后进行无害化拆除。

第 475 条　放射性物质的进出口

(1)进出口放射性物质需经审批。

(2)对进口予以批准,当

1. 不存在对进口商或负责执行进口工作的人之可靠性有质疑的事实,

2. 确保使用放射性物质时遵守环境法规定,和

3. 放射性废物进口有利于公共利益。

(3)对出口予以批准,当

1. 不存在对出口商或负责执行出口工作的人之可靠性有质疑的事实;

2. 确保出口的放射性物质的使用,不会以危及德意志联邦共和国国内外安全或违背其国际义务;

3. 放射性废物的出口不得违反第 477 条。

(4)可通过颁布行政法规来转化欧共同体的法律

1. 对第 2 款和第 3 款进出口放射性废物进行处理的批准条件之例外规定,

2. 依 1992 年 2 月 3 日理事会《关于监督和控制放射性废物从一个成员国向另一个成员国、进入欧洲共同体和从欧共体出口的指令》的批准或同意替代第 1 款所述审批时的所需条件,

3. 实施第 2 项指令的行政程序以及登记和附随文件义务,特别是审批文件的形式和提交、批准和对此的相应期限应得到遵守。

(5)其他关于进、出口的规定不受上述内容影响。

第 476 条　放射性物质的运输

(1)在可从事本章规定经许可的一项或多项活动的封闭区域以外,运输放射性物质的,需经批准。

(2)在第 1 款意义上的运输,相应适用第 83 条第 1 款第 1 句第 1 项至第 3 项和第 2 句以及第 469 条第 1 款第 1 句第 2 项和第 5 项以及第 2 句的义务。

(3)应予以批准,当

1. 确保依第 2 款的义务将得以履行,

2. 不存在对发送人、承运人或提供发货或运输的承接人以及实际承运人之可靠性有质疑的事实,

3. 确保由具有特定运输类型所需的专业知识和技能的人员实施运输,

4. 确保放射性物质的运输符合现行法规有关危险品运输的规定,

5. 达到必要的担保准备金额度,和

6. 运输所选择的方式、时间和运输路径与重要的公共安全利益没有冲突。

(4)[1]审批可授予发货人、承运人或提供发货或运输的承接人。[2]授予许可可针对单次的运输业务,也可在同一个基础上授予申请人最长三年的期限,只要不违背第 465 条的目的。

(5)当承运人本人并不是批准持有人时,承运人在运输时也应当遵守第 2 款的责任和批准文件中的规定。

(6)关于危险货物运输各种方式的规定不受上述内容影响。

(7)通过行政法规可以就与货物一同随行的运输相关的人员和他们需附随的证书,予以详细规定。

第三小节　废 物 处 置

第 477 条　废物占有人的义务

(1)[1]在第 468 条、第 472 条和第 474 条第 1 款第 1 句活动中产生的未经无害化处理的放射性废物,其占有人应当将废物运送至本国储存设施。[2]此类废物也可委托在欧共体区域内储存放射性废物的机构,当它们符合依第 479 条对设施的要求时。[3]在最终储存放射性废物的设施投入运行之前,第 1 句所指废物应在国内暂时储存。

(2)[1]除第1款所述之外未经无害化处理的放射性废物，其占有人应将其送交给依第478条第1款第3句规定的有职责的州的收集点。[2]州收集点将储存的放射性废物运输至国内储存设施。[3]第1款第2句相应适用。

(3)[1]以下内容通过行政法规予以规定：

1. 依第469条第1款第1句第4项的废物处置预防措施证明文件应列具和更新的内容，

2. 无害化回用放射性废物必须满足的条件，

3. 放射性废物应当在依第1款和第2款交付之前予以处理和临时储存的，应如何完成，对完成此工作和根据废物的数量和特征对此类运输需提供哪些证明，如何进行运输，废物如何在储存设施和收集点进行储存，依据第3款第2句进行运输时有哪些要求以及怎样运输，如何监测储存设施。

[2]依据第20条实施公众参与。

第478条　国家义务

(1)[1]为了公共利益，联邦应保障，最终处置依第477条第1款所述的放射性废物的设施得以建成并运营。[2]此类处置可以由国有的或私人的机构进行。[3]各州须根据第477条第2款第1句设置收集点，以便临时存放区域内产生的放射性废物。

(2)第1款所指设施安装人和经营人可以通过第三方履行义务。

第479条　处置设施的许可

(1)[1]放射性废物处置设施的建立、运行、其他方式使用或关停需要依第81条第3款第1项的项目许可。[2]第469条和第470条第1款第1句第1项、第2项和第4项相应适用。

(2)设施所有人应确保在最终停止运营后的合理时间内关闭设施，以确保放射性废物与生物圈长期保持隔绝。

(3)按照《联邦矿产法》的规定作出的项目实施必要的行政决定，由审批单位负责。

第四小节　监测和干预措施

第480条　行政监测

(1)[1]当丢失或发现放射性废物以及未按照本章或在此基础上制定的行政法

规规定处理放射性废物的,监测机构为达到第 465 条的目的,可以采取必要的查找、分析、确定来源或消除措施。[2]其他机构调查刑事犯罪的职责不受影响。[3]监测机构尤其应通过评估放射性物质特有的核危害和风险来协助这些部门。

(2)[1]当有违反本章或基于本章对放射性物质进出口的禁止和限制规定的可疑行为,负责监测的部门应告知负责日常监督的部门。[2]他们可以在由有权处理这些物质的当事方承担费用和风险下退回放射性物质以及其运输工具和包装材料,或者没收该物质直到发现的问题得到纠正或由负责日常监督的部门作出决定为止。

(3)[1]联邦环保部门可以将由主管部门调查得到的,相关人进出口中违反保护环境和人类相关义务的信息移送联邦内务部,只要此类信息对于联邦刑警侦(调)查外经贸犯罪所必需的。[2]除非法律另有规定,所移送的资料只能用于予以移送时的目的。

(4)除本法以外规定进行监测和采取行动的职权和基于州法规定的一般职权不受上述内容影响。

第 481 条　可靠性审查

(1)[1]为防止可能导致放射性物质失窃或大量释放的不当处置带来的利益受损,主管许可和审查的机构应审查相应人员的可靠性,包括负责处理和运输放射性物质的,依第 468 条、第 473 条、第 479 条进行设施安装和运营的,根据第 472 条和第 479 条负责设施关停的人员;审查需经有关人员的同意。[2]对可靠性评估重要的相关信息,允许调用警察和宪法保护部门的现有信息。[3]许可和审查的主管机构应当按照《行政诉讼法》要求给予有关人员对可靠性提出异议的机会。[4]在审查中获得的数据只能由主管许可和审查的机构按照需要程度进行存储,仅用于本条目的,严禁转交给其他主体。

(2)审查细节以及重复审查的间隔期限应通过行政法规进行规定。

第 482 条　定期安全检查

(1)[1]自经营许可签发之日起,最长不超过七年,由许可证持有人依第 468 条第 1 款进行设施的安全检查。[2]在检查中,实施人应对设施的安全现状、与先进学术和科技水平的差距以及对事故和第三方侵涉的预防措施进行阐述和评估。[3]阐述和评估应提交给监测部门以及基于此依据第 98 条对许可进行检查的许可部门。[4]监测机构的权利不受影响。

(2)第 1 款不适用于最高功率不超过 50 千瓦连续热输出的核燃料裂变

设施。

(3)可通过行政法规对第1款安全检查的内容和实施要求予以具体规定。

(4)本法生效时经《核能法》第7条已许可运行的设施,前款规定应适用,但第一次的安全检查最迟应在本法生效后三年内实施。

第483条 特殊情况下的后续裁定

(1)第126条相应适用于第473条至第476条的情况;也适用于基于依本章制定的行政法规的其他许可。

(2)对本法生效时经《核能法》第7条已许可运行或经《核能法》第9b条规划决定运行的设施、依据《核能法》第6条和第9条实施相应活动的设施,允许至本法生效后三年内按照《核能法》第17条、第18条第3款和第4款的标准作出后续裁定。

第484条 撤销

(1)批准和一般许可可予以撤销,当

1. 没有其他规定的情况下,此批准和许可两年内未予使用,

2. 行政部门基于后续发生的情况、科技现状的变化、法规的修订,不再给予批准和一般许可,并在一定时期内没有作出其他安排的。

(2)当基于对从业者、第三方和公众的危险而必要的,且在一定时期内也没有通过后续裁定作出其他安排,批准和一般许可应予以撤销。

(3)当担保准备金与第526条第2款的规定不符合保险义务人在规定的期限内未能提供规定的担保准备金证明时,批准应予以撤销。

第485条 赔偿

(1)[1]当批准和一般许可依据第484条第1款第2项或第2款予以撤销时,应给予权利人合理的金钱赔偿。[2]当撤销是由于科技现状的变化,经批准的设施和批准后产生或发现的活动引起危险时,上述赔偿不适用于此。[3]赔偿应对公共利益、权利人以及撤销理由进行权衡后确定。[4]赔偿应限于权利人产生的最高费用、设施的使用年限等。[5]就赔偿金数额的争议由民事法庭管辖。

(2)[1]当批准或一般许可的撤销或撤回由联邦部门提出,则赔偿费用由联邦承担;当批准或一般许可的撤销或撤回由州提出,则赔偿费用由州承担。[2]当州承担赔偿费用时,联邦或其他州有义务根据综合情况对因撤销或撤回产生的整体利益承担相应的费用。[3]这同样适用于联邦承担赔偿时。

第五小节 一般规定

第486条 批准豁免

[1]依据本章及依此颁布的行政法规,可以对以下情况的批准和公告义务予以豁免:

1. 监测部门及按照第490条第2款的主管部门在履行本章以及依此颁布的行政法规赋予的职责时,

2. 负有第480条第4款意义上的其他规定所指的监测职责的部门以及负责实施第493条至第506条或在辐射防护领域直接适用欧共体法规的部门,当其履行各自现行职务时,

3. 负责公共安全和秩序的其他方面的和负责刑事诉讼的联邦和州主管部门在进行放射性物质运输及其存储方面的官方行动时,该行动最高期限不超过四天,

4. 联邦辐射防护局在履行第56条第6款职务时,

5. 欧共体委员会和国际原子能组织检察员在采取核原料监控安全措施以及履行欧洲原子能共同体条约中的其他监测任务时。

[2]在第1句第3项中提到的机构应在开始之日起两天内将放射性物质的运输、储存、和进口告知第1句第1项中提到其业务范围受到影响的部门。

第487条 制定行政机关监管的行政法规的权力

(1)[1]在不违背第465条规定目的的情况下,可通过行政法规对依照第473条、第474条至第476条的审批要求的豁免,特别是公告义务的豁免,予以规定。[2]使用核燃料时,只有当其在其数量和特征、因特定的保护措施或设备使得预期不会产生自我维持的连锁反应的伤害的情况下,才可实施许可豁免。

(2)[1]为实现第465条的目的,可以通过行政法规对以下事项予以规定:

1. 放射性物质交易(购买和交付他人)、受放射性物质污染的土地和物体的复垦、治理和利用,以及无论出于何种目的使用放射性物质而因电离辐射导致从业人员受到威胁的其他行为,需经审批和公示的,

2. 含有放射性物质或产生电离辐射的设施、仪器和装置,在经行政法规指定的机构进行型号评估的基础上可予以一般许可,行政法规需明确此类设施、仪器

和装置的持有人对哪些现象必须予以汇报；

3. 不得以特定的方式或用于特定用途而使用放射性物质，只要此禁止为保护人群免受危害所必需。

[2]行政法规可依据身份和有关条件进行审批和一般性许可，以及规定审批和一般许可的程序。

(3)通过行政法规对第473条至第476条审批授予程序的具体细节予以规定。

第488条　独立专家

(1)在审批程序和进行监测时，主管部门可以邀请专家咨询。

(2)联邦环保部可以通过行政法规，对依据第1款或依据本章颁布的行政法规中从事作为独立专家的人员和组织的要求予以规定。

第489条　咨询委员会

(1)[1]联邦环保主管部门内设立核能安全委员会、辐射防治委员会和核技术专委会。[2]第17条第6款第4句不予适用。

(2)[1]核能安全委员会向该联邦部门提供关于核设施安全和保障的咨询建议。[2]辐射防护委员会向该联邦部门就辐射防护问题提供咨询建议。[3]核技术专委会制定反映先进科学与技术水平的关于特定安全方面的技术规则。

(3)[1]该联邦部门根据第2款第1句和第2句，结合对第468条规定的设施的审批程序和后继裁定，采纳核能安全委员会和辐射防治委员会的意见。[2]两个委员会也可以在其职务范围内提出一般性建议。

(4)[1]核能安全委员会和辐射防治委员会的主席不应属于其各自委员会所代表的专业领域。[2]咨询结果应说明理由并予以公布，结果中应包含所有的少数意见；这不适用于第3款第1句中的意见说明。

(5)在基于本章的行政法规、为实施本章规则制定的行政规章和基于上述二者制定的行政法规颁布之前，只要其涉及专业问题时，应当听取核能安全委员会和辐射防治委员会的意见。

第490条　进出口措施和运输措施的管辖权

(1)[1]对依第475条或根据其颁布的行政法规的审批或许可的申请，以及有关已授予许可的撤销和撤回，由联邦出口局决定。[2]联邦环保部的专业指导对其有约束力。

(2)进出口放射性物质的监测由联邦财政部及其指定的海关负责。

(3)[1]除专用的永久性非国有铁路外,放射性物质在铁路上进行海陆联运的运输由联邦铁路局审批和监管。[2]第491条第1款第2项不受影响。

第491条 联邦部门的管辖权

(1)联邦辐射防治局负责

1. 第478条第1款第1句中放射性废物处置设施的安装和运行,

2. 核燃料运输和大量来源的审批及其撤回和撤销。

(2)对依第81条第3款第1项的审批由通过联邦立法专门为此设立的联邦高等机构负责。

(3)第1款第2项意义上的大量来源是指放射性物质,当其达到一定数量时可能对环境和人类产生危险和风险,且在行政法规中已予以规定的。

第492条 州当局的管辖权

(1)本章第2节以及依其制定的行政法规下的其余的行政管理职权由各州代表联邦实施。

(2)[1]州政府确定的最高州机构负责第81条第2款第1项b、第93条至第96条,第472条和第474条第1款第1句的许可和决定及其撤回和撤销。[2]他们还可根据第468条对设施以及在此类设施外核燃料的使用进行监测。[3]在特定情况下可委托下属部门。[4]州最高当局对裁定命令的异议进行决定。[5]其他部门根据本章之外规定行使监测职权不受上述内容影响。

(3)在行动范围内,联邦国防部或其指定的部门在与联邦环保部协商一致下,对第1款和第2款所述的职权负责。

第三节 辐射防护

第一小节 任务和基本职责

第493条 行政任务

主管机关应

1. 长期持续观测放射性活动,以及

2. 对于具有明显放射性影响的事件,在考虑科技现状和所有具体情况的基础上，应采取必要措施，防止对环境和人类产生危险，并减少对人体和环境的辐射暴露和放射性污染。

第 494 条　基本义务

任何从事或计划从事本章或依此颁布的行政法规中的活动的人，有义务

1. 避免任何对环境或人类不必要的辐射暴露或放射性污染，以及

2. 在考虑到科技现状以及所有具体情况的基础上，尽可能减少对环境或人类的任何辐射暴露或放射性污染甚至低于立法规定的限度。

第二小节　公司和公司组织内的防护措施

第 495 条　颁布有关防护措施的行政法规的权限

（1）可通过行政法规对以下事项予以规定：

1. 在以下阶段必须采取措施来保护个人和公众

a）在勘探和处理放射性物质时，

b）第 473 条意义上的设施的安装和运行时，

c）依第 472 条的进行关停时，

d）在处理和运输第 487 条第 2 款第 1 句第 2 项中的设施、仪器和装备时，

e）在进行第 487 条第 2 款第 1 句第 1 项所指的活动时，

2. 对辐射暴露风险地区人员就业和居住及其健康监测必须规定何种要求；这也包括这些人履行服从接受体检，或为保护其他人和公众利益而接受特别授权医生治疗的义务，以及对医疗专家的要求，

3. 对放射性物质的处理和运输以及电离辐射剂量和剂量测量方面的记录必需保存，且以何种方式予以记录保存，

4. 以何种方式和在何种程度上告知监测机构，是否发生偏差以及与依本章的许可有何种偏差，

5. 在依本章或在此基础上颁布的行政法规需经许可的设施和活动的特定的运行或工艺上，安全技术方面重要的偏离，应以何种方式报告给监管机构，以及将除人身关系的详细说明外所获的信息，在何种方式和条件下可由行政法规指定部门进行公开，

6. 必须采取何种预防措施来保护本章所指的装置和放射性材料免受第三方

的干扰和其他干扰,

7. 必须依第 84 条第 2 款第 2 项和第 3 项以及按照本章的规定对所需专业知识或必要知识的要求进行规定,为此须提供何种证明,主管部门或监管机构采取何种方式查验所需专业知识或必要知识,以及对参加与此相关的培训的认定和参加频次作出哪些要求。

(2)人身不受伤害的基本权利(《基本法》第 2 条第 2 款第 1 项)依第 1 款第 2 项的规定予以限制。

(3)在颁布依第 1 款第 6 项制定的行政法规之前,按照第 20 条进行公众参与。

第 496 条　辐射防护的责任人和负责辐射防护的环境专职人员

(1)[1]辐射防护责任人,是指从事依第 81 条第 2 款第 1 项 b 和第 3 款第 1 项,第 472 条、第 473 条和第 474 条,或者根据本章颁布的行政法规,或依据第 487 条第 1 款颁布的行政法规,需要批准的或者根据第 474 条第 5 款无需进行批准之活动的人。[2]当根据第 154 条第 1 款设置环境保护总监、或根据第 154 条第 4 款和第 5 款指定负责人,则由其承担辐射防护责任人的职责。[3]行政法规可对辐射防护责任人的义务予以具体规定。

(2)[1]当对确保履行第 1 款所述活动是必要的,辐射防护责任人员应根据以下规定任命一名或多名负责辐射防护的环境专职人员。[2]联邦环保部通过行政法规,规定应设置辐射防护专职人员从事的活动。[3]个别情况下,主管部门还可以指令辐射防护责任人必须任命一名或多名辐射防护环保专职人员。

(3)[1]负责辐射防护的环境专职人员应当按照书面确定的企业内部决策领域的标准对工作进行管理或监督。[2]第 161 条应予适用的条件为,拒绝辐射防护环境专职人员的建议和提出反对意见时,在任何情况下必须提供书面解释。[3]拒绝的书面理由也必须提交给企业理事会、人事委员会和主管当局。

(4)[1]在企业内部决策领域范围内,辐射防护环境专职人员在履行自己的责任时,确保符合第 494 条的基本义务、行政法规确定的保护规定以及许可裁定的规定和主管机关作出的命令。[2]辐射防护负责人的义务应全面持续履行。[3]辐射防护负责人和辐射防护环境专职人员必须确保能立即采取适当措施,防止环境和人类受到危险。

(5)对特定事务领域的辐射防护环保专职人员的具体要求可通过行政法规予以规范。

第三小节　对放射性的官方观测和辐射防护登记册

第 497 条　联邦的任务

（1）联邦的任务为

1. 大范围调查以下领域：

a）空气和降雨中的放射性，

b）联邦水道、北海和波罗的海中的放射性，

c）伽马的区域强度，

d）在天然放射性物质存在下采矿活动产生的环境放射性，

2. 抽样、分析、计量和计算程序的开发和建立，进行比较测量和比较分析，

3. 由联邦查明、由州和本法适用范围以外的主体提交的数据的汇编、处理和记录，

4. 对由联邦或受联邦委托的州查明的环境放射性数据进行评估，并将评估结果告知各州。

（2）各州进一步调查在第 1 款第 1 项所述领域放射性的职权不受影响。

（3）联邦环境部在征得州主管当局同意下确定承担第 1 款第 1 项规定的测量的机构。

第 498 条　州的任务

各州调查以下重点领域的放射性

1. 食品、烟草制品和日常用品、药品及其原料，

2. 饲料，

3. 除联邦水道、北海和波罗的海之外的饮用水、地下水和地表水，

4. 污水、污泥和废物，

5. 土壤和植物，以及

6. 肥料。

第 499 条　联邦的信息义务

（1）[1]联邦环保部每年向联邦议会和联邦参议院提交环境放射性发展情况的报告。[2]报告应予以公开。

（2）在第 493 条第 2 项情形下，联邦辐射防护局必须公布其拥有的、与评估

紧密相关的环境放射性数据。

第 500 条　联邦的管理部门

(1)[1]联邦环保部承担实施依第 497 条第 1 款第 4 项的任务。[2]同时联邦辐射防护局应予以支持。

(2)通过行政法规确定,负责第 497 条第 1 款第 1 项至第 3 项任务的联邦高等机关和联邦直属的公法法人。

第 501 条　辐射防护登记册

(1)[1]为了监测剂量限值和确保第 494 条的基本义务的履行,根据第 495 条第 1 款第 2 项规定,对受辐射暴露影响的从业人员的辐射暴露所采集的数据,应记录于在联邦防辐射局设立的登记册中。[2]数据存储应告知相关人。

(2)为了上述目的,可以在必要范围内和个别情况下将登记册的信息告知第 492 条的监测机构以及对受辐射暴露人员实施保护措施的负责机构和人员。

(3)[1]用于辐射防护领域的科学研究时,个人资料可经相关人同意转交第三方。[2]当研究工作的公共利益远超过相关人的隐私保护利益,可以未经其同意进行转交。[3]当通过使用匿名的数据在合理的费用范围内可以实现研究目的,则应禁止个人数据的传输。[4]对用于科学研究的个人数据处理和使用的其他更严格的规定不受上述内容影响。

(4)[1]个人资料的获得者只能将其用于授权的目的。[2]可以通过行政法规对提供信息和传送个人资料数据的条件和程序的细节予以规定。

第 502 条　不明原因造成的损害

根据现有科学知识可以确定由于放射性物质的暴露而造成的污染,当其致因人无法确定时,须由联邦环保部进行登记和调查。

第四小节　行政法规和行政措施

第 503 条　最大剂量和最大污染物值

[1]联邦环保部对第 493 条第 2 项的情况通过行政法规确定

1. 剂量最大值,
2. 污染最高值,和
3. 对确定剂量和污染值必需的计算程序和假设。

[2]依照第1款和第2款制定的行政法规的颁布，应征得联邦卫生部、食品部、农业部、林业部和经济事务部的同意。[3]欧共体具有约束力的法律规定不受影响。

第504条 一般禁止和限制

(1)联邦卫生部应征得联邦环保部、食品部、农业部、林业部和经济事务部的同意后颁布行政法规，禁止或限制食品、烟草制品、日常用品和药品及其原料的交易、出口和转运，以遵守第503条确定的最大污染限值。

(2)联邦食品部、农业部、林业部可在征得联邦环保部、卫生部和经济事务部同意后颁布行政法规，禁止或限制饲料的投食、交易、出口和转运，以遵守第503条确定的最大污染限值。

(3)联邦环保部在征得联邦卫生部、食品部、农业部、林业部和经济事务部同意下颁布行政法规，以遵守第503条确定的剂量值和最大污染限值

1. 禁止或限制物体或废物回收利用或使用，和

2. 规定废物的处理。

第505条 跨境运输权限

(1)[1]委派负责跨境交通警察监管的部门有权采取必要措施，以确保遵守第503条规定的最大污染限值，特别是

1. 采取对车辆及其他物品的清除污染措施，以及

2. 拒绝污染车辆和其他污染物品，或将其转交主管部门以便其采取必要措施。

[2]他们可提供进一步的健康防护建议。

(2)为对第504条第1款第2项和第2款第2项规定的禁止和限制内容进行监管，海关有权

1. 禁止过境货物运输及其运输工具的进出口和转运，

2. 就过境货物告知职责管理部门，

3. 对于过境货物运输可以作出命令，在命令相对人承担费用和危险下，向职责管理部门予以报告，和

4. 拒绝过境货物运输。

第506条 推荐

(1)[1]在第493条第2项的情况下，联邦环保部可以向公众建议特定行为方式。[2]这些建议应在咨询州最高职责部门后做出。[3]当涉及食品、烟草制品、日常用

品、药品及其原料或饲料,则应征得联邦卫生部、食品部、农业部、林业部和经济事务部同意。

(2)当事件影响仅限于一个州区域内时,由州最高部门负责向公众建议。

(3)灾难防治法的规定不受影响。

第五小节　委 托 管 理

第 507 条　联邦委托各州管理

(1)[1]只要没有规定联邦自身的管理,本章规定及据其颁布的行政法规由联邦委托各州执行。[2]在联邦国防军领域,由联邦国防的主管部门负责实施。

(2)[1]联邦环保部颁布行政规章以实施第三小节和第四小节的规定。[2]这尤其适用于有关放射性的数据之采集、传输和公开。

(3)在依第 504 条第 1 款由联邦卫生部、依第 504 条第 2 款由联邦食品部、农业部和林业部以及依第 504 条第 3 款由环境部门实施行政法规时,相关的行政规章应分别征得上述各部门同意后颁布。

第四节　责任和担保准备金

第一小节　一 般 条 款

第 508 条　责任原则

(1)由核设施或核动力船舶造成的损害赔偿责任应根据《巴黎公约》《布鲁塞尔附加公约》《布鲁塞尔核动力船舶公约》以及本章补充规定。

(2)依第 1 款提到的规定的标准,赔偿责任形成不需考虑过错,且没有总量上的限制;归责仅限于核设施所有者。

(3)为了保障第 1 款的损害赔偿主张,当其他的担保准备金不能保证时,应证明联邦提供了相关保证金。

(4)当担保准备金不足以实现损害赔偿主张,核设施持有者可被免除其应承担的最高金额。

(5)对由电离辐射影响造成的其他损害之赔偿责任可依据本节的规定。

第 509 条　概念界定

就本章的目的而言,下列术语的含义应为

1. 核事件:造成损害的任何事件,或同造成损害有同样起因的一系列继发性事件,当这种事件或一系列继发性事件或者由此造成的任何损害,是由放射性产物或毒性、爆炸性的放射性产物的结合物引起或造成的,或由核燃料、放射性产物、废物的其他危险产物,或核装置内另一辐射源发射的电离辐射引起或造成的;

2. 核装置:是指除组成任何运输工具的反应堆以外的任何反应堆;核物质的生产或加工工厂;核燃料的同位素分离工厂;辐照过的核燃料的再加工工厂;除因运输而贮存核物质的仓库以外的任何贮存核物质的设施;一个核设施也可以由同一所有人的位于同一场地的两个或两个以上设施组成,或者与位于上述场地同样有着放射性物质的其他设施组成;

3. 核燃料:是指以铀作为金属、合金或化合物,包括天然铀形式的可裂变材料或钚作为金属、合金或化合物形式的可裂变材料;

4. 放射性产物和放射性废物:是指在生产或使用核燃料过程中产生的任何放射性物质,或因在上述过程中遭到辐射而具有放射性的任何物质。但是,它们不包括:

a)核燃料,

b)在核装置以外已经达到了生产的最后阶段的、可用于任何工业、商业、农业、医学、科学或教育目的的放射性同位素;

5. 核物质:是指除天然铀及贫铀外的核燃料,以及放射性产物和放射性废物;

6.《巴黎公约》:1960 年 7 月 29 日《关于核能领域第三者责任的公约》,经 1976 年 2 月 5 日和 1982 年 11 月 16 日修订的议定书;

7.《布鲁塞尔附属公约》:于 1976 年 2 月 5 日颁布版本和附 1982 年 11 月 16 日修订的议定书的针对 1963 年 1 月 31 日《巴黎公约》的附属公约;

8.《核动力船舶经营人责任布鲁塞尔公约》:1962 年 5 月 25 日颁布的公约,并于 1975 年 7 月 12 日修订。

第二小节 责 任

第 510 条 对核设施的责任

(1)核设施的所有人应根据《巴黎公约》的规定和本小节规定对由核设施引起的核事件造成的损害负责。

(2)[1]对运输核材料包括与此相关的承运人的储存的情形,通过合同转交于位于国内核设施的持有人,则自责任转移之时起,其视为核设施的所有人。[2]合同必须为书面形式。[3]责任转移,仅在核材料运输或相关的储存开始之前,由承运人请求经依第 476 条的主管当局批准后,才有效。[4]只有当承运人在德国注册为货运承包人、或在德国注册为其主要商业承运人,且核设施持有人已向主管机构展示了许可证的情况下,才可以被批准。

(3)[1]《巴黎公约》第 9 条关于由武装冲突、战争、内战、政变或严重的非同寻常的自然灾害等原因直接引起的核事件而造成损害的相关赔偿免责声明不予适用。[2]当损害发生在他国,只有另一国法律在核事件发生时规定了与德意志联邦共和国有在类型、范围和数量方面与德意志联邦共和国相当的规定,则第 1 句才适用。

(4)核设施所有人的责任不受《巴黎公约》第 2 条规定的领土限制。

第 511 条 核反应堆船舶的责任

(1)除第 2 款至第 6 款另有规定外,核动力船舶所有人的责任相应适用本节的规定。

(2)《巴黎公约》的规定由《核动力船舶经营人责任布鲁塞尔公约》相应条款所代替。

(3)[1]当损害发生在另一国家,《核动力船舶经营人责任布鲁塞尔公约》第 515 条第 1 款最高赔偿限额的无限责任仅适用于,只有该国法律在核事件发生时对核动力船舶持有人规定了与德意志联邦共和国有在类型、范围和数量方面相当的规定。[2]第 519 条、第 521 条第 1 款以及第 523 条不适用。

(4)[1]第 518 条仅适用于有权悬挂德国国旗的核动力船舶。[2]当核动力船舶在德国为另一国或另一国的私人建造或装备反应堆,则第 518 条适用于该船舶直至该船舶在另一国家登记或取得另一国家的国旗。[3]第 518 条的豁免义务由联邦承担。

(5)一艘无权悬挂联邦德国国旗的核动力船舶,只有在该船舶造成核伤害发生在国内的情况下,才适用本节。

(6)核动力船舶的索赔赔偿由悬挂国旗所属国的法院管辖;在第5款所述情况下,也可由核损害发生地所在地的德国地方法院负责。

(7)国际核动力船舶责任条约的强制性规定不同于本法典的规定时,应优先适用前者。

第512条　其他情况的责任

(1)[1]当在《巴黎公约》以及相关的第510条所述以外情况,当一个人因核裂变过程或放射性物质的光线或由加速器所产生的电离辐射的作用死亡、其他人的身体或健康受到侵害或物体受到损坏,受核裂变影响的物质、放射性物质或加速器的所有者,有义务根据第513条、第514条、第515条第3款、第516条第1款、第4款和第5款以及第517条对造成的损害予以赔偿。[2]当第1句所述类型的损害是由核聚变过程的影响引起的,第1句也应相应适用。

(2)[1]当损害是由于占有者和履行与占有相关的人,对因即使根据情况经谨慎处理后也不能避免,且既非防护设备本身的错误也非操作失败导致的无法避免的事件引起的损害,不产生损害赔偿责任。[2]第1句不适用于《巴黎公约》或《核动力船舶经营人责任布鲁塞尔公约》中规定的放射性物质、放射性产品和废物造成的损害。

(3)失去物质占有权的人将以与占有人相同的方式承担责任,此责任不转移给按照本章或据此颁布的行政法规有权占有的人。

(4)第1款至第3款的规定不适用于,

1. 当放射性物质或加速器由医生或牙科医生在其监督下应用于受害方,使用的物质或加速器以及必要的测量仪器符合各自的科技现状,且这些损害并非由于物质、加速器或测量装置未得到或未得到足够维护引起的,

2. 占有人和受害方之间存在一种法律关系,在此基础上受害方接受了该物质或加速器带来的风险。

(5)[1]第2款第1句、第4款第2项不适用于将放射性物质或电离辐射通过加速器用于医学研究中的人类。[2]当放射性物质或加速器的占有者对放射性物质或电离辐射的应用与所发生的任何损害之间的因果关系有争议,则必须证明,根据先进医学科学,没有充分的因果联系的可能性。

(6)[1]根据第1款至第3款的规定,一个人将放射性物质带给其他人,则此人不负赔偿责任。[2]根据这些规定履行赔偿的义务,在收件人接管该物质之前,应由发件人承担,无论其是否是该物质的所有者。

(7)在第1款第1句法定规定的应用范围内,依据那些规定,其中所指的持有人和依第3款所指的同类地位人的责任范围应大于按照本节规定,或者依据那些规定应对损害负责的范围,不受上述内容影响。

第513条 受害人过错

[1]当受害人的行为对损害的产生有促进作用,应按照《民法典》第254条的规定相应适用。[2]在发生物质损失的情况下,对实际控制事物的人之行为同等于受害人的行为。

第514条 损害赔偿的责任范围

(1)关于损害赔偿要求的范围,《民法典》第842条至第844条、第846条和第847条第1款相应适用。

(2)即使在责任方被判支付年金而无需提供担保的情况下,当责任人的资产情况大幅度恶化,索赔人可要求提供其担保;在同样的条件下,他可要求增加判决中确定的担保额。

第515条 责任限额

(1)[1]根据《巴黎公约》以及连同第510条第1款、第2款、第4款规定,核设施所有人有责任限额。[2]在第510条第3款情况下,所有人的责任限于国家豁免义务的最高数额。

(2)[1]当损害在另一国发生,则第1款仅适用于,在核事件发生时另一国确保有在类别、范围和数额方面与德意志联邦共和国相似的规定。[2]此外,在另一国发生损害的情况下,核设施所有人的责任损害赔偿金额,仅限于其有关于核事件造成损害与德意志联邦共和国相似的赔偿额。[3]在其主权领土内没有核设施的国家,核设施所有人的责任限于根据《布鲁塞尔附加协定》规定的最高限额。

(3)[1]依照《巴黎公约》以及与其相关的第510条规定或根据第512条规定的损害赔偿责任人,在物质损害情形下,最高承担受损物品的合理的市场总价值以及防卫由其发射的辐射危害的费用。[2]对依《巴黎公约》以及连同第510条第1款至第4款规定的责任,对其他索赔要求的赔偿履行只有在第1款情形下由国家豁免义务的最高数额,或在第2款情形下由责任最高限额确保,才能对在核事件发生时核材料运输工具的损坏进行赔偿。

第516条　诉讼时效

(1)依本节提出的损害赔偿金请求权时效,自有权获得赔偿的人知道或者应当知道受到损害以及有赔偿义务人之日起计算,不超过三年,损害事件发生超过30年的,法院不予保护。

(2)在《巴黎公约》第8(b)条的情形下,自盗窃、丢失、抛弃或放弃占有之日起20年的诉讼时效代替第1款规定的30年诉讼时效。

(3)根据《巴黎公约》,就核事件发生后10年内就发生死亡或人身伤害的情况而对核设施的所有人提起诉讼请求的,优先于在期满后提起的赔偿请求。

(4)当赔偿义务人和赔偿权利人之间就需承担的赔偿金进行协商,则诉讼期间中断,直到一方或另一方拒绝继续谈判。

(5)其余适用《民法典》关于诉讼时效的规定。

第517条　多个赔偿义务人

(1)对于由核事件引起的、或以其他方式通过核裂变或放射性物质辐射的作用或由加速器施加产生的电离辐射引起的损害,当有多人依法有义务向第三方承担损害赔偿责任,只要《巴黎公约》第5条第d款无特别规定,则应向第三方承担连带责任。

(2)[1]在第1款情形下,在内部各自的赔偿义务比例应视具体情况而定,特别是考虑损害主要由一方或另一方造成的,只要《巴黎公约》第5条第d款无特别规定。[2]核设施的持有人无义务赔偿超出第515条第1款和第2款的最高责任金额。

第518条　豁免义务

(1)[1]当因核事件影响,位于国内的核设施的持有人已根据《巴黎公约》的规定以及与此相关的第512条第1款至第4款、或适用于该索赔的外国法律、或第512条第2款第2句,进行了法定的损害赔偿,则核设施的所有人或放射性物质的占有人损害赔偿义务应予豁免,只要此义务不受担保准备金涵盖或者不够担保准备金。[2]豁免义务限于依第526条第3款第2句担保准备金的最高限额。[3]豁免义务限于最高金额扣除由担保准备金的承担损害赔偿责任的金额,并且能满足以上责任。

(2)当有害事件发生后有理由提出豁免义务要求的,核设施持有人有以下义务:

1. 立即通知有关联邦主管部门和州部门,

2. 立即通知联邦主管部门和州主管部门关于提起的损害赔偿要求或启动初步调查程序,并按要求提供对该情况的事实审查及其法律评估所必要的信息,

3. 关于提出的损害赔偿诉权的庭内外的协商,必须遵守州主管部门的指示,和

4. 未经州主管部门同意,损害赔偿诉权不予承认或满足,除非在没有明显不当情形下其不能拒绝这种承认或满足。

(3)此外,第62条和第67条以及《保险合同法》第二部分第六章除第152条外的规定相应适用。

(4)第2款和第3款相应适用于依第526条第4款联邦政府的担保准备金。

第519条　联邦政府与州之间的豁免分配

[1]联邦承担第518条中规定豁免义务的75%。[2]其余由发生核事件的核设施所在的州承担。

第520条　豁免追索权

当核设施的持有人根据第518条已经免除了损害赔偿义务,则可以针对其应给付范围内提起赔偿追索,

1. 只要持有人违反了他在第518条第2款或第3款规定的义务;当违反此义务不会影响对损害的确定和对已给付金额的确定或多少,追索权则予以排除;

2. 只要持有人或其法定代表人,在履行由其负责的事务时,故意或重大过失造成损害;

3. 虽然给付已经作出,但现有担保准备金的范围和数额不符合依据第526条第2款制定的行政规章的规定;

4. 只要其不是德国公民,并且其工作地、居住地或永久居留地,既不在《欧共体条约》缔约国和《巴黎公约》缔约国,也不在当有害事件发生时,根据可寻的与德意志联邦共和国有关核损害责任的其他公约的其他国家。

第521条　联邦补偿

(1)当核事件的受害者在国内领土遭受损害,不能根据适用于该索赔的《巴黎公约》另一缔约国的法律要求损害赔偿,因为

1. 核事件发生在《巴黎公约》非缔约国领土内,

2. 这种损害是由于武装冲突、战争、内战、政变或严重的非同寻常的自然灾害直接造成的核事件引起的,

3. 适用法律对核事件发生时核材料的运输工具造成损害的责任未作规定,

4. 损害是由核设备中的另一辐射源的电离辐射引起的，而适用法律对所有者的责任未作规定，

5. 适用法律规定了比本章更短的诉讼时效或排斥期间，或者

6. 可用于赔偿的资金少于国家豁免义务的最高金额，

联邦应赔偿国家豁免义务的最高数额。

(2) 当适用于在德国遭受损失的外国法律或国际法条约给予受害方的索赔在方式、数量和范围明显低于适用本法典对受害方作出的赔偿金额的，联邦应补偿国家赔偿责任的最高数额，或发生损害事件所在地的国家的法律程序由于第一款所述以外的原因而不可期待时。

(3) 第 1 款和第 2 款不适用于《基本法》中的非德国人和在德国没有常住地的受害者，除非在核事件发生时，其国籍国在类型、范围和数量方面与德意志联邦共和国相比有类似规定。

(4) [1]依据第 1 款和第 2 款的索赔应向联邦管理局提出。[2]自根据外国法或国际法作出的损害赔偿决定已经不可撤销或第 2 款意义上的权利诉求不可预期时起，在三年后赔偿主张权失效。

第 522 条　联邦和州给付的例外

(1) 在依第 518 条的豁免义务和依第 521 条的补偿中，位次低于依第 528 条第 1 款和第 2 款的应予满足的赔偿请求权不予考虑。

(2) 依第 514 条连同《民法典》第 847 条第 1 款的赔偿金，只有在鉴于违规的严重性，给付必要的赔偿金以避免过度的困难时，才包含到依第 518 条的豁免义务和依第 521 条的补偿。

第 523 条　外国核设施

(1) 当根据《巴黎公约》的规定，国内法院受理对位于属《巴黎公约》的另一缔约国的核设施持有人就有关赔偿请求的裁定，持有人的责任应根据本章的规定确定。

(2) 尽管有第 1 款的规定，以下内容应依据核设施所在缔约国的法律确定，

1. 谁被视为持有者，

2. 持有人的赔偿义务是否也延伸到在非《巴黎公约》缔约国的核损害，

3. 持有人的责任是否延伸到由核设施的另一辐射源辐射造成的核损害，

4. 持有人的责任是否以及在多大程度上延伸到在核事件发生时对核材料所使用的运输工具造成的损害，

5. 持有人应承担的最高金额,

6. 在对持有人的索赔期限到期或被排斥以后的处理,和

7. 在《巴黎公约》第 9 条情形下,是否以及在何种程度上对核损害予以赔偿。

第 524 条　责任豁免界限

(1)当损害是由第 2 款所述的核燃料或核材料的核事件造成的,核设施的持有人不适用《巴黎公约》的赔偿责任。

(2)[1]第 1 款仅适用于其活动或数量符合下列情况的核燃料或核材料

1. 进行单独运输或单个运送,或者

2. 在独立的企业或者独立的企业分支中,或在申请人从事活动地点的非营利行为不超过豁免值的 10^5 倍,并且在浓缩铀的情况下不超过 350 克铀 235。[2]豁免值是根据本章或根据本章制定的行政法规处理时不需要授权或通知的活动或数量。

第 525 条　管理委员会的决定

欧洲核能机构理事会或其职能继承者的决定根据《巴黎公约》第 1 条第 a 款第 ii 和 iii 小款和第 1 条第 b 款通过行政法规生效实施以及根据第 508 条第 2 款和第 3 款和第 524 条第 2 款对决定予以修改或废除,只要为达到第 465 条规定的目的所必要。

第三小节　担保准备金

第 526 条　担保准备金

(1)[1]申请人须提供担保准备金,

1. 只要在本章或依本章颁布的行政法规中予以规定,或者

2. 只要根据具体情况在许可批准之前或者废除之后要求确保担保准备金。

[2]法定损害赔偿责任是根据本节以及其他涉及私法内容的法律规定的损害赔偿责任。[3]这不包括《国家保险条例》第 640 条、第 641 条规定的义务、第 99 条第 2 款第 3 句的损害赔偿义务、以及类似的由于事故造成的损害或伤害的赔偿和补偿责任。

(2)[1]负责许可的机构应在批准程序中对担保准备金的类型和范围作出规

定。[2]规定应每两年以及当情况发生重大变化时进行审查，并在必要时重新规定；重新规定时负责许可的机构应当对担保准备义务人规定一定的期限并确保在这一期限内已进行了担保准备。[3]在第 1 款第 2 项情况下，由负责监督的机构对担保准备金进行规定。

(3)[1]可通过行政法规对须实施担保准备金的措施作出进一步规定。[2]担保准备金额应在 50 亿德国马克的限度内。[3]为确保担保准备金的实际价值，应每 5 年对最高金额和担保总额进行评估。

(4)[1]当负责许可的机构依据第 2 款规定的担保准备金不能在保险市场或者以其他方式完成，由联邦承担担保准备金。[2]第 1 句的担保金额应按照商业保险市场的保险金的计算方式来进行收取。[3]具体内容由行政法规予以规定。

(5)[1]联邦和州没有承担担保准备金的义务。[2]当州根据《巴黎公约》并结合第 510 条或第 511 条的规定应承担责任时，主管授权机构应按照第 2 款的申请规定和依第 3 段制定的行政法规，确定州在履行第 518 条豁免义务以外的法定赔偿责任的范围。[3]这项责任要求与本章担保准备金条款一致。

(6)运输在第 524 条第 2 款确定的核材料，第 476 条第 3 款第 5 项规定的担保准备金不是必需的。

(7)以下事项通过行政法规予以规定：

1. 根据第 476 条第 3 款第 5 项规定的核材料跨境运输所需的担保准备金的性质和范围，

2. 无须按照第 476 条第 1 款进行许可的核材料运输时担保准备金的性质和范围，和

3. 依据第 476 条第 3 款第 5 项运输何种放射性物质不需要担保准备金担保准备的。

第 527 条　保险合同的法律应用

(1)[1]根据《巴黎公约》并结合第 510 条或第 511 条，规定了相关责任的设施和活动，当其担保准备金通过责任保险来提供时，保险合同法第 158c 条至第 158h 条的规定相应适用，其附带条件为该法第 158c 条第 2 款为期 2 个月的保险期限，且其到期为第 512 条第 2 款第 2 句提到的核材料和放射性物质运输责任暂停时；保险合同法第 158c 条第 4 款应用时，第 518 条的豁免义务不予考虑。[2]保险合同法第 156 条第 3 款不适用。

(2)当担保准备金是由第三方提供的豁免或保证义务而不是提供的责任保

险合同,则第1款相应适用于此义务。

第528条 担保准备金适用顺序

(1)[1]当核事件发生时有义务提供担保准备金的核设施持有人和受害者都是《德国股份公司法》第18条所指的集团公司,在不影响其他受害方赔偿要求的情况下,该条款保险只用于满足对受害方损害赔偿的法定索赔要求。[2]第1款意义上的核设施也指作为运输工具局部的反应堆。

(2)当核设施附近的工业设施发生损坏,且该地点服务于将核设施产生的核能用于生产过程时,则第1款第1句在必要的修改后相应适用。

(3)依据第1款和第2款的要求需履行的次位赔偿请求权应拥有同等优先权。

第五节 行政违法

第529条 行政违法

(1)[1]当有人未经必要的许可故意或者过失地实施以下行为,应作为行政违法行为

1. 违反第473条第1款建立或运行产生电离辐射的装置或者由于改变装置或其运行以至于由此可能对辐射防护产生影响的,

2. 违反第474条处置放射性物质的,

3. 违反第475条,进出口放射性物质或者将其输入或者输出本国的其他运输行为,或者,

4. 违反第476条第1款,运输放射性物质的。

[2]已经通过依第487条第1款的行政法规对许可条件的例外情形获得准许的,不适用于上述内容。

(2)当故意或者过失地实施以下行为,也作为行政违法行为

1. 违反依第505条第1款第1句可强制执行的命令,

2. 违反依第526条第2款所作的决定,

3. 违反依本章制定的行政法规,只要其对特定行为指向本行政罚款的规定。

(3)对第1款的违法行为可处以100万德国马克以下罚款,对第2款的违法行为可处以10万德国马克以下罚款。

(4)在处理违反依第475条许可或公告义务、或者违反第487条第1款或基于此条颁布的行政法规、或者违反与第126条、第127条、第129条相关的命令的违法行为时,《行政处罚法》第36条第1款第1项的管理部门为联邦出口局。

(5)[1]与第1款或者第2款第2项规定的行政违法有关的、或在其实施或准备中予以使用的或已予确定的物品,可予以没收。[2]《行政处罚法》第23条应予适用。

第十四章　交通设施和管线设施

（第 530 ~ 551 条）

第一节　交 通 设 施

第一小节　一 般 规 定

第 530 条　目的

本节的目的在于使建设和运营交通设施的需求与保护环境和人类以及国土规划和节约能源的需求相协调。

第 531 条　考量交通影响原则

[1]对交通需求有直接或者间接影响的决议，主管部门应对避免需求增加和促进需求减少的后果的可能性进行评估。[2]评估的结果应备案。

第二小节　跨区域交通设施的规划

第 532 条　适用领域

第 530 条和本小节的条款适用于下列跨区域交通设施：

1. 联邦公路干线、联邦水道、德国铁路股份有限公司铁路，以及

2. 行政法规进一步规定的磁悬浮道路、机场、联邦水道边或者水道上的港口、货运中心和联运设施。

第533条 规划原则

(1)跨区域的交通设施的规划应调查和评估规划的利害以及明确的备选方案。为此,应重视以下准则:

1. 对利害进行评估时,应以计价的方式进行,此外还要按照种类对其进行描述和估价;

2. 利害还包括对能源消耗、环境和人类的影响,特别是对气候、臭氧层、空气、水域和土地的长期或者间接的风险;

3. 效益调查中,经由项目激活的附属公路、空运以及因为项目所在位置可以通过公路或者空路更好抵达的周边情形,不予考虑;法律上规定的可预见的影响和避免使用在运输能力和资源效用上不相适宜的交通方式的激励措施应纳入考虑;

4. 在不利调查中,应考虑到由水路和铁路向公路和空运而产生的对环境和能源消耗不利影响的交通转移、补偿和替代措施的施行和维护所产生的支出、对干预自然和地形的补偿以及对他人权益不利影响的补偿;

5. 在对备选方案进行比较评估时,应考虑到包括位于或者正式计划在邻国的交通设施项目的其他线路和其他承运人;

6. 预测风险应予以公开并以不同的方式予以限定。

(2)在较高级别的规划中作出的确认和评估,只要事实和法律状态没有改变,就可以为下层级规划所采纳。

(3)联邦交通主管部门应与联邦环境保护主管部门协商设置一个为交通规划原则的具体化和进一步发展提出建议的咨询委员会。[2]委员会的建议应向公众公布。

第534条 联邦交通设施规划的对象和效力

(1)[1]联邦政府与州政府一致协商并听取相关部门意见,以五年为期制订联邦交通设施规划。[2]该规划应包含规划的目标和原则以及基于第530条要求的新建或者有实质性变更的跨区域交通设施规划的总体确认(需求规划)。

(2)项目计划纳入需求规划的前提条件是,根据全面的总体评估项目计划所带来的利益显著,以及明显地超过不利之处,因此该项目计划也比备选方案更可取。

(3)[1]需求规划应在后续规划中予以考虑并在预算的制定和实施中予以注意。[2]这不涉及满足不可预见的需求或者规模较小的项目。

(4)联邦政府筹备欧洲共同体的法律文件应考虑到联邦交通设施规划。

第535条 区域规划程序

(1)[1]依《空间规划法》第6a条的空间规划程序,跨区域交通设施的州规划的确立,其前提是该项目依第534条第1款第2句的联邦交通设施规划的需求规划已作明确规定。[2]此款不适用于依第534条第3款第2句不应列入需求规划的项目。

(2)跨区域交通设施州规划的确立应与联邦交通主管部门协商一致。

(3)[1]当地方规划或者州规划出现变更或者新的跨区域交通线路的建造,所有与其任务相关的交通设施开发商应参与其中。[2]联邦规划原则上优先于地方和州的规划;《空间规划法》第1条第4款和第5条第4款不受其影响。

第536条 项目的规划许可

(1)[1]建设跨区域交通设施需要第81条第3款第2项规定的项目许可。[2]可通过行政法规对不需要经项目许可的部分跨区域交通设施予以明确。

(2)跨区域交通设施的项目许可,第534条第1款和第535条第1款有要求的,应以被列入联邦交通设施规划中的需求规划,且在空间规划中以州规划的形式予以确定为前提。

(3)在跨区域交通设施项目许可中,当项目是减少事故危险、将交通从公路和空运转移到铁路和水路,改善环境条件、节约能源或者国际交通网的联结,那么其所涉及的公共利益尤其应予以保护。

第二节 管线设施

第一小节 一般规定

第537条 目的

[1]本节的目的在于保护环境和人类免受因建设和运营管线设施而产生的危害,并预防风险。[2]本小节也旨在协调建设和运营管线设施与空间规划的要求。

第 538 条　概念界定

在本小节所指的：

1. 管线设施：管道和高压电线以及所有为其建造和运营而需要的组成部分和装置；

2. 跨境管线：穿过德意志联邦共和国大陆架、从德国延伸出去或者引进来的管线设施；

3. 管道：用来运输物质的位置固定的管线设施；

4. 高压输气管道：用于输送工作压力为 1.6 兆帕以上气体的管道；

5. 高压电线：用来提供电力且运输额定压力在 110 千伏以上的位置固定的线路设施。

第 539 条　适用领域

（1）本小节规定适用于

1. 公共供水设施，

2. 工厂园区内的管线设施，

3. 法典和联邦法律意义上的其他法规需经行政许可的设施的附属管线设施，以及

4. 电信设备。

（2）本法典其他章或者其他联邦法律有相同的或者有进一步要求的规定维持不变。

第 540 条　原则

（1）管线设施应提供环境友好的物质运输和用于公众及经济的能源供应。

（2）管线设施的线路应根据如下原则设计：

1. 只要技术上、空间上以及其目的上允许，它们就要连接起来，且要与其他管线和交通线路连接起来，

2. 应避免对建成的或指定用来建设的地区造成不利影响，特别是为了防范管线设施带来的危险和风险，尤其是为了防范非电离辐射，应预设防护带以及线路与住宅、持续工作地点间的最小间距，

3. 应最大限度地减少对生态平衡和自然景观的损害。

（3）[1]同一线路上或者沿着交通线路铺设的管线设施，应采取防范措施，排除设施间的相互影响；这也相应适用于管线设施交汇或者它们与交通线路交汇的情况。[2]并行铺设的管线设施，只要安全防护技术上允许，防护带应叠加。

第 541 条　基本义务

管线设施应按照如下要求建造和运营：

1. 不应引发对环境和人的危险；

2. 应采取风险预防措施，特别是那些符合先进技术水平的和对环境和人类尽可能少产生损害的措施。

第二小节　管线设施的建造和运营

第 542 条　需要批准的管线设施

[1]建造和运营

1. 运输危险物质和半成品的管道，

2. 跨境管线，

3. 高压输气管线，以及

4. 高压电线，

需要依第 81 条第 3 款第 1 项 b 要求的计划型项目许可。[2]通过行政法规可对本条第 1 句第 1 项所指的物质和半成品的性质及数量进行进一步规定。

第 543 条　行政许可部门的决定

(1) 当需要避免第 542 条第 1 句第 1 项意义上因其他方式运输危险物质而产生的对环境和人类的危险，就可以认定管线的建造和运营存在第 102 条第 1 款第 2 项所指的公共利益。

(2) 在德意志联邦共和国境内或者境外实施的管线设施的项目许可，也应注意在境外铺设的设施部分会在境内引起危险和风险。

(3) 在跨境管线中，涉及矿产方面的应会同管辖矿产法的行政部门，涉及大陆架上水域和其上空的利用和使用秩序以及动植物世界保护的，应会同联邦的航运和水文部门，作出对项目许可的决定。

第 544 条　特征确定与工艺许可

可以通过行政法规规定特定的管线设施、或者设施的部分以及特定的技术性保护装置，只有其功能经过行政主管部门的确认，才能运用。只要此类设施、设施的部分或者保护装置是按系列生产的，就可以按照它们的建造类型予以许可。第 399 条第 1 款第 3 句和第 4 句以及第 2 款第 1 项相应适用。

第 545 条　专业运营者

[1]管线设施只能由专业运营者来安装、建造、修改、维护、修理和清洁。第 400 条第 1 款第 1 句和第 2 句以及第 2 款第 2 句和第 4 句相适用。

第 546 条　监测

(1)各州依据第 133 条至第 142 条和第 148 条至第 150 条的规定规范行政监测。各州依据第 143 条至第 150 条的规定规范自我监测。

(2)矿产方面的跨境管线的监测，只要《联邦矿产法》第 134 条没有特别规定的，由负责矿产法的州级主管部门承担。对大陆架上水域及其上空的利用和其秩序的监测由联邦的航运和水文部门负责。

第 547 条　环保专员

从事第 542 条第 1 句第一项所指的运输危险物质和半成品管道的运营者应设置一个或者多个环保专员。个别情况下如有必要，主管部门可以命令其他的管线设施的运营者设置一个或者多个环保专员。

第 548 条　设施运营的停止

当管线设施没有处于正常稳定的状态并由此产生了对环境和人类的危险，则应立即停止设施；停止应在一周内报告相应的主管部门。管线设施超过 6 个月以上恢复运营的，应在恢复运营前至少一个星期报告；已经为恢复运营获得许可的不包括在内。

第 549 条　设施的关闭

关闭不需要第 542 条许可的管线设施，相应地适用第 83 条第 1 款第 1 句第 6 项和第 108 条。

第 550 条　行政法规的授权

(1)通过行政法规颁布如下规定：

1. 建造、运营、重大变更和关闭管线设施的技术性要求；

2. 依据第 97 条且不需要依据第 542 条许可的管线设施的公示义务；

3. 检查管线设施投产、例行复查和行政命令检查的要求及其范围；

4. 应由管线设施的所有人以及生产者、建造者、运营者就基于规定或者行政命令审查管线设施而要求缴付的费用和支出。

(2)其他可通过行政法规予以规定的：

1. 经许可的专业经营者可以建造、修改、维护、修理和清洁的管线设施的

类型,

2. 专业经营许可的前提条件和程序。

第三小节　行 政 违 法

第 551 条　行政违法

(1)行政违法,指的是因故意或者过失违反了第 548 条第 1 句第 1 半句,当产生危害环境和人类的危险时,没有立即停止设施的运营。

(2)行政违法还包括,因故意或者过失的如下行为:

1. 违反第 544 条连同第 399 条第 3 款和第 4 款,使用设施、设施的部分或者技术性保护装置,其特征没有经过确认或者没有按建造方式予以许可的。

2. 违反第 545 条和第 550 条第 2 款第 1 项的行政法规,只要其对特定行为规定了罚款的,即建造、修改、维护、修理或清洁管线设施而没有作为专业经营者所必要的许可的。

3. 运营者接受委托对管线设施进行建造、修改、维护或修理,但没有获得第 545 条所要求的专业经营许可。

4. 违反第 547 条,没有设置环保专员的。

5. 违反第 548 条第 1 句第 2 半句,停止运营没有及时或者没有完整地向主管部门报告的。

6. 违反第 548 条第 2 款第 1 句,恢复运营没有及时或者没有完整地向主管部门报告的。

7. 违反基于第 550 条第 1 款第 3 项的可强制执行的命令,只要命令中对特定行为规定了罚款的。

(3)根据第 1 款的行政违法可处以 100 万德国马克以下罚款,根据第 2 款的行政违法可处以 10 万德国马克以下罚款。

第十五章　基因技术和其他生物技术

（第552~585条）

第一节　关于基因技术的一般规定

第552条　目的

[1]本章的目的在于保护环境，包括自然生物多样性，保护人类免受基因技术进程或转基因生物体产生的危险，并采取防范风险的措施。[2]本章也旨在保护免受类似危险和风险的利益，这些危险和风险可能发生在处理或使用经非遗传手段改造的生物体上。[3]本章也旨在保护人们在基因技术操作中的健康权益。

第553条　适用范围

本章不适用于转基因生物体在人体上的运用。

第554条　概念界定

（1）在本章的语境中：

1. 生物体：是指每一个由细胞构成的以及不由细胞构成的、能够繁殖或者传递基因物质的个体；

2. 转基因生物体：是指通过基因技术进程而改变其基因物质的生物体；

3. 基因技术进程：是指通过在自然条件下不会发生的方式来改变生物体基因物质的进程，其中包括细胞单位中通过传递而繁殖的被分离的核酸的产生；

4. 基因技术操作：是指对基因技术进程的运用，以及对转基因生物体进行应用、繁殖、保存、毁灭、清除以及运营内部的传输；

5. 其他操作：是指以某种方式偏离了已被报备的或者已被同意的操作，而引发再一次的必要的风险评估的操作；

6. 基因技术场所:是指包含一个或者多个封闭系统的设施,包括与其有空间上联系的其他设施以及服务于共同技术目的的设施,只要其对于第552条所保护的法益免受危险和风险有重大意义的(辅助设施);

7. 封闭系统:是指在基因技术操作中被使用的某一设施,其为了限制被应用的生物体与人类及环境的联系,而制造了相应的物理和化学的界限;

8. 释放:是指有目标地散布某种生物体进入环境;

9. 转基因产品:是指含有或由转基因生物体所组成的产品。

(2)[1]基于第1款第3项的基因技术进程应通过行政法规进一步规定。[2]公众参与应依据第20条的规定进行。

第555条　处理转基因生物体的基本义务

(1)[1]设立或运营场所、进行操作、释放转基因生物体或将其投放市场流通的相关人士,应当预先对相应的危险和风险进行科学的调查和评估。[2]相关人士还应当特别考虑到被传递的以及剩余的核酸、载体以及作为受体的生物体的数量、性质及其相互作用,也应考虑到转基因生物体的性质以及其对第552条所保护的法益可能产生的影响。

(2)[1]运营者应根据科学知识采取必要的预防措施,对第552条所保护的法益可能受到的危险及风险进行防范。[2]此义务的履行,也关乎因违反义务而受影响的个体的保护。

(3)[1]当没有足够的认知以及风险评估,或者根据先进技术水平无法实现必要的安全措施时,可以基于基因技术委员会的听证,通过行政法规禁止特定操作、特定转基因产品的释放或市场流通。[2]但这并不适用于以研究为目的的相关操作。[3]公众参与应依据第20条的规定进行,法规草案也应至少在公开专业期刊上基于可抗辩性而予以公布。

第556条　告知义务

(1)[1]运营者应及时告知主管部门所有可能对第552条所保护的法益造成风险的,不符合预期的操作、释放以及流通行为。[1]同时,所有对于安全评估有必要的信息,以及计划性及突发性的应急措施,也都应当予以告知。[3]详细情形应当依据第423条第2款,基于基因技术委员会的听证通过行政法规予以规定。

(2)运营者获取关于第552条所保护的法益可能受到危险和风险的信息时,也应及时告知主管部门。

第 557 条 监督

州级主管部门对本章内容和基于本章而制定的行政法规和部门规章的执行进行监督。

第 558 条 基因技术委员会

(1)[1]该专业委员会由罗伯特－科赫研究所建立(基因技术委员会)。[2]基因技术委员会对各个建设项目予以表态,并就基因技术和其他生物技术向联邦政府以及各州提供咨询意见。[3]当涉及转基因产品时,在相关行政法规出台前,应听取基因技术委员会的意见,遵循第 121 条第 1 款第 1 项的规定。

(2)基因技术委员会的成员由微生物学、细胞生物学、基因技术、医学、生态学以及安全技术各领域分别两名专家组成,其中至少 7 人从事基因技术方面的工作,并有 1 人担任有决策能力但无投票权的主席。[2]当基因技术委员会解决涉及释放以及市场流通的问题时,则应当在安全技术、动植物生态学以及农业经济学每个领域各设立两个专家席位。[3]根据基因技术委员会的听证,可在其他领域聘请更多成员,以及在个别领域任命委员。

(3)基因技术联邦主管部门应根据州政府对于主管研究、农业、环境保护以及经济的各部门意见的听证,聘请基因技术委员会的成员。

第二节 封闭系统中的基因技术操作

第 559 条 风险级别、安全措施

(1)[1]根据科学知识,将基因技术操作对人类健康及环境的风险划分为四个等级。[2]风险级别为 1 表示操作不会造成风险,2 表示操作会造成较少的风险,3 表示操作会造成适中的风险,4 表示操作会造成较高的风险。[3]在进行划分时,应考虑被传递的核酸、载体以及作为受体的生物体的数量、性质及其相互作用,也应考虑转基因生物体的性质,相关的生物安全预防措施,以及对第 552 条所保护的法益可能产生的影响。

(2)[1]对于封闭系统的安全性要求,与风险等级相对应,也被划分为四个安全等级。[2]安全等级应考虑到该封闭系统的目的,特别是在实验以及产品所涉及的领域,其中也包含物理上的、程序相关的以及组织上的措施。

(3)根据基因技术委员会的听证可制定以下行政法规:

1. 相关操作的风险评估及其风险等级划分的规则和程序;

2. 转基因生物体的生物安全性要求;以及

3. 封闭系统的安全性要求。

(4)[1]当有足够的认知,基因技术联邦主管部门可通过行政法规规定以下内容:

1. 为了对某一操作进行风险评估,将作为受体的生物体、载体以及被传递的核酸归为风险组别;

2. 可以将对于特定载体和作为受体的生物体的应用或对于特定预防措施的观测,认定为生物安全措施;

3. 为了对特定的操作方式进行说明,基于第562条第2款或第3款第3句以及第4句的控制可被简化。

[2]基因技术委员会应进行听证。[3]公众参与应依据第20条的规定进行,法规草案也应至少在公开专业期刊上基于可抗辩性而予以公布。

第560条　特殊的基本义务

(1)操作只能在封闭系统内进行。

(2)建设场所时,需遵守所有可预见操作的安全要求。

(3)运营者需对可预见的操作进行风险评估,并遵守相应的安全级别要求。

(4)[1]根据基因技术委员会的听证,为了第552条所保护的法益免受危险和风险,可通过行政法规确立关闭某一场地以及停止某种操作的预防措施。[2]依据第83条第1款第1句第6项的有关停止某一计划的基本义务,以及依据第97条第5款的报告义务,相应地适用于有登记义务的场地,但须作必要的修改。

第561条　监督、环保专员

(1)[1]运营者有义务指定项目负责人并向主管部门提前报告所有的相关变化。[2]对于无法预见的变化应当及时报告。[3]必要的相关专业知识需要用报告予以证明。[4]项目负责人的责任和应当具备的专业知识,应根据基因技术委员会的听证通过行政法规予以规定。

(2)[1]实施风险级别2~4的操作时,运营者应指定一个或多个环保专员。[2]环保专员的职责包括监督项目负责人履行其职责。

(3)[1]运营者应负责操作实施的记录,并依要求提交主管机关。[2]记录的形式及内容的细节,例如保存及展示的义务,应根据基因技术委员会的听证通过行政法规予以规定。

(4)运营者应就对于场地有重大安全性意义的设施装置变更在其开始前两

周向主管部门报告。

第 562 条 场所及操作的登记及许可的要求

(1)[1]风险级别为 1 的操作场所的设立、运营,及其地点、施工、运营发生重大改变时,应在开始前两周在主管部门进行登记。[2]风险级别为 2 至 4 的操作场所应当依据第 81 条第 2 款第 1 项 d 取得相应的许可。

(2)[1]风险级别为 1 的操作在其开始前两周在主管部门进行登记,除非该操作的方式由依据第 559 条第 4 款第 3 项所制定的行政法规所规定。[3]本规定对于风险级别为 1 的其他操作也适用。

(3)[1]风险级别为 2 至 4 的操作应当获得许可。该许可能够与场所计划许可一起被申请和授予。[2]只要该操作的方式由依据第 559 条第 4 款第 3 项所制定的行政法规所规定,则需在开始前六周进行登记。[3]第 1 句与第 3 句同样适用于风险级别为 2 至 4 的其他操作。[4]已经获得许可或者已经登记的风险级别为 2 的操作,在另一个与此操作相关的已经获得许可的封闭系统内由运营者实施时,应在开始前两周在主管部门进行登记。

(4)[1]第 2 款及第 3 款并不适用于以下操作:

1. 国际寄存机构为了执行 1977 年 4 月 28 日《专利申请流程》而对微生物寄存进行国际认证的布达佩斯条约中的要求而进行的操作,或者是;

2. 主管部门在其监督范围内依据第 140 条,为调查某一样本而进行的操作。

[2]第 1 项所规定的情形应向主管部门及时报告。

第 563 条 基于有关释放以及流通的许可而进行的操作

[1]对于转基因生物体的应用、繁殖、保存、毁灭、清除以及操作内部的传输,及其为之后在环境中传播而进行的释放和市场流通,都需要获得许可,第 555 条第 1 款以及第 560 条至第 562 条的规定并不适用于此。[2]运营者应当遵守许可中的相关内容。

第 564 条 场地的许可程序

(1)主管部门应征求基因技术委员会对于必要安全性措施的意见。

(2)[1]解释期限可不适用第 87 条第 3 款第 1 句以及第 90 条第 1 款第 1 句的规定而为 1 个月,对其申请的决定应在 3 个月内予以作出。[2]公众参与开始后,从解释期限届满至讨论日期的时间不计入。

(3)应依据第 92 条第 1 款以及基因技术委员会的听证通过行政法规对详细内容予以规定。

第 565 条 操作的许可程序

(1)[1]操作许可申请在递交时应附上为检验许可条件所必需的文件。[2]对第三方文件的应用适用第 617 条的规定,但须作必要的修改。

(2)相关申请应向公众公布,且应给予抗辩的机会。

(3)[1]主管部门应向基因技术委员会就可预见操作的风险评估及其必要安全措施征求意见。[2]在风险评级为 2 的操作中,当某一已预见的操作与基因技术委员会已评级的某一操作相符,则可以不征求基因技术委员会的意见。

(4)许可的同时也可作出要求,规定运营者应就与其操作依据种类相关的可预见的其他风险认知进行特定的调查。

(5)文件齐全时,主管部门应在 6 周内对许可申请作出决定。

(6)第 99 条适用于处理与其他行政决定之间的关系,以及排除私法上的防御请求,但须作必要的修改。

(7)应根据基因技术委员会的听证通过行政法规对详细内容予以规定。

第 566 条 登记流程

(1)对于场所以及操作的登记应附上为其检验所必需的文件。

(2)在对风险评级为 3 和 4 的操作的报备中,主管部门可依据第 565 条第 3 款征求基因技术委员会的意见。

(3)当第 567 条第 1 项至第 4 项的条件不存在或不再存在时,主管部门可对预期场所以及预期操作的设立、变更以及运营规定,允许其不考虑该条件或者对其进行禁止。

(4)[1]登记期限在申请以及所有材料送达后开始计算。[2]期满后,相关场所及操作被视为已登记;对此应当对运营者进行书面确认。[3]获得主管部门的许可后,相关场所的设立和运营以及相关操作的实施可以在登记期限届满后开始进行。

(5)[1]授予公法上的许可、批准、授予、准许以及确认的规定,当涉及保护基因工程免受特定风险的影响,则不适用于依据本章须登记的项目。[2]此种情况下,主管部门应在申请及所有材料送达后,于 3 个月内作出决定。

(6)应根据基因技术委员会的听证通过行政法规对详细内容予以规定。

第 567 条 许可的条件

[1]操作实施的许可在以下条件下被授予:

1. 不存在对运营者或者事实负责人的信用怀疑的事实;
2. 项目负责人以及环保专员具备所必需的专业知识;

3. 确保第 555 条和第 560 条基本义务的履行；

4. 没有依据表明相关场所及操作将用于发展、建设以及保存生物或化学武器；不得违背 1990 年 11 月 22 日在公报文本中颁布的《关于战争武器控制法》第 18 条；

5. 不违反其他公法上的法律法规。

[2]第 1 句第 4 项的前提也适用于依据第 84 条的基因技术场所建设项目许可的授予。

第三节　转基因生物体的释放

第 568 条　特殊的基本义务

(1) 只有在封闭系统中已经收集了关于转基因生物体充分的经验时，才可以释放。

(2) 当释放会对第 552 条所保护的法益造成无法避免的不利影响，则只有在没有其他合适措施以及考虑到应用中的该影响是合理时，才可予以准许。

(3) 为了第 552 条所保护的法益免受危险和风险，可以根据基因技术委员会的听证通过行政法规确定相关防护措施，包括停止释放。

第 569 条　监督、环保专员

(1) [1]运营者有义务指定项目负责人并向主管部门提前报告所有的相关变化。[2]对于无法预见的变化应当及时报告。[3]必要的相关专业知识需要用报告予以证明。[4]第 561 条第 1 款第 4 句也适用于此，但须作必要的修改。

(2) [1]运营者应指定一个或多个环保专员。[2]环保专员的职责包括监督项目负责人履行其职责。

(3) [1]运营者应掌管操作实施的记录，并依要求提交主管部门。[2]记录的格式及内容的细节，例如保存及展示的义务，应根据基因技术委员会的听证通过行政法规予以规定。

(4) [1]当释放对第 552 条所保护的法益产生风险，运营者应就释放所产生的影响告知联邦农林业生物所。[2]其间也应考虑到营销计划。

第 570 条　许可的要求

(1) [1]转基因生物体的释放需要依据第 81 条第 2 款第 2 句取得相关许可。[2]

由联邦农林业生物所对此许可作出决定。

(2)[1]当已经收集了足够的经验,联邦农林业生物所可以向欧洲共同体委员会申请简化,以特定方式释放转基因生物体的程序之应用。[2]基因技术委员会就此举行听证。[3]公众参与应依据第20条的规定进行。

(3)当另一成员国根据1990年4月23日《欧洲理事会关于故意向自然环境释放转基因生物体的第90/220号指令》的第6条第5款提出申请,则在决定前,该指令第21款所指理事会应与第2款第2句相应适用。

(4)为执行欧洲共同体委员会或者理事会根据90/220/EWG指令的第6条第5款和第21条所作出的决定,有关特定释放的集体许可和登记,由行政法规予以规定。

第571条　为市场流通而许可的释放

(1)[1]当以在环境中传播为目的的市场流通已获许可,则第555条第1句以及第570条对于转基因生物体释放的规定不再适用。[2]但是,运营者应当遵守许可中的相关内容。

(2)[1]关于释放是否对第552条所保护的法益造成损害有疑虑时,州级主管部门可要求运营者对释放所造成的结果进行详细调查。[2]该部门可禁止运营者对转基因生物体继续释放。

(3)出于保护第552条的法益免受危害和风险之必要,基因技术联邦主管部门应通过行政法规对已获准流通的转基因生物体的释放采取安全措施,也可全部或部分地停止该释放。

(4)欧洲共同体委员会以及欧洲共同体其他成员国的参与程序,以及欧洲共同体委员会及理事会决定的实施,应通过行政法规根据99/220/EWG指令的第16条及第21条予以规定。

(5)联邦农林业生物所应当在适当情形下,对特定的转基因生物体的释放及其结果,在释放后进行长期观测。

第572条　释放的许可程序

(1)对于第三方文件的应用,适用第617条的规定,但须作必要的修改。

(2)联邦农林业生物所应就有关释放的风险、目的以及所需的安全措施征求意见。

(3)[1]许可基于州级主管部门以及联邦环境部的意见而予以颁布,当涉及转基因脊椎动物,或者对脊椎动物运用转基因微生物时,许可的颁布还需要考虑联邦动物病毒性疾病研究所的意见。[2]欧洲经济区成员国的意见在程序上根据90/220/EWG指令的第9条第2款也需予以考虑。

(4)解释及决定的期限,适用第564条第2款的规定,但须作必要的修改。

(5)[1]应依据第92条第1款基于基因技术委员会的听证通过行政法规规定详细内容。[2]此规定亦适用于欧洲共同体委员会的参与程序以及根据90/220/EWG指令的第9条所述范围内的成员国及欧洲经济区成员国的参与程序。

第573条　许可的内容和要求

(1)[1]许可包含关于转基因生物体的后代以及繁殖物质释放的内容。[2]当该释放在有限的时间内实现相同的目的,许可的内容也包括转基因的不同生物体在同一地点的释放,以及转基因的特定生物体在不同地点的释放。

(2)对于许可的相关规定,适用第565条第4款的规定,但须作必要的修改。

第四节　转基因产品的市场流通

第574条　特殊的基本义务

(1)当转基因生物体是某一转基因产品的组成部分时,只能在封闭系统以及其释放区域内收集到足够的相关经验后才能投放市场流通。

(2)当其常规应用对第552条所保护的法益会造成无法避免的不利影响时,则只有在没有其他合适产品以及应用该产品时的影响是合理时,该产品的流通才可予以准许。

第575条　许可的要求

(1)[1]转基因产品的流通以及对其特定应用的改变,都必须经过许可。[2]某一产品被确定予以释放时,其流通许可由联邦农林生物所予以决定,此外也可由罗伯特－科赫研究所决定。

(2)联邦生物所或罗伯特－科赫研究所的许可,等同与欧洲经济区其他成员国或者其他国家的有关部门根据同等规定而授予的许可。

(3)当转基因生物体被运用于同一企业集团的企业之间的研究目的,或被用于专利申请程序的范围,抑或被用于以医学实验为目的和以运营者已被准许的释放行为为目的的封闭系统内的基因技术操作时,则不需要通过相关许可。

(4)[1]当转基因产品的市场流通需基于其他规定取得相关许可,则其不再需要取得基于第1款的许可。[2]第555条、第574条、第576条、第578条和第579条适用于许可的授予;当转基因产品的流通基于第2309/93号条例(EWG)或者第258/97号条例(EG)被准许时,此例外情况不适用第576条的规定。[3]当该产品被确定予以释放,则许可需要联邦生物所和罗伯特-科赫研究所的一致意见。

第576条　许可程序

(1)[1]许可申请在递交时应附上为检验许可条件所必需的文件。[2]对于第三方文件的运用适用第617条的规定,但须作必要的修改。

(2)许可授予前,联邦农林生物所以及罗伯特-科赫研究所应征求基因技术委员会和联邦环境部的意见,只要涉及转基因脊椎动物,或者对脊椎动物运用转基因微生物时,和就流通的风险和使用征求联邦动物病毒性疾病研究所和保罗-埃尔利希研究所的意见。

(3)[1]联邦农林生物所以及罗伯特-科赫研究所在联邦司法部公报上公布许可的申请以及许可的授予。[2]公众可对许可申请提出异议。[3]对此在申请公布中应进行明示。

(4)对申请的决定应在申请以及全部材料送达之后的3个月内作出。

(5)[1]应根据基因技术委员会的听证通过行政法规对详细内容予以规定。[2]此规定亦适用于欧洲共同体委员会的参与程序以及根据90/220/EWG指令的第9条所述范围内的成员国及欧洲经济区成员国的参与程序。[3]相关法律法规可确定不适用于第3款第1句中公布的相关产品及产品群组。

第577条　许可的条件

授予上市流通的许可,当

1. 确认其已经履行了第555条及第574条规定的基本义务,以及
2. 不违反其他公法上的规定。

第578条　许可的内容和要求

(1)许可包含关于转基因生物体的后代以及繁殖物质进入市场流通的内容。

(2)许可应限制特定的应用,即该应用必然会导致风险的发生。

(3)出于保护第552条的法益免受危害和风险之必要,许可也可包含有关转基因产品使用的规定。

(4)基于相关的规定,可要求运营者对有关流通中的转基因产品应用的特定知识进行收集和运用,并向联邦农林生物所或者罗伯特-科赫研究所报告。

第 579 条　后续决定

(1)对于新的知识有核实许可的必要时,联邦农林生物所以及罗伯特－科赫研究所可在规定期限内额外要求运营者对许可条件持续存在的证据、文件以及样本予以证明。

(2)当许可的条件不存在或不再存在时,联邦农林生物所以及罗伯特－科赫研究所可作出后续规定,以更改和补充相关许可命令。

(3)[1]当怀疑许可条件不存在时,联邦农林生物所以及罗伯特－科赫研究所可以在欧洲共同体委员会及理事会根据 90/220/EWG 指令的第 16 条和第 21 条作出的决定范围,规定该许可全部或部分停止。[2]第 571 条第 4 款亦适用于此,但须作必要的修改。

(4)当必要的许可不存在或者根据第 3 款停止时,州级主管部门可依据第 127 条第 1 款禁止转基因产品的流通。[2]当有理由怀疑许可的条件不存在或不再存在,则最多可禁止销售 3 个月。

第 580 条　新型食物及食物配料

(1)由转基因生物体组成的,或含有该生物体的新型食物及食物配料的流通,根据欧洲议会以及 1997 年 1 月 27 日颁发的《欧洲共同体理事会关于新型食物及食物配料的第 258/97 号条例》予以规定。

(2)罗伯特－科赫研究所对于新型食物及食物配料流通的相关决定具有管辖权。该研究所根据第 258/97 号条例(EG)第 6 条及第 4 条第 2 款进行初次检测,并根据第 258/97 号条例(EG)第 12 条第 1 款采取相应措施。

(3)相关决定根据第 258/97 号条例(EG)第 13 条所述程序作出,相应地,食品委员会的决定根据第 576 条第 3 款所述程序进行。

第五节　关于其他生物技术的要求

第 581 条　经生物技术改变的生物体

(1)[1]通过有目的的培育改变生物体的基因,或者对已改变的生物体(经生物技术改变的生物体)进行繁殖、保存、运输、释放或者投放市场流通的人士,应当依其种类考虑到相应的风险,也应根据良好的专业实践或其他商业习惯进行相应的操作,从而保障第 552 条所保护的法益不受损害。[2]传统的优良品种培育不适用于第1句所述有目的的培育程序。

(2)出于保护第552条的法益免受危害和风险之必要,可通过行政法规确定相关措施,特别是对因生物技术而改变的生物体进行的特定服务进行记录、登记、许可的相关必要措施。

(3)药品法及动物保护法中的相关条款不因此改变。

第582条　利用生物技术保护环境

[1]利用因生物技术而改变的生物体帮助水体、土壤或生存空间以进行环境保护的人士,应考虑到不能干扰自然物质之间的构造。[2]对此适用第581条第2款的规定。[3]第292条的规定不受影响。

第六节　共同规定

第583条　不需保密的文件

依据第224条以及第225条第1款,下述内容不属于需保密的重大利益:

1. 运营者的姓名及地址,

2. 登记和许可的目的,

3. 对转基因生物体的描述,

4. 基因技术场地的地点,

5. 释放的地点及时间,

6. 转基因产品的商品名称,

7. 监测转基因生物和紧急措施的方法和计划,以及

8. 对可预见的对第552条所保护的法益产生影响的描述和评价。

第584条　保护雇员的措施

(1)[1]为实现第552条第3句所述目的,可通过经基因技术委员会听证的行政法规规定:

1. 雇主有义务使用对人体风险较小的其他工作材料,只要该材料是可以获得并为工作方法所允许的,

2. 确定操作措施的要求,特别是:

a)应如何保存转基因生物体,以及应向雇员指明何种危险,以使雇员不因保存不当而受到危害;

b)应如何监管操作区域,以查明转基因生物体所污染的操作区域;

c)应如何向雇员告知转基因生物体产生的危险、防范这些危险的措施和设施内应遵守的规则,以及

3. 起草预防危险的相关计划,以及需要制作、准备、提交何种文件。

[2]其余事项适用第 614 条第 2 款第 3 项、第 4 项 c 至 e、第 5 项至第 7 项以及第 9 项的规定,但须作必要的修改。

(2)可根据基因技术委员会的听证通过行政法规规定第 1 款所指的有关应用其他生物工作材料设施的规则。[2]也可依据第 1 句制定行政法规:

1. 规定与处理生物工作材料设施有关风险的确定和评估要求,并依据第 559 条第 1 款对风险进行划分的要求;以及

2. 确立必须许可或登记的特别危险的生物工作材料的操作。

第 585 条　行政违法

(1)行政违法指的是,因故意或过失

1. 违反第 560 条第 1 款进行基因技术操作;

2. 未获得第 562 条第 3 款第 1 句或者第 4 句所规定之许可而执行第 1 句所指的基因技术操作;

3. 违反第 571 条第 2 款第 2 句所指的可强制执行的禁令而对转基因生物体进行释放;

4. 未获得基于第 575 条第 1 款的许可而将转基因产品投入市场流通;

5. 违反第 579 条第 4 款第 1 句所指的可强制执行的禁令将某一产品投入市场流通;

6. 违反基于第 564 条第 4 款、第 566 条第 3 款、第 573 条第 2 款、第 565 条第 4 款以及第 578 条第 4 款或者违反基于第 579 条第 2 款或者第 4 款第 2 句的规定。

7. 违反依据第 556 条第 1 款第 3 句、第 560 条第 4 款第 1 句、第 561 条第 1 款第 4 句、第 3 款第 2 句、第 568 条第 3 款、第 569 条第 1 款第 4 句、第 569 条第 3 款第 2 句、第 571 条第 3 款或者第 121 条第 1 款第 1 项所制定的行政法规,只要其对特定行为规定罚款的。

(2)行政违法还包括,因故意或过失

1. 违反第 562 条第 1 款第 1 句的规定,对基因技术场地的建设、重大改变、状态或运营未予以登记;

2. 违反第562条第2款或者第3款第3句至第5句,未对基因技术操作进行登记;

3. 违反第561条第3款第1句或者第569条第3款第1句,未进行记录;

4. 违反第556条第1款第1句或第2款以及第569条第4款,未报告、未及时或未正确报告;

5. 违反第561条第1款第1句或第2句与第1句或第4款的关联、第560条第4款第2句,第569条第1款第1句或第2句陪同第1句未进行公告,未及时或未正确公告。

6. 违反第571条第1款第2句,不遵守许可的内容。

(3)依据第1款行政违法款可处以100万德国马克以下罚款,依据第2款可处以10万德国马克以下罚款。

(4)对在违法行为实施或准备中使用过的或已被确定的物品,可予以没收。《行政处罚法》第23条相应适用。

(5)当本章的内容由联邦部门来执行时,根据第36条第1款第1项所规定的行政违法,管理机关应为州法规定的主管部门。

第十六章　危险物质

（第 586 ~725 条）

第一节　一般规定

第 586 条　目的

[1]本章的首要目的在于，调查物质、配料和成品的危险特征，保护环境和人类免于危险及采取风险预防。[2]本章也致力对工作场所的危险物质进行防护。

第 587 条　概念

（1）本章中的物质指的是天然所得或生产所得化学元素或化合物，包括用于维持稳定所必要的添加剂和在生产中无法避免的污染物，不包括可以从物质中分离但不损害稳定性也不会改变成分的溶剂。

（2）为规范用语，对法典的术语进行如下解释：

1. 旧（/或译为现有）物质：《欧洲共同体旧物质名单》——欧洲现有商用化学品目录（EINECS）依最新欧洲共同体公报中被标识为旧物质的；

2. 新物质：除旧物质以外的物质；

3. 聚合物：由分子组成的、以多种形式的单体单元通过单个或多个链的物质，并含有至少三个单体单元分子的简单多数重量，且至少与一个其他单体单元或一个其他反应物组成共价键，并且当分子在一个固定的分子重量范围中时，少于带有相同分子重量的分子简单多数重量，而范围中分子重量的不同主要取决于单体单元数量的不同；一个单体单元在这种定义下是指聚合物中一个单体的复合形式；

4. 配料（/半成品、配制品或混合物）：由两个或更多物质所构成的化合物、混合物或溶液；

5. 成品(/制品或制成品):在生产过程中形成特定的外观、表面或形式,以单独或聚合形式存在的物质或配料,区别于其本身化学成分所具有的功能;

6. 定级:依照第 588 条第 1 款中对危险性特征的分类;

7. 科学研究和发展:在确保产品发展的科学调查及产品特性、作用和效用的确定处于可控状态下,实施的科学试验或分析;

8. 程序(/工艺)导向的研究和发展:对物质的进一步发展,在该过程中检验实验设施或产品实验中的物质应用领域。

第 588 条　危险的物质、配料和制成品,有害物质

(1)[1]在本法典中,危险物质或危险配料是指:

1. 危害环境的物质或配料,或

2. 可能以如下原因对人类健康产生影响的物质或配料:

a)有爆炸危险

b)可助燃

c)燃烧可能性高

d)易燃

e)可燃

f)有剧毒

g)有毒

h)危害健康

i)具有腐蚀性

j)具有刺激性

k)具有致敏性

l)致癌性

m)致畸性

n)损害生殖的或者

o)改变遗传特性的。

[2]危害环境是指物质或配料本身及其转化产品可以改变环境特性、立即或将会对环境产生危害。

(2)本法典所指危险制成品,是可能释出或含有第 1 款所指危险物质或配料的制成品。

(3)本法典所指有害物质为:

1. 第1款中所指危险物质和配料，以及其他有长期危害特性的物质和配料，

2. 如下物质、配料和制成品：

a)有爆炸危险的，

b)在生产或使用过程中具有或释出第1项或第2项a中所指物质或配料的，

c)依照经验会传播疾病的。

(4)可通过行政法规对第1款中所指危险性特征进行具体规定。

第589条　适用范围

(1)[1]以下物品：

1. 食品、烟草制品和化妆用品，以及于1993年7月8日颁布的《食品和日常用品法》中定义的必需品，

2. 1995年8月2日颁布的《饲料法》中所定义的饲料和添加剂，

3. 1994年10月19日颁布的《药品法》中或1995年12月20日颁布的《动物传染病法》中定义的药品，以及仅被确定为在此类药品中作为有效成分的物质和配料，

仅适用于第五节的规定以及基于此规定而制定的行政法规，除非提及的法案涉及本章的其他规定。[2]但如下所指应适用于第590条、第591条，第三节中的规定和第609条、第611条

1.《食品和必需品法》第6条第1款规定的不对消费者售卖的食品以及仅用于生产烟草、化妆品或必需品的物质和配料，

2. 在配料、加工和改造状态用于饲喂的动物饲料，以及《饲料法》中所指添加剂，

3. 依照药品法或动物传染病法仅在药品中作为有效成分的物质和配料。

(2)第3节和第5节中的规定和据此制定的行政法规不适用于1986年4月17日颁布的《爆炸物法》，或以此为依据的相关规定中所指的爆炸物。

(3)[1]如下物质：

1. 放射性物质，

2. 待清除的废弃物，

3. 被排入水域或废水处理设备的废水，

4. 噪声和空气污染，

不适用本章以及基于本章而制定的行政法规。[2]但在第1句第2项至第4项情况下，为保护生产或使用危险物质的工人或为预防第三方处于危险范围，可适

用第614条的规定以及基于此而制定的行政法规。

(4)[1]第590条和第591条、第三节的规定和第610条、第611条和第622条适用于生产、流通或使用第588条第1款第1句和第2句b至e所指物质或配料以及含有或释出这些物质或配料的制成品，只要它是在盈利性的、在其他经营性企业的框架内或员工工作过程中发生的。[2]不适用此限制的有：

1. 为避免废料、废料处理和净化空气的规定和命令；

2. 为保护人类健康所采取的措施中所含危害环境的物质或配料。

第590条　基本原则

(1)本章所规定措施应当确保有效预防环境和人类所面临的危险。

(2)生产、流通、使用和处置大量危险物质、危险配料和制成品，和使用产生危险物质的过程中，对环境和人类的总体负担应保持在较低水平并尽可能地不断降低。

(3)特别危险的物质、配料和能释出或含有这些物质或配料的制成品，以及对产生危险物质的流程的使用或应用，当其不是必需时，则应当禁止其生产、流通和使用，特别是由于其不符合先进技术水平或该物质、配料、制成品或该流程可通过危险性更低的物质、配料、制成品或流程代替。

(4)危险物质和配料、危险制成品和产生危险物质的流程应被对环境和人类危害更小的生产、使用、处置或应用手段所代替。

(5)[1]依照第600条对物质、配料和制成品的评估，以及对其禁止和限制的规定由相关部门持续进行检查。[2]可释出或包含旧物质的物质、配料和制成品应被视为对环境和人类有危险而予以审查；第1句也相应适用。

第591条　基本义务

危险物质、危险配料或危险制成品

1. 当被预估到可能对环境或人类产生威胁时，不得生产、流通或使用；

2. 只能依先进科学和技术水平进行生产，按照良好的专业实践进行使用。

第二节　新物质的登记

第592条　登记义务

(1)[1]生产方可以在成员国和1992年5月2日颁布的，并于1993年3月17

日更新的记录文件中的其他《欧洲经济区协议》(EWR 协议)范围国家内,将新物质作为配料或配料的组成部分,在许可机构首次注册后在营利性或其他经营性企业框架内进行流通。[2]当生产者已经在欧洲经济区中的其他国家生产新物质并且在那里以同样的流程登记后,则不需再登记。

(2)[1]只有在登记机关完成首次登记后,进口商才允许营利性或其他经营性企业从非欧洲经济区国家进口新物质以作为配料或配料的组成部分。[2]当进口者在欧洲经济区中的国家有经销处,并且在那里以同样的流程作登记,则不允许再登记。[3]在欧洲经济区内没有经销处的,则不允许将新物质本身或其作为配料的组成部分在营利性或其他经营性企业框架内进口。

(3)本章或依本章规定所制定之行政法规中所指进口者登记新物质相关规定仅适用于在德意志联邦共和国境内设有经销处,且将新物质本身或作为配料的一部分的、从非欧洲经济区成员国内进口到欧洲经济区其他成员国内的情况,除非依第2条第13项第2半句的过境运输。

第593条　登记义务的例外

(1)登记不是必需的,当一种物质

1. 作为聚合物,其以化合形式所含新物质的质量百分比少于2%,

2. 在欧洲经济区的国家内每个生产者每年流通总量少于10千克,

3. 仅为科学研究和发展目的,每个生产者每年在欧洲经济区国家内共流通总量不超过100千克,只要生产者或进口者对物质的身份、标识、流通数量和收货者的姓名、地址予以注明,

4. 专用于程序导向的研究和发展一年所需的流通数量,当生产者或进口者证明该物质以有限数量且保证只在管制条件下由专业人士使用,不会以其物质本身或作为物质的组成部分进入流通领域。

(2)在第1款第4项的情况下登记机关可以

1. 拒绝在程序导向的研究和发展结束后将物质作为组成部分或以成品的形式交与其他人,当这一行为有危害环境和人类的风险,

2. 依生产者或进口者的申请,在申请者证明程序导向的研究和发展在1年内无法完成或有其他意外情况发生使得这种延长存在合理性、并保证这一行为不对环境或人类造成危险时,可将期限最高再延长1年。

(3)第1款所指物质应遵循第608条规定之通知义务。

第594条 登记内容

(1)[1]登记人在登记机关应以书面形式将姓名、地址和如下内容予以登记,如为进口者,也应注明生产者姓名和地址以及生产者所在地:

1. 识别标识,包括添加剂的形式、重量分配、主要污染物以及其他已知的污染和分解物,

2. 证明和确认方法,

3. 生产、使用、暴露和曾滞留地的说明,

4. 物质每年要进入市场流通的数量,

5. 使用过程中的任何有害影响,

6. 毒性提示,

7. 预先分级、包装和标识,

8. 使用时的预防措施以及发生意外时的应急措施建议,

9. 对可能的再利用、中性化以及环境无害化处理的方式,

10. 基本测试的测试证书。[2]对于危险物质,登记人还需提供可预见的安全数据表。[3]涉及危险物质时,第1句和第2句中所指信息应在登记表中匿名登记。

(2)基本测试的测试证书应依第616条第5款所制定之说明扩展至物质的物理化学、毒性和生态毒性特质。

(3)当登记人对物质对环境和人类的作用或对确定人类和对环境影响的结构分析方法有其他认知,应在登记时将相应资料一并上交。

(4)当相应资料已由其他生产者依照本法典或依照欧洲经济区其他国家同等规定予以提交,且已持续10年以上,则无需出示第1款第1句第6项、第9项、第10项所述资料。

第595条 简化登记

(1)[1]当新物质在欧洲经济区国家内每年流通量不超过1吨,则登记人进行登记申请时可以依据第616条第5款中的规定对需提交的申请材料范围进行减少。[2]流通量少于100千克时,可以依照第616条第5款所制定之说明继续减少相关的资料范围。[3]第594条第3款相应适用。

(2)[1]在一年内达到第1款所指数量范围上限或达到流通初始量五倍以上之前,登记人应补交后续数量的说明和检测证明。[2]第1句中所指资料的补交适用于满足初始登记本应登记的全部资料。

第596条　已登记物质的登记、流通后流程

（1）[1]登记机关应依照第594条，在登记后60日内告知登记人，对登记是否符合规定予以认定。[2]予确认后，只要之前没有出现过相同物质和相同登记者，则登记机关应告知登记号。[3]此确认不排斥依第616条第2款事后补交材料。

（2）依照第594条的登记情形，登记人可最早在登记后60天内将物质投放市场流通。

（3）登记机关在第1款所指期限内要求依照第616条第2款进行更正和补充时，登记机关就登记收录的日期应为更正或补充的日期，第1句和第2句相应适用。

（4）[1]依照第595条登记的，适用第1款至第3款时，将期限缩短至30天。[2]当登记机关在期限结束前30天内就结束认证时，登记人可在收到认证证书后，最早自在登记机关登记后15天内将在登记机关登记并有义务出示的物质数量投放市场流通。

第597条　第一和第二阶段补充检测

（1）[1]当登记人在欧洲经济区国家内投入使用的某种登记物质的量，达每年100吨或生产、进口总量达到500吨时，登记机关依照第616条第5款而颁布的行政法规的规定，在限定期限内要求提交对物理化学、毒性和生态毒性特质的检测形式的额外检测（第1阶段补充检测）。[2]根据基本检测的结果，只要有必要，登记机关也可要求调查热处理中的分解产物，以及要求更新跟踪和确定物质和转化产物的分析方法。

（2）当当年产量达10吨或总产量达50吨，且考虑了物质及其转化产品的现有知识、已知或可预见的用途或基本检验的结果的前提下，认为证明文件是必要的，则第1款也适用。

（3）在当年产量达1000吨或产量达5000吨，登记机关可在期限内依照据第616条第5款所制定之行政法规要求进一步提交关于该物质毒性和生态毒性特征的附加证明（第2阶段补充检测）。

第598条　进口登记的特殊规定

（1）[1]在进口者登记的情况下，第595条和第597条中所指总量，应根据同一制造商转移到欧洲经济区国家的同一物质的总量。[2]登记机关依第1句在登记时应查明是否有相同物质在该机关或其他国家已进行登记，以及第1句提到的总量来自哪些相应的申请文件；这些信息应保持最新状态。[3]当总量超出登记时标明之数量范围,登记机关应告知登记人。

(2)[1]新物质依照本章或欧洲经济区其他国家同等规定需由一个或多个进口者登记的,其生产者可以依照本章规定,通过在德意志共和国境内具有住所或营业地址的总代理人将该物质自行登记。[2]总代理人应被视为第592条第2款意义上的进口者。[3]提交登记文件时,还应补充如下信息:

1. 由生产者本人出具的授权书,证明其将欧洲经济区范围内的物质登记权委托给了总代理人;以及

2. 生产者所知道的在这些国家中物质经销商的名称和地址。

[4]总代理人对数量的说明必须包括第3句第2条所指欧洲经济区内经销物质者递交,并对这些人的各自份额分别标注。

(3)[1]依照第2款由总代理人予以注册或依欧洲经济区其他国家同等规定提交申请予以考虑的进口者,在总代理人已提交足够材料时,可不再提交第594条和第597条所指说明和检测证明。[2]进口者放弃提交材料的,应保证在总代理人处对其所进口之数量和依照第594条第3款其获知的信息保持最新状态;对第596条第2款至第4款所规定期限应参照总代理人注册登记的情况。

第599条　登记机关的职权

(1)[1]登记机关可以

1. 要求生产者或进口者提供基础检测和依照第593条第1款第2项和第4项对所做之第1阶段和第2阶段补充检测的检测证明;

2. 要求登记者

a)在达到第595条和第597条所指数量之前,

b)证实原始提交的证明材料,

c)就该物质的转化产物,

提供基础检测和第1阶段和第2阶段补充检测的检测证明;

3. 规定对第593条第1款第2项和第4项中所指无需登记的物质

a)仅在特定情况下,为特定目的,在符合条件或在未来事件发生后才允许投放市场,或者

b)仅在特定情况下,为了特定目的以特定形式或方式允许使用;

当有证据证明该物质是危险的,并在第586条指出该目的是必要的。[2]基础检测和第1阶段和第2阶段的补充检测的检测证明仅限于在有相应怀疑情形的情况下。[3]第1句第2项中所指要求检测证明之职权也可在第1句所指其他要求

之外独立行使，当该要求为贯彻第 600 条基于委员会 1993 年 7 月 20 日出台的《93/67/EWG 为评估对人类和环境的风险之原则指令》，且出于理事会 67/548/EWG 指令所指物质之必要时。

（2）[1]在有证据显示对环境或人类造成危险时，第 1 款第 1 句第 3 项相应适用于含有或释出该类物质的已登记物质、配料和成品。[2]该命令的生效期间为 3 个月。[3]登记机关可出于重要理由将命令延长 1 年。[4]命令在第 121 条所指规定生效后失效。

（3）登记机关可以禁止某种物质、配料或成品的流通，当其不符合第 597 条或第 1 款第 1 句第 1 项或第 2 项所要求之期限，或与第 1 款第 1 句第 3 条或第 2 款规定相矛盾时。

第 600 条　评估

（1）[1]通过对物质、配料和成品的评估，可以确定其是否具有第 588 条中第 1 款所定义之危险性，并且是否因为其危险特征而在环境中的暴露和传播会对环境或人类造成危险。[2]主管部门应基于评估结果作出决定并采取措施，以防止和预防风险。

（2）[1]新物质、配料和成品的评估实施细节由行政法规予以规定。[2]新物质评估的规则应遵循按欧洲共同体最新公报中公布的 93/67/EWG 指令中的原则。

第三节　危险物质、配料和成品的分类、包装和标识

第 601 条　危险物质的定级、包装和标识

（1）生产者或者进口者将新物质上市流通时，需要对物质进行定级，并依照据第 604 条所制定之行政法规进行包装和标识。

（2）[1]如果新物质无法依照据第 604 条所制定之行政法规进行定级，生产者或进口者应调查关于物质特性的可知信息，以及基于第 594 条第 2 款或第 597 条第 1 款或第 3 款的检测证明或当该检测证明不能予以定级时基于确切的科学知识，自行予以分级。[2]依第 593 条第 1 款第 2 项至第 4 项中排除在外，或依照第 595 条登记了的但又没有依照第 594 条第 2 款提供完整的检测证明的新物质，要额外标识提示“注意——尚未完整检测的物质”。

（3）[1]没有依照第 604 条中规定分级的旧物质，应由生产者或进口者依照可

获知物质特性的信息对物质进行分级。[2]直至对旧物质作出进行评估的决定依照1993年3月23日发布《欧洲共同体理事会关于评估和控制威胁环境的化学旧物质的第793/93号条例》(欧洲共同体旧物质条例)在欧洲共同体公报上公布,旧物质依照第2款第2句须进行额外标识。

(4)其他对包装和标识的规定不受影响。

第602条　配料和成品的分类、包装和标识

(1)[1]对于依照据第604条所制定之行政法规被分类为危险的、或对行政法规中规定了分类计算方法的配料,适用第601条第1款和第2款。[2]第1句中所指计算方法只适用于,当依第594条第2款、第597条第1款或第3款所规定之检测证明或依照确切的科学知识而不能予以分类的配料。

(2)未依照第604条进行分类且没有规定计算方法的,如果存在关于该配料危险特性的确切科学证据,应由生产者或进口者自行分类并依照据第604条所制定之行政法规的要求进行包装和标识。

(3)生产者或进口者将危险成品投放市场流通,应依照据第604条所制定之行政法规进行包装和标识。

(4)其他对包装和标识的规定不受影响。

第603条　安全数据表

生产者或进口者要将危险物质、配料或成品投放市场流通,应依照据第604条第1款第3项b目所制定之行政法规的说明,向营业性收货人提供包含有保护环境和人类所必要信息的安全数据表。

第604条　分类、包装和标识规定的授权

(1)通过行政法规

1. 可以将物质和配料分类定级为危险,

2. 可以规定计算方法,据此以使特定的配料根据其含有的各物质分类为基础进行分类;

3. 可以规定

a)危险物质和配料、确定的危险成品的包装或标识和其如何进行包装和标识,以避免可预见的、在使用中对环境或人类产生的威胁,

b)在销售危险物质及配料时,销售人应将确定的信息和对使用时的预防措施或发生意外时的救急措施建议告知他人,特别是以安全数据表或使用说明书的方式,并保持所作说明处于最新状态,

c)生产者或进口者依照第 601 条第 2 款第 1 句和第 3 款第 1 句对物质进行分类时至少需注意哪些方面，

d)由谁负责对在依此规定标识和包装义务的行政法规生效前已经投放市场流通的危险物质、配料或成品进行包装和标识以及

e)对不含有特定的需标识危险物质的特定配料和成品，必须予以标识或可能予以标识，以及如何进行标识。

(2)[1]依照据第 1 款所制定之行政法规也可规定包装和标识义务的例外情况，只要与第 586 条所指保护目的相一致。[2]也可以进一步规定在标识的位置上以其他合适的方式提供相应的信息。

第 605 条　销售者的义务

[1]生产者或进口者在依本章或依照据本章所制定之行政法规的规定前已进行包装、标识并投放市场流通的危险物质、配料或产品，只能在保留该包装和标识时，或销售者依照上述规定对该物质、配料和成品重新包装和标识后，才可重新投放市场流通。[2]如果销售者得知包装或标识与上述规定不符，则有义务使包装和标识与其相符。

第 606 条　广告

危险物质、危险配料基于依照第 604 条所制定之行政法规标识成品，只有在对第 588 条第 1 款意义上相关的危险特征给予说明的情况下，才可进行广告宣传。

第四节　通 知 义 务

第 607 条　登记的物质

[1]登记义务人应及时通知登记机关如下事项：

1. 物质生产的开始或中断，或物质投放市场流通，

2. 达到第 595 条和第 597 条所指数量阈值。

[2]第 147 条和第 225 条第 5 款中的通知义务不受影响。

第 608 条　免于登记义务的物质

(1)[1]依第 593 条规定的无需登记的新物质的生产者或进口者，需要在将新物质投放市场流通前，向登记机关提交第 594 条第 1 款规定之说明和第 594 条

第2款规定之检测证明。[2]第1句也适用于在欧洲经济区其他国家对符合第593条所指前提而免除登记情形的新物质的进口。

(2)依照第616条第5款所制定之行政法规规定以下义务：

1. 对第588条第1款第1句第2项f、g和l至o目中所指物质生产者或进口者应有义务提供所述危害特性的毒理学数据，以及对使用时的预防措施和发生事故时的紧急措施提供建议；

2. 第593条第1款第4项中无需登记的物质，应提供必要的信息以确保遵循第593条第1款第4项的要求。

(3)[1]只要与第586条所指保护目的相一致，可在行政法规中规定，对于依照第593条第1款第1项至第3项无需登记的物质，第1款所指通知义务和通知范围取决于是否达到一定的数量的界限。[2]这不适用于第2款第1项中的物质。

(4)第607条相应适用。

第609条　不进入市场流通或只在欧洲经济区外流通的新物质

(1)因其生产的物质不进入市场或只在欧洲经济区外流通而无需履行第592条规定之登记义务的新物质的生产者，应当在其生产的物质年产量超过10千克时，及时将依照第616条制定的行政法规所具体规定的信息和检测证明提交登记机关。

(2)[1]行政法规应对物质年产量在达到10千克、100千克、1吨或10吨时提交的第594条第1款所规定之信息、第594条第2款和第597条所规定之检测证明作出规定。[2]当物质仅在封闭的系统内暂时出现，且被隔绝时，无需进行通知。[3]仅用于研究和发展目的而生产的物质或在1990年1月1日之前已生产的物质可作为通知义务的例外事项，只要其符合第586条所指保护目的。

(3)当生产者依照其他规定必须作出该物质对环境或人类影响的进一步说明时，应向登记机关转交此说明。

(4)第607条相应适用。

第610条　原有物质

(1)依照当时欧洲共同体公报中《欧洲共同体现有物质条例》第3条和第4条，有义务就旧物质向欧洲共同体委员会作出说明的人，应同时也将该说明转交至登记机关和州级主管部门。

(2)[1]依照《欧洲共同体现有物质条例》，如果对旧物质进行评估需要独立的信息要求，可在如下情形下，依照第616条第5款制定行政法规，规定生产者或进口者向登记机关提供第594条第1款所规定之信息以及第594条第2款和第597条所规定之检测证明：

1. 有证据显示该物质有危险特质，且该物质暴露于环境或人群中，或者

2. 考虑到该物质有可能暴露于环境或人群中，需澄清其是否具有危险性的。

[2]对于迫切需要信息的情况，应授权登记机关对现有物质予以标识，并要求递交第594条第1款所规定之说明和第594条第2款或第597条所规定之检测证明；相应的命令可在3个月内有效。[2]通知和提交的义务也应在适当期限内履行。[3]基于依第1句所颁行行政法规之义务可取决于生产或进口的数量。[4]第607条相应适用。

第611条　配料和成品

（1）为调查从配料或成品中可能产生的危害，以及危险物质在配料或成品中的使用方式和范围，生产者、进口者或使用者应依照第616条第5款中所规定之行政法规提交说明和检测报告，当有迹象表明该配料或成品对环境或人类产生危险。

（2）[1]可规定提交与物质的成分、每年生产、进口、使用的数量、应用领域以及安全数据表的内容和第594条第2款或第597条所规定之检测证明的有关信息，只要通知义务人拥有该信息或能以可承受的支出获取该信息。[2]通知义务可仅限于视生产、进口和使用量而定的成分的特定信息，以及之后成分的改变。

（3）第607条相应适用。

第612条　中毒的信息和治疗中心

（1）[1]作为生产者、进口者或使用一种自己的商品名称将第588条第1款第1句第2项f、g和k至o目意义上的针对消费者的配料投放市场流通的人，应将商品名称、有关成分说明、标识、使用指南以及使用时的建议和谨慎措施和发生意外时的紧急措施和这些只要可能对于治疗有可能由配料作用而引起的疾病中有意义的任何信息的变更，递交联邦消费者健康保护和兽医机构。[2]已经向联邦消费者健康保护和兽医机构递交了第1句所指信息的，不再适用。

（2）[1]作为医生参与治疗或诊断可能由危险物质或配料所导致的疾病时，应将评估含有或可能释出的物质、配料或该物质或配料危险成品所必要的这些信息，通知消费者健康保护和兽医机构。[2]相关私人信息仅允许以匿名形式传播。

(3)[1]联邦消费者健康保护和兽医机构基于第1款、第2款和其他规定而得知的信息应向各州指定的中毒信息和治疗中心转达。[2]中心应向联邦消费者健康保护和兽医机构提供在询问和治疗该物质导致的相关疾病过程中具有普遍意义的知识。[3]第1款中的信息只能应用于医学用途。

(4)[1]应依照第616条制定行政法规作出进一步规定。[2]可特别规定

1. 为防止对人类危险所必要,将第1款所规定之义务扩展至其他配料、物质和危险成品,即使其不针对消费者投放,

2. 免除第2款的义务并将其转移给法定意外保险的保险人,只要按照其他规定已将第2款所规定之信息递交给法定意外保险的保险人,

3. 将第3款所规定之义务扩至其他机构,

4. 对第1款所规定之信息的性质和范围和第2款、第3款规定之信息义务以及第3款第3句所规定之私密治疗和特定目的进行规定。

第613条　危险物质平衡

(1)[1]为达成第586条所指目的,可通过行政法规规定,为生产、处理或加工物质、配料或成品或为获取能量的设施运营者,有义务每年向主管部门报告特定信息,特别是如下危险物质的数量,

1. 在设施运行过程中被使用的数量,包括运行中首次出现的、不只是在封闭系统中短暂出现的物质,

2. 弃置在工厂现场或排放到空气或水中的物质,

3. 作为垃圾转运到其他地点进行垃圾处理的物质,

4. 作为产品组成部分投入使用的物质。

[2]通知义务可依数量阈值达到程度,限于特定的危险物质或物质组,也可扩展到使用危险物质的其他设施,或限于特定规模或特定部门的设施。[3]可规定某些方法用于获取第1句的信息。

(2)只要运营者为其设施地点所作环境声明和第732条所指物质平衡或第143条第2款所指排放声明中包含第1款所要求的信息,则只需提交相应的声明。

(3)[1]登记机关获取并保存第1款所指信息,并以适当方式向公众公开。[2]详细信息由第1款所制定之行政法规规定。

第五节　劳动者保护

第614条　保护劳动者的措施

(1)[1]通过行政法规可规定：

1. 在生产或使用危险物质以及在其危险范围内工作时实施第2款所述各种措施；

2. 在其使用中可能出现有损劳动者健康的物质和配料时，适用的工作卫生之准则。[2]以上不适用于在本章第八节、第九节、第十二章、第十三章或爆炸品法所规定之措施。

(2)依照第1款所制定之行政法规可特别规定

1. 雇主的义务，包括

a)查明危险物质，

b)作出风险评估，

c)考虑到环境保护利益，检测是否存在对人类风险更小的物质、配料或制成品并予以使用；

2. 生产者和进口商的义务，包括告知雇主危险物质中的危险物质成分，以及该危险物质或配料在工作场合的浓度的通用最大值或标准值，当这些数据不存在时，应告知物质浓度推荐值和浓度超标时的相应措施，以及指明可能由危险物质所导致的危险；

3. 工作场所的条件、设备和操作要求，包括先进技术水平、技术设备、技术工具、工作流程、职业医学和卫生以及其他保护工作的安全知识；

4. 对企业规章的要求，特别是

a)对物质和配料的标识和企业内危险物质的包装、标识和登记，

b)为依先进技术水准的方式危险和降低界限值和导向值，设计布置生产和使用流程，

c)采取预防措施，防止对健康有害的物质落入未经授权人员的手中，或因其他不当处置的，

d)为保护劳动者设立准入和工作限制，以及规定直接接触危险物质的劳动者的数量、工作时长和个人防护装备，

e)对劳动者的行为进行要求,以确保其不伤害自己和他人,以及对其知识、能力进行相关证明的要求,

f)对考虑聘任负责特定生产或使用流程的项目领导者方面,应规定其被分配的职责、所需专门知识和技能及其证明;

5. 对为防止违反法律规定、为预防运行故障及降低其影响的措施,包括急救组织以及企业人员信息、聘任监管人员、出示材料和专家的运行检测;

6. 对职员的健康监控包括后期检查的要求;

7. 雇主与企业工会或职工代表会合作的规定;

8. 对工作人员有特殊危害的生产和使用流程的指示及许可要求,以及对那些作业过程中可能释出危险物质或配料的公司的专业要求;

9. 对州级主管部门授权在由于监管人员和其他人员不足下的危险依照第127条第2款、第130条第1款和第2款第1句第1项的命令实施行政法规。

第六节　良好的实验室实践

第615条　良好实验室实践的准则

(1)[1]本章中物质和配料的非临床实验检测需要遵守良好实验室实践准则(GLP准则)。[2]通过对有组织的流程,有计划、予执行和受监督的实验室检测的条件以及对检测进行记录、报告的要求,良好实验室实践准则确保检测的质量和可比性。

(2)[1]本章所指申请人、登记义务人或通知义务人提交检测结果时,应证明,得出检测结果的评测符合第1款所述要求。[2]该证明应以如下方式证明:

1. 第3款所述证书,以及

2. 检测机构对依照GLP准则而进行检测的书面说明。[3]如无法提供该证明,则视为没有提交检测结果。

(3)[1]当检测机构和由其进行的检测符合GLP准则时,主管部门应依申请为依照第1款所进行的检测单位签发其遵守了GLP准则的证明(GLP证书)。[2]第1句所指证明与以下证书一致:

1. GLP证书:

a)在欧洲经济区其他国家作出的,或者

b)在欧洲经济区外对GLP准则相互承认的国家作出的,或者

2.联邦消费者健康保护和兽医机构关于对不属于第1项所指国家的、根据管理局调查结果按照GLP准则进行测试的检测机构的确认书。

(4)联邦政府于每年3月31日之前向欧洲共同体委员会上报上年GLP准则使用情况。

(5)可通过行政法规规定其他内容,特别是:

1.对GLP准则的确定,

2.证明的形式和内容,特别是GLP证书的确定,

3.对申请人、登记义务人或通知义务人对保管资料的义务进行规定,

4.第4款所指报告内容和与州级最高部门制定报告时予以合作的规定,

5.对于遵守GLP准则进行检测的检测机构名单在联邦司法部公报上予以公布的规定,

6.对联邦消费者健康保护和兽医机构在良好实验室规则范围内的任务予以规定。

第七节 程序和组织

第616条 检测证明的提交

(1)由登记或通知义务人提交的检测证明和一并提交的其他资料,必须可以评估,其所涉及的物质或配料是否会对人类或环境造成有害影响。

(2)[1]如果因检测证明和其他文件不完整或有缺陷导致其不能作出充分的评估,或因欧洲共同体的法律行为而使提供其他检测证明、文件或补充说明有必要,登记义务人或通知义务人应就登记机关的要求在所定期限内提交所必要之报告和补充。[2]第599条第3款相应适用。

(3)如果检测证明和其他文件不能做出充分评估,即使其原因并非不完整或有缺陷,登记机关也可要求登记义务人和通知义务人在规定期限内对其所提交之检测证明和其他文件予以补充说明。

(4)如果检测证明的提交依照现有科学水平是不必要的或技术上无法进行检测的,则应书面说明不提交的原因。

(5)[1]可通过行政法规规定

1. 第594条、第595条、第607条至第612条所述登记和通知文件的内容和形式,

2. 第594条、第595条、第597条和第608条至第620条中检测证明的方法和范围,

3. 依照形式、范围和期限对文件和检测证明的保管。[2]应通过行政法规规定,使用实验动物的检测流程应被不需要使用或少量使用实验动物的流程替换,只要从现有科学水平而言可以符合研究目的,并符合欧洲共同体法律行为的规定。

第617条 第三方检测证明的使用、事前询问义务

(1)登记机关可以允许登记或通知义务人持有第三方出具的检测证明和书面同意书,只要提交检测证明即可。

(2)在用脊椎动物进行实验之前,为准备登记或通知,登记或通知义务人应在提供其投放市场流通或生产的物质的特质或数量信息以及其利益的报告证明情况下,向登记机关询问是否有必要进行实验。

(3)[1]如果从第三方检测证明中可获取足够信息以提交登记机关,则检测证明无需以动物实验为前提。[2]当第三方的检测证明在近10年内提交的,登记机关应立即就其预计将有利于登记或通知义务人可使用何种第三方检测证明,以及其他每一个名称和地址,告知登记或通知义务人。[3]当第三方检测证明已根据第594条作为登记文件提交,且已经提出了相应的请求,则依照第2句登记机关应依照第2句在递交申请的第一年内允许每一个符合条件的其他人都进行推断,且不需提供参与人的姓名、住址和其他信息;期间经过后该信息需及时补充。

(4)[1]第三方可以在收到通知1个月内依照第3款第2句对检测证明的评判进行辩解。[2]辩解过程中应依照第596条第2款至第4款,延长至为登记义务人提供其自身检测证明所需的期限。[3]这一期限在登记义务人和第三人的听证会后由登记机关依参与人申请而确定。

(5)[1]第3款第2句和第3句中所指检测证明在第三方的呈交10年期限到达之前为登记机关所使用的,第三方有权收取登记和通知义务人因予以采用所节省费用、不超过50%的报酬,登记和通知义务人也可要求第三方转让出具的检测证明文书。[2]在依第592条规定之登记情形下,第三方可禁止登记人将物质投放市场流通,只要当登记人未付费或未提供适当金额的担保。

（6）[1]如果有多个登记或通知义务人同时提交内容相同的检测证明，登记机关应对已知的登记或通知义务人就何种检测证明被共同提交、以及其他参与人的名称和地址予以告知。[2]登记机关应给予登记或通知义务人在其规定期限内决定由谁提交的机会。[3]如无法达成一致，则由登记机关决定并立即将其通知所有参与人。[4]如不撤销登记，或没有满足登记或通知义务的条件，则其有义务按照参与的登记或通知义务人文件制作的费用承担相应部分的数目；并承担连带责任。

第 618 条　登记机关的信息反馈义务

[1]本章中所指登记机关为联邦劳动保护局。[2]除了本章规定的其他任务之外，还应履行：

1. 依照第 594 条、第 595 条、第 597 条、第 607 条、第 608 条和第 610 条对文件进行概述，以及对欧洲共同体委员会就在欧洲经济区其他国家登记的通知向州级主管部门进行转交，并将文件评估的结果和依第 599 条所作指令告知州级主管部门，

2. 依照第 609 条，向物质生产或即将进行物质生产所在地的各州主管部门传达其文件概述，并告知文件评判结果，

3. 依照第 130 条和第 622 条向作出行政决定的州级主管部门通报执行其履行任务所必要之所有信息，并基于要求提供服务，

4. 根据咨询告知除第 617 条第 3 款所规定之情形外，生产者或进口者关于特定物质是否已依本章规定或依相应流程在欧洲经济区其他国家登记、或是否有相关的信息，以使生产者或进口者享有该信息的合法利益，

5. 向欧洲共同体委员会转交依照第 594 条、第 595 条、第 597 条、第 607 条和第 608 条所作文件的概述，包括选择第 597 条第 1 款和第 3 款的检测证明的理由以及评判结果；根据要求将完整文件传送给委员会或欧洲经济区其他国家登记机关。

第 619 条　保密

（1）[1]如下内容不属于第 225 条所规定之企业或商业秘密：

1. 物质的商品标识，

2. 生产者、登记或通知义务人的名称，

3. 第 594 条第 2 款与依照第 616 条第 5 款所制定之行政法规中规定的物理化学特性，

4. 第 594 条第 1 款第 9 项所规定之流程，

5. 第 594 条第 1 款第 8 项规定的建议,

6. 毒性和生态毒性实验的评定,

7. 为物质的分类和标识之必要的物质的纯度、危险添加剂的性质以及污染,

8. 安全数据表的内容,

9. 依照第 594 条第 3 款对依照第 604 条所制定之行政法规而物质分类的分析方法。

[2]第 600 条规定的评估结果中不属于企业或商业秘密的。

(2)在国内有分支机构的生产者出口至第三国的,应依第三国登记机关要求,告知其第 1 款所规定之数据。

第 620 条　咨询委员会

[1]可通过行政法规成立专家委员会。[2]其承担如下任务:

1. 为联邦政府、联邦各主管部门、登记机关和评估机关提供咨询,特别是:

a)本章中检测证明方法的发展,

b)第 604 条和第 614 条关于制定分类、包装、标识条例的起草,

c)第 600 条所指评估,

d)基于第 610 条、第 611 条和第 612 条有通知义务的物质、配料和成品的命名,

e)依照第 121 条和第 614 条制定禁止、约束或保护条款,

f)良好实验室实践的相应条款进一步完善。

2. a)对安全技术、职业病学和卫生规则以及其他与工作相关知识的查明,

b)拟定保护人类或环境的建议,或者

c)推荐由联邦主管部门官方公布的、对人类或环境没有危险或危险较小的物质、配料、成品以及制作程序。

第 621 条　执行和监督

(1)由登记机关负责实施本章第 1 节至第 7 节中专业领域所涉及的欧洲共同体的条例,信息的接收和传达,或与成员国的其他必要合作。

(2)通过行政法规实施第 1 节至第 7 节中的规定时,以此为支撑的行政法规以及第 1 款所指欧洲共同体条例的管辖权归属如下:

1. 当许可或协调声明必须在全国范围内进行或要求评估事实通常超出一个国家的管辖范围,对这些许可和协调声明管辖职责予以移交给联邦高等机构来承担,以及

2. 在第 1 款所指情形中，应指定另一联邦高级部门。

(3)[1]州级主管部门不能对生产或使用危险物质的方法或范围所产生的威胁或有害影响、或为其防护或预防而采取必要的措施作出判断，可要求生产者或使用者自担费用通过部门指定的专家作出鉴定并开具鉴定书。[2]第 1 句不予适用，只要当在第 1 节至第 7 节评估予以规定或予以评估所要求的前提。

第 622 条　官方规定

[1]州级主管部门可以规定危险物质、配料或危险成品最长 3 个月的期限内仅在特定条件下、仅为特定情况或仅为特定目的进行生产或进入市场流通或允许使用，只要有证据证明该物质、配料或成品不对环境或人类造成显著危险。[2]当存在其他情况确有必要时，州级主管部门最高可将此期限延长一年。[3]当假设物质或配料有危险时，第 1 句和第 2 句也适用。

第 623 条　费用

(1)对依据第 1 节至第 7 节的规定和以该规定为支撑而制定的行政法规以及欧洲共同体的法律文件的公务行为，涉及第 1 节至第 7 节事务范围时，应收取费用(服务费和成本费)。

(2)[1]可不经联邦参议院同意，通过行政法规对有缴费义务的事由和本章所规定之联邦主管部门的公务行为的收费予以详细规定。[2]如果检测或调查无法按期开始或必须中断，而其并非由于检测者或调查机关的过错导致，且申请人也没有足够免责事项，可规定征收检测或调查该延期原因所需支付的合理费用。[3]收取第 1 句所述以外的公务行为费用，适用州法律。

第八节　农　　药

第一小节　一 般 规 定

第 624 条　目的

(1)本章旨在防止农药的流通、使用和其他植物保护措施对环境或人类可能产生的危险，进行风险预防。

(2)本章也旨在致力于植物和植物制成品的健康维护和品质保证。

第 625 条　概念界定

(1)本法意义上的概念含义如下:

1. 植物保护是指

a)保护植物不受有害有机物损害和非寄生性损害和预防损害的影响,

b)保护植物制成品不受有害有机物的不利影响,和防范其发生作用,

包括通过可能利用和保护治理有害有机物的动物、植物和微生物;

2. 综合植物保护:一种技术组合包括首先考虑生物学、应用生物学、植物育种学和农业及种植技术措施的使用,将化学农药限制在必要的范围内,以便于有害有机物的侵害范围尽量减少以致不会发生不必要的经济损失;

3. 受侵入客体:携带或可能携带特定有害有机物的植物、植物制成品或其他物品;

4. 农药:有效成分和配料,其确定能

a)保护植物和植物制成品免受有害有机物的损害或预防其影响,

b)保护植物和植物制成品免受有害有机物之外的动植物或微生物损害,

c)不供给营养但影响植物生长过程,特别是生长调节剂,

d)消灭植物,或妨碍或阻碍植物生长,

e)对 a 至 d 中所指方法进行补充,以改变其性质或作用;

水、肥料和植物助剂不属于农药;

5. 植物助剂:

a)非人工合成生产的有效成分或配料,仅致力于提高植物抵抗有害有机物的能力,

b)致力于保护植物免受非寄生虫损害之不利影响的有效成分或配料,

c)除种植材料以外,应用于剪切纯观赏植物的有效成分或配料;

6. 植物保护设备:喷洒农药的设备和装置;

7. 培养基材:用作植物根部空间的固体或液体形式的泥土和其他基质培养基;

8. 适用范围:为保护植物和植物制成品免受特定的植物和植物制成品包括有害有机物的损害,或为其他目的而使用农药。

(2)本节中概念如下:

1. 植物:活的植物或活植物的一部分,包括用于种植的果实和种子(植物部分);

2. 植物制成品：起源于植物、并非或仅通过例如碾磨、烘干或压榨的方式处理或加工的成品，加工后的树木和不用于种植的植物部分除外；

3. 植物种类：植物种类或分类，及其总体和子类；

4. 有害有机物：会对植物或植物制成品造成明显损害的动物、植物和微生物包括病毒和其他病原体；

5. 残留：环境中存在的由农药使用而产生的物质，包括其转化、分解或反应产品；

6. 有效成分：有抗有害有机物的作用或对植物或植物制成品产生作用的物质；有效成分还指微生物包括病毒或类似有机物及其组成部分。

第 626 条 适用范围

(1)[1]第 2 节、第 3 节、第 4 节和第 7 节中的规定不适用本节所规定之农药许可程序。[2]第 603 条、第 605 条和第 612 条相应适用，而第 601 条、第 602 条和第 604 条只适用于包装。

(2)第 641 条第 1 款第 3 项与 1991 年 7 月 15 日颁布的《理事会 91/414/EWG 关于农药进入市场流通条例》第 6 条所规定的评估程序中所指的有效成分，在相应适用第 1 款时，第 3 节规定不受任何限制予以适用。

(3)《食品和必需品法》《饲料法》和 1992 年 10 月 23 日发布的《设施安全法》以及基于此而制定的行政法规不受影响。

第 627 条 原则

主管部门致力于实现如下原则：

1. 农药的使用危险性应保持尽可能小和尽可能低，

2. 尽可能避免第 624 条第 1 款所保护对象的风险，特别是其作为饮用水供应的地下水或表层水，

3. 应首先采取综合的植物保护措施。

第 628 条 基本义务

(1)只有当通过其他方式，特别是综合植物保护措施，经济上不合理或其他不合理的损害不能进行避免的情况下，才允许使用农药。

(2)使用农药者应避免环境风险、爱护环境并遵循第 333 条及第 4 小节使用规则的相关规定。

第二小节 农药的许可

第629条 许可需要

(1)[1]农药仅在许可机关批准后才可进入市场流通。[2]如下农药除外:

1. 进口到自由港或在海关机关监管的情况下作为保税货物的,或

2. 用于消除如下情形的微生物的

a)处于企业法、矿业法、核能法或健康法监管下的存在于封闭空间或企业和设施中的管路系统,或者

b)卫生领域设施中的。

(2)[1]许可机关可批准未获许可的农药以特定数量在不超过120天的特定期限内因如下理由流通:

1. 为研究和发展目的,

2. 对抗特定的有害有机物的迫切危险,

3. 用于向其他成员国出口的使用的植物或植物制成品;只有当农药在目的地国被批准使用此产品,且该产品符合当地法规,特别是最大残留水平相关规定下,该农药才可用于食品或动物饲料方面。[2]许可机关应规定使用范围和为防止有害影响所必要之使用规定和命令,包括经授权使用的人员。[3]许可可以重新予以审批。[4]第3项所指情形下,许可由联邦消费者健康保护与兽医机构和联邦环境局进行授予。

(3)[1]含有或附着农药的种子、栽种材料和培养基材,必须经成员国批准或许可机关应确定该农药与成员国授权的农药的成分或作用相同时,才可进入市场流通。[2]第1款第2句和第2款相应适用。

第630条 许可申请

(1)首次将该农药投放市场流通的生产者、进口者或销售者,如在成员国内居住或有经销处,或者指定在一成员国内有住所或经销处的代理人,可以申请许可。

(2)[1]申请需附审查许可条件所必要之信息、文件和样本。[2]可通过行政法规对申请材料的要求、由申请人实施的评估检测和所提交的样本予以规定。

(3)在审查时,为实现审查目的,许可机关可要求申请人提交其他信息、文

件和样本,作为许可条件证明。

第 631 条　其他申请人或许可持有人文件的使用

(1)第 630 条第 2 款和第 3 款所规定之必须提交的有关农药或其所含有效成分的文件,只要许可机关从其他申请人(前申请人)的材料中已获得的足够认知信息,且前申请人在文件审查中书面同意的,可不予提交。

(2)[1]当前申请人不同意时,应在如下情形提交该农药的有关文件:

1. 前申请人于一成员国内初次获得农药的许可不超过 10 年,且有效成分在许可时已在当时的 91/414/EWG 条例的附件 1 中列明,或者

2. 前申请人于一成员国首次获得农药的许可不超过 10 年,且在有效分列入 91/414/EWG 条例的附件 1 之前,已经实施了许可。[2]第 1 句不适用于前申请人已依照第 663 条第 1 款或第 147 条第 2 款或为重新获得许可而首次递交了文件的情况。

(3)当前申请者不同意时,该有关农药所含有效成分的文件在如下情形也应提交:

1. 1993 年 7 月 27 日之前进入市场流通的有效成分,以及许可机关在农药许可中关于有效成分的决定于 10 年前作出,

2. 1993 年 7 月 27 日前还未进入市场流通的有效成分,且在 10 年内被纳入 91/414/EWG 条例附件 1,

3. 前申请人依照第 633 条第 1 款已提交的文件,对于首次列入 91/414/EWG 条例附件 1,以及为该有效成分列入或保持在附件 1 中而进行条件修改是必须的,且 91/414/EWG 条例第 13 条第 3 款 d 所指欧洲共同体委员会首次对该文件中的认知的决定在五年内作出,除非五年期限比第 1 项和第 2 项所述期限更早结束;在此情形下适用第 1 项和第 2 项。

(4)[1]第 1 款至第 3 款相应适用于前申请人向许可机关依照第 675 条第 3 款所提交的有关所许可之杀虫剂或为重新授予杀虫剂许可而提交的文件。[2]主管杀虫剂许可的部门在必要时应将文件提供给审批机构使用。

(5)依照第 1 款至第 4 款与第 630 条第 2 款和第 3 款提交以动物实验为前提的文件时,应适用第 617 条第 2 款至第 5 款。

(6)当在首次许可、已经授予许可证须续期或为证明有多个许可持有人的、依据第 633 条第 1 款已经许可的农药持续存在的许可条件程序中需提供相同的实质性文件,适用第 617 条第 6 款。

(7)第1款至第6款不适用于第634条第1款和第635条第1款所规定之许可。

第632条 许可

(1)许可机关在如下情形下授予农药许可:

1. 符合依照第630条第2款所制定之行政法规的要求或第630条第3款所规定之要求的,

2. 农药仅含91/414/EWG附件1所述有效成分且满足其规定条件的,

3. 确保按照当时先进科学和技术水平,且材料和样本审核表明正常、适当使用农药或其使用结果的

a)充分有效,

b)对植物和植物制成品没有保护之外的其他不合理影响,

c)对于可预见的无法适应农药的脊椎动物不会造成不必要的伤害或疼痛,

d)不会对人和动物的健康以及地下水造成有害影响,以及

e)对其他环境资源没有不合理影响;

4. 对许可范围内农业产品的最大残留值进行规定;

5. 以合理的费用可靠地确定

a)依照种类和数量区分农药有效成分和添加剂对人类和动物健康以及其他环境资源的保护造成的显著污染,以及

b)在正常和适当使用农药时产生的、对人类和动物的健康以及其他环境资源的保护有影响的残留限值;

6. 农药可稳定储存。

(2)在依照第1款第3项e目对影响的合理性进行评判时,不仅应考虑到不可排除的有害影响的概率,还应对有害性的权重、农药对植物种植的益处和被其他具有较小不利影响的农药和植物保护程序的可替代性予以考虑。

(3)在考虑在当时有效文本的第91/414/EWG指令附件1中所规定限制下,许可机关在许可范围内决定:

1. 农药的使用范围,

2. 为保护人类和动物的健康及地下水和其他环境资源所必要的使用规定,包括有关有资格使用的人员。

(4)许可机关对依照第1款第3项d和e目以及第5项并结合第3款条件之满足作出决定:

1. 就避免对环境或人类的伤害,特别是通过对水、土壤和空气以及通过农药废物所造成的伤害,与联邦环境局达成一致;

2. 就健康事项,与消费者健康保护和兽医机构达成一致。

(5)[1]许可机关将许可关联如下内容:

1. 正确使用,

2. 为保护人类和动物的健康,以及地下水和其他环境资源所要求之条件,以及

3. 对条件的后续采纳、更改或补充的保留。[2]可规定许可持有人在许可期间将对农药使用的特定认知进行获取、收集和整理,并将其结果在特定期限内予以告知;许可持有人还需根据要求提交相应文件和样本。

第 633 条 后续要求

(1)许可机关可后续要求许可持有人在一定期限内提供为证明持续的许可条件的说明、文件和样本,当基于新的认知需要重新审查许可。

(2)许可机关可要求许可持有人依照本条第 1 款和第 147 条第 2 款向欧洲共同体委员会或成员国的主管部门在一定期限内提交说明和文件,并通知其提交情况说明。

第 634 条 对在其他成员国已被许可的农药的许可

(1)就其他成员国许可的农药,许可机关可例外于依据第 632 条授予许可,当:

1. 农药的生产者以适当的说明和文件予以证明:

a)农药中的有效成分被列入 91/414/EWG 条例附件 1 中,

b)在其他成员国获得许可的农药的重要情形,特别是对农业包括园业和林业的植物保护,对人类和动物的健康和地下水以及其他环境资源的影响,以及

2. 因此可以认为,农药同样也符合第 632 条第 1 款第 3 项的要求。

(2)[1]在满足定期制定与另一成员国已经在农药批准框架内确定相适应的使用规定和条件的情况下,第 632 条第 3 款和第 5 款比照适用。[2]如果在国内对农药使用具重要意义的条件与成员国不完全相同,许可机关可例外于第 1 句,限制申请的范围,确定其他使用规定和条件以弥补重要条件的差异。

(3)当欧洲共同体委员会或理事会依照 91/414/EWG 条例第 10 条第 3 款对已在其他成员国获得许可的农药之许可,许可机关应在决定规定的范围内批准该农药。

(4)[1]第630条第3款,第632条第4款,第5款第2句以及第633条相应适用于本条第1款至第3款的许可。[2]当生产者证明,在本国使用农药的主要情形与批准使用农药的成员国相同,且已完成了相应的后续要求,第633条第1款不适用。

(5)当有理由怀疑经本条第1款和第3款许可的农药对人类和动物健康,地下水或其他环境资源有造成威胁的可能时,许可机关可暂时限制或禁止农药的流通或使用。

第635条　欧洲共同体决定的许可

(1)[1]许可机关可以依据第632条第1款第2项至第6项进行调整,在最长不超过三年内给予某一种农药以许可,当

1. 农药的有效成分含有

a)1993年7月27日之前还没有进入市场流通的,以及

b)第91/414/EWG号条例附件1还没有作出决定予以规制的,以及

2. 在递交的物质和样品中没有显示这种农药违背第632条第1款第3项至第6项规定的。[2]第630条第3款,第632条第3款到第5款和第633条第2款依照第1句适用。

(2)许可机关可以就欧洲共同体委员会或欧洲理事会依照第91/414/EWG号条例第1条第5句的决定,依照第1款的规定,根据申请将许可延期至依据第632条对农药作出许可决定的时间。

第636条　许可期限

(1)[1]依照第632条和第634条的许可在批准后10年内有效。[2]在个别情况下许可机关可以作出时间较短的许可。[3]依照第634条作出的许可只有在成员国许可时间范围内有效。[4]许可失效后,可依申请在满足许可条件时重新予以许可。

(2)[1]当重新申请许可后没有收到决定,可在依照第632条或第634条批准的许可到期前,许可机关可依申请延长许可时间,直至作出新的许可决定。[2]许可延长的前提是:

1. 重新许可的申请于许可到期前三年至最迟一年作出,

2. 重新许可的申请满足所有条件,

3. 没有证据表明农药不满足第632条第1款第3项至第6项规定。

(3)[1]当许可依照第1款或第2款终止,此种农药可在许可到期后1年内继

续使用。[2]农药不得继续使用，当许可被许可机关撤回、撤销或其申请被搁置，或许可到期后予以确定，符合撤回或撤销的条件。

(4)[1]农药许可到期后，允许将其退回给许可持有人或其委托的第三人。[2]在第3款第2句规定的情况下，主管部门应当责令收回。[3]许可人或其委托的第三人有义务接受被退回的农药。

第637条　变更、撤回、撤销、暂停许可

(1)[1]当可予证明，根据先进科学和技术水平，可以改变农药使用的方法和所使用农药的数量，则应当对许可或针对许可持有人的适用条款和条件进行变更。[2]可以依许可持有人的申请变更许可，只要继续满足第632条第1款的许可条件。

(2)[1]依照第635条许可应当被撤回，当欧洲共同体委员会或理事会已经判定，农药所包含的有效成分未列入第91/414/EWG号条例附件1时。[2]此种情况下不存在财产损失补偿。

(3)如果申请人通过欺诈、威胁或贿赂，或者故意或重大过失通过严重不准确或不完整的信息，获得批准，则应撤销批准。

(4)在处理撤回或撤销许可事项时，许可机关可在一定时间内暂停许可，直至排除撤回或撤销许可的事由。

第638条　适用范围的扩展

(1)[1]许可机关可依申请批准农药在已授予的许可范围外使用，当：

1. 申请人有足够理由申请扩大适用范围；

2. 在以下情况中使用：

a)在很小范围内种植的作物上或在宏观经济意义十分有限的作物上，

b)在宏观经济意义轻微的植物制品上，

c)针对导致偶然或在确定地区造成严重损害的有害生物，

d)在使用数量非常小的其他情况下；

3. 已经提供了证明第4项所述批准条件所需的信息和文件；

4. 当审查表明，使用满足依照第632条第1款第3项c至e的规定；

5. 确保对使用者进行培训，特别是通过使用手册和增补标识。[2]许可机关在满足第1句规定的条件下，当符合公共利益，可扩大许可的适用范围。

(2)有申请资格的是

1. 以经营目的将农药应用在包括园林或林业在内的农业经营上的人，

2. 其成员为第1项规定之人的机构,

3. 包括园林或林业在内的农业领域的官方或科研机构。

(3)[1]在决定批准前应当听取许可持有人的意见。[2]当许可持有人反对扩大许可范围,因为根据其所拥有的资料,农药在所申请的应用领域的使用不够有效,或会导致应用此种农药的作物或其他生物受到有害影响,许可机关只可在有证据证明许可持有人的反对是无根据的情况下批准扩大适用范围。

(4)[1]批准只适用于农药许可生效期内。[2]第630条第3款、第632条第3款至第5款和第636条相应适用。

第639条　通知义务

[1]农药生产者,首次将农药产品投放市场的进口商和销售者应在每年3月31日之前,有义务将上一日历年他们提供给在国内或在国内定居的购买人或其出口的每一种农药按种类和数量并标明其名称及所含有的依种类和数量的每一种有效成分,通知许可机关。[2]出口农药产品时应当说明每个进口国。[3]报告的内容和形式由行政法规予以进一步规定。

第640条　保密义务

[1]依照第225条规定的经营和商业秘密不包括:

1. 一种或多种有效成分的名称和构成以及农药的名称,

2. 第558条第1款规定的具有危害性的其他物质的名称,

3. 有效成分的物理－化学说明,

4. 对农药使用效果的检验结果说明和其对人类和动物健康和其他环境资源造成影响的说明,

5. 意外事件发生时采取预防措施和应急措施的说明,

6. 依据第632条第1款第5项用以确定有效成分、辅助成分、杂质和废料的分析过程,

7. 用于适当处置或中和农药、有效成分或其容器和包装之程序的说明,

8. 在发生意外泄露时所应采取的净化措施。

[2]第619条第1款第2句和第2款相应适用。

第641条　程序细节、公告

(1)通过行政法规对以下内容予以规定:

1. 在特别注意欧洲共同体第91/414/EWG号条例第13条第1款和第2款及附件2和附件3的规定之情况下,依照第632条、第634条、第635条和第724

条第1款以及第629条第2款和第638条规定的许可程序具体细节，特别是说明和文件的种类和范围；

2. 在考虑到第628条规定的前提下，依据第1项许可程序的统一评估原则，以及

3. 在考虑到欧洲共同体第91/414/EWG号条例第5条和第6条以及附件2及附件3的要求的情况下，对在1993年7月27日之前已投放国内市场的农药以及在该日期之后首次上市的被列入欧洲共同体91/414/EWG号指令附件1的有效成分的实施程序；

(2) 许可机关应当在联邦范围内公开

1. 农药的许可、许可内容及结束时间；

2. 许可的改变、撤回、撤销和暂停许可；

3. 依照第636条第3款第2句，许可撤回或撤销的前提，以及

4. 对依照第629条第2款和第638条的许可、许可内容以及相应的撤回或撤销。

第三小节　农药的流通

第642条　包装和标识

(1) 市场流通中不含第587条第1项和第5项规定的成分或配料的农药以及由经销商投放市场流通的农药，适用第603条和第605条，对第601条、第602条和第604条的适用仅涉及包装。

(2) 农药只有在其包装和标识符合第3款所述的法律规定和第三节适用规定的情况下，才能投放市场进行营利或实现其他商业目的。

(3) [1]考虑到定期修订的91/414/EWG指令的要求，可以制定行政法规对农药如何标注予以规定，以避免在投放市场、使用、储存和处置过程中对环境或人类造成危害和风险。[2]可特别规定

1. 标注在容器和零售陈列用的包装上的使用指南，包括确定的使用范围、使用方法和使用条件以及依据第333条第3款第1项和第2项和第658条第1款第2项确定的禁止性和限制性事项等，应与其他信息或地址明确分开，

2. 当包装上的空间不足，可在小册子中提供详细信息，如使用说明和等待时

间等,

3. 应注明农药是否依照第 645 条具有销售限制,或依照第 333 条具有使用限制,

4. 不允许提供的信息。

(4)可通过行政法规规定第 2 款和第 3 款的标识也可被用于含农药的培养基材而投放市场。

(5)经第 629 条第 2 款第 1 句第 3 项许可的、使用过农药的出口食品或动物饲料,应与投放市场的食品和动物饲料分开存放,并加贴相应标识。

第 643 条　禁止信息

在农药投入商业市场流通和广告投放时,不得使用任何信息表明该农药比使用说明书中指出的可以更大剂量、更高浓度、在其他时间内或者较短时间使用,或适用于其他植物或植物制成品。

第 644 条　告知义务

[1]任何出于商业目的或在其他商业活动概念内销售农药的人,应在开始此类活动之前将情况告知负责商业地点和活动地点的主管当局。[2]州政府有权制定行政法规就相关的告知和告知程序事项进行规定。

第 645 条　零售

(1)[1]农药产品在零售时,不能以自动售货或其他自助服务以及邮购的方式进入市场流通。[2]在交付农药时,销售者或产品提供人须告知买方如何按照良好的专业实践使用产品。

(2)[1]必要的技术知识和技能须根据要求向主管部门予以证明。[2]可通过行政法规对所需技术知识和技能的类型和范围以及证明程序进行更详细的规定。

第四小节　农药的使用

第 646 条　农药的使用

(1)第 333 条第 1 款第 1 句不适用于:

1. 用以研发的农药,

2. 以自用为目的由使用者自行制造的、不使用药剂、不含有效成分和配料、不以营利或其他经济利益目的进入市场的农药,

3. 依照第629条第1款第2句第2项免于许可义务的农药。

(2)[1]农药只可在对人类和动物健康以及其他环境因子没有产生有害影响时才可被用于研发。[2]只有在使用者提供了具有必要的专业知识和技能证据时，才能使用农药。[3]主管部门可以规定措施，确保第1款所提及的条件得以实现。[4]还可通过行政法规进行进一步规定。

第647条　告知义务

[1]任何将为他人使用农药(除了偶尔的邻里帮助之外，或出于商业目的向他人提供关于使用农药建议的)，应在作出上述行为前将情况告知负责商业地点和活动地点的主管当局。[2]州政府有权制定行政法规就相关的告知和告知程序事项进行规定。

第648条　个人要求

[1]实行如下行为的人：

1. 在农业、园艺、林业或公共行政部门使用农药的，

2. 从事一项第647条规定的有告知义务活动的，

3. 作为培训的内容，在教学关系内指导或监督使用农药的，

必须获得相应的许可并具有相关的专业知识和技能，并且应当确认农药的使用不对人类和动物健康、地下水和其他环境因子造成不可避免的有害影响。[2]第645条第2款在此适用。

第五小节　植物保护设备

第649条　市场流通

(1)植物保护设备允许在市场流通，当它们的合法和正确使用

1. 对人类与动物健康或地下水没有产生有害影响，以及

2. 对其他环境资源没有产生现有技术不可避免的其他的有害影响。

(2)投放市场流通的植物保护设备应当配备使用说明书。

第650条　声明

在植物保护设备首次投放市场流通之前，生产商、销售商和进口商应向许可机关声明，其设备类型符合第649条第1款的要求。

第651条 植物保护设备的检查

[1]许可机关可检查植物保护设备,以确保其符合第649条第1款的要求。[2]应检查依照第650条或其附属文件的声明中提请关注的植物保护设备,以确保其符合第649条第1款的要求。[3]许可机关可根据具体情况,要求生产商、经销商或进口商向其提供设备以进行检查。

第652条 授权

(1)可通过行政法规:

1. 对第649条对植物保护设备的要求以及投入市场流通时需附带的说明书内容进行进一步的规定,

2. 规定根据第650条随声明提交的或可影响农药使用的设备类型发生变化时需提交的文件的性质和范围,

3. 规定不适用第650条声明的小型器具,以及对用于研究、开发或展览用途的器具的豁免,

4. 规定检测植物保护设备的程序,

5. 要求设备使用人和所有人对已在使用中的设备进行测试,

6. 禁止使用不符合第649条和本条第1项行政法规规定的或未按照第5项进行检查的设备,

7. 规定将已作出声明的植物保护设备进行登记并加入列表(植保产品清单),或当设备型号与第649条以及依照本条第1项所制定之行政法规的要求不符时,对该登记予以删除,以及对登记和删除作出公告。

(2)只要符合第624条第1款所要求的目的,可通过行政法规对用于植物保护而非植物保护器械和设备的使用进行禁止、限制,或规定以授权或通知为使用条件。

第653条 现有植物保护设备的检查

[1]第15条第4款只适用于依照第652条第1款第5项制定的行政法规。[2]州政府可以规定检查应由官方认可的检验中心进行,并可规定对现有植物保护设备的认证、认证未通过以及认证程序的要求。

第六小节　植物助剂、有效成分

第 654 条　植物助剂的市场流通

(1)植物助剂可在满足如下条件时被允许进入市场流通,当它

1. 以适当和合法的方式使用,或其使用结果

a)不对人类与动物健康或地下水产生不利影响和

b)在现有技术能避免时,不对其他环境资源产生不利影响,

2. 经生产者、进口者或销售者的申请,已列入许可机关保存的植物助剂名单,以及

3. 在容器、外包装或随附的信息表中已注明将其投放市场流通的人员的姓名和地址、该药剂的说明、从性质和数量方面按照常用科学名称标注的综合信息、使用说明和清单编号。

(2)为零售供应植物助剂的情况适用第 645 条第 1 款第 1 句和第 2 款。

第 655 条　植物助剂名单的列入

(1)植物助剂可被许可机关列入名单,当:

1. 该许可申请包含第 654 条第 1 款第 3 项规定的信息和第 654 条第 1 款第 1 项的要求的声明,以及

2. 对该申请和依许可机关要求进一步提交的文件和样本进行检查后没有发现其不符合第 654 条第 1 款第 1 项的要求。

(2)[1]许可机关在收到申请后的 4 个月内作出决定。[2]当就加入名单需要申请人提交进一步的文件和样本时,许可机关应当在收到文件或样本后的 4 个月内作出决定。

(3)[1]在植物助剂加入名单后,也可以审查其是否符合第 654 条第 1 款第 1 项的规定。[2]当审查显示其不符合规定,可将其从名单中删除。[3]销售部门在此情况下有义务将此种植物助剂以及其包装从市场召回;召回可委托第三方做出。

(4)可通过行政法规对列入名单的过程,特别是申请的内容和形式、从名单上删除以及对登记和删除的公示作进一步规定。

第 656 条　农药有效成分的市场流通

(1)[1]用于生产农药的有效成分,可在许可机关依照第 91/414/EWG 条例附

件二获得相应信息和文件,包括附有该有效成分用于制造农药产品的声明之后,最早1个月内可投放市场流通。[2]这不适用于因研究开发而进入市场流通的有效成分和1993年7月27日之前已投放成员国市场的有效成分。

(2)提交的程序,特别是提交资料的种类和范围,可通过行政法规进行规定。

第七小节 其他植物保护

第657条 其他植物保护的实施

(1)不在第333条之列的植物保护措施应按照良好专业实践进行。

(2)[1]当可能对人类与动物健康或地下水造成不利影响或对其他环境资源造成重大不利影响时,不得实施第1款所述措施。[2]第646条第2款第3句相应适用。

第658条 植物保护措施

(1)联邦政府有权通过行政法规

1. 规定向主管部门报告特定有害有机物的产生或疑似产生、特定植物种类的种植或出现、或其他与有害有机物的发生或控制有关的重要事实,

2. 规定使用人和所有人有义务对受侵害的物品、有害有机物出现的地块、建筑物或房间进行观察、调查或促使其得以调查,控制特定有害有机物或促使其得以控制,指定或禁止特定农药、植物保护设备或方法的使用,

3. 规定主管部门对植物和特定有害有机物的出现特点进行观测和调查以及控制特定有害有机物,

4. 规定将受侵染的物品进行销毁、净化或消毒,将土地、培养基、地块、建筑物、房间或集装箱应进行净化、消毒或清洁,并规定其中使用的药剂、设备或相应的过程,

5. 限制使用受侵染、疑似受侵染或有侵染风险的处所或规定其保持空置,或不再种植特定植物,

6. 禁止或限制特定植物种类的种植、使用不适宜的种子或种植原料、培育不适宜嫁接的特定植物部分或培养基质,或培育特定植物,

7. 规定将已用于生产或以其他方式种植的特定植物投放市场流通时,

a)当受到某些有害有机物的侵染或疑似侵染时,应禁止或限制流通,

b)依照对特定有害有机物或植物抗害的调查,或依许可投放市场流通,

8. 规定禁止、限制,或需依通知或许可运输、销售特定有害有机物和受侵染物品,以及储存、繁殖和培养特定有害有机物及与之相关的工作,

9. 规定保护动物、植物或微生物免受农药、植物保护设备或其他用于植物健康或抗害的设备和器械的危害,

10. 鼓励、促进或规定特定植物种类和某些作物轮作的种植,

11. 规定利用动物、植物或微生物来对抗特定有害物质,

12. 规定对地表水管理有义务的人、使用者或从事捕捞活动的各方,对出现麝鼠的河岸和水体进行监控,并要求地表水的管理义务人对麝鼠进行控制,

13. 控制葡萄根瘤蚜。

(2)联邦政府有权

1. 通过行政法规

a)禁止在特别适合种植特定植物的区域种植其他种类的植物,或规定使用特定的种子、植物制成品或特定的种植方法,

b)规定植物或植物制成品只能以特定形式储存,

2. 超出第 1 款第 13 项行政法规的要求,对葡萄根瘤蚜的控制进行规定。

第 659 条　防止有害有机物引入

[1]只要

1. 为防止意外地将有害有机物引入成员国的危险,或为防止在成员国或第三国境内意外散布有害有机物的危险,以及

2. 为保护某些区域免受有害有机物和受侵染物品的危害所必要,可通过行政法规禁止或限制有害有机物和受侵染物品的运输、进入市场流通和出口。[2]行政法规应特别规定以下内容:

1. 有害有机物和受侵染物品的运输、流通和出口的

a)许可或声明,

b)实施去污、杀菌消毒或其他措施的调查或证据,

c)特定证书的附带,

d)特定的包装或标识,

e)经营者的许可或登记,当其生产、种植或将植物、植物制成品、培养基或其他受侵染物品投放市场流通或储存时。

2. 应规定

a)包括取样在内的调查的实施,

b)包括消灭受侵染物品在内的观测、使用或处置,

c)记录保管义务,特别是关于调查的实施情况、有害有机物的发生、控制以及受侵染物品的下落,

d)第1项c目中的证书的内容、形式和签发,

e)证书的保管、记录和向主管当局的呈交,

f)包装和容器的密封以及密封保障,

g)依照第1项e目许可或登记经营者的条件与流程,包括暂停许可、限制已持有许可或已登记的经营者的生产、种植,限制受侵染物品的运输、投放市场流通或储存,以及该过程期间所获数据的处理和利用,

h)对受有害有机物侵染的植物、植物制成品产品或培养基的经营者的调查条件和程序,包括暂停许可或限制调查,以及对该过程期间所获数据的处理和利用。

第660条　紧急情况

在发生紧急危险时,如有立即干预的必要,主管部门可以依照第658条第1款、第659条第1句与第2句第1项a目至d目和第2项a目至f目采取措施。

第八小节　赔　　偿

第661条　赔偿

(1)[1]金钱赔偿适用于,依照本节或基于本节而制定的行政法规,当被销毁的植物或植物制成品既没有受侵染也不存在侵染嫌疑,或既不携带有害有机物也无携带有害有机物嫌疑时。[2]赔偿金额应公平衡量公众利益和有关当事人利益。

(2)当本节或基于本节而制定的行政法规所规定的措施使有关当事人受到损失,且不适用于第1款进行赔偿的,只要有助于避免明显不公平,应当以现金形式给予赔偿。

(3)当有关当事人或其权利让与人违反本节或依本节制定的行政法规而引起的损失,不得给予赔偿。

(4)赔偿争议可诉诸正当法律程序。

第九小节　共同规定

第662条　联邦农林业生物所

(1)联邦农林业生物所是独立的联邦机构，其职权范围在联邦农业部之内。

(2)[1]联邦农林业生物所即本节中的许可部门。[2]此外它还有其他的职能：

1. 在植物保护领域给联邦政府提供信息和建议，

2. 调研、评估和提供信息，包含管理图书馆和文献整理在内，

3. 参与监督已被许可的、各类清单在列的植物助剂和植物保护设备等植物保护产品，

4. 检测植物保护设备，

5. 检测和发展植物保护的方法以及协助解决抗害缺陷，

6. 检测植物对抗有害有机物的能力，

7. 研究已被许可的植物保护产品对蜜蜂和其他节肢动物的危害，

8. 依照第600条参与物质评估，

9. 本节、依照第641条或第652条制定的行政法规或其他法规赋予的职能。

(3)联邦农林业生物所可以检测

1. 无需许可的农药，

2. 除农药外，用于作物栽培的植物助剂和其他物质，

3. 除植物保护设备外，在植物保护中使用的其他设备和装置。

第663条　描述性植物保护清单

[1]由联邦农林业生物所公布获得许可的农药和植物保护设备清单（描述性植物保护清单），清单应包括农药和植物保护设备使用中的重要特点和特征信息，以及农药的适用范围、土壤和气候条件信息与植物保护设备的特定使用范围。[2]该清单可提供植物保护在应用中的检测结果。

第664条　农药专家委员会

(1)农药专家委员会由许可机关设立，其成员由联邦政府任命。

(2)专家委员会应依照如下规定举行听证：

1. 在依照第629条第2款、第632条、第634条、第635条、第638条和第724条第1款决定农药许可，或允许其进入市场流通之前，

2. 除紧急情况外,在修改、撤销、废除或命令暂停许可之前,

3. 在行政法规依第 333 条第 3 款颁布前。

第 665 条　各州的实施

(1)各州应由该州法律规定的主管部门实施本节规定。

(2)作为植物保护的主管部门有如下职能:

1. 观测和研究植物的生存状况,和受有害有机物侵染的植物和植物制成品的数量,

2. 在植物保护框架下,检测植物、植物制成品和培养基的运输、销售、储存和出口,以及签发此类活动所需证书,

3. 提供植物保护领域的咨询、说明和培训,包括实行警告,

4. 报道有害有机物的产生和传播,

5. 测试农药、植物保护装置、植物保护方法和植物种类的抗害性以及进行协助解决抗害缺陷,

6. 实行第 1 项至第 5 项所要求的调查和实验。

(3)各州可设立特殊的葡萄根瘤蚜预防机构,并赋予该机构第 2 款所述职能。

第 666 条　费用

[1]依照本节的规定和基于本节而制定的行政法规以及欧洲共同体的法律文件所规定的公务行为,收费涉及本节专业领域的,适用第 623 条。[2]在确定费用时,应考虑衡量农药、植物保护设备、植物助剂和植物保护方法的公共利益。

第 667 条　询问和容忍义务

(1)[1]自然人和法人以及非法人团体还应向主管部门提供(不属于第 133 条意义上的监督任务的)其行使行政职能所必需的信息。[2]第 137 条至第 142 条相应适用。

(2)[1]依照第 658 条第 1 款第 3 项而行使职能的人员可在职权范围内于白天进入房舍,进行访问、检查或实施抗害措施。[2]第 137 条、第 139 条第 1 款第 1 句和第 2 款至第 5 款相应适用。[3]因行使第 1 句和第 2 句所造成的损害应依照第 661 条进行赔偿。

第 668 条　数据转交

为防止引入或携带有害有机物的风险所必要,或依欧洲共同体法律框架中

的规定，主管部门有义务将在行使本节职能过程中所获数据转交至其他各州、联邦、欧洲共同体其他成员国的主管部门以及欧洲共同体委员会。

第 669 条　与其他成员国和欧洲共同体委员会的合作

[1]各州农业部门有义务与其他成员国主管部门和欧洲共同体委员会进行合作。[2]可通过行政法规将这一职能转交至联邦农林业生物所。[3]可通过行政法规将该权利转交至州级最高部门。[4]州级最高部门可依照第 3 句，将其职能转交给其他部门。

第九节　杀　虫　剂

第一小节　共 同 规 定

第 670 条　目的

本节首要目的在于，保护环境和人类免受杀虫剂进入市场流通和使用时可能产生的危险，进行风险预防。

第 671 条　概念

(1)本法典中的杀虫剂是指出售给使用者的、配方中包含抗有害有机物或预防有害有机物的影响的有效成分和配料，农药不在其列；特别包括用于公共保健、木材防腐、水下涂料和其他水下防护产品、防腐剂和消毒剂的抗虫害制剂。

(2)本节中的有害有机物是指意外出现并对人类、人类活动、人类使用的工具和环境有害的动物、植物和微生物，细菌以及其他病原体。

(3)可通过行政法规予以进一步规定。

第 672 条　应用范围

(1)[1]第 2 节、第 4 节和第 7 节的规定不适用于根据本节所制定之程序持有许可的杀虫剂；第 612 条可适用。[2]第 5 节的规定只适用于无本节规定和命令可适用的情况。

(2)[1]本节不适用于：

1.《药品法》第 2 条第 1 款第 4 项中的药品杀虫剂，

2.《药品法》意义上的药品防腐剂、《食品和必需品法》意义上的食品或化妆

制剂、《饲料法》意义上的饲料添加剂,

3. 天然获取的杀虫剂,除非本节宣布通过行政法规适用。

[2]《装置安全法》及依其制定的行政法规不受影响。

第673条 基本原则

主管部门应致力于

1. 将使用杀虫剂的数量和危险性尽可能降至最低,

2. 尽可能避免第670条规定的保护对象面临的危险,特别是可作为饮用水的地下水和表面水,和

3. 优先使用更环保的方法或流程。

第674条 基本义务

(1)只有在通过任何其他方式,特别是通过综合使用生物、生物技术或物理方法都无法避免由于有害生物造成的不合理的经济损失、其他不合理的损害或无法容忍的滋扰时,才允许使用杀虫剂。

(2)杀虫剂的使用者应避免对人类和环境造成威胁,保护环境,并遵守第680条和第681条规定的使用规则。

第二小节 杀虫剂的许可

第675条 许可需要;许可申请

(1)[1]杀虫剂只有在获得许可机关许可后才可进入市场流通。[2]进口到自由港或在海关机关监管的情况下作为保税货物的除外。[3]可通过行政法规豁免卫生设施中抗微生物的杀虫剂,或在企业法、矿业法、核能法或健康法监管下,用于封闭空间或企业和设施中的管路系统的杀虫剂的许可义务。[4]第629条第2款第1句至第3句相应适用。

(2)首次将杀虫剂投放市场流通的生产者、进口者或销售者,如在成员国内居住或有经销处,或者指定在一成员国内有住所或经销处的代理人,可以申请许可。

(3)[1]申请需附审查许可条件所必要之信息、文件和样本。[2]根据欧洲共同体关于将杀虫剂投放市场的规定,可通过行政法规

1. 规定申请书的要求、申请人需实施的检测和需提交的样品;同时规定申请

人通过特定考试以检验申请人对杀虫剂的了解，特别是递交申请前杀虫剂的检测结果、使用目的与其在环境中的传播。

2. 规定当防腐剂和消毒剂开始生产或进口并交付特定数量后，应立即要求许可申请人通过特定考试以检验申请人对该制剂的环境影响的了解，或在此时间之前检验申请人对该制剂的了解，特别是递交申请前该制剂的检测结果、使用目的与其在环境中的传播。

[3]第 633 条相应适用。

第 676 条　其他申请人或许可持有人的文件的使用

（1）[1]第 675 条第 3 款第 1 句所规定之必须提交的文件，只要从其他申请人（前申请人）的材料中获得的足够认知信息已经呈交许可机关，并满足以下条件的，可不予提交：

1. 前申请人在文件评估中书面同意的，

2. 杀虫剂的首次许可已超过 10 年。

[2]当许可机关依照第 675 条第 3 款第 3 句与第 633 条第 1 款进行文件审查，第 1 句中 10 年的期限应从许可机关确认申请已呈交之日开始。[3]当文件依照第 147 条第 2 款或为重新申请许可而呈交，10 年的期限应从许可机关初次审查文件所包含信息并作出决定之日开始。

（2）第 631 条第 4 款至第 6 款相应适用。

第 677 条　许可

（1）[1]许可机关在如下情形下授予农药许可：

1. 申请符合满足依照第 675 条第 3 款第 2 句或本款第 2 句和第 630 条第 3 款所制定之行政法规的要求。

2. 杀虫剂不含第 588 条第 1 款第 1 句第 2 项 f 目和 l 目至 o 目所述之有效成分。

3. 确保按照当时先进科学和技术水平，且材料和样本审核表明正常、适当使用杀虫剂或其使用结果的

a）充分有效，

b）对杀虫剂的使用对象没有不合理影响，

c）对于可预见的无法抵抗杀虫剂的脊椎动物不会造成不必要的伤害或疼痛，

d）不会对人和动物的健康以及地下水造成有害影响，

e)对其他环境资源没有不合理影响,以及

4. 符合相应适用的第632条第1款第5项和第6项第2款的其他要求。

[2]第630条第3款、第632条第3款和第5款相应适用。

(2)[1]许可自签发之日起10年后失效;可再次签发许可。[2]第636条第1款第2句和第4句、第2款至第4款以及第637条相应适用。

(3)通知义务和对商业秘密的保护适用第639条和第640条。

第678条　授权

(1)可通过行政法规

1. 规定第675条和第677条所述许可程序的详细内容,

2. 规定公开:

a)依据第677条、第675条第1款第4句、第629条第2款和依照第2款第2项所制定之行政法规的许可或批准的内容和期限,

b)对许可或批准的变更、撤销、撤回和中止,以及

c)对第677条第2款第2句与第636条第3款第2句的确认。

(2)还可通过行政法规

1. 规定依照第634条许可已持有他成员国许可的杀虫剂的条件和程序;以及

2. 规定依照第638条批准使用范围扩展的条件和程序。

第三小节　杀虫剂的市场流通

第679条　包装和标识;禁止信息;告知义务;零售限制

(1)杀虫剂只有其包装和标识符合第3节和依照第2款所制定之行政法规的要求时,才可由生产者、销售者或进口商以营利性或在其他经营活动中投放市场流通。

(2)[1]杀虫剂的包装和标识的附加要求可由行政法规另行规定,特别是如何标识杀虫剂以避免其与食物或饮料混淆。[2]对于日常可接触的杀虫剂,可以规定它们应含有阻止其消耗的成分。[3]其他相应适用第642条第3款。

(3)[1]禁止信息、告知义务和杀虫剂的零售相应适用第643条至第645条。[2]当符合第670条保护目的时,可通过行政法规规定杀虫剂和杀虫剂组合不适用

于第1句、第644条和第645条的通知义务和零售限制。

第四小节 杀虫剂的使用;喷洒杀虫剂的设备

第680条 杀虫剂的使用

(1)[1]使用杀虫剂应按照良好专业实践进行。[2]当能够预见杀虫剂的使用对人类和动物的健康和地下水会造成有害影响或对其他环境产品产生重大不利影响时,不得使用杀虫剂。[3]第646条第2款第3句相应适用。

(2)[1]使用杀虫剂应获得许可,且只能在许可确定的和使用指南中规定的使用领域和使用条件下使用。[2]第1句相应适用于依第675条第1款第4句和第629条第2款第1句获得批准的杀虫剂。[3]第1句不适用于:

1. 依第675条第1款第3句免于许可义务的,或

2. 使用者自己制造并自行使用,且制造中不使用为营利或实现其他商业目的而投放市场流通的物质和配料。

[4]第636条第3款相应适用。

(3)可通过行政法规规定良好专业实践的准则。

第681条 使用限制

(1)可通过行政法规

1. 对使用

a)特定杀虫剂或具有特定有效成分的杀虫剂,

b)特定设备和程序的杀虫剂,

2. 对使用特定杀虫剂处理过的土地,

3. 对第1项a所提到的杀虫剂的销售

进行禁止、限制或以准许或通知作为条件;并规定该准许应由批准机构签发并告知相对人。

(2)第1款第1句第1项不适用于依照本节规定已经获得许可的杀虫剂或依照第675条第1款第4句、第629条第2款第1句第1项和第2项、第2句和第3句已经获得批准进入市场流通的杀虫剂。

(3)还可以通过行政法规:

1. 规定为他人使用杀虫剂或向他人提供有关使用杀虫剂的商业性建议应以

告知作为条件,第 647 条第 2 句相应适用,

2. 规定实施如下行为的人的专业知识和可靠性:

a)使用杀虫剂用于研究发展的,

b)从事第 1 项所述工作的,

c)作为培训的内容,在教学关系内监督或指导使用的,

并规定证明其具有必要的知识和技能,以及禁止不满足要求的人使用杀虫剂。

3. 进一步规定依照第 646 条第 2 款为研究和发展目的使用杀虫剂的要求。

第 682 条　喷洒杀虫剂的设备

[1]当喷洒杀虫剂的器械在合规正确使用时,不会对人类与动物健康或地下水产生有害影响,以及对其他环境资源没有产生现有技术不可避免的其他有害影响,才可进入市场流通。[2]第 649 条第 2 款至第 653 条相应适用。

第五小节　共同规定

第 683 条　许可机关;专家委员会

(1)[1]联邦消费者健康保护和兽医机构是本节意义上的许可机关。[2]此外其有如下职能:

1. 向联邦政府提供信息和建议,

2. 调研、评估和提供信息,包含管理图书馆和文献整理在内,

3. 参与监督已被许可的杀虫剂和喷洒杀虫剂的设备,和

4. 对不授予许可的杀虫剂进行检测。

[3]第 663 条相应适用。

(2)联邦消费者健康保护和兽医机构与环境部门就第 677 条第 1 款第 1 句第 3 项所述避免环境影响达成一致,依此决定许可条件。

(3)[1]可通过行政法规将联邦高级部门指定为特定杀虫剂的许可机关,并依照第 1 款第 2 句转交其他职能。[2]行政法规可规定许可机关结合如下许可条件进行决定:

1. 与环境部门达成一致,考虑避免对环境造成影响,

2. 与消费者健康保护和兽医机构就健康方面达成一致,

3. 与联邦农林业生物所就农药的有效性达成一致。

(4)联邦消费者健康保护和兽医机构成立专家委员会;第 664 条相应适用。

第 684 条　费用、合作、数据转交

(1)依照本节的规定和基于本节而制定的行政法规以及欧洲共同体的法律文件所规定的公务行为,收费涉及本节专业领域的,适用第 623 条。

(2)[1]联邦卫生部有义务与其他成员国主管部门和欧洲共同体委员会进行合作。[2]这种权力可通过行政法规将这一职能转交联邦部门。[2]第 669 条第 3 句和第 4 句相应适用。

(3)第 668 条关于数据转交的规定相应适用。

第十节　洗涤剂与清洁剂

第一小节　共同规定

第 685 条　目的

本节旨在防止因使用洗涤剂和清洁剂而对环境,特别是水质、饮用水资源和污水处理设施的运作造成的危险,以及采取风险预防。

第 686 条　概念界定

本法典中洗涤剂和清洁剂,是指配制品和成品

1. 特别用于洗涤或常用于协助清洁的,

2. 不属于第 1 项,但含表面活性剂或有机溶剂、由消费者基于产品种类和用途直接用于清洁的,或

3. 常用于物体表层,并可通过一次性清洁由第 1 项所述制剂基本去除的。

第 687 条　适用范围

(1)第 1 节至第 7 节不受影响。

(2)本节的规定不适用于为试验目的而投放市场流通的洗涤剂和清洁剂。

第 688 条　原则

主管部门应致力于:

1. 实现生物降解洗涤剂和清洁剂,并使其不含损害环境,特别是损害水质的其他成分。

2. 尽可能避免对第 685 条所述环境资源的风险,特别是水质。

第 689 条 基本义务

(1)当洗涤剂和清洁剂正常使用时,不会对第 685 条所述保护对象产生有害影响,以及符合第 690 条和第 691 条的要求时,才可进入市场流通。

(2)洗涤剂和清洁剂在使用中应正常使用且保护水体,特别是遵循第 691 条第 1 款第 1 项所述的剂量建议。

(3)使用洗涤剂和清洁剂清洁的技术设施,应设计为在正常使用洗涤剂和清洁剂时,用量和水与能源的消耗尽可能少。

第二小节 洗涤剂和清洁剂的市场流通

第 690 条 洗涤剂和清洁剂的要求

(1)当

1. 其所含表面活性剂和其他有机物质的生物降解或其他可消除性,或

2. 其磷化合物含量不符合依照第 2 款或第 121 条所制定之行政法规的要求时,禁止洗涤剂和清洁剂进入市场流通。

(2)应通过行政法规:

1. 规定洗涤剂和清洁剂所含的表面活性剂和其他有机物质的生物降解性或其他可消除性;

2. 规定当适宜且环境风险较低的替代品存在时,磷化合物的最高含量,以及

3. 确定生物降解性和磷化合物含量的测量方法。

第 691 条 包装、标签、特别用量建议与水的硬度信息

(1)洗涤剂和清洁剂只有在包装或外壳上注明以下信息时,才可投放市场,向消费者销售:

1. 使用剂量建议,应考虑到水体保护,

2. 对于含有磷酸盐或其他硬化物质的洗涤剂和清洁剂,对硬度范围为 1 至 4 的级别分别使用剂量建议,

3. 在剂量建议下可完成的干洗数量,以及

4. 依照第 604 条第 1 款第 3 项所制定之行政法规规定的其他信息。

(2)[1]在依照第 604 条第 1 款第 3 项所制定之行政法规中,可对标识和包装

进行进一步的要求，特别应考虑到剂量建议和剂量工具。[2]当欧洲共同体的法律行为有该要求或符合第685条所述目的时，可例外于第1款。

(3)供水企业应以标识或类似的有效方式，通知消费者其饮用水的硬度以及每次非短暂硬度变化，每年至少一次。

第692条　环境相关特征的信息

(1)以营利为目的的洗涤剂或清洁剂的制造者和进口者在将其首次投放市场流通时，应将其登记号码告知联邦环境局，并根据依第2款所制定之行政法规告知其环境相关特征的信息。

(2)[1]可通过行政法规，规定调查第685条所述危险和风险，并规定环境相关特征信息的种类和范围。[2]特别应规定

1. 产品名称和经营者，

2. 洗涤剂和清洁剂的化学成分(框架配方)，

3. 第691条第1款第1项规定的剂量建议，

4. 洗涤剂或清洁剂的使用区域，

5. 生产或销售数量，以及

6. 成分的环境相关特征，特别是生物降解性、其他可消除性或对水中有机物的毒性以及对水质的其他不利影响。

[3]当欧洲共同体的法律行为有该要求或符合第685条所述目的，可例外于第1款。[4]对签发登记号码的程序细节可予以进一步规定。

(3)[1]已经进入市场流通的洗涤剂和清洁剂以及变更第2款所要求的信息，适用第1款所述的告知义务。[2]当洗涤剂和清洁剂的生产或市场流通停止时，必须告知联邦环境局。

第十一节　肥　　料

第一小节　共同规定

第693条　目的

[1]本节旨在防止肥料的流通和使用对人类和环境产生危险，特别是预防其对水体造成的不利影响以及保证在土壤中无害使用。[2]本节的目的也在于保持和提

升土壤肥力。

第 694 条　概念界定

1. 肥料:指供应给作物以促进其生长、提高产量或改善其质量的物质;不包括主要用于保护植物免受有害有机物和疾病影响的物质和配料,不包括不用于植物营养但影响植物生命过程的物质和配料,也不包括土壤助剂、培养基、植物助剂、二氧化碳、泥炭和水;

2. 经济肥:为达成第 1 项前半句所述目的而进行再利用的动物排泄物、粪便、粪肥、厩肥、麦秆和农产品的类似副产品;

3. 再生肥:为达成第 1 项前半句所述目的而进行再利用的废水、粪便、污泥、来自城市垃圾的类似物质和其他来源的相似物质,其彼此或与第 1 项、第 2 项和第 4 项至第 6 项所述物质混合处理后获得的肥料;

4. 土壤助剂是指:

(a)不含有显著营养成分,以生物、化学或物理方式影响土壤,以改善其状况或增强肥料作用的物质,

(b)具有显著的营养成分,少量添加用于处理有机物的物质;

5. 培养基:用来使植物扎根的固体或液体形式的土壤和其他基质;

6. 植物助剂:不含显著营养成分但对植物产生影响的物质。

第 695 条　适用范围

第 2 节的规定不适用于依照第 696 条规定获得许可,专门用于生产肥料并投放市场流通的物质。

第二小节　肥料的市场流通

第 696 条　肥料种类的许可

(1)只有符合行政法规获得许可的肥料类型才可为营利性质进入市场流通。

(2)[1]可通过行政法规规定肥料的种类,只要其在正常使用中

1. 能够显著促进作物的生长,显著提高其产量或改善其品质,

2. 对土壤肥力以及人类和动物的健康没有不利影响,和

3. 不危害其他环境资源。

[2]为区分肥料种类,可规定:肥料种类名称、决定肥料种类的营养物质和其他成分及其最低含量、组成成分的评估、根据其形态和溶解度对营养物质的评估、组成成分、生产方法、外部特征,次要成分含量,特别是有害物质的最高含量和其他关于肥料作用和使用的重要要求。

(3)第1款不适用于:

1. 运送到德国以外的肥料,除非被标识为"欧共体肥",

2. 无偿用于研究或调查目的的一定数量的肥料,

3. 经济肥,也包括第694条第4项至第6项规定的含泥炭或含水的物质混合物。

第697条　包装和标识

(1)通过行政法规对商业性进入市场流通的肥料规定

1. 包装类型,

2. 标识的类型和范围。

(2)依照第1款第2项所制定的行政法规应特别规定

1. 第696条第1款所规定之肥料的信息,包括

a)种类描述,

b)决定肥料种类的成分,其为营养物质时还需有关形态和溶解度的信息,

c)添加成分,特别是有害物质,

d)其他特征,

e)适当使用、储存和处理,以及

f)将其投放市场流通者,

2. 第696条第3款规定的肥料的信息,包括:

a)成分,

b)应用范围,以及

c)第1项c目、e目、f目规定的内容。

(3)可制定行政法规规定,为贯彻欧洲共同体在肥料法领域的法律行为,第2款第1项所述肥料仅在特定条件下被视为EC肥。

(4)第1款第2项和第2款第2项应与第694条第4项至第6项对泥炭和物质标识的规定相应适用。

第698条　零售限制

当符合第693条规定的保护目的时,可通过行政法规对第694条第4项至第6项所述特定物质的商业性市场流通,和第696条第3款所述肥料的商业性

市场流通予以禁止或限制。

第三小节　赔偿基金

第 699 条　赔偿基金的设立

(1)[1]应设立赔偿基金。[2]赔偿基金应对污水污泥的农业性使用所造成的人身和财产损害,以及由此导致的损失,予以赔付。

(2)对污水污泥的农业性使用所设立的赔偿基金所需资金,应由所有污水污泥制造者承担。

(3)经联邦议院同意,可通过行政法规规定

1. 赔偿基金的法律形式,

2. 赔偿基金的建立和进一步发展,包括 2.5 亿德国马克以内的必要财政配备,

3. 赔偿基金的管理,

4. 出资额的数目和确认、因其所交付污水污泥的种类和数量可能追加的金额以及在第 2 项规定的财政资源用尽时应追加的金额,

5. 特别应顾及受损区域的大小,规定自负适度的财产损失以及最大的适度赔偿金额,

6. 当基金完全满足索赔要求及其主张后,赔偿基金向其他赔偿责任人追偿,

7. 赔偿基金的监督机关的程序与职权,

8. 义务人对赔偿基金和第 7 项所述部门的权利和义务。

第四小节　附　　则

第 700 条　肥料问题专家委员会

(1)[1]联邦农业部有权不经联邦参议院同意,制定行政法规建立肥料问题专家委员会。[2]委员会就肥料问题向联邦部门提供咨询。[3]依第 696 条、第 697 条、第 698 条和第 334 条第 2 款第 1 句所制定之行政法规在颁布之前应听取委员会的意见。

(2)专家委员会应由土壤学、植物营养学、植物种植学和毒理学专家组成,

专家应为在这些领域工作的科学家代表。

第701条　容忍

[1]在可制定行政法规,规定对依第697条或在规定标识的范围内呈交的信息可予以容忍的内容偏差(容忍),并在实施监督时确定其生产、抽样和分析中不可避免的不确定性。[2]不可故意利用该容忍。

第十二节　危险货物的运输

第一小节　共同规定

第702条　目的

本节旨在防止危险货物的运输对环境和人类健康产生危险,进行风险预防。

第703条　概念界定

本节中的概念含义如下:

1. 危险货物:因特点、特质或与运输相关的条件可对环境或人类产生危险或风险的物质、配料、制成品和其他物品;危险货物可以通过依第709条第1款第1项所制定之行政法规进行危险级别划分;

2. 运输:货物位置改变、转移和交付货物以及运输过程中的暂时停留(货物包装和拆包、装卸货)的准备和结束,即使这些行为不是由承运人执行的;在生产、处理、加工、储存、使用或销毁危险货物的场所内的运输不包括在内,只要这种运输是在一个封闭的场地内部进行。

第704条　适用范围

(1)[1]本节适用于危险货物的铁路、陆路、水路和空中运输。[2]本节不适用于:

1. 直接适用于依据欧洲共同体规定、国际协定或基于此类规定或协议的国内规定的越境运输,此类规定或协议提及本节规定的除外。

2. 山区铁路。

(2)本节不影响

1. 因运输安全以外的原因而制定的危险货物的规定,

2. 第十三章的规定和关于危险货物运输的爆炸物立法的规定,

3. 第十七章第六节关于废物运输的规定,

4. 联邦、地区和地方基于当地情况作出的安全规定。

(3)第一节至第四节和第七节不适用于危险物质运输。

第705条　原则

主管部门应致力于:

1. 对危险货物进行运输时,尽可能使用对环境和人类健康所产生的危险和风险最小的运输方式、运输路径以及运输时间,

2. 特别危险的货物应首先选择铁路或水上运输,

3. 避免危险货物的不必要运输,

4. 限制特别危险的货物的运输,特别是可通过在使用地点或其附近制造此类货物的方法进行限制。

第706条　基本义务

参与危险货物运输的各方应根据可预见的危险和风险的性质和程度,依据最佳可行科学技术采取必要措施,防止伤害事件的发生和尽可能缩小其伤害范围。

第二小节　危险货物运输要求

第707条　运输许可;运输容器和车辆

(1)危险货物须符合依照第709条第1款第1句第1项所制定之行政法规的规定获得许可,才可交付或进行运输。

(2)危险货物只能由符合依照第709条第1款第1句第4项所制定之行政法规规定的集装箱和车辆运输。

第708条　包装和标识;运输单据

(1)[1]用于危险货物运输的包装、大容量包装和运输部件必须与预期的运输压力相平衡,使此类运输不会对环境或人类造成危险。[2]当运输物的包装受损,特别是密封不严使危险货物溢出时,不得交付或进行运输。[3]危险货物运输各方应使用依照第709条第1款第1句第2项所制定之行政法规规定或允许的独立包装、大容量包装和运输部件进行危险货物的运输,并遵守其组合包装和组合装载的要求。

（2）危险货物运输各方应根据依第 709 条第 1 款第 1 句第 3 项所制定之行政法规的规定，对独立包装、大型包装和运输部件予以标注。

（3）危险货物运输各方应根据依第 709 条第 1 款第 1 句第 6 项所制定之行政法规的规定，确保携带提单和运货文件，特别应包含运输货物的种类、数量、发货人和收货人以及事故应对措施建议的信息。

第 709 条　授权

（1）[1]可制定行政法规以规范危险物质的运输，应特别考虑：

1. 运输货物的许可，包括危险等级的确定，
2. 包装，组合包装和组合装载，
3. 运送货物的标识，
4. 车辆和运输容器的构造、性质、设备、检测和标识，
5. 运输中的行为，
6. 运输许可证、提单和运货文件，
7. 信息提供、记录保管和通知义务，
8. 车辆的载货量和随同人员，
9. 运输资格证明，
10. 测量和检测过程，
11. 运输人员的保护措施，
12. 危险品事故应对、保护和救助措施，
13. 运输人员和其他运输工作人员的医疗状况监测和检查，
14. 构成危险货物的废弃物的证明和报告义务。

[2]可规定在运输危险货物时必须签订额外的责任保险并提供证明。[3]依据第 1 款第 13 项，《基本法》中规定的人身不受侵犯的基本权利（《基本法》第 2 条第 2 款第 1 句）应受到限制。

（2）[1]当安全因素和运输工具的性质允许的情况下，危险货物的运输规定应与所有运输工具保持一致。[2]制定危险货物运输规范时应考虑国际标准。

第 710 条　例外

（1）主管运输的联邦部门可不经联邦参议院同意，当遵循第 705 条并符合第 702 条所述目的的前提下，规定依第 709 条第 1 款第 1 句所制定之行政法规的一般例外；在出台行政法规之前，应当听取州级最高主管部门的意见。

（2）第 1 款所述行政法规可规定，当运输过程中的安全得以保证时，主管部

门可在具体情况中允许例外于依第709条第1款第1句所制定之行政法规的规定。

第711条　紧急措施

(1)[1]当现行的安全规定证明不足以防止该运输所产生的危险,并且没有时间等待修改依照第709条制定的程序规定,联邦主管部门可以通过特殊命令禁止,或命令仅在特定条件和前提下允许特定危险物质的运输。[2]只要这些命令具有普遍有效性,联邦部门可在不经联邦参议院同意的情况下制定行政法规来实施这些命令。

(2)当本节规定的任何特殊运输条件都不适用于特定的货物运输而造成第702条意义上的风险时,则第1款相应适用。

(3)[1]第1款和第2款所述特殊规定和行政法规的适用期限应不超过6个月。[2]行政法规的适用期限只有在联邦参议院同意后才可延长。

第712条　专家意见

[1]依照第709条第1款、第710条第1款和第711条第3款第2句所制定之行政法规出台之前,应听取危险货物、车辆和集装箱建造以及与危险货物运输有关的其他方面的专家的意见。[2]主管运输的联邦部门可通过行政法规对此进一步规定。

第三小节　环 境 专 员

第713条　环境专员

(1)公司或企业所有人,对

1. 每个自然年运输净重大于50吨的,且都属于危险货物运输规定的危险货物,或

2. 在依照第709条第1款第1句第1项所制定之行政法规中标明的放射性物质或其他危险物质,

进行邮寄、运输或为运输进行包装或交付的,需委任一个或多个环境专员。

(2)主管部门也可以根据具体情况任命环境专员,当

1. 危险货物的种类和数量可能对环境或人类造成特定危险,或者

2. 公司或企业重复或严重违反公司、企业所有人或环保专员依据本节及基

于本节而制定的规定中应承担的义务。

(3)可通过行政法规

1. 免除第1款的义务,只要其符合第702条规定的保护目的,

2. 详细规定与危险货物运输有关的环境专员的权利和义务。

(4)可对第160条进行补充,给予环境专员机会,对申请拟议的危险货物规定的例外发表意见。

第四小节 管辖、安全措施、监督、费用

第714条 管辖

(1)[1]在联邦铁路、航空运输以及联邦水道(包括联邦政府拥有的港口)的海上和内陆航行领域,由联邦级管理部门履行本节和基于本节所制定的规定中的义务。[2]不属于联邦运营的联邦水道上的电力港口的监管责任(港口警察)不受影响。

(2)[1]联邦级管理规定可不经联邦参议院同意,通过行政法规确定主管部门和机关,以执行本节和基于本节所制定之行政法规的规定。[2]当本节规定的保护目的不能通过各州行政手段实现时,可通过行政法规,在本节和基于本节所制定之行政法规规定的范围内,将执行管辖转移至适当的联邦上级部门。

(3)[1]可不经联邦参议院同意,依照第2款通过行政法规全部或部分地将授权转移给主管运输的联邦部门。[2]第53条第3款第2句所指授权相应适用。

第715条 监督

(1)除危险货物的运输以外,监督还适用于按照危险货物运输规定中确定的包装、容器和车辆的制造。

(2)依照第137条第1款和第141条的规定,提供信息的义务适用于对危险废物进行包装、装货、邮寄、运输、卸货、接收或拆包或为运输危险货物生产包装、容器、运输工具的公司或者企业所有人。

第716条 费用

收取依照本节的规定和基于本节而制定的行政法规以及欧洲共同体的法律文件的公务行为,收费涉及本节专业领域的,适用第623条。

第十三节 行 政 违 法

第 717 条 第一节至第七节的行政违法

(1)行政违法是指故意或过失地

1. 违反第 592 条第 1 款第 1 句或第 2 款第 1 句以及第 3 款,将物质投放市场流通的,

2. 违反依照第 593 条第 2 款第 1 项所制定之可执行规定的,

3. 违反第 596 条第 2 款或第 4 款将已登记的物质在期限未过前投放市场流通的,

4. 违反依照如下条款所制定之可执行规定的,

a)第 599 条第 1 款第 1 句第 3 项和第 2 款第 1 句,或

b)第 599 条第 3 款以及第 616 条第 2 款第 1 句或第 723 条第 5 款,

5. a)违反第 601 条第 1 款和第 2 款或第 3 款或违反第 602 条第 1 款、第 2 款或第 3 款,对危险物质、危险配料或危险制成品没有或没有按规定的方式进行分类、包装或标识的,

b)违反第 603 条,未能提供符合依第 604 条第 1 款第 3 项 b 目所制定之行政法规要求的安全数据表,

c)违反第 605 条将危险物质、危险配料或危险制成品未按规定包装或标识重新投放市场流通的,或者

d)违反依照第 604 条第 1 款第 3 项 a 目、d 目或 e 目所制定之关于包装和标识的行政法规或违反第 604 条第 1 款第 3 项 b 目或第 2 项第 2 句同时提供特定说明或建议的规定,只要该法规为特定行为规定罚金的,

6. 违反第 609 条第 1 款或第 611 条第 1 款以及依照第 616 条第 5 款第 1 句第 1 项或第 2 项所制定之行政法规,没有、不按时、不准确或不全面通知的,或没有、不按时、不准确或不全面递交检测证明的,或违反第 610 条第 1 款没有、不按时或不全面提交列表的,

7. 违反依照第 610 条第 2 款所制定之行政法规,只要该法规为特定行为规定罚金的,

8. 违反依据第 622 条第 3 句和第 1 句关于物质、配料或制成品的生产、流通

或使用的可执行命令的，

9. 直接违反第一节到第七节所述欧洲共同体的规定，其为该特定行为规定了罚金但不足以构成刑事责任的。

（2）行政违法指的是，故意或过失地

1. 违反第 592 条第 2 款第 3 句进口物质的，

2. 违反第 595 要第 2 款第 1 句没有、不及时、不全面或不提供检测证明信息的，

3. 违反第 606 条为危险废物、危险配料或成品做广告的，

4. 违反第 607 条并结合第 608 条第 4 款，违反第 608 条第 1 款以及依照第 616 条第 5 款第 1 句第 1 项或第 2 项所制定的行政法规的，或违反第 612 条第 1 款和依照第 4 款第 1 句和第 2 句第 1 项或第 4 项所制定之行政法规，没有、不及时、不准确或不全面递交信息的，

5. 违反依照第 613 条第 1 款第 1 句所制定之行政法规，只要该法规为特定行为规定罚金，

6. 违反第 617 条第 2 款未能或未及时查询是否需要对脊椎动物进行检测的。

（3）第 1 款所指行政违法可处以 100 万德国马克以下罚款，第 2 款所指行政违法可处以 10 万德国马克以下罚款。

（4）[1]依据第 1 款第 1 项、第 4 项、第 5 项、第 8 项、第 9 项或第 2 款第 1 项或第 2 项对在违法行为实施或准备中予以使用的或已予确定的物品，可予以没收。[2]《行政处罚法》第 23 条应予适用。

（5）出于执行法律之必要，可通过行政法规，对第 9 款第 1 项视为行政违法可处以罚款的不遵守法律规范的情况进行规定。

第 718 条　第八节的行政违法

（1）行政违法，是指故意或过失地

1. 违反第 642 条第 3 款，第 646 条第 2 款第 4 句，第 647 条第 2 句，第 652 条第 1 款第 5 项和第 6 项或第 658 条或第 659 条，只要其为特定行为规定罚金的，

2. 违反依照如下条款所制定之执行规定

a）第 632 条第 5 款第 1 句第 1 项和第 2 项或第 2 句，第 634 条第 2 款第 1 句和第 4 款，第 634 条第 5 款，第 635 条第 1 款第 2 句，第 636 条第 4 款第 2 句，第 638 条第 4 款第 2 句，第 646 条第 2 款第 3 句，第 657 条第 2 款第 2 句或第 660

条,或

b)第 646 条第 3 款第 4 句,第 648 条第 2 句和第 645 条第 2 款第 2 句,652 条第 1 款第 5 项和第 6 项或第 658 条,只要其为特定行为规定罚金的,

3. 违反第 629 条第 1 款第 1 句和第 2 款第 1 句,在未经许可和批准的情况下使用农药的,

4. 违反与第 629 条第 2 款第 1 句的许可相关的可执行要求,

5. 违反第 629 条第 3 款第 1 句,将种子、植物原料或培养基投放市场流通的,

6. 违反第 636 条第 3 款第 1 句的规定使用农药的,

7. 违反第 642 条第 2 款并结合依照第 4 款制定之行政法规,在没有规定包装或标识的情况下将农药或培养基投放市场的,

8. 违反第 643 条有关禁止信息的,

9. 违反第 649 条第 1 款,使不满足依第 652 条第 1 款第 1 项所制定之行政法规要求的植物保护设备进入市场流通的,

10. 违反第 656 条第 1 款第 1 句,在将信息、文件或声明正确并完整地提交给农林业生物所之前,将农药有效成分投放市场的。

(2)行政违法,是指故意或过失地

1. 违反基于第 644 条第 2 句、第 652 条第 2 款或第 653 条的行政法规,只要其为特定行为规定罚金的,

2. 违反第 631 条第 5 款和第 617 条第 2 款规定,对是否需要进行脊椎动物实验没有或未及时进行询问的,

3. 违反如下条款

a)第 632 条第 5 款第 2 句和第 634 条第 4 款,或

b)第 639 条

没有或不及时、不准确或不全面进行通知或登记的,或者

4. 违反第 632 条第 5 款第 2 句或第 633 条第 2 款和第 634 条第 4 款或第 635 条第 1 款第 2 句,没有或不及时、不准确或不全面提交信息、文件或样本的,

5. 违反第 636 条第 4 款第 3 句,不收回农药产品的,

6. 违反第 644 条第 1 句,不告知或不及时告知的,

7. 违反第 645 条第 1 款第 1 句结合第 654 条第 2 款,通过自动售货机或以其他形式零售的自助服务或邮购方式将农药或植物助剂投放市场流通的,

8. 违反第 647 条第 1 句不告知或不及时告知的，

9. 违反第 649 条第 2 款不附使用说明书的，

10. 违反第 650 条和依据第 652 条第 1 款第 2 项或第 3 项制定的行政法规，没有、不及时、不正确或不全面地作出声明的，或者没有、未及时、不正确或不全面提交或补充有关设备模型修改的文件的，

11. 违反第 654 条第 1 款第 1 句第 2 项或第 3 项，销售没有列入列表或没有在规定中进行标记的农药，

12. 违反第 667 条的规定。

（3）[1]第 1 款所指的行政违法可处以 100 万德国马克以下罚款，第 2 款所指的行政违法可处以 10 万德国马克以下罚款。[2]没收第 1 款第 1 项至第 5 项、第 7 项或第 9 项中行政违法行为相关的、或在实施和准备行政违法行为所用的或者类似的物品，相应适用第 717 条第 4 款。

（4）在第 2 款第 3 项情况下，行政违反法第 36 条第 1 款第 1 项所指的行政部门为联邦消费者健康保护和兽医机构。

第 719 条　第九节的行政违法

（1）行政违法，是指故意或过失地

1. 违反第 678 条第 2 款和第 634 条或第 638 条、第 679 条第 2 款、第 680 条第 3 款和第 1 款、第 681 条第 1 款或第 3 款、第 682 条第 2 句和第 652 条第 1 款第 6 项，只要其为特定行为规定罚金，

2. 违反依照如下条款所制定之行政法规：

a）第 677 条第 1 款第 2 句和第 632 条第 5 款第 1 句第 1 项和第 2 项或第 2 句、第 677 条第 2 款第 2 句和第 636 条第 4 款第 2 句或第 680 条第 1 款第 3 句和第 646 条第 2 款第 3 句，或者

b）依第 680 条第 3 款和第 1 款、第 681 条第 1 款或第 3 款、第 682 条第 2 句和第 652 条第 1 款第 6 项，只要其为特定行为规定罚金的，

3. 违反第 675 条第 1 款，未经许可和批准将杀虫剂投放市场的，

4. 违反根据第 675 条第 1 款第 4 句与第 629 条第 2 款第 1 句一并授权所附的可执行条件，

5. 违反第 677 条第 2 款第 2 句与第 636 条第 3 款第 1 句，使用杀虫剂的，

6. 违反第 679 条第 1 款，在没有规定的包装或标识的情况下营销杀虫剂的，

7. 违反第 679 条第 3 款第 1 句与第 643 条有关禁止信息的，

8. 违反第680条第2款第1句和第2句、第680条第2款第4句和第636条第3款，使用杀虫剂的，

9. 违反第682条第1句，将不符合依第2句和第652条第1款第1项所制定之行政法规要求的喷洒杀虫剂的设备投放市场流通。

(2) 行政违法是指故意或过失地

1. 违反依照第679条第3款第1句和第644条第2句、第682条第2句和第652条第1款第2项、第4项或第5项或第653条的，只要其为特定行为规定罚金的，

2. 违反第676条第2款结合第631条第5款和第617条第2款，对是否需要进行脊椎动物实验没有或未及时进行询问的，

3. 违反

a) 第677条第1款第2句与第632条第5款第2句，

b) 第677条第3款与第639条，

没有或不及时、不准确或不全面进行通知或登记的，

4. 违反第677条第1款第2句和第632条第5款第2句或第675条第3款第3句与第633条第2款，对信息、文件或样本没有递交或不及时、不准确、不全面递交的，

5. 违反第677条第2款第2句与第636条第4款第3句，未召回杀虫剂的，

6. 违反第679条第3款第1句与第644条第1句没有或未及时通知的，

7. 违反第679条第3款第1句与第645条第1款第1句，通过自动售货机或其他形式零售的自助服务或邮购方式，使杀虫剂进入市场流通的，

8. 违反第682条第2句与第649条第2款，未提供使用指南的，

9. 违反第682条第2句与第650条、第652条第1款第2项或第3项没有、不及时、不正确或不全面声明的，或者没有、未及时、不正确或不全面提交或补充有关设备类型变化的文件的。

(3) [1]第1款所指行政违法可处以100万德国马克以下罚款，第2款所指行政违法可处以10万德国马克以下罚款。[2]没收第1款第1项至第6项或第8项中行政违法行为相关的、或在实施和准备行政违法行为所用的或者类似的物品，相应适用第717条第4款。

(4) 本法第36条第1款第1项第2句所指的行政部门在第2款第3项情况下为联邦消费者健康保护和兽医机构。

第720条　第十节的行政违法

（1）行政违法是指故意或过失地

1. 违反第690条第1款第1项，使不符合第690条第2款第1项的行政法规规定的清洗剂和清洁剂进入市场流通的，

2. 违反第690条第1款第2项，使磷的含量超出依第690条第2款第2项所制定之行政法规规定的最高值的清洗剂和清洁剂进入市场流通的，

3. 违反第691条第1款、第691条第2款的行政法规和第604条第1款第3项的规定，使包装或外壳没有、没有正确或没有完整标记的清洗剂和清洁剂进入市场流通的，

4. 违反第692条第1款与第3款第1句的规定，并与依照第692条第2款制定的行政法规规定的未告知或告知不及时、不准确、不全面的。

（2）[1]第1款所指行政违法可处以100万德国马克以下罚款。[2]没收第1款第1项至第3项中行政违法行为相关的、或在实施和准备行政违法行为所用的或者类似的物品，相应适用第717条第4款。

第721条　第十一节的行政违法

（1）[1]违反第701条第2句故意利用容忍的，构成行政违法。[2]行政违法也指故意或过失地

1. 违反第696条第1款和依照第696条第2款所制定之行政法规，商业性地使肥料进入市场流通的，或者

2. 违反依第697条或第698条所制定之的行政法规，只要其为特定行为规定罚金的。

（2）行政违法也指故意或过失地违反依照第699条第3款第7项或第8项所制定之行政法规，只要其为特定行为规定罚金的。

（3）[1]第1款所指行政违法可处以100万德国马克以下罚款，第2款所指行政违法可处以10万德国马克以下罚款。[2]没收第1款行政违法行为相关的、或在实施和准备行政违法行为所用的或者类似的物品，相应适用第717条第4款。

第722条　第十二节的行政违法

（1）[1]行政违法是指故意或过失地

1. 违反依照第709条、第710条第1款、第711条第1款第2句或第711条第2款与第1款第2句所制定之行政法规，只要其为特定行为规定罚金的，

2. 违反依照第711条第1款第1句或第711条第2款与第1款第1句所制

定之可执行禁止事项和条件的,

3. 违反依照第713条第3款所制定之行政法规,只要其为特定行为规定罚金的,

4. 关于危险货物运输的规定主要有以下情形

a)违反1957年9月30日欧洲共同体的《国际公路运输危险货物协定(ADR)》的附件A和B,该协定于1968年7月29日被修订及1974年7月8日通过的第5条国际公路运输危险货物协定修正法规修订,和

b)1970年2月7日的《国际铁路货运公约(CIM)》的附件1,

依照第4款的行政法规为特定的行为规定罚金的,

5. 违反基于1969年8月18日法令(BGBI. II p. 1489)第2条有关1957年9月30日欧洲共同体的《国际公路运输危险货物协定(ADR)》的行政法规,只要其为特定行为规定罚金的。

6. 违反1974年4月26日法令第2条的行政法规(BGBI. II p. 357),关于在1966年2月26日对1961年2月25日签订的《铁路旅客和行李运输国际公约中关于铁路在旅客死亡和受伤情况下的责任的补充公约》和1970年2月7日《关于铁路货物运输和铁路旅客和行李运输的国际公约》而制定之行政法规,只要其为特定行为规定罚金的。

(2)[1]第1款所指行政违法可处以100万德国马克以下罚款。[2]没收第1款第1项或第2项中行政违法行为相关的、或在实施和准备行政违法行为所用的或者类似的物品,相应适用第717条第4款。

(3)为实施国际公约所必须,负责运输的联邦部门可有权在未经联邦参议院同意的情况下通过行政法规具体说明根据第1款第5条可视为行政违法行为的具体案件。

(4)当在德国联邦共和国境内既没有主要营业地点也没有商业机构的企业使用公路运输危险货物时发生了违反第1款第5项a目或第6项规定的违法行为,并且受影响方在德国联邦共和国境内也没有居住地的,行政违反法第36条第1款第1句所指的行政当局应为联邦长途货运协会。

(5)1956年2月15日《关于联邦在内陆航运范围任务的法律》第7条第2款第2句和1975年1月22日最新修订的关于1969年6月23日《国际海运公约》第4条不受影响。

第十四节 过 渡 规 定

第723条 第一节至第七节的过渡规定

(1)第593条第1款第1项适用于1993年11月1日之前已在成员国市场流通,且应符合当时生效的化学品法第5条第1款第1项的规定的物质。

(2)第593条第1款第2项适用于在欧洲经济区国家内为研究发展目的而进入成员国市场并最终用于实验室的、每位生产者每年生产数量少于1吨的、已于1993年11月1日之前在成员国市场流通的物质,该物质应符合当时的化学品法第16a条第3款的规定。

(3)[1]第二节与第608条、第609条和第618条规定中涉及欧洲经济区其他成员国的情况和部门的,且该国为非欧洲共同体成员国的缔约国的,需在该国开始遵守根据67/548/EEC指令第7次修改的1992年4月30日颁布的92/32/EEC理事会指令中关于危险废物分类、包装和识别的法律和行政规定后适用。[2]主管环境保护的联邦部门应就此日期在联邦法律公报上予以公布。[3]将非欧共同体成员国的签署国纳入共同登记程序的豁免和过渡规定可通过行政法规予以制定,只要该国为欧洲经济区协议第23款和附件二第15条第1项规定之规则所要求。

(4)当在1993年11月1日之前提交的登记案件中有必要根据第597条进行补充检测时,除第597条的检测证书外,登记机关还可要求有登记义务的一方补齐第594条第2款中尚未持有的检测证书。

(5)[1]1993年10月31日至1994年8月1日期间提交的经92/32/EEC号指令修订的第67/548/EEC号指令的第7款和第8款所涵盖的物质登记或资料文件,登记机关应视为第二节意义上的登记文件。[2]当缺少第二节规定提交的文件时,登记机关可要求有登记或告知义务的一方在其确定的合理期限内提供这些文件。[3]第599条第3款相应适用。

第724条 第八节的过渡规定

(1)[1]在决定将有效成分列入第91/414/EEC号指令附件一之前,第632条第1款第2项不适用于1993年7月27日之前在成员国以营利目的或其他商业性方式进入市场的、其有效成分没有被列入91/414/EEC指令附件一的农药。[2]

依登记机关的要求,申请人应证明第 1 句所指农药在 1993 年 7 月 27 日之前已在某个成员国上市流通。[3]当欧洲共同体的行政机关根据 91/414/EEC 指令第 19 条所述程序决定其有效成分不可或只可在特定条件下列入 91/414/EEC 指令附件一时,第 1 句所指许可可以撤回或变更。

(2)[1]在 1 月 1 日(修订后的植物保护法生效后的下一个自然年)之前被许可的农药可最长在 12 月 31 日(修订后的植物保护法生效后第二个自然年)之前依取得的许可进入市场流通和使用。[2]当许可在第 1 句所述时间后结束的,在满足以下条件时,农药可以在市场上销售并使用,直至许可结束:

1. 许可机关在此之前已依照第 632 条第 3 款和第 5 款对使用范围和使用规定进行了确定,以及

2. 农药已按照第 642 条第 2 款和第 642 条第 3 款所制定之行政法规予以标注。

[3]适用范围和使用规定的确定由许可持有人最晚于(修订后的植物保护法生效后的第七个自然月的第一天)向许可机关提出申请。

(3)1 月 1 日(修订后的植物保护法生效后的下一个自然年)之前依照当时适用的规定进入市场流通的植物助剂可在 12 月 31 日之前(修订后的植物保护法生效后的第二个自然年之前)进入市场流通。

第 725 条　第九节的过渡规定

[1]可对本法典生效前已经进入市场流通的杀虫剂制定过渡规定的行政法规。[2]同时应规定该杀虫剂应在许可机关进行登记,以及在本法典生效五年后履行申请许可义务,在有证据证明该杀虫剂对环境和人类造成危险时,许可机关可要求其提交特定的检测证明。

第十七章　废物管理

（第 726～775 条）

第一节　一般规定

第 726 条　目的

[1]本章首要目的为避免废物的产生，以爱惜自然资源。[2]此外还致力于实现基于物质回收的爱护环境的废物处理。

第 727 条　概念界定

（1）就本法典的目的而言，

1. 废物：所有属于依照第 2 款所制定的行政法规中规定类别，和由其占有人处置或想要或必须予以处置的动产，为了确保公众福祉，特别是保护环境和人类，而进行有序处理。废物也指原料或产品在能源转换、生产、加工和使用或在服务过程中产生的，并且针对其没有进一步加工目的的物质。废物可以被再利用和处理；

2. 废物弃置：为废物处理而提供废物，或废物占有者因无其他使用目的而进行丢弃；

3. 废物处理：废物回收和清除以及与此相关的准备措施；

4. 材料回收：废材料再加工用以原用途或者用于其他用途，包括有机循环，但不包括能量回收；

5. 能量回收：通过废物利用，回收热能用于发电；

6. 废物产生者：在活动中产生废物的自然人和法人，或者通过预处理、混合或其他特殊加工方式，使废物的性质或成分发生变化的人；

7. 废物占有人：对废物具有事实上财产控制权的自然人或法人；

8. 危险废物:因其种类、性质或者数量在特定的范围内会对环境或人类产生危险和风险的废物;

9. 特殊废物:因其成分或数量需要特殊处理的危险废物和其他废物。

(2)可制定行政法规,规定以下内容:

1. 第1款第1项的垃圾分类,

2. 第1款第3项的垃圾再利用和处理的程序,

3. 第1款第8项意义上的废物。

第728条　适用范围

(1)本章规定适用于废物的避免、利用和处理。

(2)本章规定不适用于

1. 第4章、第10章、第13章和第17章以及在此基础上颁布的行政法规中对于废物避免和处置的规定,

2.《动物尸体处置法》《动物传染病法》和在此基础上颁布的行政法规中对于废物清除的规定,

3. 在自然资源勘探、开采、处理和加工过程中属于矿产监督的直接和常见的废物,

4. 被排入或引入水体和废水设施的废物,或者

5. 对战争物资勘探、开采、运输、储存、加工和销毁有特别规定的。

第729条　基本义务

(1)应避免废物的产生,特别是通过节约使用物质和优先使用无害物质。

(2)[1]当不能避免废物产生,应尽可能地进行环境友好型再利用。[2]物质回收应优先于能量回收。[3]并鼓励生产高质量产品。

(3)[1]不可再利用的废物应尽可能采用环境友好型方式处理。[2]处理过程中产生的能量应尽可能予以利用。[3]废物应在国内并尽可能就地处理。

(4)只要技术和经济可行以及与后续阶段的程序相比对环境、人类或者资源的不利影响小于有利影响,应遵守第1款和第2款要求的顺序。

(5)界定废物的再利用和清除在于特定废物中杂质的种类和数量,以及措施的主要目的在于利用废物还是减少和消除有害物质。

第二节　废物管理义务

第一小节　废物产生者和占有人

第 730 条　废物产生人和占有人的义务

（1）营利性和其他经营性企业或者公共机构的废物产生者和占有人有义务按照第 729 条第 2 款至第 4 款、第 736 条至第 738 条的要求对废物进行处理，以上规定有其他要求的除外。

（2）私人家庭废物的产生者和占有人应根据具体要求的标准，尤其是根据依照第 122 条第 2 款和第 734 条第 6 款所制定的行政法规对废物进行分类收集，或者将废物送至确定的收集场所或处理设施。

第 731 条　企业废物运营计划

（1）[1]年产生超过 500 公斤危险废物或者年产生超过 2000 吨其他废物的生产者应对其运营过程中产生的垃圾制定企业废物运营计划，每五年至少更新一次，并按照要求提交主管部门。[2]第 745 条所规定的废物管理规划应考虑在内。

（2）企业废物运营计划至少应包括

1. 需处理废物的类型、数量和存放的信息，

2. 确定和计划的废物避免和再利用的措施之说明，

3. 废物处理必要性的说明，特别是有关废物无法再利用的原因，

4. 确保处理废物的证明保存五年，特别是对计划处理废物的方法的陈述，废物自行处理时必要的处理位置和设施规划的额外说明，

5. 在德意志共和国境外处理废物时，对垃圾堆存的特殊说明，

6. 在产品停止使用后对产品废物处理的详细说明。

（3）当废物产生者参与相关区域的环境管理和生态审计的综合体系且环境管理系列文件满足第 2 款要求，则认为其已履行第 1 款第 1 句的义务。

（4）[1]当企业废物运营计划未制定或者存在重大缺陷或者没有递交，主管部门可以依据第 1 款要求生产者在一定期限内必须制定或提交。[2]当生产者逾期没有完成，主管部门可以收取针对废物运营计划必要内容进行专家监督的费用。

（5）可以制定行政法规，规定

1. 企业废物运营计划的形式和内容的进一步要求,

2. 第1款和第2款义务之外的特定生产者或特定类型的废物。

第732条 企业废物平衡

[1]按照第731条第1款义务人每年应对上一年处理废物的种类、数量和存放量编制平衡表,并按要求提交主管部门以及以适当的方式向公众公开。[2]第721条第3款和第4款同样适用。[3]主管部门将提交给他们的平衡表以匿名的方式录入登记。[4]当义务人依照《欧共体第1836/93号环境审计条例》第5款就相关领域制定一份包含了第1句所要求内容的环境声明,则认为其履行了义务。

第733条 退还

(1)依第122条第2款第1项行政法规所指的物品的占有人,应将使用后产生的废物退还给生产者或经营者。

(2)[1]依照第122条第2款制定行政法规规定废物退还的方式。[2]特别需规定了物应按照类别进行分别收集和准备,或者按照特定的方式进行收集,或将废物送至特定的收集场所或处理设施。

第734条 转交义务

(1)为处理营利性和其他经营性企业或者公共机构的废物,废物的生产者和占有人有义务委托第741条中规定的协会、第742条中规定的自治社团或者第743条中规定的第三方进行废物处理,或者将废物转交给公法的废物处理机构。

(2)私人家庭废物的产生者和占有人有义务将废物转交给公法的处理机构。

(3)当主管部门将公法的废物处理机构处理废物的义务委托协会、自治社团或者第三方,则第1款和第2款的转让义务保持不变。

(4)[1]第1款和第2款的义务不适用于,

1. 当不妨碍公共利益,营利性和其他经营性企业或者公共机构可以利用内部设施进行处理的废物,

2. 废物产生者和占有人可以或者愿意再利用的私人生活废物,

3. 公法的废物处理机构经主管部门同意排除在处理范围外的特殊废物,

4. 根据第744条第2款州政府允许在处理设施之外进行处理的废物,

5. 依据第122条第2款第1项制定的行政法规有退还义务且依据122条第2款第2项制定的行政法规和公法的废物处理机构不接受退还的废物,

6. 通过收集可以获得环境友好型再利用的废物，危险废物除外。[2]第 6 项仅适用于，当与公法的废物处理机构相比，企业收集更能获得环境友好型再利用的废物。[3]州法中关于强制接入和使用的规定不受影响。

(5)各州可以要求，处理特殊废物和废物的生产者和占有人将这一义务转让给公法的废物处理机构，或者符合以下条件时强制让与其义务

1. 不能确保可以进行环境友好型处理，

2. 不能确保由公法机构处理废物所需的合理费用。

(6)[1]可以制定行政法规对转交方式进行规定。[2]相应适用第 733 条第 2 款第 2 句。

第 735 条　土地所有权人的容忍义务

(1)土地所有权人和占有人，在其地块产生有转交义务的废物时，其有义务允许架设必要的装载容器架设以及进入用于废物收集和监督分类和再利用的地块；其居住区不可侵犯的基本权利(《基本法》第 13 条)相应地受到限制。

(2)第 1 款相应适用于依据第 122 条第 2 款第 1 项制定的行政法规要求完成回收义务的回收和收集系统。

第二小节　废物处理者

第 736 条　废物处理者的义务

(1)[1]处理废物应避免对公共福祉造成影响。[2]该影响特别指以下情形：

1. 会对环境和人类造成风险和危险时，

2. 空间规划、州规划、自然保护和景观养护以及城市建设包括局部样貌等利益不能保障时。

(2)根据第 740 条至第 743 条废物处理义务还应包含

1. 可被再利用的废物，尤其是可堆肥的废物，应分类收集、运输和再利用，

2. 特殊垃圾应与其他垃圾分类收集、运输和处理，

3. 提供与废物种类、数量、来源和构成成分相一致的足够数量和大小的废物收集容器，

4. 安装废物处理所需的设施。

第737条　废物再利用要求

(1)[1]可以制定行政法规对环境友好型废物再利用的要求进行规定,特别是

1.特定废物所需的特定利用程序,

2.特定废物能源利用的优先权,

3.对特定废物在本国利用义务的规定。[2]公众遵照第20条进行参与。

(2)按照第1款制定的行政法规也可规定

1.废物标记义务,

2.应设法阻止产品中特定废物的形成和滞留,

3.对于需采用特殊方式进行利用的、可能对公共福祉造成不利影响的废物,应根据行业来源、产品和终端产品进行规定,只有在以特定数量或者特定性质或者只为了特定的用途的情形下才可进行流通。

(3)[1]联邦政府应在普遍性行政条例中对标准和边界值进行规定,标准和边界值能对原材料回收或能源回收以及回收利用和清除的程序进行比较。[2]尤其应考虑到

1.预计排放值,

2.保护自然资源的目标,

3.能源获得和使用,

4.废物以及利用废物获得的产品中有害物质的积累。

(4)当联邦政府在该法实施以后两年内没有进行授权,州政府可根据第15条第4款附带条件对本条第1款和第2款颁布行政法规。

第738条　废物处理要求

[1]在考虑到最佳可行技术的前提下,行政法规应根据废物的来源行业、产生位置、废物种类、数量与性质,对环境友好型的处理要求作出规定。[2]公众遵照第20条进行参与。[3]行政法规可以规定对特定废物的清除优先于回收利用。

第739条　信息与咨询义务

[1]废物处理义务人在其权限范围内定期将现有的可使用的回收、收集以及再利用系统和市场应用的标记的意思告知废物产生者和占有人。[2]废物处理义务人定期就废物避免、废物利用的方式方法,特别是废物再利用、原材料利用、堆肥的可能性以及不产生废物的产品和程序应用提供咨询。[3]废物处理义务人可委托第三方履行该义务。

第740条 公法的废物处理人义务的履行

(1)[1]依州法有处理废物义务的法人(公法的废物处理机构)对在其地域内产生的废物进行处理。[2]这也适用于没有有效官方注册车牌的机动车辆或拖车,当这些车辆停放在公共场所或露天场所、没有证据表明他们被盗或用于其他特定用途、且在车上张贴明确要求告示后1个月内还没有被移除时。

(2)第1款第1句的废物处理义务不适用以下情形:

1. 经公法的废物处理机构经主管部门协商同意后不进行处理的特殊废物,

2. 依据第122条第2款制定的行政法规规定需回收的废物,在其相应的回收装置实际存在情况下,

3. 由协会、自治社团或者第三方处理的废物。

(3)[1]公法的废物处理机构应制定其领域内的针对废物避免和处理的废物运营计划,并以适当的方式对公众公开。[2]州对废物运营计划形式和内容的要求进行规定。

(4)公法的废物处理机构在确定废物处理费用和补偿时需考虑第726条的目的。

第741条 协会义务的履行

(1)[1]营利性或者其他经营性企业或者公共机构废物的产生者和占有人可以成立协会。[2]公法的废物处理机构和自我管理机构可以致力于协会建立,并参与其中。

(2)[1]第1款的产生者和占有人可以委托由他们建立起来的协会完成处理废物的义务,他们应完成义务的责任不受影响。[2]委托协会的合同应向主管部门备案。

(3)以下情形符合……时,主管部门可以根据要求将产生者和占有人的废物处理义务全部或者部分地授权给协会:

1. 不存在对协会的领导和监督负有义务的人的可靠性有质疑的事实,

2. 负责人具有必备的专业知识和技能,

3. 拥有进行环保型废物处理必需的人力物力,

4. 分配任务需确保履行,特别应确保废物处理的安全性与第745条规定的州废物管理规划保持一致,

5. 与重要的公众利益不发生冲突。

(4)[1]当后者不能确保进行环保处理的,主管部门可以要求在指定区域内的

协会处理本区域内其他的产生和占有人的废物。[2]第734条第3款适用本款。

(5)[1]废物处理协会应制定其领域内的针对废物避免和处理的废物运营计划和废物平衡表。[2]第731条第2款至第4款和第732条适用于本款。

第742条 自治团体义务的履行

(1)[1]工商业商会、手工业商会和农业商会可以成立团体(工商业自治团体),营利性和其他经营性企业或者公共机构的废物的产生人和占有人,可以将其需完成的处理义务委托给自治团体。[2]第740条第2款第2句和第3句适用于本条。

(2)[1]主管部门可以根据要求将生产人和占有人的处理义务全部或者部分委托给自治团体。[2]第740条第3款和第5款适用于本条。

(3)[1]联邦州可以规定,主管部门可以根据要求将产生人和占有人的处理义务全部或部分委托给第40条意义上的环境区域协会。[2]第740条第3款至第5款适用于本条。

第743条 第三方义务的履行

(1)[1]废物处理义务人可以将其义务履行委托第三方。[2]第740条第2款第2句和第3句适用于本条。

(2)[1]只要废物处理者同意,主管部门可以按照要求将生产人和占有人的处理义务全部或部分委托给第三方。[2]第740条第3款和第5款适用于本条。

第三节 废物处理的组织和规划

第744条 废物处理的组织

(1)[1]用于处理的废物只允许在专门用于废物处理的设施和装置中进行处理、保存和堆放。[2]当一个设施除了废物处理外还主要用于其他目的,当该设施满足废物处理设施的条件,则也允许在该设施中进行废物处置。

(2)[1]州政府在有必要且不对公共福祉产生不利影响下可以通过行政法规许可处理设施之外特定废物或者一定量的特定废物的清除。[2]行政法规中也可对废物处置的条件、方式进行规定。

(3)当不影响公共福祉,主管部门可以在个别情况下不依第1款第1句允许例外。

（4）主管部门应针对询问提供现有的合适的废物处置设施的信息给废物处置义务人。

第 745 条　废物管理规划

（1）[1]各州根据本地区特征制定其辖区范围内的废物管理规划。[2]废物管理规划应包含：

1. 废物避免和废物利用的目的，

2. 需处置的废物类型和数量，

3. 基于考虑随后 10 年内的废物量估算基础上对于废物处理设施的要求，

4. 许可的废物处置设施。[3]规划指出适合未来废物处理设施的位置。[4]规划还可以进一步对每一个废物处理设施的收集区进行确定。[5]此外对于危险废物还应确定废物处理人。

（2）各州可以对第 1 款第 3 句至第 5 句处置义务的规定决定全部或部分有强制约束力。

（3）[1]在编制废物管理规划时，需考虑：

1. 企业和地方基层的废物运营计划和废物平衡，

2. 环境保护的要求，

3. 空间规划和州规划的目标和要求。[2]具有空间意义的废物管理规划的要求和措施可以归属《国土空间规划法》第 5 条的规划和计划。

（4）各州应对规划编制程序以及相应的法律约束力进行规定。

（5）[1]各州废物管理规划应与上下层规划进行协调。[2]当州法要求跨区域规划，则受影响的州在制定规划时应就要求和措施互相协商进行规定。

（6）代表公共利益的机构和部门，当其利益受规划影响，这些机构和部门以及废物处理人应参与制定废物经营规划。

（7）[1]规划应在本法实施后两年内制定完成。[2]应根据需要，至少每五年对规划进行更新。

第 746 条　公众告知

[1]各州至少每五年就废物避免和废物利用以及废物处置安全等进展向公众公开。[2]报告应包含一份对废物管理规划的总体概述和评估、与前一报告期间的比较以及对下一报告期间的预测。

第四节 废物填埋场的许可和关闭

第747条 许可的必要

废物堆存设施(填埋场)的建设和运行需要按照第81条第3款第1项C获得项目许可。

第748条 建设、运行和关闭的基本要求

(1)废物填埋场的建设和运行需要特别满足第83条第1款的基本要求:

1. 填埋产生的废气和渗滤液不能对环境或者人类产生危害,

2. 通过采取与先进技术水平相应的措施,预防对环境或者人类产生风险。

(2)运营者需确保,填埋场在关闭后也不会对环境或者人类产生不利影响。

第749条 许可条件

(1)[1]填埋场许可必须以不违反已公布的废物管理规划的规定为条件。[2]当缺乏相关规定,则只可在考虑到第729条第1款和第2款规定的避免和利用的要求并且有必要建设填埋场时,才可以对其进行许可。

(2)[1]当填埋场所有人能为在填埋场关闭后为其复垦和安全性需求提供担保,主管部门可据此予以批准。[2]许可决定中可保留提高安全保障的后继要求。

第750条 现有填埋场

(1)[1]主管部门可以对在1972年7月11日前运行的或者开始建设的填埋场提出必要的要求,以确保实现第748条的基本义务。[2]主管部门可以要求其按照第749条第2款提供担保。[3]这同样也适用于1990年7月1日前在《统一条约》第3条提到的区域内运行或者开始建设的填埋场。

(2)[1]在不会对公众福祉造成危害的情况下,主管部门可以禁止第1款提到的填埋场的运行。[2]第128条第3款第2句适用于本款。

第751条 关闭

(1)按照第107条第4款以及与其相关联的第97条第5款进行展示时,应附上关于堆存的废物的种类和数量、运行方式、填埋场现状、为保护环境和人类的安全措施以及规划的回耕措施以及任何土壤污染修复的相关资料。

(2)运营者有义务按照部门规定,负责修复填埋场土地的费用,采取为保护环境和人类的安全措施。

第五节　监督与环保专员

第752条　一般监督

(1)[1]监督义务者为经其确认的废物处理证明文件应保留五年。[2]对此可以制定相应的行政法规:

1. 对证明文件保留的要求进行规定,

2. 确定与第1句例外的保存期限,

3. 确定监督义务者保留义务的免除。

(2)第141条第1款的告知义务同样适用于废物处理设施的原运营者,即使该设施已停用。

第753条　证明过程

(1)[1]废物处理设施运营者、危险废物产生的设施运营者以及危险废物的收集者和运输者有义务提供关于危险废物的种类、数量、预期的路线以及随后的处理的证明。[2]第1句中有提供证明义务的人,应向主管部门提交这些证明。[3]当对公共福祉预计不会产生不利后果,主管部门可以依申请对第1句有提供义务的人全部或部分免除其提供证明的义务。

(2)主管部门可要求对因废物组成或总量需进行特殊处理的废物的占有人提证其证明。

(3)当生产者和占有人在与自己空间上和经营上紧密相连的设施中处理废物,可以使用废物经营规划或者废物平衡来作为证明材料。

(4)[1]行政法规可以对提供证明进行进一步规定。[2]还可以规定:

1. 当危险废物量较少时,可以全部或者部分免除义务者提供证明,

2. 特定废物的占有人可按第2款要求免除其提供证明的义务,

3. 主管部门可按照义务者类别的要求、第1款的提供证明义务的范围和内容,确定与行政法规中不同的规定。

第754条　环保专员

(1)废物处理设施运营者、通常会产生废物或者年产生其他废物超过2000

吨的设施运营者需聘任一名以上环保专员,只要是因为以下理由:

1. 由于设施产生、利用或者处理的废物的种类和数量,或者

2. 出于避免和处理技术困难而需要的。

(2)由行政法规对于依第1款经营者必须任命环保专员的设施,作出规定。

(3)当在个别情况中出于第1款所提到的理由有聘任环保专员的必要,则主管部门可以对没有在依第1款所制定之行政法规中规定的设施经营者要求任命一名以上环保专员。

第六节 废物转移

第一小节 废物运输、贸易和经纪的审批

第755条 废物运输者的许可

(1)[1]以营利性或在其他经营性企业框架下收集或运输废物的人(废物运输者)应获得许可。[2]这不适用于

1. 公法规定的废物处理机构以及第741条至第743条中规定的有处理义务的人,

2. 运输未被有害物质污染的勘探废物、道路残渣和建筑废物的,

3. 主管部门依申请或职权给予许可豁免的情形下,在经营性企业范围内少量废物的运输,

4. 已向主管部门提交其开始处理废物的计划,并附有行业运营资质证书的第758条第1款规定的专业处理废物的企业。

(2)[1]主管部门应予以许可,当

1. 对废物运输公司和对负责管理和控制操作的人员的可靠性没有存疑,

2. 废物运输者和受委托的第三方拥有必要的专业知识和技能,

3. 具有启动和合规实施运营的必要资源。[2]许可应在规定期限内完成。[3]在批准后许可也可以以附添条件为约束。

(3)[1]许可适用于本法典适用范围。[2]由废物运输者或者其指定代理者经营地所在的州的主管部门负责。[3]主管部门应就发放许可证、后续验收条件、许可证收回的相关事项以及针对第1款第1句无需许可的废物运输的根据第133条措

施，告知其他州负责废物经营的最高机关。

(4)[1]通过行政法规可以进一步规定相关细节，特别是

1. 按照第1款第1句可获得许可豁免的特定废物种类，

2. 申请文件以及许可的形式和内容，

3. 对专业知识和技能和个人可信赖度的证明的要求，

4. 运输工具的种类、运输路线以及废物包装的特别说明，

5. 收费义务事项的确定、费率定以及费用追偿。[2]费用为10德国马克以上10000德国马克以下。[3]《行政费用法》的规定适用于此。

第756条　买卖和中介经纪的许可

[1]对废物没有占有权，但希望从事废物商业性运输、跨界转运和为第三方转运废物的人(废物经纪人)或希望从事废物商业买卖的人(废物交易者)需要获得许可。[2]第755条第2款至第4款适用于本条。

第757条　危险废物的运输

[1]危险废物的运输只能由第758条第1款规定的废物处理专业企业来完成。[2]上述规定不适用于在经营性企业范围内运输危险废物。

第758条　专业废物处理企业、废物处理联合组织

(1)专业废物处理企业，是指与法律承认的监督机构签订了监督合同的或者有第3款中法律承认的废物处理联合组织授予的质量验讫标记的企业。

(2)[1]监督合同需要废物运营的州的最高主管部门或由其任命的机构的同意；前述同意可以普遍性授予。[2]合同必须包含不超过一年间隔的定期检查的条款。

(3)[1]废物处理企业可以联合起来，以确保通过共同的组织满足内部成员的法定的废物处理要求，并提高专业水准(废物处理联合组织)。[2]废物处理联合组织需要经废物运营的州的最高主管部门或由其任命的机构认可。[3]认可可以撤回，尤其在应对限制竞争的威胁时。

(4)通过行政法规可以进一步规定，特别是

1. 包括终止合同在内的监督合同的内容，

2. 专业处理运营商的要求，包括人员可靠性和充分的责任保险的证明，

3. 第1款的质量验讫标记的授予、废除、撤销和失效程序，

4. 废物处理联合组织认可的程序和要求，

5. 废物处理联合组织的工作详细说明。

第二小节　废物的越境转移

第759条　越境转移

废物的越境转移遵循1993年2月1日理事会(EEC)《第259/93号关于监控和管制在欧共体内部、进出欧共体转移废物条例》(以下简称《欧共体废物转运条例》)。

第760条　主管部门

(1)[1]废物最初被处理、回收利用、转存和积存的州之部门,对废物在德意志联邦共和国内部运输相关的行为负责。[2]这些废物开始转移的起始地所在州的部门,对废物德国联邦共和国境外的运输相关的行为负责。[3]这些部门同时也负责有关废物再进口到德国联邦共和国的行为。[4]联邦环境局负责与经过德意志联邦共和国进行废物转移的相关行为。

(2)主管部门需在决定前以书面方式告知废物转运需经过的州的最高主管部门,最高主管部门可在收到书面通知一周内就废物转运提出书面异议。

第761条　其他部门的参与

(1)[1]联邦财政部、第2款规定的海关部门、联邦交通部与联邦货物运输局参与监督越境废物转运。[2]当涉嫌违反《欧共体废物转移条例》或其他环境立法的规定,这些部门应当通知主管部门。[3]这些部门可以拒绝废物运输工具以及其包装入境,直至确保这些问题得到解决或者将其提交至主管部门。

(2)联邦环境保护部在联邦公报上公告以下内容:

1. 会同联邦财政部,废物运进、运出以及经过联邦德国的海关情况,

2. 会同联邦经济事务部,全面或部分禁止废物进口的国家和已与其缔结了废物运输协议的国家。

第762条　越境转移规定

(1)[1]当德意志联邦共和国的废物转移出境需要进行通报,则告知人应通过废物发送地的主管部门提交必要文件一起进行通报。[2]当主管部门在10天内没有对转运计划提出异议并且没有将通报转给目的地的主管部门,告知人可以自己实施通报。

(2)发出地主管部门也可以对在德意志联邦共和国产生的、计划转运至与

其签订了《巴塞尔公约》第 11 条所述关于危险废物及其处理的协定的国家的已计划地转运提出异议，当

1. 协定中或者基于协定未对许可用于回收利用的设施进行专门规定的，

2. 对在已批准和符合环保回收利用要求的设施内进行废物回收存在合理怀疑的。

(3) 对根据《欧共体废物转运条例》附件 2 中需转移的废物希望予以回收的，应事先通知国内主管机关。

(4) 通报程序产生的费用由告知人承担。

第 763 条　再进口

(1) [1]下列有义务实施再进口的为：

1. 转移废物的运输者，

2. 不能证明已经妥善处理的被转移废物的生产者，

3. 参与废物转移的经纪人或经销商，不包含其业务仅限于交换公开的供求报价信息的自治团体或企业协会机构，

4. 以其他方式参与废物转移的人。

[2]再进口的费用由义务人承担。[3]多个责任人的公平补偿也适用《民法典》第 426 条。

(2) [1]当第 1 款中的义务人没有全部或不能及时地确定，或者其义务职责没有完成，则德意志联邦共和国有义务负责再进口；第 1 款第 2 句和第 3 句不受影响。[2]当主管部门涉及若干个州，则涉及的州应协调为一个主管部门。[3]当未能协调为一个主管部门，或者主管部门未能及时成立，则抽签决定。[4]各州可以委托一个共同机构完成任务。[5]在第 1 句前半句情况下，由第 765 条的废物回收基金负责再进口的费用。

第 764 条　保证金

(1) 第 760 条第 1 款的主管部门应对要求提供必要的保证金或者与此相当的安全证明，当

1. 运往德国境外废物的转移，

2. 对进口或者过境德国，当主管的外国当局没有同样的要求，

3. 越境时，发送地外国管理局要求的押金不足以支付退还转移费用和环保处理废物的费用。

(2) 只有当告知人履行了参与第 765 条第 2 款第 2 句废物回收基金的义务

时，才可以向本法典适用范围以外的目的地转移应通报的废物。

第765条　废物回收基金

(1)[1]废物回收基金是一个有法人资格的公法机构。[2]机构设置董事会和管理委员会。[3]该机构受联邦环境保护部监督。[4]机构免征公司税和财产税。

(2)[1]第763条第2款第5句产生的费用由废物回收基金每3年承担最高3000万德国马克。[2]为了弥补服务和行政费用，根据转运废物的性质和数量的前提下，告知人向该机构支付费用。[3]当提供的费用不足以支付因退返和环境友好处置而产生的费用，各州在扣除根据第5款的行政法规确定的联邦部分后，有义务提供额外款项。[4]三年以后未使用的费用，在优先偿还按照第3句规定支付的额外费用后，再按比例支付。

(3)废物回收基金可以提供服务，以使告知人能履行第764条第1款的义务。

(4)[1]废物回收基金可以按照第763条第1款的规定向回收义务人要求偿还费用，只要其承担该义务。[2]对回收义务人的偿还索求转移给废物回收基金，只要这些费用是为了废物的回收利用和环境友好型处置而产生的。

(5)联邦环境部会同联邦经济部可以通过行政法规，就该机构的细节规定，特别是：

1. 付费和付费责任方、费用评估以及确定和收取程序，

2. 废物回收基金使用的日期和范围，

3. 当三年期间的实际需求低于或超过规定金额20%以上的，或者产生第2款第3句的联邦部分，则基金范围可以与第2款第1句所述不同，

4. 提供信息和提供废物回收基金文件，只要为履行其任务之必要，

5. 机构的监督设计，包括预算的批准。

(6)[1]联邦环境部会同联邦经济部可以通过行政法规，将废弃物回收基金的任务和职权分配给另一个法人，当后者能够承担这些任务并提供足够的资金担保用于履行他们的任务时。[2]在第5款第3项情形下，法人可以自己修改基金范围。[3]联邦环境保护部可以通过行政法规，保留对法人章程和章程修改进行批准的权利，并对其进行监督。

第766条　联络点

(1)[1]联邦环境部是《巴塞尔公约》第5条第1款和《欧共体废物转运条例》第37条的联络处。[2]联络处特别应：

1. 转达《巴塞尔公约》第 13 条规定的信息，

2. 完成《巴塞尔公约》第 13 条要求的报告，

3. 按需告知企业并给出建议，

4. 提供废物转移信息，特别是对收集和依需要分发在第三方国家环境友好型废物处理设施合格资格的鉴定以及告知对不正当和非法转运和正在进行的调查和刑事程序，

5. 接受与外国事宜相关的询问并将其转交给负责的部门。

（2）各州应及时将实施第 1 款第 2 句所述任务所需的信息提供给联络处。

第 767 条　行政法规授权

（1）[1]应制定行政法规对废物的越境转移进一步予以规定。[2]特别是：

1. 规定第 762 条第 3 款公告的方式和期限，

2. 规定其他禁止运输或与禁止运输有关的例外及程序，以便在执行依《巴塞尔公约》第 11 条和《欧共体废物转运条例》的协定时，可以促进对废物进行环境无害化的处置，

3. 规定对特定废物进一步转移的禁令，为实施环境无害化废物处理，特别是实施其他国家的运送禁令，

4. 对《欧共体废物转运条例》附件二所列的特定废物解释相应适用于该附件三和附件四所列废物运输的规定，

5. 对废物转移和废物处理的参与人的信息收集和这些数据的加工和进一步使用进行规定，只要对于满足本小节和《欧共体废物转运条例》的规定是必要的，

6. 收费事务、费率和费用报销的确定。

[3]费用 100 德国马克以上 10000 万德国马克以下。[4]《行政费用法》的规定适用于此。

（2）罚款也应由行政法规确定。

第七节　废 物 征 费

第 768 条　废物征费

依据第 190 条第 1 款对废物征收费用（废物费）。

第769条 需征收费用的废物

(1)对由于其类别、性质或者数量以及对其实施环境友好型处理的难度、对环境和人类的危险和风险,而必须避免和减少的废物,需征收费用。

(2)[1]不征收废物费的废物有:

1. 年产总量不超过5吨的废物,

2. 在土壤修复或者与建筑设施工程拆迁和改造相关的不可避免产生的废物,

3. 可证明的由于处理垃圾而产生的垃圾,而需处理的垃圾已经履行了其缴费义务的,

4. 依第736条和第737条予以证明用于回收利用的废物,

5. 私人生活产生的含有害物质的废物以及由公法规定的废物处理机构或者受委托的第三方收集和接受的少量废物,

6. 不能收取废物费的,由公法规定的部门代为处理废物,并且由公共部门出资处理。

[2]这同样适用于第763条第2款废物的再进口,以及第765条所述适用于废物回收基金的废物再进口。

(3)[1]可通过行政法规,规定哪些废物有缴费义务。[2]公众参与按照第20条进行。[3]联邦政府也可以规定,在何种条件下哪些用于回收再利用的废物不征收费用,以及如何证明这些条件。[4]按照废物避免、废物回用以及废物实施环境友好型处理的难度,对须征收费用的废物至少分为三类。

第770条 缴费义务

(1)初始产生废物的营利性或者其他经营性企业或者公共机构的运营者有支付废物费的义务。

(2)[1]当被转让给废物运输者进行收集处理须缴纳费用的废物时,可例外于第1款的废物运输者承担缴费义务。[2]缴纳费用应在废物生产者的账单中给予特别和明确的说明。[3]第769条第2款第1项不适用本款。

(3)[1]本法适用范围内被转运进行处理的需缴费的废物,设施运营者对第一次处理和储存的废物有缴纳费用的义务。[2]设施运营者应对费用给予特别和明确说明。

(4)缴费义务产生始于

1. 在第1款的情况下,根据第734条第1款进行转让或者根据第734条第4

款第 1 项在自己的设施中处理或储存的，

2. 在第 2 款情况下由废物运输者接收，

3. 在第 3 款情况下的本法典适用范围内的转移，

4. 在违反本法典或基于枉法规定的废物处理情形下，自从经营场所转移。

第 771 条　费率和计量基础

（1）废物费率为：

1. 1 类：××××，

2. 2 类：××××，

3. 3 类：××××，

4. ××××。

（2）税率每 2 年提高×%……

（3）[1]计量基础为各类废物以吨计的年产量。[2]与废物一同进行处理的包装材料属废物的一部分。[3]吨后面的小数按相应部分进行征收。

第 772 条　确定

（1）依第 193 条的解释包含了确定费用所需废物缴费义务的种类、费用类别、重量、处理和回收利用等信息。

（2）在第 770 条第 2 款情形下，废物运输者需声明在哪一个联邦州尽缴纳废物费的义务。

第 773 条　税收使用

[1]废物费被专用于：

1. 对需缴纳费用的废物进行避免和再利用的措施和项目的资助，

2. 废物避免、回收利用和处理技术包括示范应用的研发，

3. 对需缴纳费用的废物进行避免和再利用领域的咨询和信息提供，

4. 对废物储存产生或者可能产生的对环境和人类有风险和危险的废物的研究、监管和处理。[2]税收使用应主要用于第 1 款第 1 项至第 3 项提到的措施。

第八节　共同规定

第 774 条　行政违法

（1）行政违法是指故意或过失地

1. 违反第744条第1款,在未授权的设施内对废物进行处理、转存和积存的,

2. 未经第755条第1款第1句的批准对废物进行收集和转运的,

3. 未经第756条第1句的批准从事废物经纪或买卖的,

4. 违反第757条由非废物处理公司对危险废物进行转移的,

5. 违反第757条将危险废物转让给未授权者的,

6. 违反根据第737条第1款至第3款、第738条、第755条第4款、第756条第2句或者第767条制定的行政法规,只要其为特定行为规定行政罚款的。

(2)行政违法处理也指故意或过失

1. 违反第731条第1款,没有或未更新废物运营计划,或未根据主管部门的要求提交该计划的,

2. 违反第732条第1款,对废物平衡没有、没有及时地、没有正确地或者没有全面地进行制定,或未按照主管部门要求提交或者未对公众公开的,

3. 违反第737条第1款或者第2款,没有委托公共废物处理机构的,

4. 违反第753条第1款第2句或者第762条第3款,没有或者没有及时进行报告的,

5. 违反第753条第1款第1句或者第753条第2款规定,没有废物处理证明的,

6. 违反第754条第1款以及与此相关的第2款行政法规,没有聘任环境专员的。

(3)对第1款所规定的违法行为处以100万德国马克以下罚款,对第2款所规定的违法行为处以10万德国马克以下的罚款。

(4)[1]依据第1款对已经用于或准备用于违法行为的物品予以没收。[2]《行政处罚法》第23条应予适用。

第775条　过渡规定

《废物法》第5a和5b保持有效,直到其被依据本法典第121条和第737条所制定的行政法规所取代。

图书在版编目（CIP）数据

德国环境法典：专家委员会草案/德国联邦环境、自然保护和核安全部编；沈百鑫等译. -- 北京：法律出版社，2021
ISBN 978-7-5197-5094-7

Ⅰ. ①德… Ⅱ. ①德… ②沈… Ⅲ. ①环境保护法-法典-德国 Ⅳ. ①D951.626

中国版本图书馆 CIP 数据核字(2020)第 220126 号

德国环境法典(专家委员会草案)
DEGUO HUANJING FADIAN
(ZHUANJIA WEIYUANHUI CAOAN)

德国联邦环境、自然保护和核安全部 编
沈百鑫 李志林 马心如
施 理 扶 怡 张 广 译

责任编辑 郑怡萍
装帧设计 凌点工作室

出版发行 法律出版社
编辑统筹 法律教育出版分社
责任校对 晁明慧 王 皓
责任印制 胡晓雅
经　　销 新华书店

开本 710 毫米×1000 毫米 1/16
印张 24.75 **字数** 384 千
版本 2021 年 11 月第 1 版
印次 2021 年 11 月第 1 次印刷
印刷 中煤(北京)印务有限公司

地址:北京市丰台区莲花池西里 7 号(100073)
网址:www.lawpress.com.cn
投稿邮箱:info@lawpress.com.cn
举报盗版邮箱:jbwq@lawpress.com.cn
销售电话:010-83938349
客服电话:010-83938350
咨询电话:010-63939796

书号:ISBN 978-7-5197-5094-7
定价:78.00 元

凡购买本社图书,如有印装错误,我社负责退换。电话:010-83938349